PETER SCHOLL-LATOUR

DER TOD IM REISFELD

Dreißig Jahre
Krieg in Indochina

Mit einem Vorwort des Autors
für diese Taschenbuchausgabe

WILHELM HEYNE VERLAG
MÜNCHEN

HEYNE ALLGEMEINE REIHE
Nr. 01/6876

3. Auflage

Genehmigte, neue erweiterte Taschenbuchausgabe

Printed in Germany 1988
Umschlagfotos: Bildagentur Schuster/Hoffmann-Burchardi, Oberursel;
Kurt Will, Hamburg
Umschlaggestaltung: Atelier Ingrid Schütz, München
Gesamtherstellung: Presse-Druck Augsburg

ISBN 3-453-00291-1

Inhalt

DER DRITTE INDOCHINA-KRIEG

Die Chinesen

Vorbemerkung

Dieses Buch ist aus der Erinnerung geschrieben und gibt ein persönliches Erlebnis wieder. In dreißig Jahren Indochina habe ich die Erfahrung gemacht, daß die subjektive Berichterstattung oft die ehrlichste Methode ist, der Wirklichkeit oder – wenn man vor dem großen Wort nicht scheut – der Wahrheit näherzukommen.

P. S.-L.

An Stelle eines Vorworts

Trauer über Saigon

Ho Tschi Minh-Stadt, August 1976

Der Monsunregen fiel ohne Unterlaß seit dem frühen Morgen. Der Blick auf den Saigon-Fluß war durch die modrige Feuchtigkeit verschleiert. Nur wenige und schlecht gepflegte Frachter geringer Tonnage lagen am Quai, wo während des Krieges das Rot-Kreuz-Schiff »Helgoland« auf diskrete Weise die deutsche Flagge gezeigt und eine Solidarität mit den Amerikanern bekundet hatte, die im Laufe des allgemeinen Stimmungsumschwungs immer zurückhaltender wurde. Die ersten spärlichen Lichter gingen an und spiegelten sich im nassen Pflaster der Rue Catinat. So hatte die elegante Geschäftsstraße von Saigon unter den Franzosen geheißen, ehe sie unter dem Namen »Tu-Do«, »Straße der Freiheit«, zum Bar- und Bordellviertel der Amerikaner wurde. Jetzt war sie von den roten Siegern aus dem Norden in »Straße der Volkserhebung«, in »Dong-Khoi« umgetauft worden, und die Südvietnamesen fragten sich, um welche Volkserhebung es sich wohl gehandelt habe.

Wir waren als westliche Besucher von den neuen kommunistischen Behörden in das Hotel »Majestic« eingewiesen worden. Im »Continental«, das in den langen Jahren des ersten und des zweiten Indochina-Krieges den Korrespondenten aus aller Welt als Heerlager gedient hatte, waren nunmehr die Parteifunktionäre und -bonzen aus Hanoi einquartiert. Die Terrasse des »Continental«, einst Treffpunkt, Nachrichtenbörse und Liebesmarkt einer lärmenden Journaille, war neuerdings durch Eisengitter gegen die Öffentlichkeit abgeschirmt, hinter denen die Apparatschiks des neuen Regimes ihre schmalen Privilegien genossen. Von meinem Hotelfenster im »Majestic« schweifte der Blick über die endlosen Mangroven-Sümpfe, durch die der Saigon-Fluß sich wie eine fette, gelbe Schlange wand.

Ein Truppentransporter, bis zum Rand gefüllt mit Soldaten der vietnamesischen Volksarmee, löste sich vom Ufer und dampfte in Richtung Vung Tau ab. Es dauerte eine Weile, bis die grünen Uniformen und die Tropenhelme, die die Revolutionäre Vietnams als altmodisches Relikt der Kolonisation beibehalten hatten, um die nächste Flußbiegung verschwanden. An jenem Abend wußte ich noch nicht, daß das Ziel dieser Verstärkungen die umstrittene Grenze mit Kambodscha war.

Die Nacht fiel mit tropischer Eile. Flußaufwärts hatte sich der Himmel zu einem letzten Abendrot geteilt. Es sah aus, als sei dort eine Feuersbrunst ausgebrochen, wie in jenen gar nicht so fernen Tagen, als die Armee des Nordens die letzten Verteidiger von Saigon, tapfere katholische Fallschirmjäger, in Xuan Loc eingekreist hatte und sich anschickte, zum Todesstoß gegen die Hauptstadt des Südens anzusetzen. Gegen den violetten Himmel zeichnete sich das Beton-Denkmal des Heerführers und Nationalhelden Trang Hung Dao ab. Die Kommunisten hatten diese überdimensionale Statue, die den Hafen von Saigon beherrscht, nicht abgerissen. Auch sie verehrten in der legendären Figur Trang Hung Daos, der die chinesischen Armeen des Mongolen-Kaisers Kublai Khán am Bach-Dang-Fluß in Tonking vernichtet hatte, das Symbol der vietnamesischen Selbstbehauptung gegen das Reich der Mitte. Ein sehr aktueller Nationalheld war dieser Marschall Dao in dieser Stunde, wo man in Hanoi und Ho Tschi Minh-Stadt hinter vorgehaltener Hand von der unvermeidlichen Auseinandersetzung mit Peking zu sprechen begann. »Wenn die Gefahr aus dem Süden gebannt ist, droht doppelte Gefahr aus dem Norden«, hatte unsere Dolmetscherin aus Hanoi eine alte vietnamesische Weisheit zitiert und dann hinzugefügt: »Die Chinesen haben graue Bäuche«, was wohl eine ganz fürchterliche Bedeutung haben mußte.

Mit den Kollegen des Kamerateams schlenderten wir durch die »Straße der Volkserhebung«. Noch waren die Mopeds und Hondas, die unter dem früheren pro-amerikanischen Regime zu den Merkmalen einer artifiziellen Konsumgesellschaft gehörten, nicht aus dem Verkehr verschwunden. Weiß der Himmel, wo ihre Besitzer Benzin auftrieben. Aber die Bars und Lasterhöhlen waren samt und sonders geschlossen. Die Geschäftsleute bereiteten sich resigniert auf die Verstaatlichung auch des Kleinhandels vor. Wie eh und je standen Fahrrad-Rikschas längs der Trottoirs, doch sie warteten vergeblich auf

Kunden. Auf der Straße konnten wir wieder frei über unser Programm des kommenden Tages und unsere Eindrücke sprechen. In den Hotelzimmern mußten wir mit Abhöranlagen rechnen. Seit unserer Ankunft in Saigon hatte sich die »Spionitis« wie eine physische Beklemmung auf uns gelegt. Wir wußten, daß jeder Schritt, jede Geste, jedes Wort überwacht wurden und daß man vielleicht bei den Sicherheitsorganen nur auf einen *faux-pas* wartete, um gegen uns einzuschreiten, wobei der Entzug der Drehgenehmigung das geringste Übel gewesen wäre. In dreißig Jahren gewinnt man einen Instinkt für Krisensituationen dieser Art, und unsere offiziellen Begleiter aus Hanoi, mit denen wir uns inzwischen angefreundet hatten, erstarrten ihrerseits in Mißtrauen und Abwehr.

Man sah fast nur ernste, bittere, ängstliche Gesichter in den Straßen von Saigon. Die neue Bezeichnung Ho Tschi Minh-Stadt wollte uns nicht über die Lippen kommen, und selbst die roten Parteifunktionäre schienen davor zurückzuscheuen, den Namen ihres großen revolutionären Vorbildes mit einer Stadt zu verquicken, deren Bevölkerung so offensichtlich den Annehmlichkeiten und den Lastern der Vergangenheit nachtrauerte. Noch war der Schwarzmarkt lebendig im Sommer 1976. Der Diebesmarkt bot weiterhin – zum Staunen der kargen Bauernkrieger aus dem Norden – amerikanische Ausschußware aus dem PX an, die den Soldaten unter dem Roten Stern wie Güter aus einer Traumwelt erschienen. Der Schneider am Blumenmarkt schlug uns für einen lächerlichen Betrag – zahlbar in grünen US-Dollars – ein komplettes Kleidungssortiment vor. Jeder dieser Händler und Trödler war sich bewußt, daß er nur eine Gnadenfrist genoß. Jeden Morgen mußte er damit rechnen, ohne Umstände mit einem Minimum an Hausgerät und Habe auf einen Lastwagen verfrachtet zu werden, um im Ödland und Dschungel der sogenannten »Neuen Wirtschaftszonen« am Aufbau der sozialistischen Zukunft mitzuwirken.

Ich versuchte in jenen Tagen nicht, alte Bekannte wiederzutreffen. Ich hätte sie nur kompromittiert und gefährdet. Als ich unseren ehemaligen Kamera-Assistenten Cuc zufällig traf, einen breitgewachsenen Halbkambodschaner, der für seine unverwüstliche Laune bekannt war, umarmte er mich trotzdem in aller Öffentlichkeit und flüsterte mir zu: »Wäre ich nur damals geflohen, als es noch möglich war.« Angeblich steuerte er jetzt eine jener riesigen amerikanischen Limousinen, die – knallrot angestrichen – in besseren Zeiten für

Hochzeitsumzüge benutzt worden waren. Diese bunten Monstren standen jetzt fremd wie Saurier einer anderen Epoche im abendlichen Dunst der Regenzeit.

Die Besitzerin des letzten Friseursalons winkte mir hinter ihrem beschlagenen Schaufenster zu. Sie demonstrierte Mut und Charakter auf ihre Weise, indem sie ihr Make-up pflegte und sich weiterhin elegant trug, während die übrige Weiblichkeit von Ho Tschi Minh-Stadt sich wohl oder übel der Prüderie der neuen Kommissare beugen mußte. Die Ao Dai-Tracht, jenes bunte Schmetterlingskleid der Vietnamesinnen, die züchtig und verführerisch zugleich, jeden Besucher Indochinas entzückt hatte, war aus dem Straßenbild verschwunden. Hohe Absätze waren verpönt, und ein rotes Minikleid, das man im Vorüberfahren entdeckte, wirkte wie eine konterrevolutionäre Provokation. Doch im Friseursalon der Rue Catinat wachte die Chefin darüber, daß ihre Mädchen in den kurzen weißen Kitteln adrett blieben wie in früheren Zeiten, und scheinbar ebenso sorglos wurde dort geplappert und gekichert. Dabei wußte jeder, daß es bis zur Schließung höchstens noch ein paar Wochen dauern konnte, und die Besitzerin – plötzlich ernst werdend – sprach von Verwandten in Paris und den Bemühungen ihrer Familie, nach Frankreich auszuwandern. »Sie wissen gar nicht, wie bestechlich diese Tugendbolde, diese angeblichen Puritaner aus dem Norden sind. Gold muß man besitzen, um die Ausreisegenehmigung zu bekommen.« Vermutlich stand jeden Morgen, sobald bei Tagesanbruch die Sperrstunde zu Ende ging, ein Familienangehöriger der Friseuse in jener endlosen Schlange vor den Toren des französischen Generalkonsulats und hoffte auf die Erteilung eines Kollektiv-Visums. Es gehörte Trotz und Verzweiflung dazu, denn jeder Antragsteller wurde von den Sicherheitsorganen und Spitzeln registriert.

Im Friseursalon hatte ich am Tage zuvor einen ungewöhnlichen Typ entdeckt, der mich erheblich beeindruckte, obwohl ich unter anderen Umständen allenfalls mit einem Achselzucken an ihm vorbeigegangen wäre. Es war ein etwa fünfundzwanzigjähriger Vietnamese, den man zu Zeiten des General Thieu mit einem leicht anti-amerikanischen Unterton als »Cowboy« bezeichnet hätte. Er trug die engsten Jeans von Saigon, Texas-Stiefel, ein knallbuntes Hemd, das bis zum Gürtel geöffnet war und auf der Brust verschiedene Ketten und goldene Anhänger entblößte. Vor allem aber war sein Haarwuchs aufsehenerregend. Die schwarzen Strähnen fielen wohlgeordnet bis auf die Schultern, und jetzt ließ er sich – in einen Friseursessel geräkelt – die Hände maniküren. Dabei plauderte er wie in alten Zeiten. Würde dieser letzte Cowboy, der wie eine Karikatur eines vietnamesischen Zuhälters aufgeputzt war, schon am nächsten Tag in einem Umerziehungslager verschwinden? Wurde er von der roten Geheimpolizei als »agent provocateur« benutzt? Oder demonstrierte er lediglich auf seine Weise Courage vor dem Untergang? Ich erinnerte mich an jenen ehemaligen französischen KZ-Häftling, der mir einmal gesagt hatte: »In den Lagern gab es zwei Gruppen von Gefangenen, die an Mut nicht zu überbieten waren, eine gewisse Kategorie von Adligen und die Zuhälter.«

Unsere offiziellen Begleiter vom Informationsdienst hatten uns gewarnt. Nach Einbruch der Dunkelheit mußten wir auf den Straßen mit Taschendieben, ja mit Raubüberfällen rechnen. Das waren keine leeren Redensarten. Ein DDR-Diplomat war sogar am hellen Tag ausgeplündert worden. Wir gingen deshalb mitten auf der Fahrbahn. Der kümmerliche Autoverkehr war längst zum Erliegen gekommen. An allen Kreuzungen standen Soldaten oder Polizisten mit schußbereiten Schnellfeuergewehren vom Typ AK 47. Ursprünglich hatten wir auf einem Flußboot zu Abend essen wollen, im »My Cat«-Restaurant, das während des Krieges einmal von Kampfschwimmern des Vietkong gesprengt worden war. Es hatte damals viele Tote und Verletzte unter den amerikanischen Gästen und ihren vietnamesischen Mädchen gegeben. Aber das »My Cat«, früher ein überwiegend chinesischer Betrieb, war am gleichen Tage verstaatlicht worden. So suchten wir das letzte private, das letzte französische Speiselokal von Ho Tschi Minh-Stadt auf. Es hieß »Valenco«, und sein Besitzer, ein etwa fünfzigjähriger Korse namens Dominique, war für jeden Kriegskorrespondenten ein Begriff gewesen. Ob er ein Überlebender jener korsischen Mafia war, die zur französischen Zeit die diversen Gewerbe von Saigon vordergründig beherrscht hatte, konnte niemand beweisen. In Wirklichkeit waren die Korsen, die sich am Piaster-Handel bereicherten, kleine Fische gewesen neben den Spekulanten und Finanzmagnaten, die in der chinesischen Zwillingsstadt von Saigon, in Cholon, die Fäden zogen.

Ich trat in die Kneipe Dominiques ein und fühlte mich um dreißig Jahre zurückversetzt. An den Tischen saßen Gruppen von jungen Franzosen mit militärisch kurzem Haarschnitt, sonnenverbrannt wie Soldaten, die aus dem Reisfeld kamen. Es waren Angestellte einer großen französischen Firma, die im Bereich des Mekong-Stroms und im cochinchinesischen Küstengebiet von dem zuständigen Ministerium in Hanoi mit Erdöl-Prospektionen beauftragt worden war. Bei Dominique suchten diese jungen Franzosen ein Stück Heimat. Sie waren laut und unbekümmert.

Dominique, der eine gewisse Ähnlichkeit mit dem Filmschauspieler Michel Piccoli besaß, stand schwermütig hinter der Theke. Sein Gesicht hellte sich auf, als er mich erkannte. Die Ankunft eines westlichen Außenseiters und eines *Ancien d'Indochine* war für ihn ein gewisser Trost. Am Morgen waren die Behörden bei ihm gewesen, und nun sollte er eine gewaltige Summe an Steuerrückständen bezahlen, ehe man ihm die Heimreise nach Frankreich erlaubte. Denn ausreisen wollte Dominique, koste es, was es wolle. Er hatte sich verspekuliert. Er hatte gedacht, daß für seinen Betrieb vielleicht doch noch ein Platz sein würde im neuen sozialistischen Vietnam. Diese Illusion hatte er längst verloren. Er erging sich in bitteren politischen Betrachtungen und übertrug seine indochinesischen Erfahrungen auf das französische Mutterland: »... und ich Idiot«, rief Dominique, »habe bei den letzten Präsidentschaftswahlen für Mitterrand und die Linke gestimmt. Aber glaube mir, wenn ich daheim in Korsika bin, werde ich eine Kampagne führen gegen diese rote Pest ...«. Zwischen den Cognac- und Aperitifflaschen, die immer spärlicher wurden, stand eine Büste Napoleons, und neben dem Barspiegel hing der Spruch: »Suis Corse, en suis fier – Korse bin ich und stolz darauf.«

Wir sprachen von alten Bekannten und Freunden aus zwei Indochina-Kriegen. Die einen hatten Karriere gemacht. Die anderen waren in den Mühlen der Entkolonisierung verkommen und untergegangen. Es war ein nostalgisches Gespräch, und ich kam mir neben den munteren Petroleumsuchern unendlich erfahren und verbraucht vor.

Hinter der Kasse saß Violette, eine niedliche Eurasierin. Ich hatte eine Botschaft für sie aus Hanoi. Ein Angehöriger der französischen Vertretung dort hatte ihr eine Gefälligkeitsbescheinigung zukommen lassen, damit sie nach Frankreich ausreisen könne. Das würde wohl nicht ausreichen, sagte Violette, die bei allem Unglück die Koketterie nicht vergaß. Sie setzte sich zu uns an den Tisch. Zur offiziellen Ausreise fehlte es ihr an Geld. Die Boote seien selten und schwer erreichbar geworden, seit selbst die Fischer kaum noch Brennstoff für ihre Kutter erhielten. Man spreche neuerdings von Fluchtmöglichkeiten über das Hochland von Annam und Laos. Dort befände sich ein Teil der Gebirgsstämme der »Moi« oder »Montagnards« im Aufstand. Aber das sei unendlich beschwerlich, und die meisten seien auf diesem Weg umgekommen. Sie werde wohl eines Tages in eine jener trostlosen Neusiedlungen auf dem flachen Land verschickt werden, wenn sie nicht sogar in ein Umerziehungslager eingewiesen würde. Dominique, mit dem sie zusammengelebt hatte, würde sie nicht mehr lange schützen können.

Es gab noch ein zweites Mädchen im »Valenco«. Sie hatte mit den jungen Franzosen geschäkert. Man spürte, daß sie den einen oder anderen sehr intim kannte. Vanh, »Wolke«, so nannte sie sich, und hatte ein Stirnband um den Kopf gewunden, was ihr das verwegene Aussehen eines Piraten gab. Sie hatte ein schönes, sehr asiatisches, breitknochiges Gesicht und bewegte sich mit der animalischen Sicherheit, die nur ein perfekter Körper verleiht. Angezogen war sie mit T-Shirt und Jeans. »Wie ein Voyou, wie ein Straßenjunge laufe ich herum«, sagte sie lachend, als sie zu uns an den Tisch kam. »Früher trug ich die schönsten Kleider von Saigon, als mein Vater noch Polizei-Kommandant von Can Tho war. Heute ist mein Vater gefangen oder tot, und ich muß mich durchschlagen ... mit allen Mitteln.« Es gehörte wenig Scharfsinn dazu, um zu erraten, warum ausgerechnet die Tochter eines hohen Polizeioffiziers des früheren Regimes in der letzten westlichen Bar als Animierdame auftreten durfte. Sicherlich mußte Vanh jeden Morgen bei einem jener griesgrämigen und unerbittlichen Sicherheitskommissare der Revolutionsbehörden Bericht erstatten über das, was die Franzosen bei Tisch und auf dem Kopfkissen erzählt hatten. Nun, sie konnte dann wiedergeben, daß diese Petroleumexperten – wie viele junge Franzosen ihres Alters und ihres Standes – als Parteigänger der französischen Links-Union, als Sozialisten oder sogar als Kommunisten nach dem wiedervereinigten Vietnam gekommen waren und daß sie sich in wenigen Wochen Aufenthalt in der Demokratischen Republik Vietnam zu rabiaten Antikommunisten gewandelt hatten. Auch uns erzählten sie von den überfüllten Gefangenenlagern, die sie im Mekong-Delta gesehen hatten, von der Unterdrückung der Bevölkerung, von der Willkür und der Korruption der roten Partei-Kaders. Sie hatten die Inkompetenz und Schwerfälligkeit der staatlichen Wirtschaftsorgane am eigenen Leibe erlebt und festgestellt, daß im Gebiet der buddhistischen Hoa-Hao-Sekte bewaffneter Widerstand geleistet wurde. Sie hatten sogar Artilleriefeuer gehört, als sie im Flußbett des Mekong bei Vinh Long nach Erdölspuren suchten, aber nicht geahnt, daß der dritte Indochina-Krieg, die blutige Konfrontation zwischen Vietnam und Kambodscha, bereits angebrochen war und daß sie dessen erste unfreiwillige Zeugen wurden.

Die Tür öffnete sich, und mit Schwaden Feuchtigkeit kam ein alter, zerbrechlicher Mann in abgewetzter Kleidung herein. Er trug eine Gitarre, begrüßte Dominique, setzte sich auf einen Stuhl und begann mit heiserer, kläglicher Stimme auf französisch zu singen. Es begann mit einem Lied, das in den dreißiger Jahren auch in Deutschland beliebt gewesen war: »Es war einmal ein Musikus, der spielte im Café ... Il était un musicien ...« Dann kam eine französische Weise, deren Text sich mir einprägte: »Adieu, le temps des amours, adieu, le temps des aventures ...« Von diesem Greis gesungen, der damit um ein paar Piaster bettelte, war es ein unendlich trauriges Lied. Ich vereinbarte mit dem Sänger, er solle am nächsten Tage wiederkommen, damit wir ihn für unsere Dokumentation filmen könnten. Er sagte zu, aber er kam dann nicht zur Verabredung. Wir haben ihn nicht mehr gesehen.

Drei neue Gäste waren an die Bar getreten, Vietnamesen. Es konnte sich nur um Spitzel oder Polizisten in Zivil handeln. Ein gewöhnlicher Einwohner Saigons hätte es niemals gewagt, diesen Treffpunkt westlicher Ausländer aufzusuchen. Die Blicke der Franzosen wurden feindselig. Dominique ließ vor Nervosität ein Glas fallen. Die Gesichter der beiden Mädchen waren erstarrt. Die Reaktion war stets die gleiche, wenn die Repräsentanten des nordvietnamesischen Sicherheits- und Unterdrückungsapparats auftauchten. Die Bevölkerung setzte, sobald es zu Zwischenfällen, Verhaftungen oder auch nur Kontrollen kam, eine Maske auf, hinter der sich Furcht, Verachtung und Haß verbargen. »Voilà les Bo-Doi«, flüsterte Vanh. Bo-Doi, das war einmal ein Ruhmestitel gewesen, und die Presse hatte dieses vietnamesische Wort sogar im Westen heimisch gemacht. Bo-Doi, so hieß es irrtümlich in französischen Gazetten, bedeute in der Übersetzung »barfüßiger Soldat«. In Wirklichkeit sind damit Krieger gemeint, die sich auf dem flachen Land und im Dschungel bewegen, kurzum Partisanen. Wie gesagt, der Begriff Bo-Doi war ursprünglich mit Respekt und Prestige umgeben. Aber seit dem Sieg des Nordens war Bo-Doi zum Schimpfwort und zum Fluch bei den Saigonesen geworden. Bo-Doi, das hieß Bauerntölpel und brutaler

Unterdrücker. Bo-Doi, das waren die Barbaren, die aus dem rückständigen Norden kamen, die alle erdenklichen Konsumgüter davonkarrten, die alle Schlüsselstellungen besetzten. Für die Barmädchen kam ein zusätzlicher Makel dazu. Die Bo-Doi waren jene Soldaten und Funktionäre, die so lange Jahre des Krieges in ihrer asketischen Männergemeinschaft verbracht hatten, daß viele von ihnen homosexuell geworden waren und dem Liebreiz der koketten Frauen von Saigon mit empörter Hilflosigkeit begegneten.

Auf dem Rückweg zum »Majestic« standen tatsächlich ein paar Prostituierte am Eingang der »Straße der Volkserhebung«. Die eine näherte sich und grüßte mit »Sdrawstwujte« auf russisch. Sie hatte uns wohl für Repräsentanten der Sowjetunion gehalten. Wir warfen noch einen Blick in den Speisesaal des Hotel Majestic. Die alten Kellner dort, wie auch die übrigen Einwohner von Saigon, behandelten uns mit ausgesuchter, wenn auch mit melancholischer Freundlichkeit, sobald sie uns als westliche Ausländer erkannten. Es mischte sich in diese offen zur Schau getragene Sympathie wohl auch die leise Hoffnung, daß die Tür noch nicht endgültig zugeschlagen sei, daß sich vielleicht doch eines Tages ein Spalt zu einem besseren, freieren Dasein wieder öffnen würde.

Nur ein Tisch im Restaurant war noch besetzt. Dort saßen Russen mit den obligaten vietnamesischen Begleitern. Es mußte sich um eine Gruppe sowjetischer Techniker handeln. Sie waren unelegant gekleidet und hatten grobe Gesichter, die sich von den feinen Zügen der Asiaten besonders unvorteilhaft abhoben. Ihre Bewegungen waren schwerfällig, aber die Stimmen stets gedämpft. Sie wirkten gar nicht unsympathisch, diese Werktätigen aus der Sowjetunion, aber ihre Mienen waren wie von einem steten Kummer gekennzeichnet. Es wurde weder gescherzt noch gelacht. »Wie sollte man an Lenin glauben, wenn seine Erlösten so unfroh und gedrückt wirken«, hatte mir in Umdeutung des Nietzsche-Wortes ein schwedischer Diplomat in Hanoi gesagt. Die vietnamesischen Dolmetscher am Russentisch verhielten sich wie Musterschüler.

Etwas von der Angst, von der Wut, vor allem von der Trauer, die über Saigon lastete, hatte sich auf mich übertragen, als ich vom Zimmerfenster in die Dunkelheit blickte. Unten hallten die Schritte einer schwerbewaffneten Streife von Bo-Doi. Wie oft hatte ich von der Höhe dieses Hotels auf das gegenüberliegende Ufer des Saigon-Flusses geblickt, auf jene Sumpflandschaft, die Rungsat genannt wurde.

Beide Kriege hindurch, im französischen und im amerikanischen, hatten sich Vietminh und Vietkong in diesen Mangrovenwäldern festgesetzt. Gelegentlich hatten sie vom Rungsat aus ihre Raketen auf das Zentrum der Stadt gerichtet. Damals war diese finstere Ebene durch Leuchtraketen wie durch ein pünktliches Feuerwerk erhellt worden. Aber in dieser Nacht flackerte nur an dem Vorsprung, den man einst *La pointe des blagueurs* – die Plauderecke nannte, eine Ölfunzel und warf einen gelben, zittrigen Streifen auf die düsteren Wasser des Saigon-Flusses. Im Winter 45/46 hatte ich dort zum erstenmal den Boden Indochinas betreten.

Vorwort zur neuen erweiterten Ausgabe

Mehr als zehn Jahre sind seit der Wiedervereinigung Vietnams vergangen. Das Testament Ho Tschi Minhs wurde vollstreckt. Die drei Staaten des ehemals französischen Indochinas bilden wieder ein Ganzes, seit Hanoi seine Herrschaft in Laos konsolidierte und im Dezember 1979 das Kambodscha der »Roten Khmer« militärisch zu Boden warf.

Dennoch ist Vietnam heute zum Gleichnis einer großen Enttäuschung geworden. Hier entstand kein Leuchtturm der Fortschrittlichkeit, der Modernisierung, der sozialen Gerechtigkeit. Die einstigen Ängste der Amerikaner, der Fall von Saigon in die Hände der Kommunisten könne eine Art Domino-Effekt auslösen, auch die übrigen Staaten Südost-Asiens würden dann der marxistischen Revolution anheimfallen, hat sich nicht bewahrheitet. Das Gegenteil ist der Fall. Vietnam ist zu einem Faktor der Abschreckung für seine Nachbarn geworden. Hatte im Jahre 1975 im Nordosten Thailands noch eine beachtliche Rote Partisanen-Bewegung mit pro-vietnamesischen Sympathien von sich reden gemacht, so ist dieser Aufstand heute völlig zum Erliegen gekommen. Niemand im weiten Umkreis möchte das Schicksal der leidgeprüften Kambodschaner teilen, die in einer ersten Phase Opfer des selbstmörderischen Steinzeit-Kommunismus der »Roten Khmer« und in der zweiten von den siegreichen Streitkräften Hanois in die Rolle von Kolonisierten gezwängt wurden.

Ich hatte einmal zu denen gehört, die große Hoffnungen auf Vietnam setzten. Dieses, am Machtpotential Amerikas gemessen, kleine und arme Volk hatte in dreißig Jahren Krieg eine bewundernswerte militärische Leistung erbracht.

Ich war davon ausgegangen, daß Hanoi nach seinem Sieg von 1975 die Effizienz, die es auf dem Schlachtfeld bewiesen hatte, auch im wirtschaftlichen Wiederaufbau des Landes unter Beweis stellen würde, daß der Sieger aus dem Norden mit großzügiger Versöhnungsgeste die feindlichen Brüder des Südens umarmen würde. Aber nichts davon ist eingetreten. Vietnam zählt heute zu den ärmsten Ländern Asiens. Es ist der einzige Staat mit konfuzianischer Tradition, der in Wirtschaft, Industrie, Handel, Binnenverkehr und Nahrungsversorgung den Anschluß an den großen kontinentalen Aufschwung verpaßt hat. Man mag an der Autokratie des südkoreanischen Präsidialsystems manches aussetzen, aber sicher ist doch, daß es den Südkoreanern heute unvergleichlich besser geht als den Vietnamesen. Das gleiche gilt für Taiwan, für den Stadtstaat Singapur, ja selbst die riesige Volksrepublik China hat auf ihrem manchmal zögernden Weg der vier Modernisierungen Fortschritte vor allem auf dem Gebiet der Landwirtschaft erzielt, die den Vietnamesen durch den stalinistisch anmutenden Dogmatismus seines veralteten Führungskollektivs versagt blieben. Seit das fruchtbare Mekong-Delta wieder Bestandteil des vietnamesischen Gesamtstaates ist, gibt es keine Entschuldigung mehr für die Nahrungsmittelknappheit, die das nördliche Tonking auf unerträgliche Weise heimsucht. Die Industrie liegt am Boden. Ohne die erheblichen sowjetischen Subventionen stünde Vietnam am Rande des Bankrotts.

Seltsamerweise hat die Niederlage Amerikas in diesem fernen Winkel Südost-Asiens keine nennenswerte geo-strategische Veränderung nach sich gezogen. Gewiß, die vietnamesische Armee ist die stärkste Südost-Asiens, aber eine gewaltsame Expansion ist nicht zu befürchten. An die Stelle der Vereinigten Staaten, die sich ruhmlos zurückgezogen haben, ist eine andere Ordnungsmacht getreten. Das Reich der Mitte – heute Volksrepublik China genannt – hat seine traditionelle Rolle wieder aufgenommen und wacht darüber, daß der vietnamesische Hegemonialwille nicht ausufert. Peking hat dem eventuell bedrohten Thailand die Integrität seiner Grenzen garantiert. Wie ernst die Erben Mao Tsetungs es mit ihren Absichten meinen, beweisen sie immer wieder in den Scharmützeln und Gefechten, die an der nordvietnamesischen Grenze mit den Provinzen Kwangsi oder Yünan aufflackern und Hanoi permanent zwingen, seine Elite-Divisionen in ruinöser Verteidigungsbereitschaft zu massieren.

In Kambodscha ist der nationale Widerstand gegen die vietnamesische Okkupation nicht zum Erliegen gekommen. Auch hier ist es die Volksrepublik China, die die Legitimität des früheren Staatschefs Prinz Norodom Sihanuk im Verbund mit der ASEAN-Gruppe vor den Vereinten Nationen abstützt und der aktivsten Guerilla-Gruppe, den »Roten Khmer«, Waffen und Ausrüstung zukommen läßt. Ich habe vor wenigen Jahren diese »Roten Khmer«, diese »Krieger der Apokalypse«, wie ich sie in meiner Fernseh-Dokumentation nannte, im Dschungel der Provinz Siem Reap aufgesucht. Es war ein merkwürdiges Erlebnis, mit Männern zusammenzutreffen, die für das schreckliche Genozid am eigenen Volk verantwortlich waren und von jenen Kinder-Soldaten freundlich begleitet, ja bedient zu werden, deren ältere Brüder vor zehn Jahren noch die politischen Gegner des »Steinzeit-Kommunismus« durch Überstülpen von Plastiktüten erstickten. Diese harte, unerbittliche Partisanentruppe gibt der siegesgewohnten Armee Hanois ein fast unlösbares Problem auf und trägt dazu bei, die wirtschaftliche Misere Vietnams zu verschlimmern.

Wie gesagt, mehr als zehn Jahre sind seit dem Fall Saigons vergangen, aber die Erinnerung an diesen Krieg will nicht verblassen. Das Trauma Vietnam lastet weiterhin auf Amerika, auf seinen Pazifisten, auf seinen Veteranen und seinen nationalen »Hurra«-Rufern. Es ist bezeichnend, daß der Indochina-Film »Platoon«, der das Massaker von My Lai darstellen soll, alle Rekorde der Kinokassen in USA gebrochen hat. Davor gab es die grotesken »Rambo«-Darstellungen, mit denen ein Teil der amerikanischen Öffentlichkeit auf der Leinwand das tatsächliche Versagen der US-Armee kompensieren wollte. Es wird noch einige Zeit vergehen, ehe die Amerikaner mit Nüchternheit und Abstand ein militärisches Engagement verkraften werden, in das sie einst so überheblich hineingeschlittert waren.

Der Vietnam-Konflikt ist wie so manch andere Konfrontation unserer Tage zwar aus den Schlagzeilen verschwunden, aber er ist nicht zu Ende. Zeugen dafür sind jene armseligen Schiffbrüchigen im südchinesischen Meer, die immer noch aufgefischt werden. Den Vereinigten Staaten von Amerika wurde in Indochina deutlich gemacht, daß es auch für einen Wirtschaftsgiganten mit schier unbegrenzten militärischen Mitteln Grenzen der Macht gibt, daß das Nukleararsenal der Großen in Regionalkonflikten völlig untauglich bleibt. Ähnliche Erfahrungen dürften heute die Russen in Afghanistan sammeln. Nutznießer der neuen Situation in Ostasien kann auf die Dauer nur die Volksrepublik China sein, die von der Sowjetunion als Voraussetzung für eine echte Problembereinigung zwischen Peking und Moskau die Evakuierung Kambodschas durch die Vietnamesen fordert. Ganz eindeutig will Peking einen Keil zwischen Moskau und Hanoi treiben.

In der Hauptstadt Hanoi ist die uralte Garde des Politbüros nach und nach abgetreten. Die Gefährten Ho Tschi Minhs haben jedoch Männern des Parteiapparates Platz gemacht, die wenig Hoffnung auf wirkliche Erneuerung bieten. Eine Gorbatschow-Ära ist nicht in Sicht unter dem neuen Generalsekretär der kommunistischen Arbeiterpartei, Nguyen Van Linh, der in den starren Denkmodellen seiner Vorgänger aufgewachsen ist. Der unterjochte Süden ist längst noch nicht assimiliert, bleibt eine Quelle der Unruhe und der Zersetzung. Die Einwohner von Saigon, das heute Ho-Tschi-Minh-Stadt heißt, blicken weiterhin voll Geringschätzung auf die Apparatschiks aus dem Norden, die an der verheißungsvollen Aufgabe der Wiedervereinigung so kläglich gescheitert sind.

Der Schwarzmarkt von Ho-Tschi-Minh-Stadt, gespeist durch unzählige Liebesgaben flüchtiger Exil-Vietnamesen, muß auch die Hauptstadt Hanoi mit dem allernotwendigsten versorgen, und es ist ein geringer Trost, ein bescheidenes Symptom ideologischer Lockerung, daß neuerdings in der Nähe des Mausoleums des großen Ho Tschi Minh Massen von Jugendlichen zu Veranstaltungen von Disco-Musik zusammenströmen.

Das heroische Vietnam ist zum Armenhaus Ostasiens geworden, stolz und verhärmt. Ich treffe diese Feststellung mit Trauer und Schmerz und denke dabei an jene aufsässige Generation Europas, die 1968 mit dem Ruf »Ho-Ho-Ho-Tschi Minh« auf die Straße gegangen war, und ihre Utopien von damals nicht mehr wahrhaben will.

Hamburg, im März 1987

DER ERSTE INDOCHINA-KRIEG
Die Franzosen

Ihr fahrt in die falsche Richtung

An Bord der »Andus«, Ende 1945

Der Truppentransporter »Andus«, 26 000 BRT, war von der Royal Navy ausgeliehen. Es lief so manches auf Pump bei den französischen Streitkräften in jenen Tagen. Die Nation hatte sich von der Niederlage des Jahres 1940 weder moralisch noch materiell erholt. Die britischen Seeleute der »Andus« blickten mit einiger Verwunderung auf die Angehörigen dieser Kolonialarmee, die sie nach Fernost geleiten und die dort offenbar das französische Versagen im Mutterland wettmachen sollten. Der Krieg gegen Japan, in den de Gaulle sich noch in aller Eile hatte drängen wollen, war zu Ende gegangen, ohne daß eine einzige französische Einheit daran teilgenommen hätte. In Sichtweite der »Andus« folgte ein anderes Truppenschiff ähnlicher Tonnage. Neben dem Union Jack führte es die niederländische Fahne. Holländische Kolonial-Truppen waren nach Batavia unterwegs. Im Roten Meer begegnete die »Andus« ganzen Konvois, die in entgegengesetzter Richtung nach Europa steuerten und an deren Masten Siegeswimpel flatterten. An Deck standen britische Veteranen des Burma-Feldzugs, die auf ihre heimischen Inseln, in den Frieden und den Alltag zurückkehrten. Durch den Feldstecher konnte man ihre von der Tropensonne geröteten Gesichter erkennen, auf denen sich die hemmungslose Freude spiegelte, den Gefahren des Dschungels und eines unerbittlichen Gegners entronnen zu sein. Die Engländer winkten den französischen Soldaten der »Andus« sowie den Holländern ausgelassen zu. Durch ein Megaphon war eine englische Stimme mit spöttischem Unterton zu hören: »You are going the wrong way ... Ihr fahrt in die falsche Richtung!« – »Was wollen diese Briten schon wieder?« fragte ein beleibter französischer Schreibstuben-Major mit tiefer Mißbilligung in der Stimme.

Es war eine absurde Situation. In London, wo seit kurzem die Labour Party regierte, hatte man sich kurzerhand entschlossen, den Empire-Träumen – Kipling hin, Kipling her – den Rücken zu kehren und den indischen Subkontinent in die Unabhängigkeit zu entlassen. In Burma hatte die britische Armee nach anfänglichen Rückschlägen eine letzte große Schau abgezogen. Mit der geschwellten Brust des Siegers konnte sie nun von der Szene abgehen, und Admiral Mountbatten würde dem Abschied von Delhi Statur und Allüre verleihen. Doch die Unterlegenen der ersten Runde, die Zufallssieger der letzten Stunde, Franzosen und Holländer, die klammerten sich an die Fata morgana ihrer einstigen überseeischen Herrlichkeit, an Indochina und an Indonesien.

Die jungen französischen Offiziere litten unter der Enttäuschung, zu spät zu kommen und nunmehr einem zweitrangigen Unternehmen entgegenzusehen. Manche hatten unter de Gaulle bei den »Freien Franzosen« gedient – von der Vichy-Regierung als Landesverräter deklariert – oder hatten sich in Nordafrika unter amerikanischem Oberbefehl der Armee angeschlossen; die meisten jedoch hatten die Demütigung der deutschen Besatzung auskosten müssen. Diese Schmach der Niederlage und der Unterwerfung suchten sie nun im Wasser des Mekong-Stroms und des Roten Flusses abzuwaschen. Insgeheim bangten sie davor, in ein befriedetes, in Treue zu Frankreich verharrendes Indochina zurückzukehren. Es dürstete sie nach exotischem Abenteuer, nach den *émotions fortes* – dem starken Erlebnis. Vermutlich hatten die wenigsten dieser Leutnants Jean-Paul Sartre gelesen, aber sie waren auf ihre Art Existentialisten in Uniform. Sie suchten die Wege der Freiheit, *les Chemins de la Liberté* in einem tropisch-kriegerischen Saint-Germain-des-Prés ihrer Phantasie. »Endlich ein Stück Erde finden ohne Asphalt . . .« schrieb einer von ihnen in sein Tagebuch.

An Bord der »Andus« befanden sich zwei Kompanien Fremdenlegionäre. Zu zwei Dritteln waren sie Deutsche. Die meisten von ihnen kamen aus französischer Kriegsgefangenschaft, wo sie halb verhungert waren. Sie hatten sich nach Indochina gemeldet, weil sie die Hoffnung auf ein Wiedersehen mit ihren im Osten vermißten Angehörigen ohnehin aufgegeben hatten oder weil sie sich ganz einfach sattessen wollten. Einige hatten bei der SS gedient und wollten die Entnazifizierungsverfahren in der Heimat meiden. Die deutschen Legionäre sangen abends ihre alten Wehrmachtslieder, wo von Erika und Heide, von Lore und Försterwald die Rede war. Sie ahnten nicht, daß die Gegner von gestern, die des Refrains von der *Madelon* überdrüssig geworden waren, diese martialischen Weisen Germaniens übernehmen und daß zwanzig Jahre später französische Rekruten zum Takt der *Blauen Dragoner* marschieren würden.

Die interessantesten Fälle waren die belgischen Legionäre. In Wirklichkeit handelte es sich um Franzosen, die, um in dieser Ausländertruppe dienen zu können, eine falsche Staatsangehörigkeit angegeben hatten. Es waren keine schweren Jungens oder gewöhnliche Kriminelle, wie sie vor 1939 häufig in der Legion untergetaucht waren. Die falschen Belgier waren französische Kollaborateure, die im Krieg auf deutscher Seite in der »Legion gegen den Bolschewismus« und später in der SS-Brigade »Karl der Große« gedient hatten. Soweit sie nicht durch Einsätze gegen die eigene *Résistance* im Mutterland belastet waren, hatte de Gaulle ihnen die Chance der Rehabilitierung geboten. Fünf Jahre Dienst in der Fremdenlegion in Indochina, und mit weißer Weste könnten sie wieder in die Heimat zurückkehren. Neben den Deutschen, unter denen Prahler und Mythomane das große Wort führten und wo es von angeblichen U-Boot-Kapitänen und Ritterkreuzträgern wimmelte, machten die »belgischen Franzosen« einen ernsten und nachdenklichen Eindruck. Die Trümmer der Brigade »Charlemagne« hatten in Pommern Nachhutgefechte gegen die vorrückenden Russen geführt und waren dort weitgehend aufgerieben worden, ehe die Überlebenden den Führerbunker in der Reichskanzlei verteidigen durften.

Im Gegensatz zu den regulären Freiwilligen für Fernost, die die japanische Kapitulation in ihren Einschiffungs-Lagern bei Marseille mit Enttäuschung quittiert hatten, betrachteten die ehemaligen französischen Ostfrontkämpfer die kriegerische Kursänderung mit heimlicher Genugtuung. »Unser wirkliches Ziel ist nicht Saigon oder Hanoi«, so flüsterte ein blutjunger Legionär, der unter der Anonymität des weißen Képi den Namen eines berühmten französischen Geschlechts verbarg, »Indochina ist nur eine Durchgangsstation. Das wirkliche Ziel unseres Einsatzes wird schon in naher Zukunft Wladiwostok und die sowjetische Fernost-Provinz heißen.« Der Ost-West-Konflikt, der Kalte Krieg hatte begonnen. Das hatte sich sogar auf der »Andus« herumgesprochen, während sie durch die phosphoreszierenden Fluten des Indischen Ozeans auf die Straße von Malakka zusteuerte.

Die Kajüten waren überbelegt und stickig. Nachts standen die Soldaten, solange sie konnten, auf Deck, schnappten Luft, spielten

Belote und spähten in die immer wärmer und feuchter werdende Dunkelheit. Auch die Angehörigen des weiblichen Hilfspersonals, die sogenannten AFAT, trieben sich um diese Zeit in der Nähe der Rettungsboote herum und warteten auf die galante Gesellschaft eines Offiziers. Dann genügte es, die Plane beiseite zu schieben, um zwischen Ruderbänken und Steuer ein Liebesnest zu finden. Die meisten dieser Armee-Mädchen bewegten sich unter so vielen Männern völlig ungeniert. Sie waren stark geschminkt und so burschikos, daß sehr bald die Vermutung aufkam, sie hätten gute Gründe, das Mutterland zu meiden, die einen, weil sie einen deutschen Besatzungssoldaten geliebt, die anderen, weil sie ihr uraltes Gewerbe in einem Wehrmachts-Bordell ausgeübt hätten. Es gab eben viele Neider und viel Samenkoller an Bord der »Andus«.

Ein schmalbrüstiger Kavallerieleutnant, der mit seinem blonden Schnurrbart und blassem Teint besser in einen Proust-Roman gepaßt hätte, zitierte ein Gedicht von Hérédia. »Wie ein Falkenflug ... Müde ihr hochmütiges Elend zu ertragen ... Trunken von einem kriegerischen und brutalen Traum ...«, so klangen die schwülstigen Verse der »Conquistadors«, die jedem französischen Gymnasiasten vertraut waren. » ... über den Bug ihrer weißen Caravellen geneigt, entdeckten sie bei Nacht jene neuen Gestirne, die aus der Tiefe des Meeres in ein unbekanntes Firmament stiegen.«

Buddha auf dem Tiger

Cochinchina, Anfang 1946

Sobald die Wagenkolonne Saigon verlassen hatte und die Gummibaum-Plantagen der nordwestlichen Nachbarprovinz erreichte, wurden die Spuren des Partisanenkrieges sichtbar. Die Asphaltstraße war durch tiefe Gräben zerwühlt, die die Bauern unter Anleitung der roten Kommissare bei Nacht immer wieder ausheben mußten. Die Ausschachtungen waren so regelmäßig, daß sie von den Franzosen »Klaviertasten« genannt wurden. Der Morgenhimmel färbte sich im Osten grüngelb. Wir fuhren in Richtung Tay Ninh, und bald entdeckten wir jenseits der Palmwedel und der endlosen Reisfelder einen finsteren Gebirgskegel, der sich bedrohlich aus der platten Ebene erhob. Der Felsen hieß »schwarze Jungfrau« und signalisierte die kambodschanische Grenze. Wer ahnte damals schon, daß eines Tages die amerikanischen GI's zu dieser »Black Virgin« wie zu einer Rachegöttin aufblicken würden.

Wir ließen die Fahrzeuge und die Straße hinter uns. Horden von Affen huschten durch das Bambusdickicht. Viel zu schnell stieg die Sonne zum Zenit. Das Vogelgezwitscher erstarb mit der aufkommenden Hitze. Das Grün der Pflanzen wurde schwarz. Die Luft flimmerte. Für das *Commando* handelte es sich um ein Routine-Unternehmen. Die Soldaten gingen so lange als klar erkennbare Silhouetten über die Dämme, die die nackten Reisfelder unterteilten, bis von irgendwo auf sie gefeuert wurde. Die Gefahr war gering, die vietnamesischen Freischärler der ersten Stunde waren kümmerlich bewaffnet und noch schlechter ausgebildet. Verluste bei den Franzosen gab es nur, wenn Angehörige der »Kempetai«, der japanischen Feldgendarmerie, die in Saigon als Kriegsverbrecher gesucht wurden, die Aufständischen verstärkten und anleiteten. Stunden dauerte nun schon der Marsch, der sich in einem halben Bogen um die »Schwarze Jungfrau« zur kambodschanischen Grenze bewegte. Die Reisfelder waren von der Sonne zu steinhartem Ziegel gebrannt worden. Wie in einer Fiebervision blickten die Männer des *Commandos* auf die Risse im lehmigen Boden und das unregelmäßige Muster der verdorrten Pflanzenstummel. Der Schweiß lief brennend in die Augen. Aus einem Gehöft, das im Bambus verborgen lag, fielen ein paar Schüsse. Die Franzosen orteten die Richtung, pflanzten das Bajonett auf ihre speziell für den Nahkampf getrimmten Sten-Maschinenpistolen und stürmten aus der Hüfte schießend auf das Dickicht zu. Ein paar Schatten huschten über das Reisfeld, gerieten in die Garbe des leichten Maschinengewehrs, das bereits in Stellung gegangen war, und kippten um.

Wir näherten uns den Toten. Es war ein jämmerlicher Anblick: kleine gelbe Puppen mit verrenkten Gliedern. Ihre altmodischen Lebel-Gewehre lagen wie Spielzeuge neben ihnen. Die dürren sehnigen Beine steckten in kurzen Hosen. Von Uniformierung war nicht die Rede, aber auf ihre schwarzen Kittel hatten sie den roten Stoffetzen mit dem gelben Stern genäht, das Wahrzeichen der indochinesischen Revolution. Die Gefallenen waren also keine Angehörigen jener seltsamen Cao Dai-Sekte, die in Tay Ninh ihr bombastisches Heiligtum besaß und ebenfalls gegen die Franzosen kämpfte, sondern es handelte sich um Partisanen des Vietminh, jener kommunistischen Befreiungsfront Vietnams, die von nun an unter wechselnden Bezeichnungen die Weltöffentlichkeit dreißig Jahre lang in Atem halten sollte.

Die Dörfer im Umkreis waren beim Nahen der fremden Soldaten von ihren Einwohnern fluchtartig verlassen worden. Es waren bescheidene rechteckige Hütten. Die Möblierung beschränkte sich auf eine breite Holzpritsche und ein paar Matten. Aber nirgendwo fehlte der Ahnenaltar. In diesen Katen herrschte peinliche Ordnung und Sauberkeit. Sie wären für einen Europäer durchaus bewohnbar gewesen. Die Soldaten füllten ihre Feldflaschen in den dickbauchigen Tonkrügen, die vor jedem Haus standen. Das Wasser war schlammig und lauwarm. Kein Wunder, daß die Ausfälle durch Amöbenruhr immer zahlreicher wurden. Vor dem Weitermarsch wurde Feuer gelegt. Ein Streichholz genügte, und schon brannten die Strohdächer lichterloh. Die Wasserbüffel, die die Reisbauern bei ihrer Flucht zurückgelassen hatten, wurden abgeknallt. Auch ein kleiner Cao Dai-Tempel ging in Flammen auf. Es gelang mir, durch den Qualm noch einen letzten Blick auf den schmucklosen Tisch zu werfen, wo die Heiligen dieser konfusen synkretistischen Religion aufgereiht waren. Ein kleiner dickbauchiger Buddha aus Ton fiel mir auf, der mit einem spitzbübischen Lächeln die Patschhändchen hob und dabei auf einem Tiger ritt.

Beim nächsten Überfall büßte das *Commando* einen Toten und zwei Verwundete ein. Dafür trieben die Leichen von zehn roten Partisanen im fauligen Wasser des nahen Irrigationsgrabens. In einem größeren Gehöft fand die Lagebesprechung statt. Oberst Ponchardier, von seinen Soldaten »Pascha« genannt, war mißmutig. Das war kein Krieg nach seinem Geschmack. Der gedrungene, wie ein Catcher gebaute Mann, der ein wenig aussah wie der Schauspieler Lino Ventura, hatte seine Sondertruppe einmal darauf getrimmt, gemeinsam mit dem britischen *Special Air Service* über Singapur abzuspringen. Die Partisanenbekämpfung in Cochinchina war dafür kein Ersatz. Ponchardier war von seinen Männern nicht zu unterscheiden, wie er mit nacktem Oberkörper auf dem grünen Dschungelhut saß und die Maschinenpistole stets in Reichweite hielt. Am Koppel trug er eine altertümliche Autohupe, die er im Einsatz gelegentlich quäken ließ, wie andere zum Sammeln blasen. Der »Pascha« war mit seiner kleinen Einheit von 150 Mann dem französischen Oberbefehlshaber in Indochina unmittelbar unterstellt. Seine Soldaten grüßten nur die eigenen Offiziere und blickten mit einiger Herablassung auf die übrigen Regimenter des Expeditionskorps herab, die ihnen nach Saigon gefolgt waren.

Als junger Offizier war Ponchardier schon 1940 zu den »Freien Franzosen« de Gaulles gestoßen und hatte im französischen Untergrund der Besatzungszeit mit seinem Bruder Dominique, der ihm verblüffend ähnlich sah, die Widerstandsorganisation »Sosias« gegründet. Mit Hilfe eines gezielten Bombardements der *Royal Air Force* hatte er die inhaftierten *Résistance*-Kämpfer aus dem Gestapogefängnis von Amiens befreit. Bruder Dominique hatte die halb heldischen, halb pikaresken Taten dieses seltsamen Paares in seinem Buch »Pflastersteine der Hölle« festgehalten und das eigenartige Gefühl beschrieben, das einen Untergrundchef überkommt, wenn er das erste Mal mit nackter Hand einen Verräter in den eigenen Reihen erwürgen muß. Pierre Ponchardier ist einige Jahre nach dem Ende des Algerienfeldzuges als Admiral – denn er kam aus der Marinefliegerei – über Senegal tödlich abgestürzt. Dominique hingegen brachte es zum Botschafter in Bolivien und Hochkommissar in Dschibuti. Aber als seinen größten Erfolg betrachtete er die Massenauflage der Spionage-Serie, die den Abenteuern des »Gorilla« gewidmet war. Der »Gorilla«, so meinte de Gaulle einmal, als er seinen Botschafter empfing, sei wohl Dominique selbst.

Das *Commando* Ponchardier galt als rauhe Truppe von Abenteurern und Schlägern. Aber auch brave Söhne aus sogenannten guten Familien waren dabei, die der Enge ihrer bürgerlichen Umgebung entfliehen wollten. An Originalen fehlte es nicht: Ein China-Experte mit einem riesigen Adler auf der tätowierten Brust, der die ergötzlichsten Anekdoten über die Söhne des Himmels zu erzählen wußte; zwei Pariser *Titis*, die dem Zuhältermilieu entsprungen schienen und denen man zutraute, daß sie von dem Plünderungsrecht, das dem *Commando* angeblich im Kampfgebiet zugestanden war, Gebrauch machten; ein paar junge Einzelkämpfer des Nachrichtendienstes DGER, sie waren nach der japanischen Kapitulation im Gebirge von Tonking abgesprungen und hatten dort die demoralisierten Trümmer der alten französischen Indochina-Armee vorgefunden, die sich während des Krieges zu Pétain bekannt hatte und im März 1945, als sie sich in letzter Stunde anschickte, gemeinsame Sache mit den Alliierten zu machen, von den Soldaten des Tenno mühelos zerschlagen worden war. Die Außenprovinzen und ethnischen Minderheiten der *Grande Nation* waren stark vertreten: Elsässer und Korsen, Bretonen und Basken. Man konnte sich schlecht vorstellen, wie diese Männer nach der Entmobilisierung wieder in ein normales Zivilleben zurückfinden würden. Dem »Pascha« waren sie teilweise selbst nicht ganz geheuer. »Wenn ich das nächste Mal eine Truppe aufstelle«, so brummte er einmal, »werde ich mir artige und solide Jungens aussuchen. Auf die Dauer sind die tapferer und ausdauernder als die Ganoven, denen sehr schnell der Schwung abgeht.«

Die Offiziere des *Commandos* sollten sehr unterschiedlichen Schicksalen entgegengehen. Den Hauptmann Quilici, der wie ein korsischer *Bandit d'honneur* wirkte, traf ich zwanzig Jahre später als Oberst der Fallschirmjäger der Marineinfanterie im Tschad wieder, wo er die nördlichen Oasen in der Tibesti- und Enedi-Wüste inspizierte. Oberleutnant Augustin, der schon damals den mönchischen Typus verkörperte, wie er im französischen Offizierskorps häufig ist – Säbel und Ziborium blicken hier auf uralte Verbindungen zurück –, kehrte nach dem Algerien-Fiasko der Armee den Rücken und entsagte als Laienbruder in einem Dominikanerkloster dem Glanz der Waffen. Die erstaunlichste Karriere durchlief Capitaine Trinquier, der in der französischen Konzession von Schanghai bei der Kolonialinfanterie gedient hatte, ehe er zu der Truppe Ponchardiers stieß. Der »Pascha« empfand wenig Sympathie für diesen mediterran-schönen, allzu eleganten Mann, der selbst im indochinesischen Busch mit einem Seidenhalstuch herumlief und sich durch gewählte Redensarten hervortat. Niemand hätte Trinquier damals zugetraut, daß er in der letzten Phase des französischen Fernost-Krieges hinter den Linien des Vietminh die Widerstandsnester des pro-französischen Gebirgsvolkes der Meo organisieren oder daß er im Nordafrika-Feldzug mit der unerbittlichen Ausmerzung des Terrorismus in der Kasbah von Algier beauftragt würde. Am Ende war er nach dem Generalputsch gegen de Gaulle und seinem Ausscheiden aus der Armee kurzfristig als Oberbefehlshaber der Katanga-Gendarmerie in die Dienste des Präsidenten Moise Tschombe getreten.

Auf dem Weitermarsch stießen wir überraschend auf eine Gruppe kambodschanischer Bauern. Sie näherten sich im Gänsemarsch. Als Khmer waren sie an der dunklen Haut, an den gekräuselten Haaren und am Sarong zu erkennen, den sie um die Hüfte gewickelt hatten. Beim Anblick der französischen Soldaten knieten sie nieder und falteten die Hände in einer uralten Geste der Unterwerfung. Wir hatten kambodschanisches Siedlungsgebiet erreicht. Die Häuser längs der Wasserläufe standen auf Pfählen. Sogar die Landschaft veränderte sich. Die Reisfelder wurden hier durch einsam stehende, zerzauste Zuckerpalmen beherrscht. Im nächsten Dorf wurden kräftige Kambodschaner als Träger rekrutiert. Sie stellten sich gern den Franzosen zur Verfügung, wenn es galt, ihre Erbfeinde, die Vietnamesen, zu töten. Im Gefecht überwanden sie schnell ihre erste Panik und brachen bei jeder Schießerei in kindliche Heiterkeit aus.

Das alte französische Fort von Tay Ninh mit seinen Schießscharten, Zinnen und Türmen lag – aus der Ferne gesehen – wie ein Spielzeug in der Abendsonne. Es stammte aus der frühen Zeit der Kolonisation, als die ersten französischen Eroberer in Cochinchina noch gegen Flußpiraten kämpften. Über den Klappbetten wurden Moskitonetze aufgespannt. Die Dunkelheit kam plötzlich, und die Nacht war klebrig schwül. Die Soldaten aßen ihre Rationen. Irgendwo war Rotwein beschafft worden. Es ging laut zu in den Kasematten der altertümlichen Festung. Im Laufe des Nachmittags war ein Trupp der politischen Sonderpolizei aus Saigon eingetroffen, überwiegend Eurasier. Sie hatten Gefangene verhört. Dabei war gefoltert worden, wie wir bei unserer Ankunft im Fort erfuhren. Den Verdächtigen waren die Köpfe so lange in Wasserkübel getaucht worden, bis sie geständig wurden. Man nannte das *la baignoire* – die Badewanne. *La gégène*, die elektrische Tortur mit Hilfe eines kleinen Generators, war damals in Indochina noch nicht gebräuchlich. Aber die Asiaten, so hieß es, verfügten über raffinierte und schreckliche Methoden, um die Widerspenstigen zum Sprechen zu bringen. Wehe übrigens dem Europäer, der den Partisanen lebend in die Hände fiel! Wir hatten mehrfach die Leichen von Franzosen in den Gewässern Cochinchinas treiben sehen, denen die Hoden in den Mund gestopft und die mit einem Bambusrohr gepfählt worden waren. Während die Truppe lärmte und nach kambodschanischen Mädchen verlangte, standen die vorgeschobenen Außenposten zu zweit und dritt am Rande des Dschungels. In dieser gefährlichen Einsamkeit schien die Wildnis von den Geräuschen der Tierwelt zu dröhnen. Je kleiner ein Insekt war, desto mehr Lärm veranstaltete es. Dazwischen huschte und raschelte es. In der nächtlichen Natur fand ein gnadenloses Jagen und Morden statt. Nur die Angst vor der Blamage hinderte die Posten daran, wahllos in diese trappelnde, surrende und quietschende Umwelt zu schießen, in deren Schutz die Späher des Feindes heranschleichen konnten, ohne gehört zu werden.

Die Offiziere verwerteten in einem Turmzimmer die Informationen, die ihnen ein Nachrichtenagent aus Saigon unterbreitete. Der Spezialist vom Zweiten Büro war ein Halbchinese mit einem lauernden Vogelgesicht. Er hatte maßgeblich an den Folterungen teilgenommen. Die Franzosen hatten die meisten Illusionen verloren, mit denen sie ursprünglich nach Indochina zurückgekehrt waren. Damals waren die Sonderbeauftragten de Gaulles – teilweise schon vor der japanischen Kapitulation – über den Aufstandszonen der Eingeborenen mit Fallschirmen abgesprungen, weil man in Paris glaubte, die anti-japanischen Guerilleros würden sie als Freunde und Befreier begrüßen. Die meisten dieser Wagemutigen waren sehr schnell unter schrecklichen Qualen umgebracht worden. Die Überlebenden – so der spätere Premierminister Pierre Messmer – mußten froh sein, wenn die roten Partisanen sie in Bambuskäfige sperrten, wo sie der Bespeiung der Bevölkerung ausgesetzt und mit faulen Eiern beworfen wurden.

Der Mann vom Zweiten Büro wies auf eine Veränderung in der politischen Lage im Raum Tay Ninh hin. Ursprünglich hatte das Expeditionskorps den Hauptfeind in Indochina bei jenen Sekten und Gruppen gesucht, die mit den Japanern paktiert und sich die Unabhängigkeit von Tennos Gnaden erhofft hatten. Das war in den Provinzen rings um Tay Ninh vor allem die Mischreligion des Cao Dai mit anderthalb Millionen Menschen. Im eigentlichen Mekong-Delta, am Rande der Schilfebene, war es die kriegerische Buddhistenbewegung der Hoa Hao, die rund 600 000 Gefolgsleute zählte. Doch neuerdings sahen sich diese wirren religiösen Eiferer, die über kampftaugliche Milizen verfügten, ihrerseits durch das Hochkommen der roten Revolutionsfront des Vietminh bedroht. Sie reagierten mit instinktiver Feindseligkeit gegen die materialistische Ideologie der kommunistischen Kommissare, der »Can Bo«, die mit apostolischer Hingabe die Reisbauern aufwiegelten, und suchten bereits nach einem Auskommen mit der früheren Kolonialmacht unter der Voraussetzung, daß die Franzosen die Autonomie von Cao Dai und Hoa Hao respektieren würden. Von nun an war klar, daß die Sekten wertvolle Verbündete sein könnten, denn sie allein schienen über die unentbehrliche geistige Motivierung zu verfügen, um der ideologischen Sturmwelle des Kommunismus standzuhalten.

Der antikommunistische Flügel des vietnamesischen Nationalismus hatte noch das klägliche Schauspiel des Kaisers von Annam, Bao Dai, zu deutsch »Bewahrer der Größe«, vor Augen, der im April 1945 von den Japanern zum Staatsoberhaupt eines unabhängigen vietnamesischen Reiches proklamiert worden war und sich dabei auf die Nippon-freundliche Dai Viet-Partei und die Mandarine von Hue stützte. Bao Dai, der 1925 als Zwölfjähriger Kaiser geworden war, hatte sich nur ein paar Wochen behaupten können gegenüber jenem ziegenbärtigen Partisanenführer aus dem nördlichen Tonking, der unter dem Namen Ho Tschi Minh in Hanoi die »Demokratische Republik Vietnam« ausgerufen hatte. Ho Tschi Minh war für die französischen Nachrichtendienste kein Unbekannter. Als junger Photolaborant war er nach Frankreich gekommen und bereits 1920 bei der Gründung der Kommunistischen Partei Frankreichs in Tours als fernöstlicher Genosse zugegen gewesen. Später war er durch die Schule des Komintern gegangen, ehe er im Zweiten Weltkrieg von der südchinesischen Grenze aus mit einem Häuflein Getreuer den Kampf gegen die Japaner aufnahm. Zu jener Zeit genoß Ho Tschi Minh paradoxerweise die Unterstützung des amerikanischen Geheimdienstes OSS, der in der chinesischen Provinzstadt Kunming basiert war und den Vietminh, die nationale Sammelbewegung der vietnamesischen Kommunisten, mit Waffen und Geld unterstützte.

Der »Pascha« hoffte in jenen Tagen noch, daß sein *Commando* zu großen Taten berufen sein könnte. In der südlichen Hälfte Indochinas hatte das französische Expeditionskorps in einem Feldzug von Englands Gnaden wieder Fuß fassen können. Aber nördlich des 16. Breitengrades, so war im Potsdamer Abkommen verfügt worden, – in Tonking, in Annam und in Nord-Laos – waren die chinesischen Soldaten Tschiang Kai-scheks, die Divisionen des Kuomintang, mit der Entwaffnung der Japaner beauftragt worden. Sie hatten sich als neue Besatzungsmacht etabliert und dachten offenbar gar nicht daran, diese unerhoffte Eroberung an die ehemaligen französischen Kolonialherren zurückzugeben. Wenn es nach Roosevelt gegangen wäre, der ein dezidierter und romantischer Anti-Kolonialist war, hätte kein französischer Soldat mehr nach Indochina zurück gedurft. Aber Roosevelt war tot, als der Tenno kapitulierte, und die Briten sahen es wohl ganz gern, daß Franzosen und Holländer sich in ihren ehemaligen Besitzungen, die die Japaner in Aufruhr und Chaos hinterlassen hatten, festkrallten. Vielleicht sollten sie dort den Ansturm des asiatischen Nationalismus auf eine Pufferzone in Indochina und Indonesien ablenken, in deren Schutz Großbritannien – in den Augen der Franzosen immer noch das »perfide Albion« – seine weitsichtige und liberale Commonwealth-Politik auf dem indischen Subkontinent einleiten würde.

In jener Nacht von Tay Ninh waren sich die französischen Para-Offiziere bereits im klaren, daß das Schicksal Vietnams nicht im Schlamm des Mekong-Deltas und im südlichen Cochinchina entschieden würde, sondern in jenem rauhen und feindseligen Norden – damals noch Tonking genannt –, wo die Soldaten der Nationalarmee Tschiang Kai-scheks und die Kommunisten Ho Tschi Minhs sich in feindseliger und mißtrauischer Koexistenz gegenüberstanden. Dem »Pascha« war eine geheime Mitteilung des General Leclerc, des französischen Oberbefehlshabers, zugekommen, derzufolge sich das *Commando* auf die Möglichkeit eines Fallschirmabsprungs über Hanoi vorzubereiten habe. Das Unternehmen würde allerdings erst in die operative Phase treten, wenn eine ausreichende französische Landungsflotte am Cap Saint-Jacques zusammengestellt und zum Auslaufen nach Tonking bereit wäre. Die Offiziere nahmen die Ankündigung des Einsatzes mit gemischten Gefühlen auf. Bei den letzten Übungssprüngen über dem Feldflugplatz Bien Hoa hatte sich herausgestellt, daß die Fallschirme unter dem Klima und der unzureichenden Wartung gelitten hatten. Es war zu schweren Unfällen gekommen, denn zusätzliche Bauchfallschirme gab es nicht. Im übrigen schien man in Paris den fanatischen Kampfgeist der Vietnamesen sowie das Massenaufgebot der Chinesen erheblich zu unterschätzen.

Am frühen Morgen war ein unerwarteter Regenguß niedergegangen. Die Feuchtigkeit war von der Sonne schon aufgesogen, als ich auf das Heiligtum der Cao Daisten, ein riesiges gelbes Gebäude im Stil einer französischen Kathedrale, zuging. Der Dschungel auf den steilen Hängen der »Schwarzen Jungfrau« glänzte zu dieser Stunde in sattem Grün. Die Normalisierung war wohl schon weiter gediehen, als wir ursprünglich angenommen hatten, denn die Kathedrale war beim morgendlichen Gottesdienst mehr als zur Hälfte gefüllt. Der Papst der Cao Dai-Sekte war nach Thailand geflüchtet, doch der größte Teil seines Klerus – es gehörten ein Kardinalskollegium und mehrere Bischöfe dazu – war an Ort und Stelle geblieben, wurde von den Franzosen nicht behelligt und ging in dem gewaltigen, halligen Kirchenschiff seinen seltsamen Riten nach. Dort wo sich in einem katholischen Gotteshaus der Hochaltar befunden hätte, blickte aus einem strahlenumgebenen Dreieck ein riesiges Auge auf die Gemeinde. Die Geistlichen waren je nach Rang in blaue, rote und gelbe Seidengewänder gehüllt, die in einer spitzen Ku-Klux-Klan-Kapuze endeten. Die gewöhnlichen Gläubigen kleideten sich in Weiß. Das Gebetsgemurmel erinnerte an das Rezitieren christlicher Litaneien und buddhistischer Sutren. Immer wieder verbeugte sich die Gemeinde und die Gongs dröhnten ohne Unterlaß. Weihrauchschwaden stiegen zu dem mystischen Auge auf. Diese kuriose Mischreligion des Cao Dai war nicht älter als das 20. Jahrhundert. Zu ihren Heiligen die besondere Verehrung genossen, zählten Buddha, Konfuzius, Jesus Christus und ... der französische Dichter Victor Hugo. Am Eingang der Kathedrale waren diese Propheten des Cao Dai in naiven bunten Stuck-Skulpturen abgebildet. Die französischen Besucher belustigten sich vor allem über die Darstellung Victor Hugos, der offenbar wegen seiner humanistischen Botschaft als Autor der »Misérables« in dieses Pantheon aufgenommen worden war. Victor Hugo blickte in der grünen Gala-Uniform eines Mitgliedes der Académie Française auf den Palmenhain vor dem Gotteshaus. Mich berührte der Umstand, daß der bärtige Kopf unter dem Dreispitz des *Académicien* dem überlieferten Porträt des Karl Marx in frappierender Weise ähnelte. Im Grunde bestand hier kein Anlaß zum Spott. Religionsgründungen sind wohl stets mit Seltsamkeiten verbunden. Der Cao Dai würde mit Sicherheit kein dauerhaftes Phänomen sein. Aber in seiner fanatischen Hingabe, seiner Suche nach fremden Modellen, seinem nationalen Engagement war er in mancher Beziehung mit jener ideologisch verbissenen Untergrundreligion der vietnamesischen Kommunisten verwandt, die in Hanoi einen Teil der Macht bereits an sich gerissen hatte und deren Jünger im Mekong-Delta immer zahlreicher wurden.

Die Franzosen glaubten, ihre Annamiten zu kennen. In Cochinchina war eine ganze eingeborene Bourgeoisie entstanden, die französische Sprache und Lebensart angenommen, ja sogar die französische Staatsangehörigkeit erworben hatte, Ärzte, Anwälte, Plantagenbesitzer. Doch unterhalb dieser Elite lebte ein Volk, das allenfalls den Ethnologen der *Ecole d'Extrême-Orient* und manchen Missionaren vertraut war. Diese Nhaques, diese Reisbauern, wie sie verächtlich genannt wurden, waren im Ersten Weltkrieg wegen ihrer angeblichen militärischen Untauglichkeit nur als Train-Soldaten verwendet worden. Die sogenannten Indochina-Experten, die *old hands*, wie diese unbelehrbaren Dummköpfe des Kolonialismus mit einem respektablen angelsächsischen Wort bezeichnet wurden, hatten den ankommenden Soldaten des Expeditionskorps erzählt, daß die Annamiten niemals in der Dunkelheit kämpften, aus Angst vor den Geistern, den »Ba Cui« und den Tigern. Sehr bald stellte sich heraus, daß in Vietnam die härteste Kriegerrasse Asiens lebte und daß die Nacht ihr eigentliches Element war.

Unter der sektiererischen Skurrilität verbarg sich oft ein todernster politischer Kern. So sollten wir später an einem Arm des Mekong der absonderlichen Gemeinde des »Heiligen von der Kokospalme« begegnen. Einem buckligen annamitischen Geschäftsmann war plötzlich die göttliche Eingebung gekommen, eine neue Religion zu gründen. Er pflegte auf einer Kokospalme zu meditieren. Der Bucklige hatte sehr schnell eine Gemeinde um sich gesammelt, die sich seltsamen Kulthandlungen unterzog, asketische Regeln befolgte und sich in braune Kutten kleidete. Ihrem Propheten zuliebe, der auf Grund seiner Körperbehinderung nicht auf dem Rücken schlafen konnte, ruhten seine Jünger stets auf der Flanke. Ihr zentrales Heiligtum befand sich auf dieser Pfahlsiedlung im Strom, aber die verschnörkelten Kirchen der braunen Mönche reichten bald bis in die Vororte von Saigon.

Mir war ein riesiger Globus aufgefallen, den sie auf einer breiten Plattform mitten im Fluß aufgestellt hatten. Auf dieser Erdkugel war das heutige Vietnam in überdimensionaler Verzerrung dargestellt und reichte am Rande des Pazifischen Ozeans von Kamtschatka bis Australien. Was diese Darstellung ihrer Heimat denn bedeute, hatte ich einen frommen Greis gefragt, der mit seinen sieben Barthaaren einem taoistischen Heiligen glich. Der Mönch hatte in erstaunlich reinem Französisch geantwortet: »Wenn Vietnam einmal wiedervereinigt und frei ist – Cochinchina, Annam, Tonking in einem Staat –, dann werden wir so groß und mächtig sein, wie dieser Globus es dartut.« Daß die religiöse Gärung in diesem zerrissenen Land das Aufkommen einer neuen Epoche, eines neuen vietnamesischen Menschen ankündigte, das hatte kein französischer Administrator oder Kolonialoffizier rechtzeitig begriffen. Aber welcher römische Prokonsul oder Zenturio in der syrischen Provinz hatte wohl um die Zeitwende geahnt, daß die mystischen Vorgänge im Volk der Juden das Ende seines Imperiums und eine totale Bewußtseinsveränderung der antiken Welt einleiten würden.

Bevor das *Commando* seine ständige Unterkunft in einem weitläufigen chinesischen Sippenhaus am Boulevard Galiéni auf halbem Weg nach Cholon erreichte, wurde der Konvoi durch einen ungewöhnlichen Auflauf blockiert. In Dreierreihen, aber ohne Waffen, marschierte ein langer Zug Soldaten aller Waffengattungen – Offiziere an der Spitze – durch die Straßen der Saigoner Innenstadt. Wir fragten die Zuschauer, was sich hier abspiele. Ein Grüppchen französischer Kriegsgegner und linker Anti-Kolonialisten, so hieß es, hätte ein Pamphlet verteilt, das den Abzug Frankreichs aus Indochina forderte und dem Expeditionskorps vorwarf, es habe statt *honneur et patrie* Ehre und Vaterland, *honneur et profit* auf seine Fahnen geschrieben. Die kleine Druckerei dieser »Defaitisten-Gruppe« war von den militärischen Demonstranten bereits zertrümmert worden. Jetzt hallten die Sprechchöre durch die Rue Catinat: »De Gaulle au pouvoir« – De Gaulle an die Macht! General de Gaulle war im Januar 1946 von seinem Amt als Chef der provisorischen Regierung Frankreichs überraschend zurückgetreten. Er hatte damit gegen das Wiederaufkommen des Parteienhaders, gegen den inneren Zerfall Frankreichs protestieren wollen und sich zornig in sein Landhaus von Colombey-les-Deux-Eglises zurückgezogen. Die Armee von Indochina, in der das gaullistische Element stark war, sah sich plötzlich verwaist, zumal die Parteien der französischen Linken gegen den Feldzug in Fernost zu agitieren begannen. Nicht nur die Sympathien der französischen Kommunisten waren eindeutig auf seiten der vietnamesischen Nationalisten. »De Gaulle an die Macht!« tönte es noch ein paarmal. Dann gelang es einer Streife der Militärpolizei, die Manifestanten mühelos in ihre Kasernen zurückzuschicken. Es sollte zwölf Jahre dauern, ehe der gleiche Ruf – auf dem Forum von Algier von einer gewaltigen Menschenmenge aufgegriffen – den Sturz der Vierten Republik einleitete.

Onkel Ho's Pakt mit dem französischen General

Haiphong, im Frühjahr 1946

Die Bucht von Halong bot ein gespenstisches Bild. Aus dem dunkelgrünen, regungslosen Meer tauchte ein Heer von bizarren Kalkfelsen auf, sobald die Nebeldecke sich ein wenig lüftete. Ein dünner, kalter Regen, *crachin* genannt, ging unaufhaltsam nieder. Die Soldaten der französischen Landungsflotte standen fröstelnd an der Reling und sehnten sich schon nach der Hitze Saigons. Aus dem Dunst tauchten immer mehr Dschunken auf. In den primitiven Wohnkajüten der flachen Boote hausten ganze Sippen. Mit ihren dunkelbraunen Segeln huschten die Dschunken wie Fledermäuse über das Wasser. Die vietnamesischen Bootsleute suchten den Kontakt mit der fremden Invasionsarmee. Sie waren in Fetzen gekleidet und boten ein paar Fische und Krabben zum Verkauf an. Sie mußten unter schrecklichem Mangel leiden, denn sie stürzten sich auf die Speisereste, die aus den Luken fielen, fischten sogar die leeren Konservenbüchsen auf und sammelten sie wie Kostbarkeiten. Auf den ersten Blick waren diese Fischer aus Halong ein recht freundliches Völkchen. Sie schnatterten ohne Unterlaß. Als die Soldaten mit den Mädchen schäkern wollten, und diese zurücklächelten, stellten die Franzosen mit Entsetzen fest, daß ihre Zähne schwarz lackiert waren.

Drei Tage lang lag nun schon die Flotte vor der nordvietnamesischen Hafenstadt Haiphong. General Leclerc war an Land gegangen, um mit den nationalchinesischen Kommandeuren zu verhandeln. Im Prinzip hatte die Regierung Tschiang Kai-scheks schon Ende Februar der Ablösung ihrer Truppen nördlich des 16. Breitengrads durch die Franzosen zugestimmt. Aber die Autorität des Generalissimo über seine *War-Lords* der Provinz Jünan, die mit ihren plündernden Haufen in Tonking eingefallen waren, schien begrenzt zu sein. Die nationalchinesische Soldateska war wie eine Heuschrekkenplage über Nordvietnam hereingebrochen. Sie hatte geplündert, vergewaltigt und sich wie in einem eroberten Land aufgeführt. Der Abzug kam ihr höchst ungelegen.

Am vierten Tag hallte Artilleriefeuer durch die phantastische Felsenlandschaft der Halong-Bucht. Dem französischen Oberkommandierenden war die Geduld gerissen. Ein Sturmkommando war an der

Küste gelandet, und der Kreuzer »Le Triomphant« war die Mündung des Roten Flusses in Richtung auf die Hafenkais von Haiphong hochgesteuert. Der Kreuzer wurde von Küstenbatterien beschossen, aber mit ein paar Salven brachte er den Widerstand zum Schweigen. Über den chinesischen Stellungen ging die weiße Fahne hoch, und die landenden Franzosen stellten zu ihrer Verwunderung fest, daß die feindlichen Geschütze, mit denen die Soldaten aus Jünan nichts anfangen konnten, von japanischen Kriegsgefangenen bedient worden waren.

Ich wurde nicht müde, die nationalchinesischen Soldaten zu beobachten. An den Vietnamesen gemessen, waren sie relativ hoch gewachsen. Sie trugen eine himmelblaue Uniform mit dicken Wickelgamaschen. Beim Marsch warfen sie ihre Schuhe am liebsten über die Schulter und liefen barfuß. Im Gegensatz zu den Tonkinesen, die sich neugierig um die Neuankömmlinge drängten und sie ausfragten, stand zwischen Franzosen und Chinesen eine psychologische Scheidewand, die nie durchbrochen wurde. Die Söhne des Himmels verfügten zwar über fabrikneue Lastwagen von General Motors und führten jeden Morgen in den Parks von Haiphong unter furchterregendem Gebrüll Leibesübungen vor, aber sie wirkten wie ein mittelalterlicher Kriegshaufen. Die wohlhabenden chinesischen Kaufleute von Haiphong, die von ihren Landsleuten aus dem Norden nicht weniger ausgeplündert wurden als die einheimischen Vietnamesen, blickten mit Abscheu auf diese Horden und gaben ihrer konfuzianischen Geringschätzung für alles Soldatische freien Lauf.

Von einem ganz anderen Schlag waren die kriegsgefangenen Japaner. Die Disziplin dieser Armee war immer noch intakt, und die Offiziere liefen wichtigtuerisch zwischen ihren Untergebenen herum wie gestiefelte Kater. Die Japaner stauten sich später zu Tausenden an den Quais und kehrten nach der ersten Niederlage ihrer mehrtausendjährigen Geschichte an Bord amerikanischer Frachter ins Land der Aufgehenden Sonne zurück.

Zum ersten Mal ahnten die französischen Administratoren und Ostasien-Experten, die nach Tonking zurückkehrten, daß sie einer völlig veränderten Welt und gewaltigen, unkontrollierbaren Kräften gegenüberstanden. Am schnellsten begriff General Leclerc de Hauteclоque die neue Situation. Er war sehr zu Unrecht in einem Roman Hemingways als arroganter Junker skizziert worden. Leclerc hatte ab 1940 in Zentralafrika die ersten versprengten Trüppchen Freier Franzosen gesammelt und war mit ihnen im Lauf der drei folgenden

Jahre quer durch die Wüste des Tschad und Libyens bis an die Gestade des Mittelmeers gezogen. Mit seiner Zweiten Panzerdivision war er im Sommer 1944 in der Normandie gelandet, und General Eisenhower war galant genug, diese französische Einheit als erste alliierte Truppe in Paris einrücken zu lassen. Leclerc hat ihm das schlecht gedankt, denn gegen den ausdrücklichen Befehl des Alliierten Oberbefehlshabers war er im Winter 1944/45 über die Vogesen in die Rheinebene nach Straßburg vorgestoßen und hatte dort, einem romantischen Eid gemäß, den er unter den Palmen der Oase Kufra geleistet hatte, die *Tricolore* auf dem Münster gehißt. Dieser schlanke eigenwillige Mann, der sich nie von seinem Spazierstock trennte, war in Nordvietnam auf einen ungleichen Komplizen gestoßen, auf den Revolutionär Ho Tschi Minh.

Die wenigsten Franzosen, die sich damals in Indochina befanden, haben den tieferen Sinn der geheimen Kontakte zwischen Leclerc und »Onkel Ho«, wie er in jenen Tagen bei seinen Gefolgsleuten hieß, erfaßt, schon gar nicht jener Admiral Thierry d'Argenlieu, der im Auftrag de Gaulles, mit allen administrativen Vollmachten ausgestattet, als Hochkommissar Frankreichs nach Fernost gekommen war. D'Argenlieu, ebenfalls ein Gaullist der ersten Stunde, war vor dem Krieg Abt eines Karmeliter-Klosters gewesen. In Indochina führte er sich wie ein verspäteter Kreuzritter auf, sperrte sich gegen jeden Kompromiß mit den Feinden Frankreichs und wurde in der Pariser Linkspresse als »blutiger Mönch« bezeichnet.

Der Nationalist Ho Tschi Minh hatte instinktiv begriffen, daß ein Verbleiben der Chinesen in Tonking für die Unabhängigkeit Vietnams weit verhängnisvoller sein würde als ein vorübergehendes Paktieren mit den Franzosen. Schließlich hatte die französische Kolonialherrschaft nur knapp hundert Jahre gedauert, aber seit zwei Jahrtausenden wehrte sich das vietnamesische Volk gegen die Vasallisierung und die totale Assimilation durch das Reich der Mitte. Hinzu traten aktuelle politische Überlegungen. Die Kuomintang-Chinesen, die eine marxistische Regierung unter Führung der Nationalen Sammlungsfront Vietminh vorgefunden hatten, mißtrauten dem Volkstribun Ho Tschi Minh, der im gleichen ideologischen Lager stand wie ihr Todfeind Mao Tse-tung. Auch in Indochina hatte es bürgerliche Nationalisten gegeben, auf das chinesische Beispiel Tschiang Kai-scheks ausgerichtet. Sie hatten bereits 1931 einen Aufstand gegen die Franzosen ausgelöst, der von den Kolonialbehörden im Blut erstickt worden war. Zu jener Zeit hatte die Kommunistische Partei Indochinas es ebenfalls mit Hilfe französischer Marxisten zu ein paar Zellenbildungen gebracht. Die Stunde Ho's schlug erst, als die Wechselfälle des Zweiten Weltkriegs seinen überlegen organisierten Partisanentrupps die große Chance zuspielten. Im Troß des Kuomintang waren die bürgerlichen Nationalisten der Bewegung »Viet Nam Quoc Dan Dang« oder VNQDD nach Hanoi zurückgekehrt, und die Chinesen hatten Ho Tschi Minh gezwungen, diese Klassenfeinde, die er zutiefst haßte, in seine Regierung aufzunehmen. Zwischen Vietminh und VNQDD kam es im Winter 1945/46 zu immer heftigeren Auseinandersetzungen, so daß für Ho Tschi Minh die baldige Ablösung der Chinesen durch die Franzosen zu einer Frage des Überlebens wurde.

General Leclerc seinerseits sah in dem Marxisten Ho Tschi Minh einen potentiellen Verbündeten. Das französische Kolonialreich gehörte seit der Niederlage von 1940 ohnehin der Vergangenheit an und sollte durch neue, liberale Verflechtungen zwischen dem Mutterland und seinen Überseegebieten abgelöst werden. Ho Tschi Minh hatte den Verbleib der Republik Vietnam in einem gemeinsamen Staatenverbund mit Frankreich vorgeschlagen. Wesentliche vietnamesische Souveränitätsrechte auf dem Gebiet der Diplomatie, der Verteidigung und der Währungspolitik wollte er bis auf weiteres an Paris delegieren. Eine seltsame Absprache kam damals zustande: die Landung der Franzosen nördlich des 16. Breitengrades rettete die Kommunisten Tonkings vor der Umklammerung durch die verbündeten Kräfte des Kuomintang und des VNQDD; innenpolitisch würde die Vierte Französische Republik, die eben durch Referendum bestätigt worden war, dem Vietminh in Nordvietnam freie Hand lassen. Die Franzosen handelten sich dafür den Abzug der Soldaten Tschiang Kai-scheks und den Verbleib Indochinas in jenem französischen Übersee-Verbund ein, der im neuen Verfassungstext den Namen *Union Française* trug.

Beide Parteien ahnten wohl, daß sie einen Pakt mit dem Teufel geschlossen hatten. In der französischen Armee bestand kein echter Wille zur Entkolonisation, und den meisten konservativen Offizieren waren diese roten Vietminh-Kommissare ein Greuel. Nachdem die beutebeladenen Chinesen schließlich über die Grenze nach Kwang Si und Jünan in das Reich der Mitte zurückmarschiert waren, räumten die Revolutionskomitees des Vietminh zunächst einmal unter ihren bürgerlichen Rivalen auf und massakrierten die führenden Mitglieder des VNQDD im Städtchen Yen Bai. Die Franzosen sahen tatenlos zu, wie diese antikommunistischen Gegenkräfte, die ihnen in den späteren Jahren so bitter fehlen würden, liquidiert wurden. Insgeheim brannten die Obersten des Expeditionskorps darauf, nach Abzug der lästigen Chinesen und dem Gemetzel von Yen Bai sobald wie möglich auch den Vietminh an der Gurgel zu packen und die *pax franca* mit Waffengewalt in Fernost wiederherzustellen.

Die Vietnamesen ihrerseits machten aus ihren tatsächlichen Absichten kein Hehl. Auf jeder Mauer, auf dem Asphalt jeder Straße war das magische Wort »Doc Lap« in riesigen Lettern mit roter Farbe gepinselt. »Doc Lap« hieß »Unabhängigkeit« und nur ein Narr konnte davon ausgehen, daß diese fanatischen Nationalisten marxistischen Glaubens auf die volle Souveränität endgültig verzichten, daß sie jemals eine wie auch immer geartete Unterordnung unter Paris akzeptieren würden. Andere Wandaufschriften forderten mit gleicher Eindringlichkeit die Einheit der »Drei Ky«, der drei Landesteile Vietnams: Cochinchina, Annam und Tonking. Die Revolutionäre des Vietminh hatten erfahren, daß die maßgeblichen französischen Finanzkreise im Umkreis der *Banque de l'Indochine* notfalls bereit waren, das übervölkerte Delta des Roten Flusses mit den darbenden Massen des Nordens seinem Schicksal zu überlassen sowie die unwirtlichen Gebirge Zentral-Annams abzuschreiben. Sie wußten aber auch, daß diese Einflußgruppen auf ihren Besitz in Cochinchina, auf die Reisebene am Mekong, die einträglichen Gummiplantagen des Südens, nicht verzichten und aus diesem Landesteil eine seperate Republik von Frankreichs Gnaden machen wollten.

Haiphong bot in jenen Wochen ein seltsames Bild. Neben der *Tricolore* wehte die nunmehr offizialisierte rote Fahne des Vietminh mit dem gelben Stern. Die junge Republik Vietnam verfügte über eine eigene Armee, die in rostbraune Uniformen gekleidet war. Die Soldaten trugen dazu grüne Tropenhelme. Ihre Waffen stammten meist aus japanischen Arsenalen. Gemeinsam mit französischen Kolonialinfanteristen wurden diese kleinen Männer des Onkel Ho zu gemischten Patrouillen ausgeschickt. In Wirklichkeit standen sich diese Zufallspartner wie Hund und Katze gegenüber. Die französischen Stäbe betrachteten es als eine Demütigung, daß sie von gleich zu gleich mit diesen Heckenschützen verhandeln mußten, deren militärischer Anführer, ein gewisser Vo Nguyen Giap, seine strategischen

Kenntnisse als Geschichtslehrer erworben hatte. Die Tatsache, daß Giap ein Bewunderer des Feldherrn Bonaparte war, brachte ihm nur mitleidiges Lächeln ein.

Die kalte Regenzeit war abrupt zu Ende gegangen. Innerhalb einer Woche verwandelte sich Tonking in einen Glutofen. Die zerklüfteten Vorgebirge waren jetzt zum Greifen nahe. Jedermann spürte, daß Nordvietnam ein beschwerlicher Kriegsschauplatz sein würde. Haiphong war – mit Ausnahme von zwei Plätzen, die einem französischen Provinzstädtchen Ehre gemacht hätten – eine unansehnliche Ortschaft. Doch in diesem Frühlingsmonat erblühten die Flamboyants und Jacarandas in feuerroter und violetter Pracht.

Ich war damals neben einem Kanal untergebracht, in einer ziemlich trostlosen Gegend, wo die häßlichen Außenbezirke von Haiphong in die monotone Weite der Reisfelder übergingen. Jede Nacht klangen aus den nahen Dörfern revolutionäre Kampflieder. Mit dem Fernglas beobachteten wir das Exerzieren der Vietminh-Miliz, die in Ermangelung von Gewehren oft mit Bambusstöcken hantierte. Als eines Morgens im Kanal die verstümmelten Leichen von drei französischen Pionieren dem Meer zutrieben, wußten wir, daß die Tage des trügerischen Stillhaltens, des Modus vivendi, gezählt waren. Eine Woche später wurde ich wieder nach Saigon abgeordnet und schiffte mich in der Halong-Bay auf dem Kreuzer »Tourville« ein. In der roten Abendsonne bot sich mir ein Schauspiel von atemberaubender Herrlichkeit. Aus den stillen Fluten der Bucht, die im späten Licht wie pures Gold glänzte, erhoben sich die schwarzen Kalkfelsen wie barbarische Grabsteine. Die Dschunken zogen weite Kurven und bewegten sich vor dem untergehenden Gestirn wie Insekten, die um eine Flamme kreisen.

Das neue Gesicht des Krieges

Saigon, Anfang 1951

Vier Jahre später saß ich im Flugzeug Paris – Saigon, in einer DC 4-Maschine, die drei Tage und zwei Übernachtungen in Kairo und Karatschi brauchte, um am Ziel zu sein. Die meisten Passagiere waren kräftige Männer im wehrfähigen Alter. Sie trugen militärischen

Borstenhaarschnitt, waren aber alle in Zivil, denn die indischen Behörden, die widerwillig genug die Zwischenlandung dieser Air France-Maschine in Kalkutta duldeten, wollten keine französischen Uniformen sehen. Die Pariser Presse hatte die Hiobsbotschaft aus Fernost in großen Schlagzeilen gebracht. Zuerst waren die Verteidigungspläne für das Delta des Roten Flusses durch Verrat in die Hände des Gegners gefallen. Dann hatte der damalige französische Generalstabschef, der den ominösen Namen »Revers«, das heißt Rückschlag oder Niederlage, trug, die verspätete Räumung jener Grenzgarnisonen beschlossen, die Tonking gegen die chinesischen Nachbarprovinzen abschirmen sollten.

Diese Außenposten befanden sich in tödlicher Gefahr seit die siegreichen Armeen Mao Tse-tungs bis in die Südregion von Kwangsi und Jünan vorgedrungen waren. Die Volksrepublik China hatte offen für Ho Tschi Minh Partei ergriffen, lieferte Material an die roten Verbündeten und bildete in Nanning die vietnamesische Revolutionsarmee nach den bewährten Methoden des Volksbefreiungskrieges aus. Auf dem Rückzug aus dem Grenzstädtchen Cao Bang war eine französische Kolonne von dreitausend Mann auf den Haarnadelkurven der gebirgigen Dschungelpiste in einen Hinterhalt geraten und praktisch aufgerieben worden. Die Garnison von Lang Son rettete sich nur durch überstürzte Flucht unter Zurücklassung des gesamten Materials. Mit dem Sieg der maoistischen Revolution waren die französischen Sperriegel in Nord-Indochina unhaltbar geworden. Die Pariser Gazetten bereiteten die französische Öffentlichkeit, die sich ohnehin vom Fernost-Feldzug distanzierte, wenn sie ihn nicht wütend bekämpfte, auf die entscheidende Niederlage des Expeditionskorps im Dreieck des Roten Flusses vor. Der schmutzige Krieg – *la sale guerre*, hieß der Indochina-Krieg in den Pamphleten der KPF, und in Marseille, wo die Docker häufig die nach Saigon auslaufenden Schiffe bestreikten, gingen die Verstärkungen im Schutz der Dunkelheit an Bord. Sogar die Särge der Gefallenen wurden heimlich ausgeladen.

Ich war dieses Mal als Journalist nach Saigon gekommen. Ich brauchte nicht lange zu suchen, um den »Pascha« zu finden. Er saß schwitzend in einem Appartement der Rue Catinat und bastelte so liebevoll an einem komplizierten Sendegerät, als sei es eine Höllenmaschine. Es war ihm nicht anzumerken, daß er inzwischen die ersten zwei Admiralssterne erhalten hatte. Der »Pascha« war dabei, ein neues *Commando* aus Marinefüsilieren aufzustellen. »Bleiben Sie nicht in Cochinchina«, riet er mir. »Hier gibt es nur noch Routine und Schlamperei. Gehen Sie in den Norden, dort spielen wir im Moment unsere letzten Karten.« Zwei Tage zuvor war ein Großangriff des Vietminh, der in dichten Sturmwellen von vierzig Bataillonen gegen die Festung Vinh Yen vorgetragen wurde, im französischen Feuer zusammengebrochen. Die Revolutionsarmee, die bei Vinh Yen die Hälfte ihrer gesamten Streitmacht eingesetzt hatte und die nach der Überrennung des Stützpunktes Vietri schon den Sieg zu halten glaubte, hatte in fünftägiger Schlacht 8000 Mann verloren. Der vietnamesische Stabschef Giap, der ein umsichtiger Partisanenführer war, hatte sich gegen dieses Wagnis der offenen Feldschlacht gesträubt, doch er war im Politbüro der »Lao Dong«-Partei, der kommunistischen »Partei der Arbeit«, die den harten Kern des Vietminh bildete, überstimmt worden. Die roten Vietnamesen hatten Pech gehabt. Sie sahen sich unvermittelt einem neuen französischen Oberbefehlshaber, dem General de Lattre de Tassigny, gegenüber, der selbst in die vorderste Linie ging, um den Soldaten Mut zu spenden, und der die verfügbaren französischen Divisionen in beweglichen *combat teams* neu gegliedert hatte. Entscheidend war vor allem die Intervention der Luftwaffe, die durch amerikanische Lieferungen in aller Hast verstärkt worden war. Auf den Abwurf von Napalm waren die Strategen des Vietminh nicht vorbereitet gewesen. Die roten Freischärler verfügten seit dem endgültigen Sieg Mao Tse-tungs über ein gewaltiges, unverletzbares Hinterland. Aber die Franzosen, deren verspätetes Kolonialabenteuer der Diplomatie Washingtons noch unlängst ein Dorn im Auge gewesen war, konnten nunmehr auf amerikanische Hilfe und Solidarität zählen, seit die USA bis über die Schultern in den Korea-Konflikt verwickelt waren.

Das Stadtbild von Saigon hatte sich in den vergangenen vier Jahren gründlich gewandelt. Die letzten Spuren der Verwahrlosung und Verschmutzung, Folgen der kurzen Machtergreifung der vietnamesischen Revolutionäre im Jahr 1945, waren längst aufgeräumt. Saigon glich jetzt mehr denn je einer schläfrigen französischen *Préfecture* unter den Tropen. In den Boutiquen der Rue Catinat war das Angebot luxuriös. Die korsische Mafia und andere Spekulanten bereicherten sich am *trafic de la Piastre.* Die Währung Indochinas, der Piaster, wurde von den Schiebern zu lächerlichen Schwarzmarktpreisen aufgekauft und um ein Mehrfaches zum offiziellen Kurs ins Mutterland überwiesen. Unterdessen verbluteten im Reisfeld die jungen Offiziersjahrgänge der Kriegsschule von Saint-Cyr. Die ausgemergelten, malariagezeichneten Urlauber ärgerten sich am meisten über jene dickleibigen Stabsoffiziere der Etappe, die mit gerötetem Kopf ihre Nachmittage auf der Terrasse des Hotels »Continental« verbrachten, dem Cognac-Soda zusprachen und am Abend die hübschesten vietnamesischen Nutten abschleppten. Die kämpfende Truppe mußte sich inzwischen mit dem *Parc aux buffles* zufriedengeben, der am Eingang des Boulevard Galiéni ein riesiges Areal bedeckte. Der Büffelpark war das große Armee-Bordell, wo etwa tausend annamitische und kambodschanische Prostituierte lärmend und kichernd ihrem Gewerbe nachgingen. Sie waren grell geschminkt, kaum bekleidet und in der Mehrzahl erstaunlich hübsch. Den Soldaten, die an den Eingangsposten vorbei in den Innenhof des Büffelparks traten und die ihren Augen kaum trauten, wurden buchstäblich die Hosen von den Beinen gerissen.

Ganz hatte der Krieg die zugleich spießige und schamlose Stadt Saigon dennoch nicht verschont. Jede Bar und jedes Restaurant war auch tagsüber durch engmaschige Gitter geschützt, seit die Attentäter des Vietminh immer wieder Handgranaten auf die Uniformierten schleuderten. Bei Nacht flackerten die Leuchtraketen über den Rungsat-Sümpfen jenseits des Saigon-Flusses. Dann war es nicht ungefährlich, mit der Fahrrad-Rikscha in die Chinesenstadt Cholon zu fahren, wo eine geschlossene chinesische Gemeinschaft von einer Million Menschen, die mehr am Krieg verdiente als alle Franzosen zusammen, sich so gebärdete, als ginge sie das Schießen und Morden gar nichts an. In den Spielhöllen des »Grand Monde« waren die geflochtenen Mahjong-Körbe nur noch für die armen Schlucker da, während die wohlhabenden Söhne des Himmels an hochmodernen elektrischen Glücksspiel-Einrichtungen aus den USA mit steinernem Gesicht Riesensummen einsetzten. In unmittelbarer Nachbarschaft des »Grand Monde« und seiner Laster duckten sich armselige Bretterbuden am stinkenden Flußufer, das von Ratten wimmelte. Hunderte von Wohndschunken waren hier ineinander verschachtelt, und die Kommissare des Vietminh bewegten sich in diesem Elendsviertel wie der vielzitierte Fisch im Wasser.

Am frühen Morgen verließ ich Saigon in südlicher Richtung. Auch in Cochinchina hatte sich der Krieg ein neues Gesicht zugelegt. Die Asphaltstraße nach My Tho und Can Tho war von hölzernen Wachtürmen gesäumt, ein Anblick, der an römische Heerlager erinnerte.

Diese Türme, die sich in Sichtweite ablösten, um miteinander signalisieren zu können, gingen angeblich auf eine Erfindung des General Galiéni zurück, der im 19. Jahrhundert mit seiner »Ölfleck«-Strategie die Insel Madagaskar befriedet hatte. Die Stellungen rings um diese unzeitgemäßen Befestigungen waren durch messerscharfe Bambusverhaue abgeschirmt. Da diese Art von Sicherung zu viele Truppen immobilisierte, war das französische Oberkommando dazu übergegangen, die eigenen Soldaten durch vietnamesische »Hilfswillige«, durch antikommunistische Freiwillige, zu ersetzen. Sehr vertrauenerweckend wirkten diese neuen Verbündeten Frankreichs nicht. Sie trugen die schwarze Tracht der Reisbauern. Bei Nacht vor allem wurden die Nerven der französischen Gefreiten und Unteroffiziere, die diese Beute-Partisanen befehligten, auf harte Proben gestellt. Dann begann es nämlich in den Reisfeldern zu rascheln, zu kriechen und zu ballern. Lautsprecher brüllten plötzlich kommunistische und nationalistische Kampflieder oder Parolen aus der Finsternis und brachten die Ochsenfrösche zum Schweigen. Nur wenige Wächter in den einsamen Forts verfielen auf psychologische Gegenmaßnahmen, wie jener bärtige Sergeant aus der Auvergne, der bei Nacht seine verkratzten Schallplatten auflegte und mit Hilfe eines Verstärkers den Vorkämpfern der Weltrevolution eine Sammlung von Wiener Walzern entgegendröhnen ließ.

Cochinchina war relativ fest in französischer Hand. Die kämpferischen Sekten, Cao Dai und Hoa Hao, hatten nämlich ihren Frieden mit Paris gemacht. In ihren Territorien sorgten sie dafür, daß die Infiltranten des Vietminh erbarmungslos gejagt wurden. Sie waren ähnlich motiviert wie die Kommunisten und bewährten sich im Partisanenkampf. Vor allem die Hoa Hao schreckten vor keiner Grausamkeit zurück. Die Sekten wurden in der Provinz Bentre durch das Aufgebot eines katholischen Colonel, eines Eurasiers, der auf den Namen Leroy hörte, verstärkt. Leroy ließ nicht mit sich spaßen. Im Umkreis von Saigon-Cholon hatten die Franzosen ein zutiefst unmoralisches Bündnis mit einer Bande von Flußpiraten, den Binh Xuyen, geschlossen. Diesen Halsabschneidern wurde nicht nur die Polizeigewalt über Saigon übertragen, sondern auch die Verfügung über die kolossalen Profite der Spielhöllen des »Grand Monde« von Cholon. Die Binh Xuyen waren bei der Bevölkerung gefürchtet und gehaßt. Sie waren von abscheulicher Effizienz, und über ihre Verhörmethoden gingen grauenhafte Gerüchte um. »Wir sind tief gefallen«, lachte der Pascha, als ich ihn am Flugplatz Tan-Son-Nhut wiedertraf, um mit seiner Sondermaschine nach Hanoi zu fliegen. »Wer hätte seinerzeit in Tay Ninh geglaubt, daß diese Narren des Cao Dai einmal unsere unentbehrlichen Waffenbrüder würden?«

Der Edelmann und die Hiobsbotschaften

Hanoi, Anfang 1951

Die Rollbahn des Flugplatzes Gialam im Osten Hanois glänzte im kalten Sprühregen. Die neuen Jagdbomber, die die Amerikaner eben geliefert hatten, waren am Rande aufgereiht. Für Material- und Truppentransporte bedienten sich die Franzosen immer noch einer Flotte alter Ju 52. Hanoi lag jenseits des Roten Flusses, der seinen Namen zu Recht trug. Über die geschwollenen Fluten spannten sich die Eisenbogen und -streben der Paul-Doumer-Brücke, die unter der Dritten Republik einmal als Wunderwerk der Technik gepriesen worden war. Für den militärischen Nachschub war diese Brücke völlig unzureichend. Sie war durch überladene Rikschas oder Büffelgespanne der Eingeborenen verstopft. Zusätzlich verkehrten hier die Eisenbahnzüge von und nach Haiphong. Dieser einzige Verbindungsweg über den Roten Fluß wurde durch ein starkes Aufgebot von schwarzen Kolonialsoldaten abgesichert, die man pauschal als »Senegalesen« bezeichnete, obwohl die meisten von ihnen aus Ober-Volta stammten. Die Neger fröstelten in der Feuchtigkeit. Mit traurigen Augen, die in den kohlschwarzen Gesichtern tellergroß wirkten, blickten sie auf diese rastlosen Ameisenkolonnen winziger Vietnamesen, die den baumlangen Afrikanern nicht zur Schulter reichten. Die »Senegalesen«, so hatte sich bald herausgestellt, waren für die asiatische Partisanenbekämpfung völlig untauglich. Sie empfanden Furcht und Heimweh in dieser feindseligen Fremde. Natürlich hatten auch sie ihre vietnamesischen Kebsweiber, die allerdings bei der einheimischen Bevölkerung totaler Verachtung anheimfielen, denn die Asiaten sind äußerst rassebewußt. Aus den schwarzen Einheiten wurden häufig Messerstechereien gemeldet, und immer ging es um Eifersucht und Frauen. Die französischen Offiziere hätten die Neger am liebsten nach Afrika zurückgeschickt. Sie waren allenfalls als Bewachungstruppen zu brauchen, und das auch nur bei Tage.

Mit Saigon verglichen war Hanoi eine stille und herbe Stadt. Das Leben pulsierte langsamer. Im Wasser des Kleinen Sees zwischen Geschäftszentrum und Chinesenviertel bildeten die bunten Mauern eines kleinen buddhistischen Tempels den einzigen Farbklecks in der Trostlosigkeit dieses Regentages. Sogar die armselige Kirmes, die ein paar barfüßige Kinder anzog, vermochte keine Heiterkeit zu verbreiten. Der Jeep, der mich am Flugplatz abgeholt hatte, fuhr durch baumbestandene breite Straßen. Die französischen Städteplaner hatten ihrem Ruf Ehre gemacht, als sie das Verwaltungsviertel mit den ockergelben Palästen entwarfen, in denen der Generalgouverneur für Französisch-Indochina einst amtiert hatte. Wir passierten die Festung, die im Stil einer düsteren Vauban-Kasematte gebaut war und die während des Vietminh-Aufstandes im Dezember 1946 den europäischen Zivilisten als Fluchtburg gedient hatte. Dann bogen wir in einen ansehnlichen Häuserkomplex ein, gelb getünchte zweistöckige Villen, vor denen ein lässiger Posten stand. Ich war im Pressecamp angekommen, wurde von einem Unteroffizier in ein geräumiges Zimmer mit riesigem Bett und Moskitonetz geführt und stellte mich beim diensthabenden Major vor, der für diese Einrichtung zuständig war. Major Roëllec war ein feister, lebensfroher Bretone. Trotz der Tropensonne war er bleich geblieben, und seine Glatze ließ ihn älter erscheinen, als er war. Er war im Reisfeld durch einen Splitter im Hinterteil verletzt worden, was unter der Meute der überwiegend französischen Journalisten stets mit den gleichen billigen Witzen kommentiert wurde. Roëllec war ein standfester Trinker, und er gebärdete sich, wann immer sich die Gelegenheit bot, als Sexualprotz. Als ich ihn fünfzehn Jahre später als Obersten der Fallschirmtruppe in Laos wiedersah, erlitt mein Glauben an die französischen »Paras« einen harten Schock.

In der Bar des Pressecamps waren große Karten angeschlagen. Es fand gerade ein *Briefing* statt. Der AFP-Korrespondent Julien, den ich aus Paris kannte, erklärte mir flüsternd, daß diese Bar nicht speziell für die Journalisten eingerichtet worden sei. Vor dem Krieg sei unser *Compound* ein Luxus-Bordell gewesen, und aus dieser Zeit stammten gewisse Kommoditäten. Der französische Hauptmann an der Landkarte war ein unverbindlicher, etwas arroganter Typ. Vielleicht war er auch nur so abweisend, weil er meist nur Hiobsbotschaften verkünden mußte und weil er gegen die kleine Truppe angelsächsischer Kriegskorrespondenten, die nach der Schlacht von Vinh Yen in Hanoi eingetroffen waren, eine unüberwindliche, sehr französische Abneigung empfand. Die Amerikaner und auch die Briten beobachteten die verzweifelten Bemühungen der französischen Armee in Tonking wie strenge Zensoren. Sie waren davon überzeugt, daß sie diesen Krieg viel effizienter führen, ja daß sie ihn binnen kurzer Frist gewinnen könnten. Die Amerikaner wären vollends unerträglich gewesen, wenn sie der Verlauf des Korea-Feldzuges, der im vergangenen Sommer begonnen hatte, nicht verunsichert hätte. Die englischen Korrespondenten waren meist alte Schlachtrösser aus dem Burma- und Pazifik-Krieg. Der eine oder andere hatte als Offizier gedient und betrachtete kopfschüttelnd diese gallischen Hähne, die so gar nicht nach Kiplings Geschmack waren. Unter den Franzosen wurden Wetten geschlossen, welcher britische Journalist wohl der getarnte Resident des Intelligence Service sei.

Das militärische *Briefing* war relativ kurz und mager gewesen. Der Capitaine kündigte an, daß am folgenden Abend der Oberkommandierende des französischen Expeditionskorps in Fernost und Hochkommissar für Indochina, Armeegeneral Jean de Lattre de Tassigny, sie mit einem Besuch beehren und mit ihnen dinieren würde. Diese Ankündigung ließ die Angelsachsen kalt, löste jedoch unter den französischen Presseleuten aufgeregte Diskussionen aus. De Lattre war kein alltäglicher General. Als junger Offizier war er bereits von der deutschen Abteilung »Fremde Heere West« bemerkt und notiert worden. Nach dem französischen Zusammenbruch im Sommer 1940 hatte sich dieser Junker aus der stockkatholischen Vendée dem »Etat Français« des Marschall Pétain zur Verfügung gestellt und seine Unterschrift – horresco referens – stand sogar unter dem Dokument eines Militärgerichts von Vichy, das den »Colonel« de Gaulle zum Tode verurteilte. De Lattre rehabilitierte sich, als er 1942 nach einem vergeblichen Widerstandsversuch gegen die nach Südfrankreich vorrückenden Deutschen unter abenteuerlichen Umständen nach Nordafrika flüchtete. Dort stellte er in rastloser Arbeit jene Erste Französische Armee auf, die im Sommer 1944 in der Provence landete, über Burgund ins Elsaß vorstieß und dort in verlustreichen Kämpfen etwas von jener *Gloire* zurückgewinnen konnte, deren das traumatisierte Frankreich so bitter bedurfte.

Die letzten Kriegswochen führten die Erste Französische Armee quer durch den Schwarzwald bis zum Bodensee und nach Vorarlberg. Inzwischen hatte sie sich die pompöse Devise »Rhein und Donau« zugelegt. De Lattre war bei seinen Offizieren mindestens ebenso gefürchtet wie beim Feind. Er hatte sich in der Besatzungszone Deutschlands die Allüren eines Sonnenkönigs zugelegt und wurde allgemein *le Roi Jean* genannt. In Sigmaringen hatte er angeblich den Hohenzollern-Kronprinzen, dessen Haltung in der Stunde des deutschen Untergangs ihm nicht würdig genug erschien, mit verletzenden Worten aus dem Schloß gejagt und ihm zum Weggang nur ein Fahrrad gelassen. Die Franzosen waren für de Lattre nicht blond, blauäugig und zackig genug. Die Schlamperei, die den französischen Muskoten so schwer auszutreiben ist, brachte den König Jean zur Raserei. Seine unvermutete Ankunft in den Stäben und Kasernen des Schwabenlandes hatte stets Panik ausgelöst. Die Autorität dieses hochmütigen Mannes mit der energischen Aristokratennase war ein verblüffendes Phänomen.

So blieb es auch in Indochina, wo de Lattre in der Stunde höchster Not eine aussichtslose Situation übernahm. Er wußte von Anfang an, daß er in Tonking keine Lorbeeren und schon gar keinen Sieg ernten würde. Es war ein Opfergang, den dieser eitle und ungestüme Mann antrat. Nur er selbst und sein Arzt wußten zu jener Stunde, daß er bereits von einer tödlichen Krankheit gezeichnet war. De Lattre hatte bei seiner Ankunft in Saigon das gesamte Offizierskorps in Tan-Son-Nhut antreten lassen. Weiße Tropenuniform hieß die Kleidervorschrift. In diesem schneeweißen Carré entdeckte der General mit scharfem Auge einen unglücklichen dicklichen Oberstleutnant, der aus irgendwelchen Gründen in Khaki erschienen war. »Sie werden mit dem nächsten Flugzeug nach Frankreich zurücktransportiert«, fauchte de Lattre, und dann zu den Anwesenden: »Ich sehe hier zu viele Obersten und zu wenig Leutnants.« Wie recht er hatte.

Die Schlacht von Vinh Yen hatte dieser westfranzösische Edelmann mit seinen Männern in der ersten Linie verbracht. Seitdem war seine Popularität bei der Truppe gestiegen. Auch in Hanoi sah man Stabsoffiziere über den Kasernenhof eilen, um letzte Papierfetzen und Abfall zu entfernen, wenn seine Inspektion bevorstand. Den einfachen Soldaten konnte das nur gefallen.

Am liebsten hätte Major Roëllec sogar die Journalisten des Pressecamps zum Fegen und Putzen eingesetzt, bevor der Roi Jean sie besuchen kam. Statt dessen jagte er die Truppe der Küchenboys wie Kaninchen treppauf und treppab und spornte die Putzfrauen an. Der

Senior der französischen Korrespondenten, Max Olivier vom »Figaro« prüfte immerhin nach, ob die Fingernägel seiner Kollegen sauber seien. Ohne Proteste ging das nicht ab. Die französische Presse war in Hanoi vorteilhafter vertreten als in mancher Pariser Redaktion. Da war der bereits erwähnte Olivier, ein protestantischer Hüne aus den Cévennen, den nichts aus der Ruhe brachte und der faszinierend aus Indien zu berichten wußte, wo er zur Zeit der Unabhängigkeitsproklamation Korrespondent gewesen war. Sein stärkster Eindruck aus jener Zeit war das Begräbnis Gandhis: der überhöhte Scheiterhaufen des ermordeten Mahatma, um den sich Hunderttausende rasend, brüllend, weinend drängten; immer wieder schob sich die Masse wie ein Lavastrom auf die Verbrennungsstätte zu; riesige Sikh-Polizisten schlugen mit ihren Schlagstöcken, den *Lathi*, auf die Menge ein und zertrümmerten in den vordersten Reihen Schultern und Schädel. Olivier sollte wenig später in Seoul beim protestantischen Gottesdienst eine Koreanerin aus gutem Haus kennenlernen, die er heiratete und glücklich nach Frankreich heimbrachte.

Der AFP-Mann Julien galt als unkomplizierte Frohnatur. Seinen wahren Lebenszweck schien er neben der Arbeit in rastlosen erotischen Eskapaden zu suchen, die man diesem schmächtigen Lehrertyp gar nicht zutraute. Jeder wußte, daß er in Saigon eine bildhübsche Eurasierin sitzen hatte, was ihn in Hanoi aber in keiner Weise bekümmerte. Das Schicksal ereilte Julien, als er mit der Frau eines französischen Militärpiloten schlief und dieser zur gleichen Stunde abgeschossen wurde. Diese Koinzidenz hatte Julien, den man solcher Regungen gar nicht fähig hielt, so tief getroffen, daß er die Fliegerwitwe heiratete und von nun an zum bravsten Ehemann Indochinas wurde. Zu erwähnen war auch Max Motte, jener »Le Monde«-Korrespondent, der bei den Militärs wegen der Schärfe seiner kritischen Analysen und seiner pessimistischen Prognosen im Rufe eines gefährlichen Linksintellektuellen stand. Die wenigsten wußten, daß Motte sein Leben in Saigon mit Judo- und Karateunterricht gefristet hatte. Niemand hätte prophezeit, daß er in den siebziger Jahren zum Chefredakteur einer sehr bürgerlichen Pariser Zeitung avancieren und seine Leitartikel vorzugsweise der Bekämpfung des linken Terrorismus sowie dem Plädoyer für die Todesstrafe widmen würde. Der Eindrucksvollste blieb jedoch Lulu Bodard, ein phlegmatischer Saurier, ein Überbleibsel aus den großen und konfusen Zeiten des Reiches der Mitte vor der Roten Revolution. Er war in Szetschuan, im Herzen Chinas aufgewachsen, und seine autobiographischen Romane über diese exotische Kindheit haben ihn später berühmt gemacht. Bereits in Hanoi trug er seine Erfahrungen mit den Söhnen des Himmels mit sich herum. Seine Erzählungen kreisten um das Elend der Massen, die Launen der *War-Lords*, die Weisheit der Armen und der Huren, die unbeschreibliche, wimmelnde, selbstsüchtige, gefräßige Vitalität dieses Riesenvolkes. Seine Anekdoten steigerten sich zu literarischer Qualität, wenn er auf den Matten einer zugigen Hütte im Chinesenviertel Hof hielt und die ersten Opiumkugeln schmelzen ließ.

De Lattre kam in Zivil und überraschte alle. Er befleißigte sich gegenüber dem Pressehaufen einer ausgezeichneten Höflichkeit, als befände er sich nur unter Gleichgestellten. Sein Interesse galt in erster Linie den amerikanischen Journalisten. Sein Englisch war erbärmlich und erinnerte karikatural an den Akzent von Maurice Chevalier. Dennoch wirkte de Lattre in keiner Weise lächerlich. Den Yankees, die er überraschend schnell gewonnen hatte, fiel auf, daß dieser französische Oberbefehlshaber seinem Kollegen Mac Arthur in Korea auf erstaunliche Weise physisch und psychologisch glich. De Lattre, daraus machte er kein Hehl, war völlig illusionslos. Die Selbstbehauptung der französischen Armee in Ostasien war nur vorstellbar, wenn sie Teil einer großen Machtentfaltung der »Freien Welt«, wie man damals sagte, sein würde. Er spielte die Karte der französisch-amerikanischen Solidarität im Angesicht der marxistischen Revolution auf dem chinesischen Festland, aber er wußte wohl auch, daß ein solches Unternehmen zum Scheitern verurteilt war. »Wenn die Chinesen kommen . . .«, sagte er und zuckte die Schultern in einer Geste der Ohnmacht. Der General trug sich mit dem Plan, in Kürze nach Washington zu fliegen, um in der Öffentlichkeit für den französischen Einsatz in Indochina zu werben und, was er als recht demütigend empfinden mußte, um den Kongreß zu bewegen, zusätzliche Finanzhilfe und Waffenlieferungen für sein Expeditionskorps zu bewilligen.

Als de Lattre gegangen war, wandte sich ein Leutnant des *Service de Presse* mit einer Anfrage an die anwesenden Angelsachsen: »Wir haben aus Saigon ein Kabel erhalten, dort sei ein amerikanischer Journalist namens Graham Greene eingetroffen. Ist er jemandem hier bekannt?« Dröhnendes Gelächter antwortete ihm.

Die vietnamesischen Putzfrauen kamen herein, um die Tische abzuräumen. Sie trugen weite schwarze Hosen, ein formloses weißes Mieder, und selbst im Zimmer behielten sie den flachen Strohhut auf.

Major Roëllec hatte für die Bedienung der Journalisten offensichtlich die häßlichsten Weiber Tonkings aufgetrieben. In den ersten Wochen des Pressecamps war diese Aufgabe von jungen Boys wahrgenommen worden, bis zu dem Tag, an dem sich ein einsamer Kriegskorrespondent an einem zierlichen Knaben verging, mit dessen Einwilligung übrigens und nach Zahlung des einschlägigen Tarifs.

Ihre Gefährtinnen der Nacht suchten Journalisten wie Offiziere im Tanzlokal »Paramount« in der Nähe des Kleinen Sees. Dort strahlte die rote Leuchtreklame im ersten Stock der vereinsamten Straße, wo nur die Schritte der Patrouillen hallten, und zog die Fahrrad-Rikschas wie Moskitos an. Im »Paramount« wurde zu den Klängen einer schmalzigen Kapelle »chinesischer Tango« getanzt. Die Taxi-Girls forderten für jeden Schwof eine Plastikmünze, die wie ein Spieljeton an der Kasse gekauft werden mußte. Sie waren in die sittsame Landestracht Ao Dai gekleidet. Die starke Schminke verwandelte die schönen Gesichter in frivole Masken und verriet, daß es sich nicht um wohlerzogene Pensionatstöchter handelte. Die Atmosphäre im trüben Neonlicht des »Paramount«, wo sich nur drei oder vier Paare drehten, war von tödlicher Langeweile. Die Feuchtigkeit sikkerte aus sämtlichen Fensterritzen herein. Die Mädchen saßen mit hochmütigen, abwesenden Mienen auf einer Stuhlreihe nebeneinander wie Hühner auf einer Stange. Sie erwachten erst zu einem strahlenden Lächeln, wenn sie aufgefordert wurden und ihre Jetons kassierten. Mit Huren wollten diese Taxi-Girls um keinen Preis verwechselt werden. Sie gingen nur mit jenen Gästen schlafen, die ihnen zusagten und die mindestens drei Abende lang um sie geworben hatten. Sonst verloren sie das Gesicht.

Der streitbare Bischof

Phat Diem, 1951

Die katholischen Kirchen lasteten wie mächtige Burgen über den Strohdächern der Dörfer. Die Provinz Phat Diem stand im Zeichen des Kreuzes. Sie war die Hochburg des Katholizismus am Rande des Golfes von Tonking. Die Eskorte von fünf eingeborenen Milizsoldaten, die unser Flußboot gegen Überfälle des Vietminh schützen sollte, atmete sichtlich auf, als wir die Gefahrenzone verließen. Solange über den Ortschaften im Delta des Roten Flusses die neue Fahne des nationalen, antikommunistischen Vietnam und dessen Regierung von Frankreichs Gnaden wehte – ein gelbes Tuch mit drei horizontalen roten Streifen – mußte man stets auf alles gefaßt sein. Bei Einbruch der Dunkelheit wurde hier nämlich die Flagge des Kaisers Bao Dai, den die Franzosen als Staatschef wieder eingesetzt hatten und den sie gegen Ho Tschi Minh aufzubauen suchten, eingeholt. Bei Nacht begann die Herrschaft der roten Kommissare. Jedesmal, wenn auf den flachen Deichen eine Bewegung entstand, hatten unsere Wachen ihre Flinten entsichert und nervös in den Nebel geschaut. In der Ferne hallte Artilleriefeuer.

Aber jetzt waren wir in Sicherheit, seit über den wuchtigen Gotteshäusern die gelb-weiße Fahne des Vatikans flatterte. Bischof Le Huu Tu von Phat Diem, dessen Domäne wir erreichten, war ein streitbarer Mann. Das wußten auch die Kommunisten, seit dieser ehemalige Ratgeber Ho Tschi Minhs sich mit den gottlosen Marxisten überworfen hatte. Auch gegenüber den Franzosen war Monseigneur Le Huu Tu, der dem Trappistenorden angehörte, auf Distanz bedacht. Er war ein engagierter vietnamesischer Patriot, der die Repräsentanten der einstigen Kolonialmacht stets mit tiefem Mißtrauen empfing. Er hatte die Beamten der Dritten Republik erlebt, und jeder Franzose stand bei ihm zunächst einmal im Verdacht, ein verkappter Freimaurer zu sein.

Die Kathedrale von Phat Diem war ein ebenso massiver, himmelstürmender Bau wie die übrigen Kirchen des Deltas. Aber sie war ganz in Holz gebaut und mit chinesischen Stilelementen verziert. Der Ratgeber Le Huu Tus, ein belgischer Priester, erwartete uns. »Sie kommen zu einem interessanten Zeitpunkt«, sagte der flämische Pater. »Sie erleben hier eine Art Investitur-Streit. Der neue Gouverneur von Tonking, Nguyen Huu Tri, der der konservativen Dai Viet-Partei angehört, möchte unseren Bischof zwingen, sich auf seine religiösen Aufgaben zu beschränken und sich aus der Politik zurückzuziehen.« Vor der Kirche staute sich eine riesige Menge. Von oben sahen diese Menschen mit ihren kreisrunden Strohhüten wie eine Ansammlung von Pilzen aus. Es hatte seit Tagen geregnet. Die Katholiken von Phat Diem standen bis zum Knöchel im kalten Schlamm. Die Zugänge zum großen Platz vor der Kathedrale waren durch die Soldaten des Bischofs abgeschirmt. Le Huu Tu verfügte über seine eigene kleine Armee, die er höchstpersönlich befehligte und die unter der Fahne des Heiligen Stuhles nach dem Reglement des Vietminh exerzierte. Die Vorsichtsmaßnahmen waren nicht überflüssig, denn bei der letzten Fronleichnamsprozession hatten sich rote Partisanen unter die Gläubigen gemischt und überraschend eine heillose Schießerei ausgelöst. Um die Situation zu retten, hatte Le Huu Tu zu seinem größten Bedauern die Unterstützung einer benachbarten französischen Interventionseinheit anfordern müssen. Unterhalb der gelb-weißen Fahne mit den Schlüsseln Petri wehten auf dem Dach der Kathedrale die Farben National-Vietnams, Frankreichs, der USA und Großbritanniens. Die Franzosen bemerkten diese angelsächsische Präsenz mit Mißmut, zumal die knabenhaften vietnamesischen Seminaristen alle eintreffenden Europäer mit listigem Lächeln in einem schauderhaften englischen Kauderwelsch begrüßten. Angesichts des Niedergangs Frankreichs, den Le Huu Tu als unvermeidlich, ja wohl als gottgewollt empfand, sahen die Katholiken von Tonking in den Vereinigten Staaten von Amerika ihren unbesiegbaren Protektor von morgen.

Le Huu Tu war in der weißen Kutte seines Ordens auf die Rampe am Eingang der Kathedrale getreten. Er war ein hagerer, asketischer Mann, in dessen Augen ein heiliges Feuer glühte. Im Typus ähnelte er sehr stark dem späteren Regierungschef des kommunistischen Vietnam, Pham Van Dong. Vor ihm hatten sich Chorknaben aufgestellt, die sein Wappen, Mitra und Drachen, hochhielten. Der Bischof segnete die Menge, die im Schlamm niederkniete. Dann schüttelte er den Honoratioren und Gästen die Hand. Als ein französischer Kavallerie-Major, der in Phat Diem als Verbindungsoffizier fungierte, den Ring des Bischofs küßte, verschluckte sich Julien, der aus einer sozialistischen und antiklerikalen Familie stammte, vor Entrüstung. Neben den katholischen Geistlichen, die Le Huu Tu umgaben, waren auch ein paar buddhistische Bonzen in grauem Gewand erschienen. Sie fügten sich ganz natürlich in dieses Bild. Der Bischof trat ans Mikrophon. Die Milizsoldaten auf beiden Seiten der Treppe, die unter breiten Schlapphüten das Gewehr präsentiert hatten, setzten die Waffe ab. Die Menge erhob sich und entfaltete Spruchbänder, wie sie es einmal auf den Kundgebungen des Vietminh gelernt haben mochte.

Der Belgier übersetzte uns, was nun folgte. Monseigneur Le Huu Tu erklärte seinen Diözesanen die neue politische Situation in Tonking. Er machte aus seiner Geringschätzung für den als Staatschef wiedereingesetzten Kaiser Bao Dai kein Geheimnis. Bao Dai hatte sich stets dem Stärkeren gebeugt, ob es Franzosen, Japaner oder Kommunisten waren. Vor Ho Tschi Minh war er schließlich nach Hongkong geflüchtet, hatte sich dort als Geschäftsmann etabliert und wäre wohl am besten dort geblieben. Der Hirte von Phat Diem hingegen hatte bei den Seinen ausgeharrt, vorübergehend hatte er aus taktischen Gründen mit Ho Tschi Minh paktiert, aber die marxistische Ideologie stets verurteilt. Als 1949 der Vietminh vor dem Herannahen der Franzosen seine Strategie der verbrannten Erde auch in den katholischen Provinzen von Phat Diem und Bui Chu durchführen wollte, hatten die Christen unter Führung ihrer Seelsorger zur Waffe gegriffen und dem roten Spuk ein Ende gesetzt. Aber nun kamen neue Gefahren auf sie zu.

Die Franzosen hatten endlich ihrem separatistischen Spiel in Cochinchina ein Ende gesetzt und einen Regierungschef für ganz Vietnam ernannt. Ihre Wahl war auf den Großgrundbesitzer Trang Van Huu aus Saigon gefallen, der neben der vietnamesischen auch die französische Staatsbürgerschaft besaß und der als typischer Vertreter der cochinchinesischen Bourgeoisie in Nordvietnam auf schärfste Ablehnung stieß. Bao Dai, der in Trang Van Huu ein Instrument der Franzosen sah, hatte deshalb einen Gouverneur von Tonking eingesetzt, der dieser rauhen Landschaft angemessen schien. Der Dai-Viet-Politiker Nguyen Huu Tri war der französischen Polizei schon vor dem Kriege als militanter Nationalist aufgefallen und hatte nach China flüchten müssen. Er trat neuerdings ganz offen für eine totale Loslösung Vietnams von Frankreich ein und setzte auf die amerikanische Karte. Er hätte der ideale Partner des Westens im Kampf gegen den asiatischen Kommunismus sein können, wenn seine Dai-Viet-Partei eine breite Volksbewegung gewesen wäre. Doch er verfügte nur über eine kleine Gefolgschaft, und die Mandarine, die sich auf die Pfründe der neuen Verwaltung gestürzt hatten, waren im Volk weitgehend diskreditiert. Der Patriotismus des Gouverneurs Tri stand außer Zweifel. Aber er war zur Verwirklichung seiner Politik der nationalen Unabhängigkeit und der Selbstbehauptung gegenüber den Kommunisten auf eben jene französische Armee angewiesen, die er am liebsten zum Teufel gewünscht hätte. Nun versuchte er auch noch, das Bistum von Phat Diem seinem schmalen Einflußbereich einzuverleiben und Monseigneur Le Huu Tu im Namen eines nationalen Zentralismus zu entmachten, der unter den gegebenen Umständen eine Farce war.

Der Bischof spielte seine Rolle der Unterwerfung wie ein routinierter Schauspieler. »Ich bin bereit«, so rief er in der seltsam quäkenden Sprache seines Landes, »den Weisungen des Gouverneurs von Hanoi zu folgen. Ich bin bereit, die weltliche Verantwortung für meine geliebten Diözesanen niederzulegen und mich lediglich meinen seelsorgerischen Aufgaben zu widmen.« Da erhob sich ein Sturm des Protestes. Die Menge kniete wieder nieder und schrie in wohlvorbereiteten Sprechchören: »Wir wollen keine fremden Machthaber. Wir folgen unserem Bischof und unterwerfen uns in allem seiner priesterlichen Autorität!« Als Le Huu Tu mit leicht gerötetem Gesicht die Arme ausbreitete und den Segen erteilte, dröhnten die Glokken aus allen Kirchen der Reisebene, und die Milizkapelle von Phat Diem spielte einen Marsch, in dem sich französische Clairons und chinesische Gongs mischten.

Die Rückkehr nach Hanoi war mühselig. Die Straßen waren durch die berüchtigten »Klaviertasten« fast unbefahrbar gemacht. Die Löcher mußten jeden Morgen durch Bulldozer zugeschaufelt werden. Unter den Sitzen des Jeeps lagen Sandsäcke, denn der Vietminh hatte mit der systematischen Verminung aller Verbindungswege begonnen. Ein wirksamer Schutz war das natürlich nicht. Rund um das Delta und an sämtlichen Kontrollpunkten wurde eifrig gebaut und Beton gemischt. General de Lattre hatte die Errichtung einer permanenten Verteidigungslinie angeordnet, um den Überfällen des roten Gegners einen Riegel vorzuschieben. Diese Befestigungen waren getreulich im Stil der Maginot-Linie ausgeführt, was ironische Kommentare auslöste. Die Soldaten empörten sich vor allem über die skandalösen Profite, die gewisse französische Unternehmer bei diesem Geschäft erzielten. Die grauen Bunker in den Reisfeldern wirkten von Anfang an wie Signale des Untergangs. Sie waren durch Stacheldrahtverhaue abgeschirmt. Die Verteidigung der Kasematten wurde meist schwarzen Kolonialeinheiten übertragen. Da der Verdacht bestand, daß die »Senegalneger« aus Furcht vor der Dunkelheit und den Partisanen bei Nacht die Flucht ergriffen, wurden sie abends in ihren Bunkern eingeschlossen. Erst beim Morgengrauen ließ man sie wieder heraus.

In der Nachbarschaft von Ha Duong begegneten wir einem Bataillon der neugegründeten vietnamesischen Nationalarmee. Die Franzosen hielten nicht viel von dieser Truppe und ließen das die gelben

Verbündeten spüren. Das hatte wiederum zur Folge, daß diese asiatischen Soldaten an sich selbst zweifeln mußten und wenig Kampfeifer an den Tag legten. »Schauen Sie sich das an«, tadelte der Capitaine, der mich begleitete, »statt das Reisfeld zu durchkämmen, sich leichtfüßig im Schlamm zu bewegen wie ihre Landsleute vom Vietminh, gehen diese Nationalsoldaten stets auf den Straßen spazieren und packen sich mit Material und Waffen so voll, daß sie völlig unbeweglich werden. Barfuß sollten sie gehen, statt unsere Marschstiefel anzuziehen.«

Zum Abendessen war ich bei de Lattre de Tassigny eingeladen. Seine Frau war nach Hanoi gekommen, was als Symptom für die Fortschritte seiner Krankheit gewertet wurde. Sein Sohn Bernard, ein blutjunger Leutnant, war ebenfalls zu Gast. Bernard sollte wenige Tage darauf in der felsigen Zuckerhutlandschaft von Hoa Binh fallen. Es war auch ein amerikanischer Oberst zugegen, der polternden Optimismus verbreitete und Madame de Lattre plumpe Komplimente machte, was dem General sichtlich auf die Nerven ging. De Lattre war schlecht gelaunt. Das Experiment mit Gouverneur Tri hatte sich als unrentabel erwiesen. Einen Feind Frankreichs zum Statthalter in Tonking zu machen, ging eventuell noch an, aber wenn dieser Mann sich dann unfähig erwies, eine nennenswerte Anhängerschaft gegen die Kommunisten aufzubieten, dann hatte man aufs falsche Pferd gesetzt. Am Nachmittag des gleichen Tages hatte Nguyen Huu Tri im unvermeidlichen Nieselregen dieser Jahreszeit eine Großkundgebung vor der Oper einberufen. Das war eine klägliche Veranstaltung gewesen. Der grauhaarige Mandarin, dessen Gesicht irgendeinen indischen Einschlag verriet, war beim Hochkommissar endgültig in Ungnade gefallen.

Zwei Tage zuvor war de Lattre mit Staatschef Bao Dai auf dessen Yacht im Golf von Tonking zusammengetroffen. Es war dabei sehr heftig zugegangen. Der dickliche Ex-Kaiser galt als hochintelligent und total charakterlos. Er war ein Nachkomme jenes großen Gia Long, der die ersten Franzosen nach Hue geholt hatte, um seine Abhängigkeit vom Reich der Mitte zu verringern. De Lattre hatte von Bao Dai vergeblich gefordert, daß er sich mit vollem persönlichem Einsatz um das Wohl seines Vaterlandes bemühe. Doch er war auf einen phlegmatischen Playboy gestoßen, der auf alle Vorschläge wie eine beleidigte Diva reagierte. Am Ende hatte er, einem französischen Augenzeugen zufolge, ein Gesicht aufgesetzt wie ein Rikscha-Kuli, der mit einer zu hohen Banknote bezahlt wurde und der sich weigert, das Kleingeld herauszurücken.

Der General hatte die Speisen nicht angerührt und nur ein Glas Wasser getrunken. »Neulich«, so begann er, »habe ich die Studenten von Saigon um mich versammelt. Ich habe ihnen gesagt, daß wir den Vietnamesen die volle Verfügung über ihre Heimat überlassen wollen, aber daß ich von der Jugend dieses Landes, vor allem von der intellektuellen Elite Vietnams, ein patriotisches Engagement erwarte. Diese privilegierten Sprößlinge der hiesigen Bourgeoisie können doch nicht ewig darauf zählen, daß unsere französischen Bauern- und Arbeitersöhne ihre Haut zum Markte tragen, um den Sieg des asiatischen Kommunismus zu verhindern. Ich habe ihnen zugerufen: Messieurs, ich verachte Sie, wenn Sie weiterhin Ihrer Muße und Ihren Vergnügungen nachgehen, während Ihr Volk leidet und stirbt. Da hätte ich wesentlich mehr Respekt vor Ihnen, wenn Sie auf die andere Seite gingen und mit den Vietminh gegen uns kämpften.«

Eine letzte Vision des Krieges in jenen Tagen: Auf Anraten de Lattres war ich in die Küstenprovinz Thai Binh gefahren. Dort war das Unternehmen »Quecksilber« im Gange. Zwei Regimenter der 320. Division des Vietminh seien eingekreist worden, so hieß es in den Stäben von Hanoi.

Die Wolken hingen schwer vom bleigrauen Himmel. Von Norden ging ein beißend kalter Wind. Die kleinen Jungen, die wie Mowgli rittlings auf den Wasserbüffeln saßen, hatten blaugefrorene Beine. Die Armee der »Französischen Union« war ein bunter Heerhaufen. Die Marokkaner trugen braungestreifte Dschellabas aus dicker Schafswolle. Die Algerier waren an ihren Turbanen zu erkennen. Wer ahnte damals schon, daß in diesen Reisfeldern der Keim auch zur algerischen Revolution gelegt würde. In Indochina holten sich die Maghrebiner den Virus des Nationalismus. Wenn ein Lastwagen mit dem rot-grünen Wappen der Fremdenlegion markiert war, wehten deutsche Wortfetzen zu uns herüber. Gewisse Einheiten der französischen Kolonialinfanterie setzten sich bereits zu einem Drittel aus Vietnamesen zusammen. Das nannte man *le jaunissement* – die Gelbfärbung des Expeditionskorps. Die Mutterlands-Franzosen waren in diesem Sammelsurium eine Minderheit.

Am vorderen Befehlsstand der 10. *Groupe Mobile* hörte die Straße endgültig auf. Nebenan feuerte eine Batterie in unregelmäßigen Abständen. Der *Poste de Commandement* befand sich in einem Ahnentempel. Trotz des dichten Zigarettenqualms hing immer noch Weihrauchgeruch in der Luft. Draußen rückten zwei Züge Fallschirmjäger auf die letzte Dorflinie vor dem Meer zu. In weitem Abstand wateten sie durch das Wasser und versanken oft knietief zwischen den hellgrünen Reishalmen. Vom Dorfrand schlug ihnen nur schwaches Feuer entgegen, das gänzlich verstummte, als sie die ersten Lehmhütten erreichten. Die Paras zeigten uns die Löcher eines unterirdischen Fuchsbaus, in dem sich der Vietminh eingegraben hatte und in den sich bestenfalls ein dreizehnjähriger Europäer hineinzwängen könnte. »Wenn wir die Dörfer durchkämmen, ziehen sie sich Gras-Schollen oder Gestrüpp über den Kopf, und wir können stundenlang an ihnen vorbeilaufen«, meinten die Soldaten.

Auf dem schmalen, glitschigen Lehmwall kamen uns ein paar Leichtverletzte entgegen. Sie waren über und über mit Schlamm verschmiert. An einer Wegkreuzung kontrollierten Paras mit vorgehaltener Maschinenpistole eine endlose Kolonne von Flüchtlingen, die so plötzlich aufgetaucht war, als sei sie aus dem Lehm gestampft worden. Aus allen Himmelsrichtungen strömte jetzt die Zivilbevölkerung heran. Der Vietminh hatte sie in einem letzten Quadrat des Kessels längs des Strandes zusammengetrieben, um notfalls in ihrer Masse verschwinden und sich durch die französischen Linien schmuggeln zu können. Die Partisanen der 320. Vietminh-Division hatten ohnehin die schwarze Tracht der Bauern angelegt, ehe sie ins Delta einsickerten.

Die Franzosen siebten die jungen Männer aus. Bald fanden sie die ersten Dokumente: Militärausweise, Regimentsbefehle, ideologische Kampflieder, Flugblätter, Ho Tschi Minh-Photos, sogar ein Bild mit Marschall Stalin. Die Waffen lagen jedoch irgendwo im Reisfeld begraben. Durch puren Zufall war ein politischer Regimentskommissar aufgespürt worden. Er wurde in seinem Erdloch entdeckt, weil das Minensuchgerät auf seine Armbanduhr reagierte. Der Mann sah düster vor sich hin und verweigerte jede Aussage.

Nieselregen fiel auf die endlose Reihe der Flüchtlinge. Das Gebiet von Thai Binh ist eines der übervölkertsten der ganzen Erde. Es bot sich ein Bild des Elends. Am meisten litten die Frauen mit ihren Kindern, die seit Tagen nichts gegessen hatten. Zwischen den gebückten Bäuerinnen in braunen Kitteln gingen feierliche Dorfmandarine mit schütterem Ziegenbart und dem schwarzen Turban ihres Standes, kahlgeschorene buddhistische Mönche und von Zeit zu Zeit auch ein katholischer Priester mit Tropenhelm und Soutane, der seine Pfarrgemeinde wie eine disziplinierte Kompanie anführte. Daneben stampften die mächtigen Büffel.

Gegen Abend durchbrach die Sonne die Wolken und spiegelte sich in den Reisfeldern. Zwischen der leuchtenden Wasserfläche und der nassen Luft, die nur ein Element zu bilden schienen, sah es von ferne aus, als hinge die schwarze Kette der Flüchtlinge, die sich vor einer Eselsbrücke stauten, wie ein düsterer Flug von Zugvögeln in einer unwirklichen chinesischen Malerei.

An der Grenze Chinas

Lai Tschau, 1951

Der Pilot der Ju 52 war ein kaffeebrauner Antillen-Franzose von Martinique. Er strömte Heiterkeit und Selbstbewußtsein aus. Die Maschine, die einmal in Görings Luftwaffe Dienst getan hatte, tastete sich behutsam durch tief hängende Wolkenfetzen. Zwischen den grauen Schleiern waren die Felsschluchten und Dschungelufer des Schwarzen Flusses zu erkennen. Wir flogen über Vietminh-Gebiet in Richtung Lai Tschau, einem Gebirgsnest in jenem Hochland von West-Tonking, das an die chinesische Provinz Jünan und das Königreich Laos grenzte. Lai Tschau war zur Hauptstadt einer »Thai-Föderation« deklariert worden. Der Gebirgsstamm der Thai hatte sich seit Jahrhunderten gegen die aus der Ebene vordringenden Vietnamesen zur Wehr gesetzt. In diesem abgelegenen Gebirgsland, das mit Hanoi lediglich durch eine Luftbrücke verbunden war, hatten die Franzosen bei den rassischen Minderheiten spontane Alliierte gefunden. An der Hintertür der Ju 52 hielt sich ein deutscher Fremdenlegionär auf und schnürte Ballen mit Proviant und Munition zusammen. Die versprengten französischen Stützpunkte in der Thai-Region wurden durch Fallschirmabwürfe versorgt.

Auf einer großen Wiese war das Flugzeug zum Stehen gekommen. Ein paar Thai-Soldaten, mit Filzhüten und blauen Pyjamas angetan, standen wie Statisten in einem asiatischen Räuberfilm am Rande des Rollfeldes. Sie hielten lässig eine neugierige Menge Eingeborener zurück, die sich durch die bunte Vielfalt ihrer Trachten und ganz schmale Sehschlitze auszeichneten. In Lai Tschau begann ein Bilderbuch-Asien von aufregender Fremdheit.

Colonel Coste, ein blonder, ruhiger Nordfranzose, plante eine Inspektionsreise von etwa vierzehn Tagen, die ihn zu den französischen Garnisonen längs der chinesischen Grenze führen sollte. Die Thai-Föderation war das letzte Territorium Indochinas, wo die französische Armee noch unmittelbaren Kontakt mit dem Reich der Mitte hatte, wenn man von dem Städtchen Mong Cai am Golf von Tonking absah, dessen Nung-Bevölkerung bereits kantonesisch sprach. Mong Cai hatte ich ein paar Tage zuvor besucht und über einen schmalen Grenzfluß auf die erste chinesische Ortschaft im Norden geblickt. Jenseits der gesperrten Brücke war mir vor allem eine riesige Propagandamalerei auf einer Pagodenmauer aufgefallen. Siegreiche Soldaten der Volksbefreiungsarmee, die roten Fahnen wie Staffetten haltend, schienen auf dem Plakat einen Wettlauf gegen eine Mannschaft blaugekleideter Arbeiter auszutragen. Als Ziel winkten ihnen die verklärten Symbole der kommunistischen Revolution, und ein väterlicher Mao spielte Schiedsrichter.

Der französische Administrator von Lai Tschau, der den Thai-Fürsten Deo Van Long zu beraten hatte, empfing uns in seiner Residenz, die wiederum im Stil einer weißen Spielzeugburg angelegt war. Er lebte mit einer sehr eigenwilligen Chinesin zusammen. Während Coste und ich uns zur Siesta niederlegten, wurden wir durch die dünnen Wände unfreiwillige Zeugen einer Eheszene. Die Chinesin hatte eine französische Militärmaschine benutzen wollen, um in Hanoi Proviant und neue Kleider einzukaufen. Sie war abgewiesen worden und tobte nun in schrillen Tönen gegen diese Mißachtung ihrer Person. Der Administrator versuchte vergeblich, sie zu beschwichtigen. »Was bildet ihr euch eigentlich ein?« schrie die energische Dame, deren Ausdrucksweise vom Soldatenjargon geprägt war. »Ihr nennt uns gelbe Affen und betrachtet euch als Weiße. In Wirklichkeit seid ihr rothäutige Barbaren. Häßliche rote Krebse seid ihr, und ich werde wie Vieh behandelt.«

Am Abend empfing sie uns elegant und gesittet zu einem vorzüglichen chinesischen Menü. Das teure Abendkleid war hochgeschlossen. Durch die Seitenschlitze, die fast zur Hüfte reichten, waren schlanke, lange Beine zu erkennen. Sie hatte einen edlen, elfenbeinernen Teint, neben dem das sonnenverbrannte Gesicht des Administrators tatsächlich wie eine rote Rübe wirkte. Halb als Bedienung, halb als Gesellschafterin war auch ein bildschönes Yao-Mädchen in der Tracht ihres Volkes erschienen. Der riesige schwarze Turban, die Silberketten und die schweren Silbergehänge an den Füßen, der kurze schwarze Faltenrock, der den Ansatz der kräftigen Schenkel freigab, und sogar die schwarzen Wickelgamaschen hätten einen jener Pariser Modeschöpfer inspirieren können, die stets auf der Suche nach exotischen Einfällen sind. Das Yao-Mädchen war sich seiner Schönheit bewußt, posierte mit Mannequin-Routine für ein obligates Photo und war kein bißchen prüde.

Als die Frauen sich zurückgezogen hatten, legte der Administrator mit vieldeutigem Schmunzeln seine Schallplatten auf. Es war eine einzige Sammlung von zotigen Trinkliedern. Aus dem Bücherregal holte er wie erlesene Kostbarkeiten eine pornographische Kollektion heraus, wie sie in jenen Zeiten noch recht ungewöhnlich war. Vielleicht tröstete er sich auf diese Weise über die frigide Mißachtung durch seine chinesische Bettgefährtin hinweg, meinte Oberst Coste später. In diesen verlorenen Außenposten wunderte man sich nicht über Sonderlinge jeder Veranlagung.

Unser kleiner Trupp bewegte sich schon seit acht Stunden über die Gebirgspisten, die nach Norden führten. Stellenweise war der Pfad wie eine Treppe ins Gestein gehauen. Dann knieten die kleinen, robusten Gebirgspferde mit den Vorderbeinen auf die erhöhte Stufe, federten mit der Kruppe nach oben und überwanden das Hindernis. Ein hagerer französischer Hauptmann aus der Gascogne war hinzugekommen. Er sprach mit einem rauhen Pyrenäenakzent und war stets zum Scherzen aufgelegt. Seine riesige Nase, die die Asiaten mit einem Gemisch aus Entsetzen und Spott musterten, hatte ihm den Spitznamen »Cyrano« eingebracht. Als Begleitschutz waren uns drei Thai-Partisanen mitgegeben worden, eigenwillige und verschlossene Männer, die früher vielleicht einmal Wegelagerer gewesen waren. Dann gab es noch Monsieur Ko, einen stillen, lächelnden Chinesen in Zivil. Monsieur Ko war Agent des Zweiten Büros. Er hatte im Verhör wohl schon so viel Vietminh-Gefangene gefoltert, daß wir uns auf seine Loyalität verlassen konnten. Er besaß jedenfalls eine phänomenale Kenntnis der Landschaft und ihrer Stämme.

Vor dem endgültigen Verlassen der Senke von Lai Tschau hatte Coste mich auf einen Pfad verwiesen, der in südwestlicher Richtung verlief. »Dieses ist unsere einzige Landverbindung mit der Außenwelt, die nicht von den Viets beherrscht ist«, sagte er. »Die Piste führt nach Laos und ist nur in der Trockenzeit benutzbar. Ungefähr auf halber Strecke bis zur Königsstadt Luang Prabang am Mekong liegt in einer fruchtbaren Talmulde ein Thai-Dorf namens Dien Bien Phu, wo wir eine kleine Garnison stationiert haben.«

Gegen Abend hatte sich der Himmel geklärt. Wir ritten auf ein Pfahldorf im Tal zu. Die Hütten standen sauber und gastlich am Fluß. Mit hochgezogenen Beinen trieben wir die Pferde in die tiefe und reißende Furt, schaukelten wie Affen auf den Sätteln und waren froh, als wir das andere Ufer erreichten. Die Dorfältesten erwarteten uns. Das Dorf hatte ein festliches Empfangskomitee gebildet. Während die Partisanen die Pferde versorgten und die Saumtiere entluden, die zwei leichte Maschinengewehre, einen Granatwerfer und Munition transportierten, wurden wir bereits zum Essen geführt. Wir hockten auf den Holzdielen des Gemeinschaftshauses, aßen klebrigen Reis, wie er im Hochland wächst, und gehacktes Büffelfleisch. Dazu wurde unentwegt ein abscheulicher und hochalkoholischer Zuckerrohrschnaps, »Schum« genannt, serviert. Ein Thai-Mädchen hatte sich hinter jeden Europäer gekniet. Sobald wir die Eßstäbchen sinken ließen, setzten sie mit erstaunlich kräftigem Arm die Schale mit Schum an unsere Lippen und zwangen uns, die trübe Flüssigkeit in einem Zug zu leeren. »Kampei« schrie dazu die ganze Tafelgesellschaft.

Der Vollmond war aufgegangen, und wir merkten, daß unsere Ankunft mit einer religiösen Feier zusammenfiel. Einer der alten runzligen Männer forderte die Mädchen auf, an den Fluß zu gehen. Er war wohl der Schamane des Dorfes. Diese Gebirgs-Thai haben den gleichen rassischen Ursprung wie die Thai-Bevölkerung von Siam. Sie sprechen auch eine eng verwandte Sprache, die man in Bangkok sehr wohl verstehen würde. Aus Jünan und den Gebirgen Südchinas waren die Thai erst im späten Mittelalter unter dem Druck des Mongolenkaisers Kublai Khan in einer großen erobernden Völkerwanderung bis zur Menam-Ebene des heutigen Thailand vorgedrungen. Sie hatten sich dort mit den dunkelhäutigen Mon- und Khmer-Rassen vermischt und waren zum Buddhismus übergetreten. Die Gebirgs-Thai in der *Haute Région* von Indochina hingegen waren meist Animisten geblieben und hatten sich allenfalls ein paar elementare Sittenregeln des Konfuzianismus angeeignet.

Die Mädchen hatten dem Vollmond gegenüber einen Halbkreis gebildet. Sie trugen das weiße enge Mieder, das sie als sogenannte »weiße« Thai auswies; es gab auch rote und schwarze Thai. Der schwarze Rock fiel lang und eng bis auf die bloßen Füße. Um die Hüfte trugen sie eine grüne Schärpe, und ihre Haarpracht war zu schweren Knoten geflochten. Aus dem Gemeinschaftshaus dröhnte ein Gong, und die anmutigen Jungfrauen begannen sich tänzerisch zu bewegen. Sie führten eine Art Samba-Rhythmus im Zeitlupentempo aus. Dabei waren sie stets der makellosen Scheibe des Mondes zugewandt, dem offenbar die einladenden Bewegungen ihres Schoßes galten. »Das ist ein Fruchtbarkeitstanz«, flüsterte Cyrano.

Zwei Tage später machten wir bei den Yao Rast. Ihr Dorf klebte an einem steilen Hang. Im wesentlichen lebten sie von Trockenreis und Tauschhandel. Die Yao-Frauen hier oben waren nicht so elegant und schon gar nicht so kokett wie ihre frivole Stammesschwester von Lai Tschau. Aber auch sie trugen kunstvolle Stickereien und über die Schultern hatten sie zwei reich verzierte Riemen geworfen, die angeblich Hundetatzen darstellen. Die Yao, auch Man genannt, betrachten sich als Nachkommen jenes legendären Hundes, der sich eines Tages am Hofe des Kaisers von China eingestellt hatte, um dessen Tochter zu freien. Das Reich der Mitte war damals von einem schrecklichen Ungeheuer heimgesucht. Keiner der Recken, die der Herrscher ausgeschickt hatte, war diesem Monstrum gewachsen. Schließlich hatte der Kaiser seine Tochter und die Hälfte des Reiches demjenigen versprochen, wer immer er auch sei, der China von dieser Plage befreien würde. Der sagenhafte Hund, der Urvater der Yao, vollbrachte die Tat und tötete das Ungeheuer. Der Kaiser überließ ihm getreu der Absprache seine eigene Tochter, aber als es zur Teilung des Reiches kam, da wußte er listige Ausflucht. Gewiß, die Hälfte Chinas werde der Hund erhalten, aber niemand habe gesagt, ob die Teilung senkrecht oder waagerecht stattfinden sollte. Somit erhielten der Hund und seine Nachfahren die obere, die gebirgige Hälfte Chinas zugesprochen, während die fruchtbaren Täler und Reisebenen den eigentlichen Söhnen des Himmels vom Volke der Han vorbehalten blieben.

Durch dichten Dschungel ging es nach Phong To, dem Sitz eines hochgeachteten Thai-Fürsten. Im feuchten Dickicht wurden wir von Blutegeln geplagt, die sich auf uns fallen ließen. Man mußte der ersten Ekelreaktion widerstehen und diese fetten Schmarotzer um keinen Preis abreißen, weil sonst eitrige Wunden entstanden. Wenn man ihnen jedoch mit einer brennenden Zigarette zusetzte, fielen sie von selbst ab. In Phong To blieben wir drei Tage. Es war eine Folge von Festen, von Tänzen und Spielen. Die Thai-Mädchen waren hier noch lieblicher und heiterer. Der greise Fürst, den der Oberst mit Exzellenz anredete, besaß die Weisheit und die Allüren einer asiatischen Märchenfigur. Abends wurde Opium geraucht, ehe die Ehrenjungfrauen ihren Reigen vorführten. Ganze Berge von Blumen waren um unsere Ruhematten geschichtet, wenn wir vom Bad unter dem Wasserfall zurückkamen. Uns war, als hätten wir endlich das Traumland Schangri-La entdeckt.

Doch der Krieg war nicht fern. Cyrano saß lange Stunden am Morsegerät und verständigte sich mit den paar französischen Offizieren und Unteroffizieren, die – ganz auf sich gestellt – mit ihren Partisanen das Hochland durchstreiften. Auch der Vietminh hatte seine Kommissare auf die Thai-Föderation angesetzt und bei einzelnen Stämmen gewisse Erfolge erzielt. Je höher wir jetzt kamen, desto kahler und unwirtlicher wurde die Landschaft. Das Gras wurde um diese Jahreszeit im Zuge der sogenannten »Rai«-Methode angezündet. Durch diese Rodung entstanden riesige Steppenbrände, denen wir nur im Galopp entkamen. Dabei verließen wir uns ganz auf den Instinkt unserer Pferde, die sich wie Gebirgsziegen am Rande der Abgründe bewegten. Bei Nacht wickelten wir uns in die Fallschirme, mit denen die vorgeschobenen Posten versorgt worden waren, und schnatterten trotzdem vor Kälte.

In dieser Höhe lebte ein wilder und harter Menschenschlag, die Meo. Damals waren die Meo, in China auch Miao genannt, eine nur den Ethnologen bekannte Rasse. Seit dem amerikanischen Krieg in Laos sind sie für jeden Zeitungsleser ein Begriff geworden. Die Meo von Nord-Tonking siedelten auf jenen trostlosen Gipfeln, die die längste Zeit des Jahres in Nebel und Sprühregen verschwinden. Die Tracht der Frauen war ähnlich wie die der Yao, aber sehr viel bunter und schmutziger. Wir begegneten immer häufiger den kräftigen Meo-Weibern mit den schweren Kiepen auf dem Rücken und der Tonpfeife im betel-geröteten Mund. Sie hatten mächtige Waden, denn sie liefen trotz ihrer Last die steilsten Hänge im Laufschritt hinauf. Ihre roten Schürzen, ihre Silberschnallen waren völkerkundliche Kostbarkeiten. Die Männer trugen durchweg schwarze Pyjamas und eine schwarze Kalotte auf dem Kopf. Sie hantierten mit vorsintflutlichen Vorderladern oder Steinschloßgewehren. Mit diesen abenteuerlichen Kriegern war nicht gut Kirschen essen, denn in jenen Tagen pflegten sie noch die Leber ihrer erschlagenen Feinde zu verzehren.

Die Meo, die, wie ihr Name besagt, die Katze als eine Art Totem betrachten, seien tibetischen Ursprungs, so hatte der Hauptmann aus der Gascogne gemeint. Aber er irrte wohl. Die Legenden dieses Volkes wissen von seiner endlosen Wanderung und von einem Ursprungsland zu berichten, wo die Nacht ein halbes Jahr dauert und das Wasser zu Stein erstarrte. Die Meo mußten aus Sibirien nach Südostasien gekommen sein.

Bei den Meo ging es nicht so heiter und gesittet zu wie bei den Thai. Vor dem Dorf Yao-San erwarteten uns drei vor Schmutz starrende Krieger und führten uns zum Gemeinschaftshaus. Hinter einer Wegbiegung bot sich uns ein herrlicher Anblick: Im Dunst des Abends leuchtete in allen Farben des Regenbogens ein riesiges Feld von Mohnblumen. Die Meo sind bis auf den heutigen Tag die großen Opiumproduzenten Südostasiens. Ihre Frauen standen mitten im Mohn. Sie schnitten mit einem winzigen Messer die dickbäuchigen Blütenansätze an, aus denen zähflüssiger, weißer Saft träufelte.

Auch die Meo hatten sich in ihrer Mehrzahl auf die Seite der Franzosen geschlagen. Colonel Coste holte dicke Bündel Piasterscheine aus seiner Satteltasche und verteilte den Sold an diese letzte Partisanentruppe vor den Toren Chinas. Das Essen der Meo rührten wir vorsichtshalber nicht an, aber ihren Opium durften wir nicht abweisen. In der Hütte verbreitete die Ölfunzel ein rötliches Halbdunkel. Ein alter Mann, der Schamane von Yao-San, nahm einen Dudelsack hoch. Er spielte eine wahre Katzenmusik. Der Schamane begann sich zu drehen, der Rhythmus des Dudelsacks beschleunigte sich. Nach und nach geriet der Mann in Trance, setzte das Instrument jäh ab, stammelte ein paar Worte und brach vor dem Hausaltar zusammen. Die übrigen Meo sahen gebannt und mit glasigen Augen zu. Auch wir fühlten uns eigenartig entrückt, denn wir hatten einige Pfeifen zu viel geraucht.

Endlich erreichten wir die Grenze. Das Opium des Vorabends machte uns während der letzten Etappe schwer zu schaffen, zumal wir die Hänge zu Fuß erklimmen mußten. Das Grenzfort Ban Nam Kum lag tief im Tal und wäre im Ernstfall überhaupt nicht zu verteidigen. Ein einsamer, malariagelber französischer Unteroffizier lebte hier mit einem Dutzend Thai-Partisanen. Der Mann war in dieser trostlosen, feindseligen Umgebung verschroben geworden. Sein einziges Interesse galt seiner Erbsen-Plantage. Er war schlecht rasiert, und die Disziplin in seinem Haufen ließ zu wünschen übrig. Von der Gegenseite, aus der chinesischen Provinz Jünan, waren schwer bewaffnete Besucher gekommen. Den Befehl über diese buntgescheckte Truppe, die alles andere als vertrauenerweckend wirkte, führte ein chinesischer Feudalherr der Nachbarschaft, der seine Pächter bewaffnet hatte, um den Vorhuten Mao Tse-tungs, die aus der Distrikthauptstadt Mong Tzeu heranrückten, Widerstand zu leisten. Das Aufgebot dieses feisten Mannes, der ohne ersichtlichen Grund ständig kicherte, war wohl durch ein paar professionelle Wegelagerer verstärkt worden. Ihre politische Motivierung als angebliche Parteigänger des Kuomintang klang nicht überzeugend. Der reiche Chinese führte ein vertrauliches Gespräch mit Coste. Die Saumtiere wurden entladen. Den letzten nationalchinesischen Grenzkriegern von Jünan wurden die beiden Maschinengewehre und der Mörser ausgehändigt. »Wir haben euch Milchkonserven mitgebracht«, hieß das Code-Wort, und der Colonel mußte wohl selbst über seinen Optimismus lächeln, wenn er den versprengten chinesischen Haufen von Ban Nam Kum als eine Art Luftmatratze im strategischen Vorfeld von Französisch-Indochina bezeichnete.

Ob ich nicht dem Hauptquartier der Truppen Tschiang Kaischeks im südlichen Jünan einen Besuch abstatten möchte, fragte mich der chinesische Bandenführer, während wir zum Frühstück eine Nudelsuppe schlürften. Der Ort Muong La sei nur 20 Kilometer jenseits des Nam Kum-Flusses entfernt. Er werde mir einen Vertrauensmann zuteilen. Coste, dem ich den Vorschlag unterbreitete, stimmte zu, gab mir aber den dringenden Rat, noch vor Einbruch der Dunkelheit zurück zu sein. Einen Thai-Partisanen würde er mir als Dolmetscher mitgeben.

Wir trieben unsere Pferde durch die Nam Kum, deren dunkelgrüne Wasser weiße Schaumkronen trugen. Die Grenze zwischen Tonking und China war rein theoretisch. Drüben in Jünan waren die Berge ebenso kahl und die Reisfelder ebenso trocken um diese Jahreszeit. Auch die Bambushäuschen waren die gleichen wie auf indochinesischer Seite. Wir trieben die Pferde im Galopp über einen engen Dschungelpfad, dessen Schlingpflanzen den bleigrauen Himmel nur selten freigaben. Im Dickicht leuchteten faustgroße weiße Blumen. In den Reisfeldern arbeiteten Bauern unter topfähnlichen Strohhüten. Sie erstarrten vor Staunen, als sie einen Weißen sahen. Ich prägte mir den Weg ein. Man wußte nie, unter welchen Umständen wir zurückmußten, und die Vorhuten der Volksbefreiungsarmee Mao Tse-tungs sollten nur 40 Kilometer entfernt sein. Plötzlich wurden wir an einer Wegbiegung durch zwei waffenstarrende Gestalten aufgehalten. Sie waren in dunkelblaues Tuch gekleidet und trugen die Patronengurte kreuzweise über der Brust. Trotz der Beteuerungen unseres Begleiters geleiteten sie uns mit argwöhnischen Blicken bis zu den Hütten von Muong La. Rund um das Hauptquartier, das in einem etwas stattlicheren Lehmhaus untergebracht war, lagerte verwildertes Kriegsvolk. Auch sie trugen die landesübliche dunkelblaue Tracht, dazu Filzhüte, Turbane oder schwarze Kalotten. Als Soldaten waren sie lediglich an einer Art Erkennungsmarke auf der Brust auszumachen, die die Bezeichnung ihrer Einheit und den Namen ihres Kommandeurs, eines gewissen Oberst Liung, trug. Die pockennarbigen Gesichter wirkten mürrisch und beinahe feindselig. Aus den Hütten strömten auch Frauen und Kinder. Nur die Opiumraucher waren auf ihren Matten liegengeblieben. Es war ein wenig wie bei Ali Baba und den vierzig Räubern.

Endlich kam ein ausgemergelter Mann mit feinen Gesichtszügen auf uns zu. Er legte die Hand zum Gruß an den Schlapphut und stellte sich in gebrochenem Englisch als Major der Nationalarmee vor. Er entschuldigte sich, uns nicht gastlicher empfangen zu können. Er berichtete von den Kommunisten, die aus Mong Tzeu immer näherrückten und das Dorf Muong La schon einmal mit Granatwerfern beschossen hätten. Der Major suchte sich offensichtlich von seinen unheimlichen Gefährten zu distanzieren. Sein Vorgesetzter, Oberst Liung, sei leider zu einem anderen Stützpunkt geritten. Er ließ seine Truppe recht und schlecht antreten und führte mir die Bewaffnung dieser knapp hundert Mann starken Kompanie vor. Als Gewehre hatten sie meist amerikanische Winchester 1917, aber auch ein paar Mauser-Karabiner, die sich wohl noch zur Zeit der deutschen Militärmission bei Tschiang Kai-schek nach China verirrt hatten. Voller Stolz zeigten die Männer auf zwei Granatwerfer, von denen aber nur einer einsatzfähig war. Der Major schien der einzige Berufssoldat zu sein. Die anderen waren Banditen, wie sie in Jünan stets heimisch und recht angesehen waren. Dazu kamen die Privatmilizen einiger Feudalherren, die sich gegen die von Peking verordnete

Kollektivierung der Landwirtschaft zur Wehr setzten. Der Spuk konnte nicht mehr lange dauern.

Der Major wirkte inmitten dieser Versammlung von Räubern und Knechten doppelt sympathisch und einsam. Er bat mich, ein paar ermutigende Worte an seine Soldaten zu richten. Ich konnte nicht umhin, drei törichte Sätze über das gemeinsame Schicksal der freien Welt und vom weltweiten Feldzug gegen den Kommunismus zu sagen, die mein Thai-Dolmetscher übersetzte. Dabei kam ich mir grotesk vor. Wir tranken in Eile eine Tasse Tee. Die Dämmerung fiel bereits. Wir stiegen auf unsere Pferde und stellten mit Erleichterung fest, daß niemand uns gewaltsam zurückhielt. Die Posten winkten uns sogar nach. Wir trieben unsere Tiere in schnellem Trab zurück. Bevor wir den Grenzfluß erreichten, stießen wir auf eine Gruppe chinesischer Thai-Mädchen, die im Wald Blumen pflückten und in großen Körben sammelten. Als sie uns kommen sahen, verstellten sie uns lachend den Weg. Ich blieb ruhig auf dem Pferd sitzen, während zwei von ihnen mich vom Gürtel bis zur Schulter mit weißen Blüten schmückten und mir einen Strauß für den Weiterritt reichten. Sogar dem Gaul steckten sie ein paar Blumen zwischen die Ohren.

Für die Rückkehr nach Lai Tschau wählten wir die Flußverbindung. Die schmalen Einbäume mußten immer wieder über die Stromschnellen getragen werden. Zum Abschied von unserem Schangri-La in Phong To bespritzten uns die fröhlichen Thai-Mädchen mit Kübeln von Wasser. Die weißen Mieder leuchteten lang aus dem Grün, wie Rilkes »Cornet« gesagt haben würde.

Zwei Wochen später in Hanoi vernahm ich das Ende der Geschichte. Genau drei Tage, nachdem wir den Grenzstreifen verlassen hatten, drang ein rotchinesisches Bataillon in Muong La ein und zersprengte die Nationalpartisanen. Die Soldaten Mao Tse-tungs überschritten nun ihrerseits die Grenze, überrannten das Fort Ban Nam Kum, ohne einen Schuß zu feuern, und verschleppten den einsamen französischen Unteroffizier nach China. Sogar bis Phong To drangen sie vor und kassierten im Umkreis der Meo-Dörfer die Opiumernte des Jahres. Dann zogen sie sich sang- und klanglos nach Jünan zurück.

Die marokkanischen Tabors, die ihnen in aller Eile entgegengeschickt wurden, kamen nicht einmal mehr zur Feindberührung. Über diesen Vorstoß der Volksbefreiungsarmee nach Tonking ist später viel gerätselt worden. Ich habe mich nie des Verdachts erwehren können, daß hier eine gewisse Vergeltung geübt wurde für meinen Ritt nach Muong La, von dem die Chinesen bestimmt erfahren hatten und dem sie sicherlich ganz andere Motive unterstellten als die Neugier eines Journalisten.

Nach der Niederlage von Dien Bien Phu

Hanoi, im Sommer 1954

Die Festung Dien Bien Phu war gefallen. Die französische Niederlage in Indochina war besiegelt. Oberbefehlshaber Navarre hatte gespielt und verloren. 60 000 Soldaten seiner Armee hatte er in diesem gottverlassenen Talkessel im Siedlungsgebiet der schwarzen Thai zusammengezogen. Das Dorf Dien Bien Phu, bis dahin nur als kümmerliche Durchgangsstation zwischen dem Hochland von Tonking und der laotischen Mekong-Ebene bekannt, war nun weltweit berühmt. Die Franzosen hatten sich dort mit der Absicht eingeigelt, den frontalen Angriff der Vietminh-Armee auf sich zu ziehen. Jahrelang hatten die Stäbe in Hanoi davon geträumt, dem Feind endlich in offener Feldschlacht zu begegnen und ihn zu vernichten. Das Expeditionskorps war den zermürbenden Partisanenkrieg so leid, daß es das immense Risiko der Isolierung in dieser entlegenen Talmulde auf sich nahm. General Navarre hatte den kleinen Geschichtslehrer Vo Nguyen Giap, der das Heer des Vietminh befehligte, und den Ameisenfleiß seiner Gegner sträflich unterschätzt. Alle Experten hätten geschworen, daß es unmöglich sein würde, Artillerie auf dem Landweg durch den Gebirgsdschungel nach Dien Bien Phu zu transportieren. Der Vietminh hatte es unter unvorstellbaren Strapazen geschafft, und schon unter den ersten Salven der Belagerer brachen die Verteidigungsanlagen der Franzosen, die allenfalls auf Granatwerferfeuer eingerichtet waren, zusammen. Die französische Generalität in Indochina schien nachträglich den Satz Clémenceaus bestätigen zu wollen, wonach der Krieg eine zu ernste Sache sei, als daß man ihn den Militärs überlassen dürfe.

Die bürgerliche Regierungskoalition in Paris trug mindestens ebenso schwere Verantwortung. Die Christlichen Volksrepublikaner, die früher einmal den fortschrittlichen Kräften Frankreichs zugerechnet worden waren, klammerten sich in seltsamer Verblendung an die Chimäre des kolonialen Erbes. In letzter Minute hatte Außenminister Georges Bidault sogar versucht, die Amerikaner zum Abwurf von taktischen Atombomben über den kommunistischen Stellungen rund um Dien Bien Phu zu bewegen. Doch Washington hatte erst vor einem Jahr schweren Herzens dem Waffenstillstand in Korea zugestimmt. Zum ersten Mal hatten die Vereinigten Staaten einen Krieg nicht gewonnen, sondern mit Unentschieden auf der Basis des Status quo ante beendet. Selbst von John Foster Dulles war kein nukleares Eingreifen in Indochina mehr zu erwarten. Als die rote Fahne mit dem gelben Stern schließlich auf dem letzten französischen Bunker gehißt wurde, reagierte die westliche Presse, sogar die französische Öffentlichkeit mit einem schnöden Gefühl der Erleichterung. Die tödliche Eskalation des »schmutzigen Krieges« war verhindert worden. Noch hielt die französische Armee das Delta des Roten Flusses, aber auch hier war ihre totale Niederlage nur eine Frage von Wochen. General Giap massierte seine Truppen zur Generaloffensive auf Hanoi.

Journalisten aus aller Welt waren in Hanoi zusammengeströmt. Der Indochina-Krieg war – im Gegensatz zum Korea-Feldzug – von der internationalen Publizistik bisher recht stiefmütterlich behandelt worden. Sogar ein Teil der Pariser Presse schämte sich dieses verspäteten Kolonialunternehmens. Aber jetzt nahte die letzte Stunde, und die Geier sammelten sich. Die Hitze war unerträglich in diesen Sommerwochen. Die Reisfelder in der Ebene des Roten Flusses standen unter Wasser. Die Verdunstung dieses uferlosen Sees verwandelte Tonking in eine Waschküche. Die Laune im Presse-Camp war gereizt. Der rundliche Major Roëllec war von einem drahtigen Kommandant mit schwarzem Borstenhaarschnitt, namens Gardes, abgelöst worden, der sich allgemeiner Hochachtung erfreute. Niemand hätte damals vermutet, daß dieser Offizier sieben Jahre später in Algerien zu den führenden Verschwörern der OAS zählen, gegen de Gaulle putschen und dem General sogar nach dem Leben trachten würde. Der Lagebericht, das tägliche Briefing, verlief stürmisch. Die amerikanischen Korrespondenten hatten die Räumung des südlichen Deltas mit der Stadt Nam Dinh noch nicht verwunden, die Gouverneur Tri zum Rücktritt veranlaßt hatte. »Nach einer Frontbegradigung bei Phuly haben unsere Truppen neue Stellungen bei Hadong bezogen«, sagte der Sprecher. – »Wie«, fragte ein dicker Amerikaner, »Sie haben auch Hadong preisgegeben?« Die französischen Militärs protestierten: »Von einem Rückzug aus Hadong kann nicht die Rede sein.« – »So wird es übermorgen geräumt«, sagte der dicke Amerikaner unbeirrt und bissig. Die meisten Fragen kreisten um das Schicksal der französischen Gefangenen von Dien Bien Phu, die in mörderischen Marschetappen durch Dschungel und Gebirge über Hunderte von Kilometern in die Internierungslager des Vietminh eskortiert wurden. Die US-Journalisten hatten in ihren Meldungen von einem *death march* (Todesmarsch) berichtet, was von der Militärzensur in *exhausting march* (erschöpfender Marsch) umgewandelt worden war. Die Franzosen wollten den Feind zum kritischen Zeitpunkt der Genfer Verhandlungen nicht verärgern. Die Amerikaner tobten über diese Verniedlichung ihrer Berichterstattung. »Was heißt das schon ›exhausting march‹? Für einen Amerikaner ist ein Spaziergang um drei Häuserblocks ein erschöpfender Marsch.« Ich sollte mich an diese Szene erinnern, als die US-Army mit zehnjähriger Verspätung die Nachfolge der Franzosen in Indochina antrat.

Hanoi ist zum befestigten Heerlager geworden. Die offiziellen Gebäude haben sich in den Stacheldrahtverhau wie in einen Kokon eingesponnen. Über den breiten, baumbestandenen Alleen und den gepflegten Villen liegt Abschiedsstimmung. Die französischen Zivilisten packen ihre Koffer. Sie diskutieren die letzten Meldungen aus Genf. Dort sitzt der neue französische Ministerpräsident Pierre Mendès-France am Verhandlungstisch mit dem Chinesen Tschou En-lai und dem Vietminh-Bevollmächtigten Pham Van Dong, dem späteren Regierungschef des wiedervereinigten Vietnam. Die konservative französische Rechte hat dem linksliberalen, progressistischen Mendès-France den Weg freigegeben, als es galt, den bitteren Kelch der Niederlage zu leeren. PMF, wie er in der Abkürzung genannt wird, ist alles andere als ein Kapitulant. Er streitet mit Zähnen und Klauen um jede Klausel des Waffenstillstandsabkommens, um jeden Fußbreit indochinesischen Bodens. Er hat sogar ein Ultimatum für den Termin der Feuereinstellung gestellt, sonst – so drohte er – werde er das Expeditionskorps massiv durch Wehrpflichtige verstärken. Sogar den alten Kolonialisten von Hanoi nötigt Mendès-France Respekt ab, denn sie wissen, wie verzweifelt er pokert. Die französische Tonking-Armee steht vor dem Zusammenbruch.

Nachts röhren die Artilleriesalven am Rande der Stadt. Von der Terrasse aus kann man die Mündungsfeuer am Horizont flackern sehen. Aus den Bars nebenan, aus dem »Régina« oder dem »Phénix«, klingen die zerhackten Noten eines chinesischen Tangos. Zum Lärm von Tanzmusik und Kanonen bereitet sich das französische Hanoi auf den Untergang vor.

Bei den letzten Außenposten

Son Tay, im Sommer 1954

Seit zehn Tagen ist Son Tay eine tote Stadt. Von dem Augenblick an, als die europäischen Truppen die äußerste Ortschaft im westlichen Verteidigungssystem von Tonking der nationalvietnamesischen Armee überließen, wußte die eingeborene Bevölkerung, was die Glocke geschlagen hatte. »Heute die Nationalvietnamesen, morgen die Vietminh«, sagten die chinesischen Händler, packten ihre Waren auf vorsintflutliche Lastwagen und verschwanden in Richtung Hanoi. An geschlossenen Läden vorbei verlassen wir Son Tay in Richtung auf die Linien des Vietminh. Schon nach ein paar Kilometern haben wir die Reisebene des Deltas gegen ein welliges Steppengelände vertauscht, an dessen Ende die grün überwucherten, phantastischen Felskegel des tonkinesischen Hochlandes drohen. Das Terrain ist geradezu ideal für Überfälle und Handstreiche, die Straße von zahlreichen Minenexplosionen aufgerissen. Hier stehen die letzten französischen Außenposten, und hier sickert jede Nacht der Vietminh oft in Bataillonsstärke ein.

Der äußerste Stützpunkt von Hoa Lao liegt auf einem flachen Kegel. Die Unterstände gehen tief in die gelbe Erde, sind aber nach oben ungenügend abgedeckt. Hier haust ganz allein ein französischer Sergeant mit fünfzig eingeborenen Milizsoldaten. Vor fünf Tagen hatte er noch hundert Mann unter seinem Befehl. Die anderen fünfzig sind inzwischen zum Feind übergewechselt. »Manchmal verschwinden sie bei Nacht«, brummt der Sergeant. »Neuerdings kommen sie ganz offen zu mir und verlangen, daß ich sie entlasse. Ich halte sie dann auch nicht zurück, sie würden mir höchstens im Schlaf den Hals abschneiden. Im übrigen kann ich ihnen ihre Desertion gar nicht verübeln. Sie denken eben an die Zukunft, und wir sind höchstens noch ein paar Tage hier. Dann sind wir entweder abgezogen oder ausgeräuchert.«

Der Sergeant zeigte keine Spur von Nervosität. Nervös ist man vielleicht in den Stäben der Zitadelle von Hanoi. Aber hier hat die Natur eine wüstenähnliche Strenge, und die Gefahr, die Unsicherheit ist so greifbar, daß man ihr durch die Maske des Schreckens hindurch ins völlig gleichgültige Antlitz blickt.

Stellung im Reisfeld

Auf der Nationalstraße Zehn, im Sommer 1954

Pünktlich um elf Uhr nachts, wie es mir der Oberleutnant vorausgesagt hatte, begann die Knallerei. Zunächst ging in etwa 500 Meter Entfernung ein einzelner Schuß aus dem Reisfeld los. Dann kam von dem unteren Damm ein Feuerstoß aus einem leichten Maschinengewehr. Die rote Leuchtspur verhuschte in dem kleinen Dickicht. Plötzlich knallte es aus allen Ecken, und noch immer war nichts zu erkennen. Die algerische Kompanie, mit der ich auf dem Deich im Reisfeld lag, war schon lange genug in Tonking um ihre Ruhe zu bewahren. Die Veranstalter dieses ziemlich sinnlosen nächtlichen Feuerwerks waren die Nationaltruppen Bao Dais, die das nächste Dorf hielten, und die eingeborenen Dorfmilizen. Der Vietminh seinerseits, den man nirgends sah, aber überall spürte, schoß nur, wenn es sich lohnte. Offenbar lohnte es sich im nahen Stützpunkt Ngoc Tao, aus dem jetzt hohe Flammen schlugen.

Die Vietnamesen hatten Sperrfeuer angefordert. Wenige hundert Meter vor uns schlugen die Artilleriegeschosse aus Son Tay in den Schlamm, so daß die schmutzigen Fontänen sich vom tropisch klaren Sternenhimmel abzeichneten. Dann – so plötzlich wie es gekommen war – verstummte das Feuer. Ein nervöser Bao Dai-Soldat schickte eine Leuchtrakete in den Himmel, und die Nacht kam wieder zu ihrem Recht. Trotzdem war es nicht still. In den zahllosen Dörfern, die mit ihren Bambushecken wie dunkle Inseln aus der glitzernden

Fläche der überfluteten Reisfelder herausragten, kläfften die Hunde ohne Pause und Unterlaß. Die Grillen und Insekten zirpten mit metallischer Lautstärke, und die Ochsenfrösche unkten sich zu.

Der Oberleutnant begab sich auf einen Rundgang. Die Algerier hockten in kleinen Gruppen am Rande des Dorfes und unterhielten sich flüsternd in ihrer kehligen Sprache. »Das ist jetzt die dritte Nacht, die wir hier draußen verbringen«, schimpfte der Leutnant. »Seit sich in diesem Sektor die Überfälle gehäuft haben und gestern sogar unser Bataillonskommandeur am hellen Tage aus seinem Jeep herausgeschossen wurde, kommen wir nicht mehr zur Ruhe. Von Süden sind neuerdings starke Vietminh-Verbände gemeldet, die an dieser Stelle versuchen wollen, die Straße Son Tay – Hanoi abzuschneiden. Wenn nur dieser verdammte Krieg schon zu Ende wäre.«

Beim improvisierten Befehlsstand kauerte der Dorfälteste unter der Wache eines bärtigen Nordafrikaners. Der Oberleutnant behielt ihn als Geisel in seiner Nähe. Das Dorf war von den Männern im waffenfähigen Alter beinahe ganz verlassen. Die Frauen hatten sich alle in der Dorfschule versammelt, denn sie fürchteten sich vor den Algeriern. Im ganzen gesehen seien die Algerier eine recht ordentliche Truppe, sagte der Leutnant. Man müsse nur mit ihnen umgehen können. Die Nordafrikaner waren von einem ganzen Schwarm Kulis begleitet, mit denen sie sich äußerst intim standen. Die Kulis, ursprünglich zu Schanzarbeiten verurteilte Strafgefangene der vietnamesischen Armee oder Deserteure, wurden nicht bewacht. »Warum sollten sie schon fliehen«, meinte der Leutnant, »so gut wie hier würden sie es drüben nicht haben, und Kulis blieben sie auf jeden Fall.« Es kam vor, daß die Nordafrikaner auf Posten einschliefen und daß ein Vietnamese an ihrer Stelle am Maschinengewehr die Wache hielt.

Als ich aufwachte, färbte die frühe Sonne das Wasser der Reisfelder blutrot. Die Berge rings um das Delta waren in violette Nebel gehüllt. Das satte Grün der Bananenstauden wirkte beinahe schwarz. Der Sergeant Kalifa zeigte mir durch das Fernglas ein paar dunkle Punkte am anderen Ende des Dammes. Der Vietminh beobachtete uns offenbar genauso interessiert wie wir ihn. Eine Patrouille wurde zusammengestellt, um die Verbindung mit dem vietnamesischen Bataillon im westlichen Nachbarabschnitt aufzunehmen. Wir vermieden sorgfältig die frisch aufgebrochenen Stellen im Asphalt, unter denen Minen liegen konnten. Aus der anderen Straßenrichtung kam eine dünne Kolonne auf uns zu. Es gab eine Minute höchster Spannung, dann hatten die

Nordafrikaner die Nationalvietnamesen identifiziert, die mit vorzüglicher Bewaffnung, aber sehr salopper Haltung näherrückten. »Ich danke dem Herrgott, daß ich denen nicht zugeteilt bin«, sagte der Oberleutnant. »Da bin ich schon lieber bei meinen Algeriern, obwohl sie unter heftiger Propaganda-Einwirkung von seiten des Feindes stehen. Vorgestern habe ich erst Flugblätter entdeckt, die sie zum Überlaufen auffordern. Die Kommunisten sprechen von der Solidarität der unterdrückten Kolonialvölker und rufen zum gemeinsamen Kampf auf. Ich weiß, daß meine *Tirailleurs* untereinander darüber diskutieren, auch wenn sie verstummen, sobald ich dazukomme. Zum Glück sind viele dieser Flugblätter, die offenbar in Moskau gedruckt wurden, in arabischer Sprache und Schrift verfaßt. Das können die allerwenigsten lesen.« Kurz zuvor hatte ich auf der Mauer einer verlassenen Kirche eine Inschrift in deutscher Sprache entdeckt: »Legionäre, gebt diesen sinnlosen und verbrecherischen Kampf auf, kommt auf unsere Seite, auf die Seite des vietnamesischen Volkes, und wir garantieren Euch, daß Ihr nach Hause zu Euren Familien zurückkehren dürft.« Tatsächlich sollen ein paar Überläufer der Legion über Peking und Moskau in die DDR heimgeführt worden sein.

Das letzte Gefecht

Hung Yen, im Juli 1954

Gegen Mitternacht hatte jemand »Alerte« geschrien. Die Panzerspähwagen und Halftracks, die zu einer Wagenburg um unsere Stellung formiert waren, feuerten, was die Rohre hielten. Leuchtraketen erhellten die Nacht. Ein Dutzend Granaten des Vietminh schlug in der Nähe des französischen Gefechtsstandes ein. Verwundete riefen nach dem Sanitäter. Ich duckte mich in das rechteckige Erdloch, in dessen Schutz mein Feldbett unter dem Moskitonetz wie ein Katafalk aufgestellt war. Die Schießerei endete abrupt. Die Kolonialinfanteristen längs der Straße von Hung Yen hatten das letzte Gefecht des französischen Indochina-Krieges erlebt. Zur gleichen Stunde waren in Genf die Unterschriften unter das Waffenstillstandsabkommen gesetzt worden.

Als die Sonne aufging und die toten Vietminh-Soldaten vom Regiment 42 im Stacheldraht gezählt waren, versammelten sich die Offiziere um den Radioapparat. Ein dicker Oberst mit rollendem südfranzösischem Akzent saß mit nacktem Oberkörper wie ein bissiger Tempelhund vor dem Zelt. Eine gepflegte Frauenstimme von Radio Hanoi verlas ohne spürbare Anteilnahme die Bedingungen der französischen Kapitulation in Tonking. Der 17. Breitengrad würde zur neuen Demarkationslinie zwischen dem roten Vietnam im Norden und der nationalistischen Gegenrepublik im Süden. Der französische Rückzug aus Tonking würde in Etappen erfolgen, die sich über mehrere Monate erstreckten. Damit wäre den antikommunistischen Bevölkerungselementen des Nordens die Möglichkeit geboten, sich ohne Überstürzung nach Saigon abzusetzen. Zwei Jahre nach dem Waffenstillstand sollte in freien und kontrollierten Wahlen in beiden Landeshälften über die endgültige Zukunft und die eventuelle Wiedervereinigung Vietnams entschieden werden.

Es fiel kein einziges Wort beim Anhören der Nachrichten. Die Gesichter waren regungslos. Frankreich hatte mit der Fixierung der Demarkationslinie am 17. Breitengrad, womit die alte Kaiserstadt Hue dem kommunistischen Zugriff entzogen war, über Erwarten gut abgeschnitten. Das war auf die Hartnäckigkeit von Mendès-France, aber auch auf das Einwirken des chinesischen Chefdelegierten Tschou En-lai zurückzuführen. Tschou hatte auf die Vietminh-Delegation Druck ausgeübt und sie zur Konzilianz angehalten. Wollte er damit die Amerikaner von Indochina fernhalten oder schon damals dem Aufkommen eines allzu selbstbewußten vietnamesischen Nachbarstaates vorbeugen? Die französischen Offiziere an der Straße von Hung Yen ahnten nichts von diesen Kulissenkämpfen der Genfer Konferenz. Dem antikommunistischen Teilstaat von Saigon gaben sie keine dauerhafte Chance. Die Truppe hatte die Nachricht von der Feuereinstellung ohne Begeisterung, aber auch ohne Protest aufgenommen. Resignation war das vorherrschende Gefühl. Die Kolonialinfanteristen ahnten, daß sie ein Stück ihrer selbst in diesem exotischen und feindlichen Land lassen würden, an dem sie insgeheim mit einer unerwiderten Liebe hingen. Sie blickten über die flache Reislandschaft, wo schon wieder die Bauern hinter den Büffeln im fruchtbaren Schlamm ihre Furchen zogen, als sei das Ahnengrab nebenan nicht ein paar Stunden zuvor durch Artilleriefeuer verwüstet worden. Am Rande des braunen Tümpels, wo schöne Kinder lachten und badeten, blühte ein hellblauer Busch. Es war, als wollten die Soldaten diese Bilder tief in sich aufnehmen, ehe sie in die neblige Eintönigkeit ihrer heimischen Industrievororte zurückkehrten.

Uns bangte vor der Rückfahrt nach Hanoi. Die zahllosen Minen auf den Straßen waren noch nicht weggeräumt. In regelmäßigen Abständen stiegen Rauchsäulen auf, wenn ein Fahrzeug explodierte. Seit Eintreten der Waffenruhe war die stoische Gelassenheit, die bisher zur Schau gestellt worden war, am Ende. »Nur nicht der letzte Tote dieses verlorenen Krieges sein«, hieß es jetzt.

Der dicke Oberst war wie aus einem schweren Traum erwacht. Er hatte kein Wort gesagt, nicht einmal geflucht. Er gab uns zum Abschied die Hand und fand die Sprache wieder: »Ich sage Ihnen nicht Adieu. Ich sage Auf Wiedersehen, denn es geht ja weiter. In Bälde werden wir uns wohl in Nordafrika wiedertreffen.« Wie recht er behalten sollte.

Gefangenenaustausch

Hai Thon, im Sommer 1954

Unmittelbar nach Unterzeichnung des Genfer Abkommens begann der Gefangenenaustausch. Der Vietminh hatte einen Teil der Garnison von Dien Bien Phu in langen Märschen auf seine Hochburg in der Küstenprovinz Thanh Hoa dirigiert, wo die Franzosen in zehn Jahren Krieg nie hatten Fuß fassen können. Die französische Kriegsmarine hatte ihrerseits ein Landungsboot vom Typ LSM zur Verfügung gestellt, um eine Hundertschaft gefangener Vietminh zum Treffpunkt im Feindgebiet zu transportieren.

Die gefangenen Vietminh-Soldaten machten einen disziplinierten Eindruck. Mit Mißbilligung bemerkten die französischen Krankenschwestern, die an Bord des flachen Schiffes am meisten unter dem Seegang litten, daß unter den Vietnamesen in den langen Jahren hinter Stacheldraht sehr innige Männerfreundschaften geschlossen worden waren. Den Befehl führte ein einarmiger Leutnant der Division 320. Bei diesem ersten Transport handelte es sich im wesentlichen um Kranke und Verwundete. Offizieller Wortführer der Gruppe war ein magerer junger Mann, der von seinen schweren Napalm-Verbrennungen erstaunlich gut genesen war. Er behauptete, einfacher Soldat zu sein. In Wirklichkeit war er wohl Politischer Kommissar. Er sprach in stockendem Französisch von seiner Gewißheit, daß die Herrschaft der Neo-Kolonialisten und Monopolisten demnächst auch in Südvietnam zusammenbrechen werde. Präsident Ho Tschi Minh werde seinem Volk Frieden und Gerechtigkeit bringen. Jeder Gefangene sei auch in Zukunft zu den höchsten Opfern bereit. Durch Originalität zeichnete sich der Vortrag des ehemaligen Studenten mit dem fanatischen Blick nicht aus. Tragischer war der Fall eines beinamputierten Soldaten katholischen Glaubens aus der Provinz Phat Diem. Mit dem Kommunismus wollte er nichts zu tun haben. Doch Onkel Ho habe eine breite patriotische Front gebildet, in der neben den Marxisten auch die Christen ihren Platz hätten. Insgesamt herrschte unter den Gefangenen auf dem Landungsboot eine eher sorgenvolle als begeisterte Stimmung. Sie fragten sich wohl, wie der Empfang durch die roten Behörden am folgenden Tage aussehen würde.

Im Morgengrauen erreichten wir die Mündung des Son Ma-Flusses und liefen dreimal auf Sandbänke. Endlich näherte sich eine große Dschunke, von deren Mast die weiße Fahne mit dem Roten Kreuz wehte. Drei Offiziere des Vietminh in grasgrüner Uniform hockten am Bordrand. Der Absprache zufolge sollten sie unbewaffnet sein, aber unter einer verrutschten Zeltplane waren ein paar Gewehre zu erkennen. »Ihre Vertrauensseligkeit ist geradezu rührend«, lachte der lange Korvettenkapitän, der auf französischer Seite den Gefangenenaustausch kommandierte. Dann sprang er in einen Kahn und ruderte mit dem Stabsarzt an Land, während ein einheimischer Lotse unser Schiff bis zur flachen Ufernähe steuerte. Hinter dem Gestrüpp der Böschung duckte sich das armselige Fischerdorf Hai Thon. Am Horizont flimmerte die blaue Masse des Thanh Hoa-Gebirges. Während die breite Bugöffnung des Landungsbootes schwerfällig auseinanderklappte, formierten sich die Gefangenen. Wir sprangen auf die Bambusflöße, die uns entgegengekommen waren, und wateten das letzte Stück bis zum Strand. Etwa dreißig Vietminh-Soldaten und -Offiziere erwarteten uns. Sie trugen weder Rangabzeichen noch Orden. In einigem Abstand drängte sich die Zivilbevölkerung in braun-schwarzer Bauerntracht.

In der Empfangshütte aus Bambus stand ein gelb gedeckter Verhandlungstisch. An seinem Ende wie auf einem Ahnenaltar thronte das Bildnis Ho Tschi Minhs unter der roten Flagge mit dem gelben Stern. Die Delegierten der Gegenseite stellten sich vor. Ihr Sprecher war ein asketischer Major. Der Ton der Verhandlung war kühl und korrekt. Man einigte sich darauf, daß zunächst die Vietminh-Gefangenen an Land gehen sollten und daß die Freilassung von hundert Franzosen anschließend erfolge. Als erster Heimkehrer ging der Leutnant der 320. Division auf den Major zu und meldete. Der Major umarmte ihn heftig und so linkisch, daß der Leutnant strauchelte. Das Empfangskomitee des Vietminh war sichtlich gerührt, als die Gefangenen auf den Floßen nahten und auf ein Kommando ihres Politischen Kommissars wohleinstudierte Hochrufe auf Ho Tschi Minh, die Revolution und den Sieg ausbrachten. Jedes Vivat wurde von der Fischerbevölkerung mit Klatschen belohnt. Die gefangenen Vietminh stellten sich jetzt sehr viel erschöpfter und kranker, als sie tatsächlich waren. Die Bauernfrauen schlossen sie in ihre Arme, stützten sie, fächelten ihnen mit den breiten Hüten frische Luft zu und streichelten ihnen das Gesicht. Im Nu rissen die Heimkehrer ihr französisches Drillichzeug vom Leib und tauschten es gegen Uniformen des Vietminh ein.

Wir konnten uns frei bewegen und plauderten ziemlich ungezwungen mit den Repräsentanten der Gegenseite. Sie waren an den Vorgängen in Europa interessiert und erstaunlich gut informiert. Das Gespräch endete jäh, als die Franzosen ihrer eigenen Gefangenen ansichtig wurden. Sie waren durch die Schlacht von Dien Bien Phu, durch den endlosen Marsch bis Thanh Hoa und die Tropenkrankheiten schrecklich gezeichnet. Viele lagen unter einem großen Schilfdach auf improvisierten Bahren. Die wenigsten waren gehfähig. Sie begrüßten die ankommenden Landsleute mit dankbaren, fiebrigen Augen. Nein, sie seien nicht mißhandelt worden. Aber der Fußmarsch durch den Dschungel sei mörderisch gewesen, und sehr viele seien gestorben. Sie hätten die gleiche Verpflegung wie die Soldaten des Vietminh erhalten, aber für einen Europäer sei das eben völlig unzureichend. Fast alle litten an Amöbenruhr und Malaria. Die französischen Krankenschwestern, die sich sofort um die ausgemergelte Truppe bemühten, blickten nun mit Feindschaft und Haß auf das vietnamesische Pflegepersonal. Der Transport zum Ufer begann in gedrückter Stimmung. Bevor sie an Bord des Landungsbootes gingen, wollten die französischen Heimkehrer, wie sie es ihren Feinden wohl abgesehen hatten, auf ihre Art Patriotismus und Zuversicht bekunden. Aber sie hatten nie Sprechchöre einstudiert. »Hipp Hipp Hurra!« schrie eine Gruppe wie im Fußballstadion, und ein humpelnder Beinverletzter rief »Vive la France!«, als sei er de Gaulle.

Die Heimfahrt nach Haiphong war mühselig. Ein kräftiger Wind war über dem Golf von Tonking aufgekommen, und das flache Landungsboot wurde von den Wellen gebeutelt. Die Überlebenden von Dien Bien Phu erzählten von der Schlacht, vom Versagen der Führung, von der schrecklichen Überraschung, als plötzlich Artilleriefeuer auf ihre unzureichenden Stellungen trommelte. Ein Thai-Bataillon war sofort übergelaufen. Die übrigen farbigen Truppen der *Union Française* hatten sich passiv verhalten und Deckung gesucht. Wirklich gekämpft bis zum letzten Erdloch und bis aufs Messer hatten lediglich die französischen Fallschirmjäger und die Fremdenlegionäre. Die Paras sprachen voll Verachtung von den Offizieren anderer Einheiten, die sich nicht um ihre Männer gekümmert hatten. Die Fremdenlegionäre jedoch, zu achtzig Prozent Deutsche, seien zum Sterben angetreten wie in einer mythischen Gotenschlacht.

Zwei erschöpfte Leutnants hielten sich abseits. Sie waren bereits Ende 1950 bei der Räumung von Cao Bang in Vietminh-Gefangenschaft geraten. Jahrelang hatten ihnen die kommunistischen Kommissare zugesetzt – kein Tag verging ohne mehrstündige politische Schulung und Umerziehung. Um zu überleben, aber auch aus einer gewissen intellektuellen Neugier heraus, hatten die Insassen des französischen Offizierslagers – im Gegensatz zu den rauhen Unteroffizieren, die sich gegen die roten Propagandisten taub stellten – das Spiel mitgemacht und teilweise sogar ihre Bekehrung zum Marxismus und Antikolonialismus vorgetäuscht. Die Lebensbedingungen in diesen Gefangenen-Camps des Hochlandes waren fürchterlich genug, aber am unerträglichsten sei auf die Dauer die pedantische Rechthaberei, die ideologische Arroganz, die schulmeisterliche Besserwisserei dieser gelben Prediger der Weltrevolution gewesen. »Wir fühlten uns nach einem Jahr wie Meerschweinchen, mit denen man ideologische Mutationsversuche anstellt. Das war schlimmer und erniedrigender als Hunger und Krankheit«, sagte der eine Leutnant. »Aber eines haben wir gelernt«, meinte sein Gefährte, »nämlich daß wir einen törichten, völlig unzeitgemäßen Feldzug geführt haben. Hier in Asien und morgen wohl in Afrika werden wir mit dem ›revolutionären Krieg‹ konfrontiert, und nur, wenn wir den Farbigen mit den gleichen Propagandamethoden, mit einer ähnlich brutalen Indoktrination begegnen, wie sie uns der Vietminh beigebracht hat, können wir uns in Übersee behaupten. Wer weiß, ob wir die Franzosen im Mutterland nicht ähnlich umerziehen müssen, damit sie wieder lernen, was Vaterlandsliebe, Loyalität und Sinn für Disziplin heißt. Die Politiker und die Parteien der Vierten Republik haben uns schändlich verraten und im Stich gelassen, aber wir werden ihnen notfalls beibringen, was revolutionäre Erneuerung ist.« Der zweite Leutnant hatte heiser und fast flüsternd gesprochen. Jetzt wurde er von einem Hustenanfall geschüttelt, und das frische Tuch, das ihm die Krankenschwester reichte, färbte sich mit Blut. Der Seegang war so heftig geworden, daß es den Insassen des Bootes – mit Ausnahme der Matrosen – übel wurde. Bald klammerten wir uns alle an die Reling, ließen uns den schwülen Sturm ins Gesicht blasen und erbrachen uns in die tintenschwarze Nacht.

Flug über die Demarkationslinie

Zwischen Hanoi und Saigon, im Sommer 1954

Über dem Delta des Roten Flusses standen weder die weißen Rauchfahnen brennender Dörfer noch die schwarzen Qualmwolken der Napalmbomben. Der Krieg war zu Ende. Die Passagiere drängten sich an den Luken der Dakota-Maschine, die aus Hanoi abflog. Viele Frauen und Kinder waren darunter. Die langgedienten Kolonialbeamten waren an ihrer Pergamenthaut zu erkennen. Sie schauten zum letzten Mal auf das in der Abendsonne aufglänzende Schachbrett der Reisebene. Sie hatten dieses Land oft verflucht mit seinem zermürbenden Klima, den undurchsichtigen Menschen, den Krankheiten und den schlaflosen Nächten. Jetzt schnürten ihnen der Abschied und der Gedanke an die Niederlage die Kehle zu. Die Offiziere der vietnamesischen Nationalarmee, die ihrer Heimat endgültig den Rücken kehrten, um im Süden Dienst zu suchen, sahen einer ungewissen Zukunft entgegen. Über den Felsen der Halong-Bucht breitete sich schon die Dämmerung aus.

Am Vorabend hatten wir in der Chinesenstadt von Hanoi zu Abend gegessen. Das Schweigen der sonst so lauten Söhne des Himmels hatte sich auf uns übertragen. Dann saßen wir noch lange in der Bar »Chez Marianne«, einem Treffpunkt der Journalisten. Die mandeläugige Marianne war einmal bei den Klosterfrauen von Nam Dinh ins Pensionat gegangen. Das merkte man ihr heute noch an, wenn sie hinter der Theke Konversation pflegte. Sie tat so, als bliebe sie von der bevorstehenden Machtübernahme der Kommunisten ungerührt, und suchte auf einer großen Europakarte nach einer kleinen ruhigen Stadt in Mittelfrankreich, wo sie ein neues Leben beginnen würde. Ihre Taxi-Girls kauerten kichernd und scheinbar sorglos wie eh und je auf ihren Hockern. In wenigen Wochen würden sie ebenso graziös in den Dancings von Saigon und Cholon nach Kunden Ausschau halten, aber insgeheim an ihre Angehörigen im Norden denken, für die es bald keine kostbaren Kleider, keinen chinesischen Tango, kein Schmetterlingsleben mehr geben würde, sondern die braune Einheitstracht der Fronarbeit und den Alltag der Ameise. Draußen rasselten französische Panzerpatrouillen durch die leeren Straßen. Achtlos fuhren sie an den Spruchbändern vorbei, die die Vortrupps des Vietminh am Morgen ungestört entfaltet hatten, um die Einwohner Hanois zum Bleiben aufzufordern. Die kommunistischen Agenten tauchten plötzlich aus dem Untergrund auf und waren überall. Sie kamen auf ihren Fahrrädern in die Villenviertel, holten die Notizblöcke heraus und fertigten Listen jener Häuser und Amtsstuben an, die sich für die Unterbringung der roten Stäbe und Behörden eigneten.

Auf halber Flugstrecke zwischen Hanoi und Saigon meldete sich der Pilot über Lautsprecher. »Bei Tage könnten Sie jetzt unter Ihnen die künftige Demarkationslinie Vietnams am 17. Breitengrad und den Fluß Ben Hai erkennen«, teilte er mit. Die Nacht war mondlos. Nur gelegentlich zuckte ein Mündungsfeuer auf. Die endgültige Waffenruhe würde in Zentral-Annam mit einigen Wochen Verspätung in Kraft treten, damit auch die versprengten Einheiten verständigt werden könnten. Der neue Grenzfluß Ben Hai war bisher nur den Geographen bekannt gewesen. Noch bewässerten die Reisbauern auf seinen beiden Ufern gemeinsam ihre Felder, aber in Kürze würden sie sich bestenfalls über den Stacheldraht zuwinken, bis zu dem gar nicht fernen Tag, an dem die friedlichen Bambushütten und Ahnengräber den Betonbunkern eines Eisernen Vorhangs weichen müßten.

Auftakt einer neuen Tragödie

Saigon, im Sommer 1954

Die französische *Tricolore* ist über dem Rathaus von Saigon eingeholt worden. Hingegen ist das weiße Stuckgebäude mit einer Vielzahl national-vietnamesischer Fahnen – gelber Grund drei rote Streifen – geschmückt. Das riesige Porträt des Kaisers Bao Dai ist vom Giebel verschwunden. Noch hat der Monarch und Staatschef nicht abgedankt. Aber seine Tage sind gezählt. Dieser fette, alternde Playboy, der an der Côte d'Azur Wassersport trieb und im Elsaß jagte, während sein Land verblutete, wird von allen verachtet und abgelehnt. Ein neuer Mann hat das Schicksal National-Vietnams, bald wird man Süd-Vietnam sagen, in die Hände genommen, der Mandarin Ngo Dinh Diem von Hue, den man bereits den »Unbestechlichen« nennt. Ngo Dinh Diem stellt an diesem Morgen seine neue Regierung der Saigoner Bevölkerung vor. Zwei Kompanien der Nationalarmee sind in blütenweißer Galauniform angetreten. Doch das Volk ist nicht gekommen. Unter den dreihundert Zuschauern dürften die Geheimpolizisten in der Mehrheit sein.

Ngo Dinh Diem ist ein kompromißloser Patriot und deklarierter Feind der französischen Präsenz in Indochina. Nur unter Druck der Amerikaner hat der letzte französische Hochkommissar, General Ely, dieser Berufung zugestimmt. Diem stammt aus einer der angesehensten Familien von Annam. 1933 war er vorübergehend Minister am Hof von Hue. Dann ließ ihn sein Nationalismus in ständiger Opposition verharren, Opposition gegen die Franzosen, gegen die Japaner, gegen Ho Tschi Minh, gegen Bao Dai. Selbst für die Amerikaner – so munkelt man heute schon – würde er kein bequemer Verbündeter sein. Der neue Regierungschef trägt einen weißen Anzug mit schwarzer Krawatte. Das Haar liegt glatt und gescheitelt über dem vollen Gesicht. Er ist ein korpulenter Mann. Am improvisierten Ehrenmal legt er einen Kranz nieder und kommt mit dem watschelnden Gang der hohen Mandarine auf die Tribüne zurück. Diem ist zutiefst von der konfuzianischen Tradition des Hofes von Annam geprägt, und dennoch ist er Katholik, fanatischer Katholik, wie sich sehr bald herausstellen wird. Sein Bruder ist Erzbischof von Hue. Ein jüngerer Bruder, Ngo Dinh Nhu, der zu seinen engsten Beratern zählt, hat sich in das Studium der modernen katholischen Philosophie vertieft und gilt als Anhänger des Personalismus. Die meisten Minister des neuen Kabinetts stammen aus dem Norden. Das ist ein deutliches Indiz für die Entschlossenheit Ngo Dinh Diems, die Teilung seines Vaterlandes nicht zu akzeptieren. Für den Katholiken Diem ist es eine persönliche Tragödie, daß mehr als eine Million Katholiken Gefahr laufen, unter kommunistische Herrschaft zu geraten. Eine gewaltige Flüchtlingswelle ist in Gang gekommen, und die französische Flotte wird in den kommenden Monaten voll damit beschäftigt sein, ganze christliche Dorfgemeinschaften nach Süden zu transportieren. Schon jetzt heißt es in Saigon, daß der Besitz eines katholischen Taufscheins unter dem neuen Regime des Unbestechlichen die Mandarinats-Prüfungen von einst ersetze.

Die paar französischen Beamten, die mit betonter Zurückhaltung der Zeremonie beiwohnen, blicken wie gebannt auf eine strahlend schöne Vietnamesin, die sich wie eine Raubkatze in unmittelbarer Nachbarschaft des Ministerpräsidenten aufhält. Madame Nhu, die Schwägerin des tugendhaften Junggesellen Diem, soll zu den einflußreichsten Frauen des neuen Regimes gehören. Sie wurde von katholischen Nonnen erzogen. Man sagt ihr Intelligenz, Ehrgeiz und militanten Feminismus nach. »Sie kennen wohl das chinesische Sprichwort«, raunte mir ein französischer Administrator zu, »ein gelehrter Mann erbaut die Stadt, eine gelehrte Frau zerstört sie. Denken Sie an diese asiatische Weisheit, wenn Sie in Zukunft über Madame Nhu berichten.«

Die Stadt Saigon wirkte in jenen Tagen, als der Vietminh Schritt für Schritt die Verwaltung des Nordens übernahm, frivoler und leichtsinniger denn je. In den letzten Kriegswochen waren die Regimenter des Vietminh in Eilmärschen nach Süden bis in das Mekong-Delta gestürmt. Sie marschierten sogar nachts zum Schein der Fackeln. Aber nun sah das Genfer Waffenstillstandsabkommen den Abzug dieser kommunistischen Einheiten nach Norden vor, und wider Erwarten schien Ho Tschi Minh sich an diese Verpflichtung recht gewissenhaft zu halten. Allenfalls die Politischen Kommissare blieben auf ihrem Posten. Sie tauchten in den Untergrund, organisierten ihre geheimen roten Zellen in Erwartung des Signals zum revolutionären Aufbruch, das über kurz oder lang von Hanoi ausgegeben würde.

In der Zwillingsstadt Saigon-Cholon lag die Polizeigewalt weiterhin in den Händen der Binh Xuyen, jener Bande von Flußpiraten, die sich an Opiumschmuggel, Prostitution und Erpressung bereichert hatte. Die Sicherheit der großen Metropole des Südens ruhte und faulte auf diesen anrüchigen Pfeilern. Die Franzosen hatten dem Gangsterboß der Binh Xuyen, dem »General« Le Van Vien, Carte blanche erteilt, und er nutzte seine Vollmachten skrupellos aus. Seine schwerbewaffneten Ganoven mit der grünen Baskenmütze waren gefürchteter als die roten Partisanen, und sie hatten es tatsächlich fertiggebracht, mit List und Grausamkeit den aktiven kommunistischen Widerstand auszuschalten. Für den unbestechlichen Regierungschef Ngo Dinh Diem, das wußte jedermann, war dieser Verbrecherhaufen der Binh Xuyen, die hier zu Hütern der Ordnung berufen worden waren, eine unerträgliche Herausforderung. Diem war Mandarin und hatte vom Hofe von Annam eine Auffassung der Staatsautorität ererbt, die mit dem feudal-religiösen Mosaik der französischen Herrschafts- und Korruptionsmethoden im Mekong-Delta nicht zu vereinbaren war. Die französischen Geheimdienste wußten sehr wohl um jene vertraulichen Konferenzen mit amerikanischen Verbindungsoffizieren, auf denen der Einsatz der vietnamesischen Nationalarmee gegen die Binh Xuyen, die Cao-Daisten und die Hoa Hao vorbereitet wurde.

Die ersten amerikanischen Militärs, die zur Beratung der Nationalarmee nach Saigon gekommen waren, benahmen sich sehr diskret. Nur die Matrosen der US-Navy in ihren weißen Pyjamauniformen waren überall auf der Rue Catinat anzutreffen. Schon feilschten die Straßenhändler und Dirnen in Pidgin-Englisch. In den Vorzimmern Ngo Dinh Diems saßen die Sonderbeauftragten des CIA und bereiteten eine neue Phase der Indochina-Politik vor. Washington hatte dem Genfer Waffenstillstandsabkommen höchst widerwillig zugestimmt, und die amerikanische Unterschrift fehlte unter dem Dokument. Vor allem waren die US-Experten fest entschlossen, die für 1956 anberaumten gesamt-vietnamesischen Wahlen zu hintertreiben, nicht wissend, daß auch der marxistischen Regierung von Hanoi an dieser Pflichtübung in Formaldemokratie gar nicht gelegen war. Zwischen den französischen und den amerikanischen Geheimdiensten bahnte sich eine unerbittliche Rivalität im Zwielicht an. Washington arbeitete auf den möglichst schnellen Abzug der letzten französischen Truppen aus Vietnam hin. Erst dann würde die Regierung Ngo Dinh Diem nach außen hin ihre nationale Unabhängigkeit demonstrieren können und für die Länder der Dritten Welt ein akzeptabler Partner sein. Die Franzosen klammerten sich an das altvertraute Cochinchina, wiegelten ihre örtlichen Verbündeten gegen diesen steifen Mandarin aus Hue und seine US-Berater auf, ja sie spielten sogar die Karte des Neutralismus.

Die sogenannte Dritte Kraft, von der während des amerikanischen Vietnam-Krieges so viel die Rede sein sollte, war damals bereits in Ansätzen vorhanden. Eine der prominentesten dieser Kompromiß-Figuren in Saigon war »General« Xuan, ein vermögender Bourgeois, ein gepflegter alter Herr mit erlesenen Manieren, ein gelber Franzose, der gar nicht martialisch wirkte. Er empfing mich in seinem Salon, der mit chinesischen Perlmutt-Möbeln und Lackgemälden überladen war. Es gehe darum, trotz der unvermeidlichen Spaltung des Landes die geistige Einheit des vietnamesischen Volkes zu retten, meinte Xuan. Eine Art Neutralisierung sei durchaus nicht utopisch. Er kenne doch die Leute vom Vietminh. So barbarisch seien sie gar nicht, und in erster Linie seien sie Nationalisten. Vom Chinesen, dem Erbfeind im Norden, hätten sie sich bereits deutlich distanziert. General Xuan hielt offenbar engen Kontakt zu maßgeblichen Politikern der Vierten Republik in Paris. An der Seine spielten einflußreiche Kreise der linksliberalen Regierungskoalition ganz offen mit der Hoffnung, eventuell doch noch die rote Republik Vietnam im Verbund der »Französischen Union« halten zu können. Die letzten französischen Zivilisten in Hanoi waren ganz offiziell aufgefordert worden, an Ort und Stelle zu bleiben, denn die Kooperationsverträge mit Ho Tschi Minh böten der friedlichen französischen Präsenz eine neue Chance.

In den französischen Stäben von Saigon hoben die Offiziere ob so viel illusionärem Unverstand die Hände zum Himmel. Täglich trafen dort die Meldungen von der planmäßigen Evakuierung der eigenen Stützpunkte ein. Der Krieg in Indochina war alles andere als ruhmreich gewesen, aber jetzt achteten die französischen Militärs darauf, daß ihr Abgang sich stets in trotziger Würde vollzog. Sie wußten, daß sie in Fernost ausgespielt hatten. Sie unterschätzten die Energie Ngo Dinh Diems und hätten ihm wohl nicht zugetraut, daß er sich in Kürze zum Staatschef proklamieren und mit äußerster Brutalität gegen die Flußpiraten und die Sekten, gegen die bewährten Partner Frankreichs zuschlagen würde. Den forschen Amerikanern, die sich überall in den vietnamesischen Ministerien und Stäben einnisteten, begegneten die Franzosen wie betrogene Liebhaber. In den folgenden Monaten sollte in Saigon und am Rande der großen Schilfebene ein absurder und blutiger Machtkampf zwischen französischen und amerikanischen Geheimagenten ausgetragen werden.

Ich war längst wieder in Europa, als Hanoi im Frühjahr 1955 endgültig geräumt wurde. Die Pariser Zeitungen brachten auf der ersten Seite eines der eindrucksvollsten Bilder dieses Krieges: das letzte französische *Détachement* zog sich über die Paul Doumer-Brücke zum Flugplatz Gialam zurück. Unmittelbar dahinter marschierte in massierter Formation ein Elite-Regiment des Vietminh, dessen Soldaten die Gewehre mit dem aufgepflanzten Bajonett nach russischem Vorbild wie zum Angriff gewinkelt trugen. Zwischen den beiden feindlichen Einheiten ging ein einsamer französischer Hauptmann. Auf seinen Armen hielt er die gefaltete *Tricolore,* als trüge er das heilige Sakrament.

Unterdessen sammelten sich in den Kulissen Süd- und Nordvietnams die Akteure und die Drahtzieher der kommenden, der neuen Tragödie Indochinas.

DER ZWEITE INDOCHINA-KRIEG
Die Amerikaner

Le sourire khmer

Kambodscha, im Frühjahr 1965

Der Vollmond stand hoch über den Tempeltürmen von Angkor Wat. Die unzähligen Skulpturen buddhistischer und hinduistischer Fabelwesen, die diese monumentale Steinkulisse bevölkern, waren gegen den Sternenhimmel nur in Umrissen zu erkennen. Die Naga-Schlangen hingegen, die die Brücke zwischen den beiden Becken bewachen, hoben ihre mächtigen Köpfe voll ins silbrige Licht. Am Eingang des Tempels waren Scheinwerfer aufgeflammt. Kambodschanische Tänzerinnen, lebendige Kopien der erstarrten Vorbilder hinter ihnen, führten mit langsamen Bewegungen ihrer langen Finger Szenen aus dem Ramayana vor. Die Mädchen mit dem glitzernden Kopfputz und den starr geschminkten Gesichtern, in denen sich nur die Augäpfel bewegten, trugen Gewänder aus schwerem Brokat. Die Haut ihrer Schultern schimmerte wie Bronze. Ich hatte mich auf dem Bambussessel meiner Bungalowterrasse in der »Auberge du Temple« installiert und lauschte durch die Gongschläge des Theaters hindurch den wohlvertrauten Geräuschen der südostasiatischen Nacht. Die Moskitos waren lästig. Der Urwald war nahe.

Wiedersehen mit Indochina nach elfjähriger Trennung. In der verflossenen Dekade hatte mich mein Beruf im wesentlichen in Schwarzafrika und im arabischen Raum festgehalten. Nun kehrte ich mit einer fast schmerzlichen Lust an diesen Schnittpunkt indischer und chinesischer Kultur zurück. Meine letzte Zwischenstation vor der Ankunft in Kambodscha war Delhi gewesen, wo ich zu den Grabstätten und Palästen der Mogul-Kaiser gepilgert war. Auch dort, wo das Fünfstromland der Missionierung durch die islamischen Eroberer erfolgreich widerstanden und am tausendfältigen Pantheon seiner Urmythen festgehalten hatte, war im Kontakt mit der strengen Wüstenreligion und der Lehre vom alleinigen Gott viel von der ausschweifenden Sinnlichkeit des Hinduismus verlorengegangen. Ich wäre besser vom südlichen Subkontinent, von der Malabar-Küste, von Madras oder Madurai nach Kambodscha aufgebrochen, um jenen engen kultischen Bindungen nachzugehen, die seit tausend Jahren zwischen Indien und dem Land der Khmer geknüpft worden waren.

Im Zeichen des triumphierenden Brahmanentums war jenes Großreich der Khmer entstanden, das weit über die Grenzen des heutigen Kambodscha hinaus Südostasien beherrscht und im 12. Jahrhundert den Gipfel seiner Pracht und seiner Macht erreicht hatte. Dann folgte ein unerbittlicher, mysteriöser Verfall. Die extravaganten, himmelstürmenden Monumente dieser Kultur – Angkor Wat, Angkor Tom, Bayon und wie sie alle heißen – wurden unter den Lianen, unter der grünen Gefräßigkeit des Dschungels begraben. Seit ein paar Jahrzehnten erst waren die monumentalen Tempelanlagen im Umkreis von Siem Reap von französischen Archäologen freigelegt worden. Die Eingeborenen fürchteten sich wohl vor diesen zyklopischen Zeugnissen einer überlegenen Ahnenwelt. Sie hatten sogar die Erinnerung daran verdrängt.

Der Niedergang des Reiches der Khmer war von einer unerbittlichen Fehde zwischen Hinduismus und Buddhismus begleitet. Die Denkmäler gaben Kunde von diesem selbstzerstörerischen Gegensatz. Die Symbole hinduistischer Sexualbesessenheit und brahmanischer Kastenanmaßung wurden periodisch abgelöst durch die kontemplative Ekstase buddhistischer Selbsterlösung. Die von Gautama verheißene Befreiung vom Alptraum der ewigen Wiedergeburt hatte lange gebraucht, um den düsteren Zauber Schivas und Khalis zu überkommen. Bilderstürmerei hatte in beiden Lagern gewütet. Am Ende hatte die lächelnde Entsagung Buddhas obsiegt. Das Volk der Khmer erstarrte in friedlicher Resignation und kehrte den gigantischen Mahnmalen seiner historischen Größe den Rücken. Die Kambodschaner sammelten sich von nun an im Schatten ihrer schindelgedeckten hölzernen Pagoden, verneigten sich vor der goldenen Statue des weisen Gautama und füllten jeden Morgen die Eßnäpfe der zahllosen Bonzen, die mit kahlgeschorenem Schädel und safrangelber Toga bettelnd und hochmütig durch ihre Dörfer zogen.

In mühevoller Arbeit waren die Kultstätten dem Dschungel entrungen worden. Bildhauer und Steinmetze des alten Kampuchea hatten sich anfangs unter Anleitung ihrer indischen Lehrmeister streng an die genormte Fabelwelt des Mahrabaratha und des Ramayana in endloser Wiederholung gehalten. Unzählige »Lingam« konkretisierten die Zwangsvorstellung hektischer, unentwegter Zeugung. Doch der ästhetischen Vollendung näherten sich die kambodschanischen Künstler, wenn sie sich von den Schablonen der importierten Vorbilder lösten. Dann belebte sich der Reigen der Tempeltänzerinnen mit den leicht geschlitzten Augen in geschmeidiger Anmut und verströmte einen milden Liebreiz, der ihren indischen Gefährtinnen abging. Dann erstarrten die riesigen Buddhaköpfe in fernöstlicher Mystik und Abgeklärtheit, wie sie an den gequälten Ufern des Ganges und des Brahmaputra nicht gedeihen konnten. Über den versunkenen Kultstätten Kambodschas strahlte auf steinernen Lippen *le sourire khmer,* ein entrücktes, rätselhaftes Lächeln, weltabgewandt und grausam.

Wie die Pharaonen Ägyptens hatten die Herrscher Kampucheas ihre großen kriegerischen Taten durch Heere von Sklaven auf breiten Reliefs verewigen lassen. Fast immer ging es bei diesen heroischen Darstellungen um den Abwehrkampf der Khmer gegen die Eroberungsversuche der Cham, die aus dem Mekong-Delta des heutigen Vietnam auf ihren waffenstarrenden Galeeren bis in die fischreichen Wasser des Binnensees Tonle Sap vorgestoßen waren. Das Reich Champa, ebenfalls zum Hinduismus bekehrt, war zu jener Zeit der Todfeind der Gott-Könige von Kampuchea. Heute würde man vergebens auf den ethnologischen Karten Ostasiens nach diesem einst so gefürchteten Kriegervolk der Cham suchen. Sie wurden im Laufe der Jahrhunderte systematisch von einer neuen Erobererrasse aus dem Norden besiegt, unterworfen und ausgelöscht. Die Neuankömmlinge stammten aus dem heutigen China, drängten wie ein unwiderstehlicher Ameisenzug nach Süden und hatten bereits von Tonking und Annam Besitz ergriffen. Sie waren die Ahnen der Vietnamesen.

Phnom Penh erschien mir als die schönste Stadt Asiens. Die französische Kolonisation hatte breite Alleen mit gewaltig ausladenden Mangobäumen hinterlassen. Die einstigen Verwaltungsgebäude und Villen der Europäer waren ockergelb. Auf einem beherrschenden Hügel ganz nahe am Zentrum, auf dem »Phnom«, der der Hauptstadt Kambodschas den Namen gab und von einem großen Stupa gekrönt wurde, ließ eine buddhistische Pagode bunte Wimpel flattern. Am Strom glänzten die goldenen und grünen Dächer des Königspalastes. Die Neustadt war großzügig um den geschäftigen Boulevard Monivong gegliedert. Längs der Straße zum Flugplatz Pochentong bildete der weißgetünchte Universitäts-Campus ein harmonisches Ensemble. Ein eigenartiger Friede ging abends von dieser Stadt aus, wenn man unter den hohen Baumkronen bei nachlassender Hitze mit der Rikscha zu den Hafenquais fuhr, wo sich seit dem Abgang der Kolonialherren nichts geändert hatte. Die dunkelhäutigen Khmer-Mädchen mit dem leicht gelockten Haar unterschieden sich von ihren vietnamesischen Schwestern durch ein animalisches Naturell und durch fröhliche Wildheit.

Das Königreich der Khmer kannte keinen Mangel und keinen Hunger. Hier befanden sich die fruchtbarsten Reisfelder Asiens, und die Gewässer wimmelten von Fischen. Der Buddhismus war allgegenwärtig und bestimmte den Lebensrhythmus. Er hatte eine gewisse Indolenz, und, wie es schien, eine große Gelassenheit in diesem bäuerlichen Volk verankert. Dem Fremden erschienen die Kambodschaner wie glückliche Naturkinder, die selbst bei der harten Arbeit im Reisfeld nie aufhörten zu schnattern und zu lachen. Es gab keine sexuellen Tabus, und die Erbsünde hatte das Land Kampuchea verschont. Wenn je eine Gegend unserer Welt der Vorstellung vom irdischen Paradies nahekam, dann war es das Königreich Kambodscha unter der Führung des Prinzen Norodom Sihanuk.

Den Prinzen hatte ich zum erstenmal beobachten können, wie er anläßlich der alljährlichen Fruchtbarkeitsfeste hinter dem Büffelgespann die erste Furche durch den Schlamm eines Reisfeldes zog. In dieser Stunde war er der Gott-König hinduistischer Überlieferung, auch wenn er im Gegensatz zum Thron von Siam die Hof-Brahmanen aus dem Palast von Phnom Penh längst verbannt hatte. Norodom Sihanuk war ein authentischer Nachkomme jener großen Khmer-Dynastie, die in den Tempelruinen von Angkor Wat weiterlebte. Er hatte auf die Krone verzichtet und sich statt dessen zum Staatschef mit den absoluten Vollmachten eines Despoten proklamiert. Von den Franzosen wurde er mit *Monseigneur* angeredet. Für die Bauern war er immer noch eine Art göttliche Reinkarnation. Wenn er sich in die Menge stürzte, die bei seinem Nahen niederkniete, verbeugte auch Sihanuk sich mit breitem Lächeln und den zum traditionellen »Lai« gefalteten Händen. Er wollte ein aufgeklärter Autokrat sein, und es war ihm gelungen, sein Land aus den kriegerischen Wirren herauszuhalten, die die übrigen Länder Indochinas wieder heimsuchten. Fünf Jahre nach der französischen Niederlage in Tonking war der Vietnam-Krieg neu aufgeflackert.

Die Saigoner Regierung des katholischen Diktators Ngo Dinh Diem wurde in zunehmendem Maße von roten Partisaneneinheiten bedrängt, die sich unter dem Namen »Nationale Befreiungsfront von Südvietnam« sammelten, im Volksmund jedoch kurz und bündig »Vietkong«, also Kommunisten, hießen. Aus der Demokratischen Republik Vietnam im Norden wurde diese Aufstandsbewegung seit sechs Jahren systematisch unterstützt. Schon war in diesem März 1965 der Ho Tschi Minh-Pfad in aller Munde, jenes Gewirr von Dschungelpisten, das durch die unwirtlichsten Gebirge des Königreichs Laos führte, das Verteidigungssystem der südvietnamesischen Armee umging und dem roten Partisanenheer erlaubte, weit im Süden einzusickern. Vor allem im Grenzgebiet zwischen Kambodscha und Südvietnam, wo Gummiplantagen und Sümpfe die Tarnung erleichterten, hatte sich der Vietkong eingenistet und verfügte bald über ein weitverzweigtes Netz unterirdischer Stollen und Bunker. Gegen diese Infiltration war das Kambodscha Sihanuks ziemlich machtlos, zumal *Monseigneur* – aus Gründen wohlverstandener Selbsterhaltung – seine Armee auf eine sehr bescheidene Rolle zurechtgestutzt hatte und sie vorzugsweise – zum großen Mißvergnügen ihrer französischen Instrukteure – für Straßenbau- oder Pionierarbeiten einsetzte. Zwischen Ost und West, zwischen Washington, Moskau, Peking, Paris und Hanoi behauptete sich Sihanuk in einem halsbrecherischen Balanceakt. Er praktizierte Neutralität und diplomatischen Opportunismus, um seinem Land die Unabhängigkeit zu erhalten. Er war durchaus nicht jener »Polit-Clown«, als den ihn seine westlichen Kritiker hinstellen wollten, auch wenn er jeden seiner Sätze mit einem unmotivierten Kichern begleitete. Er war ein Meister der Tarnung. Er war sich stets jener tödlichen Gefahren bewußt, die dem Königreich Kampuchea noch im 19. Jahrhundert gedroht hatten, als die Siamesen im Westen und die Vietnamesen im Osten sich anschickten, den Staat der Khmer aufzuteilen. Das französische Protektorat hatte diese Entwicklung unterbrochen. Aber kein Khmer hatte vergessen, daß das ganze vietnamesische Mekong-Delta mitsamt der Stadt Saigon, die früher einmal Prey Nohar geheißen hatte, bis etwa 1700 rein kambodschanisches Siedlungsgebiet gewesen war.

Sihanuk hatte viele Feinde. Da waren die Amerikaner, die damals noch in der von John Foster Dulles ererbten Vorstellung befangen waren, daß Neutralität etwas Unmoralisches bedeute. Da gab es die Generale von Bangkok, die immer wieder versuchten, die Provinzen

Battambang und Siem Reap an sich zu reißen, die mit Hilfe des amerikanischen CIA eine Untergrundbewegung, »Khmer Serei« genannt, unterstützten und gegen *Monseigneur* intrigierten. Die Regierung von Saigon sah in der Benutzung kambodschanischen Territoriums durch den Vietkong eine tödliche Bedrohung. Tatsächlich rollten aus dem Hafen Sihanoukville Lastwagenkolonnen mit Verpflegung und Munition für die südvietnamesische Befreiungsfront über die roten Lateritstraßen, die zur umstrittenen Grenze führten. Böse Zungen behaupteten, Prinzessin Monique, die halbitalienische und bildschöne Frau Sihanuks, sei an diesem Schleichhandel prozentual beteiligt. Jedenfalls erwähnte man in den westlichen Kanzleien Phnom Penhs unverblümt die Existenz eines »Sihanuk-Pfades«.

Monseigneur wußte um seine Schwächen. Er besaß nur einen echten Freund und Gönner. Das war der General de Gaulle in Paris, der seit 1958 wieder über Frankreich herrschte. Aber der französische Schutz reichte nicht aus. Die verwinkelten Schachzüge Sihanuks wurden von den amerikanischen Journalisten, denen er aus guten Gründen sein Land verboten hatte, als Ausdruck von Charakterlosigkeit gedeutet. In Wirklichkeit hatte sich Sihanuk einer skrupellosen Politik der nationalen Selbsterhaltung verschrieben. Er lebte aus der geschichtlichen Erfahrung, daß die Vietnamesen in Nord und Süd – unabhängig von ihrer ideologischen Färbung – die Todfeinde seines Volkes waren. Dieser rundliche, lebhafte Mann, der nie zur Ruhe kam und unaufhörlich mit hoher Falsettstimme auf seine Besucher einredete, beobachtete sie dabei mit einem unruhigen und gleichzeitig stechenden Blick, der gar nicht harmlos war. Das ewige Lächeln wurde zur Grimasse, wenn sich seine Höflinge und Minister nahten und vor ihm niederknieten. Die Wutausbrüche *Monseigneurs* waren gefürchtet.

Sihanuk war ein Mann mit mannigfaltigen Gaben. Er fungierte als Choreograph des königlichen Balletts, das jeden Morgen in einem Pavillon seines Palastes probte. Die Vortänzerin war keine Geringere als seine Tochter Bopha Davi. Er betätigte sich als Filmregisseur und bemühte sich um die Wiedergeburt der klassischen kambodschanischen Kunst. Er spielte Saxophon und Akkordeon und komponierte sogar Schlager und Tangos. Als de Gaulle im Sommer 1966 bei einem Staatsempfang wie ein fernöstlicher Sonnenkönig in Phnom Penh und Siem Reap gefeiert wurde, ehrte man ihn auch mit einem musikalischen Programm, das Werke von Rameau, Mozart und

Sihanuk enthielt. Sogar Theaterstücke verfaßte dieser seltsame Mann. Sein Einakter, »Der ideale Gatte«, erzielte bei den Franzosen Phnom Penhs einen besonderen Heiterkeitserfolg. Ein König verstieß darin seine Lieblingsfrau, weil sie sich damit vergnügte, ihre Katzen grausam am Schwanze zu zerren. *Monseigneur* schrieb die Leitartikel der eigenen Regierungspresse und bezeichnete sich mit einem Anflug skurriler Ironie als Korrespondent der Pariser satirischen Zeitung »Le Canard Enchaîné«.

Unter Norodom Sihanuk war Kambodscha ein für südostasiatische Begriffe recht ordentlich verwaltetes Land. Dem Volk von Phnom Penh wurden in einem neuen riesigen Stadion Spiele und Feste geboten. Den einzigen, aber fatalen Rückschlag erlitt dieser unternehmungshungrige Herrscher auf dem Gebiet seiner Erziehungspolitik. Er hatte eine Reihe von Fakultäten gegründet und zahlreiche Stipendiaten ins Ausland, vor allem nach Paris geschickt, nicht ahnend, daß sie im Quartier Latin in den Sog der dort gängigen marxistischen Ideen gerieten. Die junge Intelligenzia Kambodschas, die der aufgeklärte Herrscher selbst gezüchtet hatte, wurde zur militanten Vorhut der revolutionären Opposition. Bisher hatte Sihanuk vor allem gegen die sogenannten »Khmers Vietminh« einschreiten müssen, kambodschanische Verbündete Ho Tschi Minhs, die bis 1954 gegen die Franzosen für die Errichtung einer Kommunistischen Föderation Indochina gestritten hatten. Diese versprengten kambodschanischen Freunde der vietnamesischen Marxisten waren Anfang der sechziger Jahre durch die roten und extrem nationalistischen Kadergruppen einer neuen Generation verstärkt worden, die in der Provinz Battambang die Bauern aufwiegelten und in den Urwäldern von Ratanakiri geheimen Kontakt zum Vietkong herstellten. Von nun an sprach man nicht mehr von »Khmers Vietminh«, sondern von »Khmers Rouges«. Mit äußerster Härte und Grausamkeit ließ Sihanuk seine Gendarmerie gegen diese Abtrünnigen vorgehen. Es kam zu öffentlichen Erschießungen. Die Rädelsführer, so hieß es, seien im Dschungel bis zum Hals vergraben und den roten Ameisen zum Fraß überlassen worden. Sogar ein paar junge Minister, darunter ein gewisser Kieu Samphan, die *Monseigneur* vorübergehend in ein linksorientiertes Übergangskabinett aufgenommen hatte, tauchten im Widerstand unter. Angeblich seien sie gefaßt und hingerichtet worden, so berichteten damals die westlichen Diplomaten aus Phnom Penh an ihre Ministerien. Das Erstaunen war groß, als sehr viel später der prominenteste dieser Dissidenten die militärische Führung der Roten Khmer übernahm und schließlich sogar zum ersten Staatschef des kommunistischen Kambodscha avancierte.

Diese extremen Entwicklungen lagen im Frühjahr 1965 weit ab. Phnom Penh war eine Oase des Friedens. Im Restaurant des Hotels »Royal« wurde vorzügliche französische Küche serviert. Am Swimmingpool führten die Stewardessen der Fluggesellschaft UTA ihre knappsten Bikinis vor. Dort saßen auch stets – um den kahlköpfigen Militärarzt von Dien Bien Phu geschart – ein paar französische Veteranen des ersten Indochina-Krieges sowie ein stattliches Sortiment von Geheimagenten aus aller Herren Ländern. Sie horchten fasziniert auf den dröhnenden Waffenlärm, auf die Gerüchte und Nachrichten vom amerikanischen Krieg, die aus dem nahen Vietnam herüberwehten.

Der amerikanische Stil

Vietnam, im Frühjahr 1965

Der Kriegsstil der Amerikaner ist ein ganz anderer. Auf Befestigungen wird kein Wert gelegt. Die eigene Feuerkraft ist alles. In Härtefällen verläßt man sich auf die Luftwaffe, und wenn es ganz schlimm kommt, stehen die Hubschrauber, die unentbehrlichen *Chopper*, bereit, um das amerikanische Beraterpersonal auszufliegen. In Kontum, im Hochland von Annam, unweit jenes Dreiländerecks, wo Vietnam, Laos und Kambodscha aufeinanderstoßen, mache ich meine Erfahrung mit dem Zweiten, mit dem amerikanischen Indochina-Krieg. In der Nachbarschaft des Städtchens Kontum hat sich eine Gruppe der *Special Forces* einquartiert, Fertigbau-Baracken aufgestellt und Stacheldraht gezogen. Die Truppe der *Green Berets*, wie sie wegen ihrer grünen Baskenmützen genannt werden, war von Präsident Kennedy persönlich gefördert worden.

In Kontum begrüßte uns ein Major libanesischen Ursprungs. Er und seine Männer machten einen selbstsicheren und resoluten Eindruck. Es handelte sich um Profis des Krieges, die auf Dschungelkampf, Sabotage und *Counter-Insurgency* hinter den feindlichen Linien gedrillt waren. *Dirty tricks* gehörten ebenfalls zur Ausbildung.

Bei den französischen Beobachtern hieß es, drei Mann der *Special Forces* seien mindestens so viel wert wie eine normale US-Kompanie. Der pockennarbige Major deutete an, daß er eine bewegte Karriere hinter sich habe. Auf Grund seiner perfekten Arabisch-Kenntnisse war er für abenteuerliche Sondermissionen in Nahost eingesetzt gewesen. Aber nun wurden fast alle *Green Berets* in Südvietnam zusammengezogen, um der kommunistischen Herausforderung aus dem Norden zu begegnen. In Kontum hatten sie eine zuverlässige Truppe eingeborener Soldaten um sich geschart, die ihnen treu ergeben waren. Sie gehörten der Urbevölkerung des Hochlandes an. Die Amerikaner hatten für sie den französischen Ausdruck *Montagnards* übernommen. Beim vietnamesischen Küsten- und Herrenvolk hingegen wurden diese kupferhäutigen Menschen mit den kaum geschlitzten Augen, die angeblich der polynesischen Rasse zuzuordnen waren, als »Moi«, das heißt als Wilde bezeichnet. Soweit sie nicht oberflächlich christianisiert waren, hingen die Moi noch ihrem animistischen Geisterglauben an. Sie waren in viele Stämme mit recht unterschiedlichen Sprachen gespalten, aber eines verband sie: der Haß gegen die Vietnamesen, die sie im Laufe der Jahrhunderte systematisch aus den fruchtbaren Ebenen ins unwirtliche Gebirge verdrängt hatten. Im Jahr 1946 hatte ich die Moi im Umkreis von Dalat noch nackt, nur mit einem Lendenschurz angetan, durch die Wälder streifen sehen. Jetzt trugen die meisten Männer grünes amerikanisches Drillichzeug, und die Frauen versteckten ihre wohlgeformten Brüste. In der Nähe von Kontum besuchte ich eines ihrer Pfahldörfer. In der Mitte erhob sich unter hohem, malaiisch wirkenden Giebel das Gemeinschaftshaus. Dem Europäer gegenüber waren diese einfachen Menschen von herzlicher Zutraulichkeit. Ein paar Alte stellten sich als ehemalige Hilfssoldaten der französischen Kolonialarmee vor und grüßten militärisch. Wir mußten ihr faulig schmeckendes Bier, oder wie immer man dieses abscheulich schmeckende Getränk bezeichnen mochte, mit Strohhalmen aus dickbäuchigen Krügen saugen. Dabei war keine Täuschung möglich, denn mit Hilfe eines kleinen Schwimmers prüften die Moi nach, ob wir dem Ehrentrunk auch kräftig zugesprochen hatten.

Tagsüber war es heiß und staubig in Kontum. Die Männer der *Special Forces* freundeten sich in der zwanglosen amerikanischen Art schnell mit uns an. Typische Vertreter ihrer Nation waren diese Berufssoldaten, von denen die meisten Tätowierungen auf Brust und

Armen trugen, nicht. Sie waren ein weit härterer Schlag als jene anderen GI's, die wir in Saigon und Umgebung getroffen hatten. In der Mehrzahl handelte es sich um Neueinwanderer oder jedenfalls um US-Bürger, die mit den gesellschaftlichen Klischees ihrer Heimat nicht zurechtkamen. Ein Mexikaner, ein Finne und ein Vollblutindianer gehörten zu dem kleinen Trupp von Kontum, aber nur ein Neger. Noch wurden die *Green Berets* in der amerikanischen Presse wie Helden gefeiert, aber im Grunde waren sie »misfits« in ihrem puritanisch geprägten Land, das keine Verwendung für diese Art Außenseiter mehr hatte, seit die Tage der Waldläufer und Pistoleros zu Ende gegangen waren.

Der libanesische Major, ein maronitischer Christ, wie sich schnell herausstellte, kommentierte das wachsende US-Engagement in Südostasien mit hellsichtiger Skepsis. Das Jahr 1964 war ein schwarzes Jahr für die südvietnamesische Nationalarmee gewesen. Die amerikanischen *Advisers* hatten errechnet, daß jeden Monat die Kampfkraft eines vollen Bataillons vom Vietkong aufgerieben wurde. Die Kommunisten waren zur offensiven Phase des revolutionären Krieges übergegangen und griffen neuerdings in Regimentsstärke an. Die *Special Forces* mokierten sich über jene Generalstabsoffiziere aus USA, die die Armee von Saigon auf eine Art Wiederholung des Korea-Krieges getrimmt, sie mit viel schweren Waffen und einer völlig unsinnigen Zahl von Schützenpanzern ausgerüstet hatten. »Als ob die Nordvietnamesen mit russischen Tanks über den 17. Breitengrad rollen würden«, lachte der finnische Oberleutnant. Die Landung der ersten amerikanischen Kampfeinheiten – an ihrer Spitze ein Regiment *Marines,* das bei Da Nang durch die Brandung an den Strand watete und dort von vietnamesischen Mädchen mit Blumen bekränzt wurde, – quittierten die Männer von Kontum mit offenem Hohn: »Das hier ist ein Partisanenkrieg, und die *Marines* möchten am liebsten Guadalcanal und Okinawa wiederholen.« Auch die von Präsident Johnson befohlene Bombardierung strategischer Ziele in Vietnam imponierte ihnen nicht. »Man zermalmt keine Ameisen mit der Dampfwalze«, meinte der Indianer.

Am nächsten Morgen lud uns der Major zu einem kriegerischen Anschauungsunterricht ein. In der Nähe des Montagnard-Dorfes Dak-Seng, nur ein paar Kilometer von der laotischen Grenze entfernt, hatten eingeborene Kundschafter einen Stützpunkt des Vietkong ausgemacht, der in Wirklichkeit wohl von nordvietnamesischen

Regulären gehalten wurde. Auf der Grasnarbe des Flugplatzes von Kontum, der damals nicht viel größer war als ein Fußballfeld, wartete ein Dutzend Hubschrauber. Vietnamesische Soldaten, mit M 16-Schnellfeuergewehren bewaffnet, schwere amerikanische Helme auf dem Kopf, die für die kleinen Kerle viel zu groß waren, kletterten in die Helikopter. Die meisten trugen kugelsichere Westen, denn etwas mehr oder weniger Gepäck spielte für diese zähen Asiaten keine Rolle. Die Piloten waren durchweg Amerikaner. Im Tiefflug knatterten wir über den Dschungel und scheuchten auf halber Strecke eine Elefantenherde auf. Eine Waldpiste war im Dickicht zu erkennen. »So und nicht anders sieht der ominöse Ho Tschi Minh-Pfad aus«, brüllte der Pilot durch den Lärm der Rotoren. Plötzlich formierten sich die Hubschrauber wie ein Hornissenschwarm. Drei *Chopper* schossen steil auf eine kaum erkennbare Bodenerhebung zu und feuerten Raketen ab, die mit dunklem Qualm explodierten. Wir schwebten wie im Stand nur noch einen Meter über dem Boden. Mit den vietnamesischen Soldaten sprangen wir ins Freie und gingen am Rande der Lichtung in Deckung. Der Feuerzauber war schon vorbei. Der Angriff war als totale Überraschung gekommen. Soweit die Nordvietnamesen nicht eiligst geflohen waren, lagen sie als halbverkohlte Leichen neben dem Bambusverhau. Dies war eine Art der Kriegführung, von der die Franzosen nicht einmal zu träumen gewagt hätten. Nach ein paar Minuten kletterten wir wieder in unseren Hubschrauber und traten den Heimflug an. Die Südvietnamesen mußten zu Fuß nach Kontum zurückmarschieren. Sie sollten Feindkontakt suchen. Diese Aussicht löste keine Begeisterung aus.

Das stattlichste Gebäude von Kontum war der Bischofssitz. Das angeschlossene Priesterseminar glich einer französischen Kolonialkaserne. Das Seminar war geschlossen, aber der Bischof, Monseigneur Seitz, ein urwüchsiger, bärtiger Elsäßer, war auf seinem Posten geblieben. Er schickte seine Priester sogar noch in die entlegenen Gebirgsdörfer der Moi, um dort die Sakramente zu spenden und Katechismus zu lehren. Die französischen Missionare wußten besser über den Vietkong Bescheid als die Nachrichtenexperten der *Special Forces.* Sie trafen immer wieder auf die roten Partisanen und wurden gelegentlich von ihnen verschleppt. »Ich kenne mein Gegenüber, den kommandierenden Kommissar des Vietkong, recht gut«, sagte der Bischof. »Er ist ein alter Streiter und kämpft schon seit 1946 im Untergrund. Er ist ein selbstloser Idealist, fast ein Heiliger, würde man sagen, wenn er bei uns stände. Im Juli 1954, kurz vor dem Waffenstillstand als die französische Garnison abrückte, sind sie damals alle aus dem Dschungel gekommen und haben ein paar Wochen lang in Kontum eine sozialistische Verwaltung eingerichtet. Gemäß dem Genfer Abkommen sind sie ein paar Wochen später nach Norden abgezogen. Aber heute sind sie wieder da. Die südvietnamesische Division, die bei uns stationiert ist und die sich höchst ungern aus der Nachbarschaft der Stadt Kontum herauswagt, ist zutiefst demoralisiert und wird sich nicht lange halten können, es sei denn, die Amerikaner träten die Ablösung an.«

In der ganzen Dritten Welt gehören die Missionare zu den zuverlässigsten Informationsquellen. Vielleicht sind die katholischen Patres in der Nüchternheit ihrer Analysen ihren protestantischen Amtsbrüdern überlegen. In ihren Augen, falls ihr theologisches Selbstverständnis noch intakt ist, bleibt die Welt ein Tal der Tränen, und sie wissen, daß niemand in Unschuld regieren kann. Während ich Monseigneur Seitz lauschte, mußte ich an die Franziskaner von Lashio in Nordburma denken, die mich im Frühjahr 1952 sehr viel präziser über die verworrenen Bürgerkriegszustände zwischen Kommunisten, »weißen und roten Fahnen«, zwischen Karen, Schan und Katschin-Völkern unterrichten konnten als die westlichen Militärattachés in der Hauptstadt Rangun. Der Elsäßer war aus einem anderen Holz geschnitzt als jener traurige französische Salesianer, der mir damals mit Verzweiflung in der Stimme inmitten der zerbombten Ruinen von Mandalay seine tiefe Enttäuschung über die ihm anvertrauten Burmesen gestand. »Ich hielt sie für Kinder«, klagte er damals, »aber jetzt habe ich entdeckt, daß sie böse Kinder sind.«. Monseigneur Seitz teilte solchen Pessimismus nicht. Er hing an seinen *Montagnards* und stritt wacker um ihr Seelenheil gegen den verderblichen Einfluß der marxistischen Ideologen. Er hatte noch die Statur und das Gottvertrauen eines Kreuzfahrers.

Der Generalvikar der Diözese war ein nachdenklicher Intellektueller. Er kam auf die Tragödie des katholischen Präsidenten Ngo Dinh Diem zu sprechen. Er erzählte von dem Wahn des unbestechlichen Mandarins, der mit einer Minderheit von knapp zwei Millionen Katholiken versucht hatte, aus Südvietnam eine Art katholische Dollfuß-Republik zu machen. Damit hatte er die Gegenbewegung der Buddhisten ausgelöst. Die Jünger Gautamas hatten sich verständlicherweise gegen die christliche Bekehrungskampagne Diems zur

Wehr gesetzt, dann aber den Schritt zur militanten politischen Opposition in Windeseile vollzogen. Ganz von selbst war diese Mutation der bislang völlig neutralen buddhistischen Bonzen in eifernde Vorkämpfer des revolutionären Umsturzes bestimmt nicht gekommen. Im französischen Krieg hatte der Buddhismus nicht die geringste Rolle gespielt. Unter Diem hatte eine gezielte Unterwanderung der Pagoden durch Agenten des Vietkong stattgefunden. Die Wandlung vom Kommissar zum Yogi, vom Vietkong-Agenten zum meditierenden Bonzen war ein Kinderspiel, wo doch jeder fromme Buddhist zumindest eine kurze Spanne seines Lebens in einem Kloster verbringen sollte.

Mit der Verstärkung des US-Engagements in Indochina waren ganze Rudel amerikanischer Journalisten in Saigon eingetroffen. Sie hatten im höchsten Stockwerk des modernen Hotels »Caravelle«, das angeblich der katholischen Kirche gehörte, in einer unterkühlten, sterilen Bar ihr Stammquartier aufgeschlagen und waren sich schnell einig in der Beurteilung der Lage: Der Diktator Diem mußte weg, und die Buddhisten als wahre Repräsentanten des vietnamesischen Volkes würden zwischen dem Kleriko-Faschismus des »Unbestechlichen« und dem Kommunismus der Befreiungsfront den rettenden Weg zu Frieden und Demokratie weisen. Daß die Buddhisten überhaupt nicht repräsentativ für dieses zutiefst konfuzianische Volk waren, daß die Lehre Gautamas als Zufluchtsreligion der kleinen Leute nur am Rande existierte und in Cochinchina vor allem dank der kambodschanischen Nachbarschaft der Theravada-Richtung über eine größere Präsenz verfügte, war allenfalls ein paar Außenseitern der CIA bekannt, auf die niemand hörte. Als dann tatsächlich ein paar Bonzen das Martyrium wählten, sich auf der Straße mit Benzin übergossen und wie lebende Fackeln loderten, entlud sich die Empörung der amerikanischen Berichterstatter und übertrug sich auf ihre Leser. Madame Nhu, die mächtige und schöne Schwägerin des Präsidenten Diem, hatte unwillkürlich dazu beigetragen, indem sie bei einem Interview leichthin erklärte, sie könne die Bonzen ja nicht daran hindern, ihr eigenes Barbecue zu veranstalten.

Ausgerechnet Präsident Kennedy, der erste katholische Staatschef der USA, verfügte den Sturz des katholischen Diktators Ngo Dinh Diem im Herbst 1963 und leitete eines der unrühmlichsten Kapitel der amerikanischen Diplomatie ein. Kennedy, so wird angenommen, hatte sich blindlings auf die Berichterstattung des New York Times-

Korrespondenten David Halberstam verlassen, der ein engagierter Diem-Gegner war. David war ein alter Freund aus den Zeiten der Kongo-Wirren und Katanga-Feldzüge. Doch für die Hintergründigkeit Südostasiens hatte er wohl weniger Gespür als für die schicke und schöne Welt der amerikanischen Ostküste, die er geistreich zu schildern wußte. Am Ende fiel Ngo Dinh Diem einem amerikanischen Komplott zum Opfer, dessen Ausführung der südvietnamesischen Generalität oblag. Daß der Staatschef dabei ermordet wurde, mag eine Panne gewesen sein. In seinem Stolz und seiner Würde hatte Diem offenbar das Fluchtangebot amerikanischer Zwischenagenten abgelehnt und den Tod vorgezogen. Der Dolchstoß gegen diesen starren, aber aufrechten Patrioten lastete von nun an wie ein Kainszeichen auf der gesamten amerikanischen Vietnampolitik.

Dem Generalvikar von Kontum war zugetragen worden, der geopferte Diktator habe in den letzten Monaten seiner Herrschaft mit französischer Hilfe versucht, ein direktes Gespräch mit Ho Tschi Minh aufzunehmen, um der vietnamesischen Nation die bevorstehende Internationalisierung des Bürgerkrieges zu ersparen. Diese Kontakte hätten die verhängnisvolle Entscheidung des Weißen Hauses beschleunigt. Auf die Beseitigung Ngo Dinh Diems war das Vakuum gefolgt in Gestalt einer goldchamarrierten Offiziersjunta unter Vorsitz des Generals Duong Van Minh, von den Franzosen einst *le gros Minh*, jetzt *Big Minh* genannt. Aber auch Big Minh war den Amerikanern schnell suspekt. Dieser phlegmatische Mann hatte in der französischen Armee seine ersten Galons verdient und der alten Kolonialmacht sowie dem General de Gaulle eine völlig unerwartete Loyalität bewahrt. Es dauerte nicht lange, bis Duong Van Minh durch einen neuen, von den Amerikanern inspirierten Putsch gestürzt und nach Bangkok exiliert wurde. Seine tragische Stunde sollte erst am Vorabend des kommunistischen Einmarsches in Saigon im April 1975 schlagen, als er an die Spitze der verwesenden Republik Südvietnam gerufen wurde und nur noch die bedingungslose Kapitulation verkünden durfte. Nach der Verbannung Big Minhs hatten sich im Palais Norodom, dem alten französischen Gouverneurssitz, den man in »Palais Doc Lap«, in »Unabhängigkeitspalast«, umgetauft hatte, Operettengenerale und Marionettenpolitiker abgelöst. Am Ende fiel die Wahl des amerikanischen Botschafters auf den rundlichen General Khanh, dessen Ziegenbart große Heiterkeit auslöste. Khanh war der Sohn eines Schauspielers und damit Angehöriger eines in Vietnam gering geachteten Standes. Für die USA war er ein allzu bequemer, völlig unzulänglicher Verbündeter in dieser extremen Krisensituation.

Der Generalvikar hatte aus der Schule geplaudert und lächelte nun maliziös hinter seinen dicken Brillengläsern. »Von den Buddhisten ist seit der Ermordung Diems nur noch selten die Rede«, meinte er. »Der CIA hat sich inzwischen die Agenten des Vietkong vorgenommen und schleust seine eigenen Vertrauensmänner in die Pagoden ein. Allenfalls in der alten Kaiserstadt Hue hat sich der politische Buddhismus in einer letzten Bastion verschanzt.«

In Hue, so hieß es damals, schlug das nationale Herz Vietnams. Noch waren keine amerikanischen Truppen in der alten Hauptstadt des annamitischen Reiches gelandet, aber schon verkrampften sich ihre Einwohner in feindseliger und instinktiver Abwehr gegen diese neuen Eindringlinge. Hue wurde von den vermoderten, grauen Wällen der Zitadelle beherrscht. Der Stil des französischen Festungsbaumeisters Vauban war nicht zu verkennen. Die verwahrlosten Palastanlagen kündeten nicht mehr von imperialer Pracht.

Ein junger deutscher Arzt, der an dem Universitätshospital von Hue praktizierte und unterrichtete, begleitete uns in seinem Peugeot zu den alten Kaisergräbern. Diese Mausoleen lagen bereits in einem hügeligen Niemandsland, wo nach Anbruch der Dunkelheit der Vietkong den Ton angab. Die Grabtempel waren getreue Repliken chinesischer Vorbilder. Nur war hier alles kleiner und bescheidener, selbst die Elefanten und Fabelwesen, die die Alleen säumten. Steinerne Mandarine waren zu hierarchischer Huldigung aufgereiht. Nirgendwo wurde deutlicher, daß die Vietnamesen nur durch ein schieres Wunder an Widerstandskraft ihrer totalen Einverleibung in das Reich der Mitte widerstanden hatten. Schrift und Kultur Chinas hatten sie bereits übernommen, ehe die europäischen Missionare die Transkription der vietnamesischen Sprache ins lateinische Alphabet vornahmen. Die Pagoden der Totenstadt waren in verschwiegenen Parks verstreut. Im modrig-grünen Wasser der quadratischen Teiche blühten Lotos und Seerosen. Über einen Lehmpfad fuhren wir weiter nach Westen. Auf einer Hügelkuppe, die noch von einem alten französischen Betonbunker des letzten Krieges gekrönt war, hielten wir an. Der rote Sonnenball näherte sich den schwarzen Konturen der Cordilleren. Dort verlief die Grenze von Laos. Zu unseren Füßen lag eine der lieblichsten Landschaften Asiens. Der »Fluß der Wohlgerüche« zog sich wie ein breites silbernes Band durch hellgrüne Reisfelder und welliges Bambusgehölz. Im rauchigen Licht trieben Fischerboote und Dschunken auf der *Rivière des Parfums.* Eine Turmpagode entfaltete ihre geschwungenen Dächer.

Der blonde deutsche Arzt drängte zur Heimfahrt. »Ich selbst fürchte mich nicht vor den Vietkong«, meinte er, »die kennen mich längst und wissen, daß ich bei meinen Patienten nicht nach der politischen Couleur frage. Bei Tage besuche ich sogar jene Dörfer, die notorisch mit den Rebellen sympathisieren. Aber Sie sind hier unbekannt und könnten für Amerikaner gehalten werden.« Der Arzt von Hue wußte damals nicht, was ihm bevorstand. Bei der großen Neujahrsoffensive der Nordvietnamesen im Januar 1968, als die Soldaten Hanois über der kaiserlichen Zitadelle den gelben Stern ihrer Revolution hißten und vierzig Tage lang dem Ansturm der amerikanischen Übermacht trotzten, ist er mit einer Anzahl seiner Kollegen ermordet worden. Man hatte zunächst behauptet, die Nordvietnamesen seien die Täter gewesen, was angesichts der großen Disziplin der regulären Truppen General Giaps wenig plausibel klang. In Wirklichkeit, so wurde später heimlich kolportiert, seien die Ärzte von Hue von einer Gruppe ihrer ehemaligen Studenten gemeuchelt worden, die bei den medizinischen Examen schlecht abgeschnitten hatten oder ihren revolutionären Übereifer beweisen wollten.

Der chinesische Wirt in Hue übersetzte uns die Radio-Nachrichten. Die Militärregierung des General Khanh in Saigon hatte beschlossen, gegen die Neutralisten und die Anhänger der sogenannten »Dritten Kraft«, die sich vor allem im Umkreis der buddhistischen Pagoden sammelten, drastisch vorzugehen. Davon war in Hue noch nichts zu merken. Am Morgen hatten wir einer merkwürdigen buddhistischen Kulthandlung beigewohnt. Die Bekehrungsversuche und die klerikale Politik des katholischen Diktators Diem hatten bei der jungen Generation nicht nur Widerstand ausgelöst, sondern auch eine verblüffende Mimikry. In der größten Pagode von Hue zelebrierten die Bonzen ihr buddhistisches Ritual in den straffen liturgischen Formen einer römischen Messe. Die Gläubigen waren exakt ausgerichtet und rezitierten ihre Sutren wie Litaneien. Die Mädchen waren in einer Art Jungfrauen-Kongregation mit himmelblauem Ao Dai organisiert, und die *Boy Scouts* mit dem Baden Powell-Hut, die vor der Kirche fromme Schriften verteilten, sahen den St. Georgs-Pfadfindern zum Verwechseln ähnlich. Die militante Auflehnung der

Buddhisten von Hue, die ein Jahr später in eine offene Studentenrevolte gegen die Saigoner Behörden und die amerikanische Überfremdung einmündete, brach jedoch jäh und endgültig zusammen, als südvietnamesische Fallschirmjäger auf Befehl Generals Kys eingeflogen wurden und Jagd auf die Bonzen machten.

Drei der prominentesten Neutralisten Saigons waren im Frühjahr 1965 kurzerhand verhaftet und zur Demarkationslinie am 17. Breitengrad transportiert worden. Dort hatten die Propagandastäbe auf dem südlichen Ufer des Ben Hai eine Schar von johlenden Zuschauern zusammengetrommelt, während die drei *peace mongers* (Friedenshetzer) – der unglaubliche Ausdruck stammte aus der Saigoner Presse – über die Brücke nach Norden abgeschoben wurden. Die Kommunisten von Hanoi waren klug genug, diese unfreiwilligen Besucher gastlich aufzunehmen und nach Paris weiterreisen zu lassen, wo sie ihre Kampagne für die Schaffung einer Dritten Kraft in Südvietnam fortsetzten. Zu diesem Zeitpunkt tobte zwar schon der Bürgerkrieg in ganz Vietnam. Doch an der Wespentaille dieses schmalen Küstenlandes, dort wo die beiden feindlichen Teilstaaten aufeinanderstießen, hatte Oberbefehlshaber Giap sich bislang gehütet, seine Regimenter ins Gefecht zu werfen. Er wollte die Illusion aufrechterhalten, es handele sich bei den Kampfhandlungen in Annam und Cochinchina lediglich um den Aufstand örtlicher Freiheitskämpfer. Mit dem massiven Eingreifen der Amerikaner sollten derlei Rücksichten auf die Weltmeinung überflüssig werden.

Bei den Marines

Vietnam, 17. Breitengrad, im Herbst 1966

Mit Munition sparten die *Marines* nicht. Ihre Stellung befand sich etwa auf halber Strecke zwischen dem Südchinesischen Meer und der Grenze von Laos. Die Dschungellandschaft, die im Norden zum Greifen nahe lag, gehörte schon zu Nordvietnam. Unser Hubschrauber landete unter ohrenbetäubendem Lärm. Sämtliche Granatwerfer und Haubitzen der *Marines* schossen, was die Rohre hielten, auf die umliegenden Felshänge, in deren Kalkhöhlen die Nordvietnamesen

Unterschlupf fanden. Man versicherte uns gleich, daß es sich um eine Routineübung handle, gewissermaßen um den Gutenacht-Gruß, den man dem Feind entbot. »Here are the Krauts«, stellte ein Leutnant, der uns am Helikopter erwartet hatte, unser Fernsehteam seinem Oberst vor. »We are all Krauts«, lachte der Colonel und zeigte auf sein Namensschild auf der grünen Uniformjacke. Er hieß Hess. Bei den *Marines* war man offenbar stolz darauf, deutscher Abstammung zu sein. Die Ballerei ringsum wurde wie eine Selbstverständlichkeit hingenommen. Bei den Franzosen wäre es unvorstellbar gewesen, daß in einem so exponierten Felskessel, der von drei Seiten vom Gegner eingesehen wurde, keine Stellungen ausgehoben wurden. Aber vom Schanzen hielten die *Marines* offenbar nichts, und zu diesem Zeitpunkt des Krieges hatten sie es auch nicht nötig. Hanoi war dem Materialaufgebot aus USA noch in keiner Weise gewachsen. Nur als ich meine Tarnjacke auszog und in der Dämmerung ein weißes Unterhemd darunter zum Vorschein kam, warnte mich der Corporal, der uns beim Zeltbau half: »Die haben Scharfschützen auf den Hängen und warten nur auf Zielscheiben.«

Als die Nacht hereinbrach, verwandelten sich die schwarzen Rauchwolken, die über den nördlichen Höhen längs des 17. Breitengrades krochen, in hellrote Scheiterhaufen. Ein Bataillon *Marines* war dort auf eine nordvietnamesische Eliteeinheit gestoßen und hatte erhebliche Verluste erlitten. Die feindlichen Stellungen waren so eng ineinander verzahnt, daß der Infanteriekampf im wesentlichen mit Handgranaten ausgetragen wurde. Endlich kam für die Amerikaner die längst fällige Hilfe aus der Luft. Die Kuppen im Norden wurden mit Napalm übergossen und verschwanden in einer gigantischen Feuersbrunst. Noch gespenstischer war der Einsatz eines sogenannten *Dragon-Ship*. Aus seinen Bordkanonen pumpte dieses Spezialflugzeug dichte Kugelstrahlen auf die gegnerische Stellung. Der Dschungel wurde wie mit Laserstrahlen abgetastet und brannte lichterloh.

Wir schlossen uns einer Nachtpatrouille an und stolperten durch dichtes Unterholz. Die Nacht war so schwarz, daß jeder sich an seinem Vordermann festhielt, um nicht verlorenzugehen. Als wir anfingen, uns im Kreise zu drehen, wurde ein Späher auf einen Baum gejagt, um sich nach den Sternen zu orientieren. Nach drei Stunden waren alle schweißgebadet und erschöpft. Die Feldflaschen waren leergetrunken, aber die Amerikaner füllten unbesehen schlammiges Wasser aus einem Bach nach und fügten zwei Desinfektionspillen hinzu. Nach zehn Minuten waren sämtliche Keime getötet, wenn die Flüssigkeit auch scheußlich schmeckte. Gegen die Moskitos gab es ein stinkendes Öl, das auf den Lippen brannte, aber wirksamen Schutz gegen alle Insekten bot. Die Tropenhygiene hatte seit dem Franzosenkrieg beachtliche Fortschritte gemacht. Die *Marines* hatten in dieser Nacht keine Feindberührung. Unter der Zeltplane schliefen wir wie Tote.

Am nächsten Morgen rückten Verstärkungen an. Mit ihren geländegängigen Fahrzeugen hätten die *Marines* ohne Mühe unser Camp von der Küste her erreichen können. Aber härteste Beanspruchung, Strapazen bis an die Grenze des physischen Zusammenbruchs und ein erbarmungsloser Drill gehörten zum Credo dieser amerikanischen Elitetruppe. Die kahlgeschorenen Soldaten ächzten unter ihrem schweren Gepäck. Sie schleppten Granatwerfer, Maschinengewehre, Bazookas und Munitionskisten. Sie stapften wie Roboter an uns vorbei. Die Offiziere hatten gute Köpfe und scharfe Profile wie Filmschauspieler aus einem Western. Es war eine Truppe von Athleten. Ob die *Marines* für den Partisanenkrieg geeignet sein würden, stand auf einem anderen Blatt. Vielleicht waren sie für diese Art Kleinkrieg zu sehr auf blinde Disziplin und Verachtung der Gefahr eingeschworen. Ein Leutnant mit Kindergesicht wies einen bulligen Master-Sergeant und dessen Leute in ihre Behelfsquartiere ein. »Alle Felsen rundum stecken voller Vietkong«, sagte er. – »Gooks«, brummte der Master-Sergeant. »Wir werden Glück haben«, fügte der Leutnant hinzu, »wenn demnächst nicht auch noch Rotchinesen dazukommen«. – »Chinks«, kommentierte der Master-Sergeant, ohne eine Miene zu verziehen. Tatsächlich war zu diesem Zeitpunkt im amerikanischen Offizierskorps die Meinung weit verbreitet, daß das US-Engagement in Vietnam lediglich der Auftakt zur Generalabrechnung mit dem China Mao Tse-tungs sei.

Es war Sonntagmorgen. Ein katholischer Feldgeistlicher bimmelte zum Gottesdienst. Er brachte eine recht ansehnliche Gemeinde zusammen. Viele Männer gingen zur Kommunion. Kurz vor dem »Ite missa est« schlugen zwei feindliche Granaten am Rande des Camps ein und lösten dröhnendes Gegenfeuer aus. Die *Marines* waren lediglich zum Segen niedergekniet.

Victor Charlie will sich nicht zeigen

Kim Son-Tal, im Herbst 1966

General Westmoreland, der US-Oberbefehlshaber in Vietnam, habe das unfehlbare Rezept zur Bekämpfung der Partisanen gefunden, so hieß es damals in den Stäben von Saigon, und die westliche Presse stimmte in diesen Chor ein.

Die neue Formel des Sieges hieß: »Search and destroy – Aufspüren und Vernichten.« Von der bisherigen Strategie, die noch unlängst unter der Bezeichnung: »Clear and hold – Säubern und Besetzen« empfohlen worden war, wollte niemand mehr etwas wissen. Der Sieg schien in Reichweite, seit die Erste US-Kavallerie-Division, *First Cav* genannt, mit einer ganzen Armada von Hubschraubern in Mittel-Annam gegen die Schlupfwinkel der Vietkong ausschwärmte. Im Kim Son-Tal waren feindliche Freischärler gemeldet worden. Als wir im *Chopper* bei der kurz vor uns gelandeten Kompanie der *First Cav* eintrafen, waren die GI's schon ein paar Kilometer durch das hohe Elefantengras gestapft. Wir bewegten uns im Gänsemarsch und setzten stets die Füße in die Spuren des Vordermanns. So wurde das Risiko, auf Minen zu treten, gemindert. Besonders gefürchtet waren jene heimtückischen Fallgruben, in deren Tiefe messerscharfe Bambusstäbe mit Leichengift beschmiert waren. Wir wateten durch zwei Furten und passierten mehrere Reisfelder. Unter einem Bambusdickicht entdeckten die Kavalleristen mehrere Tonkrüge, die mit Reis gefüllt waren. Die Gefäße wurden zerschlagen. Die Ameisen würden den Rest besorgen. Am Rande einer winzigen Siedlung war der Boden frisch aufgeschüttet. Die GI's buddelten und hielten sich die Nasen zu. Sie hatten ein Massengrab von etwa zwölf verwesenden Leichen gefunden. Mir war aufgefallen, wie häufig die Soldaten der *First Cav* Rastpausen einlegten und wie nachlässig ihre infanteristische Sicherung war. Offenbar war der Hubschrauber ein so bequemes Transportmittel, daß man darüber leicht das Marschieren verlernte. Im übrigen wurde zwar heftig »gestöbert«, aber überhaupt nicht »zerstört«, wenn man von den paar Bambushütten absah, die in Flammen aufgingen. »Bitte nicht filmen«, sagte Captain Lewis aus Alabama. »Offiziell dürfen wir nämlich diese Behausungen nicht niederbrennen.« Der Captain war ein gutaussehender, sympathischer Neger. Er kommandierte eine fast ausschließlich weiße Kompanie, und seine Autorität war unbestritten. Während der Mittagsrast erzählte er mir seine Geschichte. Am Tage vor seiner Abreise nach Vietnam, als er sich in einer öffentlichen Telefonzelle von Montgomery von seiner Frau verabschiedete, war er von einem weißen Rassenfanatiker in den Rücken geschossen worden. Die Armee hatte sich voll mit ihm solidarisiert, und er war bevorzugt zum Company-Commander befördert worden.

Am Nachmittag erreichten wir einen Bergkegel, der angeblich als Gefechtsstand eines irregulären VC-Bataillons ausgemacht war. *VC* oder *Victor Charlie* waren bei den Amerikanern die geläufigen Abkürzungen für »Vietcong«. Die Granatwerfer gingen in Stellung, und es wurde wahllos in den Dschungel geknallt. Wir hatten den ganzen Tag keinen einzigen VC gesehen. Als eine Stunde später die Sprechfunkverbindung zum Regimentsstab hergestellt wurde, meldete Captain Lewis zwölf getötete Gegner. Als ich ihn fragte, woher er diese Zahl nehme, antwortete er achselzuckend, das sei eine Wahrscheinlichkeitsrechnung nach dem erfolgten Granatwerferbeschuß. Im übrigen sei das Mogeln mit feindlichen Verlustzahlen eine weitverbreitete Übung. Jeder Regimentskommandeur habe im Interesse seines persönlichen Ansehens und Fortkommens möglichst hohe Ziffern an das Oberkommando einzureichen; denn der *Body-Count*, das Addieren feindlicher Leichen, sei eine der Hauptbeschäftigungen der Stäbe in Saigon. Mit diesen Angaben wurden die Computer gefüttert, die über die noch verbleibende Kampfkraft von *Victor Charlie* zu befinden hätten. »Meine Vorgesetzten erwarten von mir, daß ich das Spiel mitspiele«, sagte Captain Lewis und brach in schallendes Gelächter aus.

Im Laufe des Jahres 1966 verwandelten sich die lieblichen Fischerdörfer und Sandbuchten von Annam-Nhatrang, Cam Ranh, Qui Nhon und wie sie alle hießen – in gigantische Fabriken des Krieges, in eintönige Barackensiedlungen und Asphaltwüsten. Auf dem Flugplatz von Da Nang donnerten von früh bis spät die Kampf- und Transportmaschinen aller Kategorien. Die *US-Air Force* begann, Brennstofflager im engen Umkreis von Hanoi zu bombardieren. Die unaufhörliche Start- und Landetätigkeit funktionierte wie am Fließband mit technischer und organisatorischer Perfektion. Hier waren die Amerikaner in ihrem Element. Aber nur ein paar Kilometer vom Kriegshafen und von der *Air Base* Da Nang entfernt, schob sich eine kahle, felsige Landzunge in das Südchinesische Meer, und die GI's hatten es mit all ihren technischen Wundermitteln nicht fertiggebracht, die volle Kontrolle über diese Hügel zu gewinnen. Kein Wunder, daß es den Vietkong immer wieder gelang, Raketenangriffe gegen diesen mächtigsten Stützpunkt der Welt zu richten.

Die Stadt Saigon hatte sich seit der massiven amerikanischen Intervention in unerfreulicher Weise verändert. Die Straßen und Gassen rings um die Rue Tu Do wimmelten von grünen amerikanischen Felduniformen. Aber das Grün der Bäume verkümmerte und verdorrte unter einer infernalischen Benzinwolke. Daran waren nicht nur die knatternden Auspuffrohre endloser Militärkonvois schuld, sondern vor allem das unbeschreibliche Massenaufgebot von Motorrollern und Mopeds, kurzum »Hondas« genannt, die alle Verkehrswege verstopften. Saigon war im Gefolge der erdrückenden US-Präsenz in den Sog eines hektischen und artifiziellen Konsumtaumels geraten, und das Symbol dieses neuen Lebensstils war die Honda. Gleichzeitig war die Hauptstadt Südvietnams zu einem gewaltigen Bordell geworden. Anrüchige Bars mit kurzgeschürzten Hostessen waren wie Pilze aus dem Boden geschossen. Auch die Prostitution hatte industriellen Zuschnitt. Das Angebot reichte von den klimatisierten Luxus-Lupanaren mit Stereomusik und Spiegelwänden bis zu den stinkenden Lasterhöhlen niederster Kategorie, wo die Lust-Pritschen nur durch schmuddelige Tücher voneinander getrennt waren. Die schwarzen GI's hatten ihr abgesondertes *Red Light Quarter* jenseits des Flusses. Ein Vietnamese brauchte kein Kommunist zu sein, um angesichts dieses Sodom und Gomorrha, das die Nachkommen der frommen Pilgerväter in Indochina anrichteten, zum Antiamerikaner zu werden.

Am frühen Morgen des Nationalfeiertages waren zwei Raketen neben der Kathedrale eingeschlagen. Sie waren aus den Rungsat-Sümpfen abgefeuert worden. Trotzdem fand die große Parade vor dem Doc Lap-Palast zur vorgesehenen Uhrzeit statt. Saigon hatte gelernt, mit Attentaten zu leben. »Wenn die Südvietnamesen so gut kämpfen könnten, wie sie defilieren, dann wäre der Krieg längst gewonnen«, tuschelten die Militärattachés auf der Ehrentribüne. In elegant geschneiderten Kampfuniformen, mit bunten Halstüchern und spiegelblanken Stiefeln marschierten die Einheiten der ARVN, *Army of the Republic of Vietnam*, am neuen Regierungschef General Ky und US-Botschafter Cabot Lodge vorbei. Es war eine martialische Modenschau. Die weiblichen Kontingente in hautengen Hosen wirkten sehr sexy. *Montagnards* aus dem Hochland nahten schwankend auf ihren Elefanten. Kampfschwimmer in Gummianzügen rollten auf ihren Schlauchbooten heran. An diesem Tag sollte demonstriert werden, daß Südvietnam nicht allein stand. Die Amerikaner waren in Regimentsstärke mit silberfunkelnden Helmen dabei. Es folgten die Südkoreaner der Tigerdivision mit furchterregenden Kabuki-Gesichtern.

Die Australier traten zum Klang von »Waltzing Mathilda« auf. Sogar ein paar Thai-Soldaten, Filipinos und Neuseeländer waren von der Partie. Sicherheitschef Oberst Loan, ein hagerer Tonkinese mit fliehendem Kinn und Raubvogelnase, war unermüdlich mit seinem *Walky-Talky* unterwegs. Die Polizisten Loans waren fast ebenso gefürchtet wie ihre Vorgänger vom Binh Xuyen.

Ich war am Vortag von einer Rundfahrt durch Cochinchina zurückgekommen. Das Mekong-Delta war weiterhin höchst unsicher, *pourri*, wie die Franzosen einst sagten. Verfault war vor allem die militärische Führung, an ihrer Spitze jener feiste General Quang mit der Fistelstimme, der an Bestechlichkeit nicht zu überbieten war. In meiner Gegenwart war es zu einer giftigen Auseinandersetzung zwischen Quang und einem fast zwei Meter langen US-Colonel gekommen, der als Divisions-*Adviser* abkommandiert war. Es war wohl nicht leicht für die unkomplizierten Riesen aus USA, mit diesen listigen Zwergen zurechtzukommen. Bei Tay Ninh, zu Füßen der »Schwarzen Jungfrau« hatten die *Special Forces* zusammen mit eingeborenen Söldnern, die der kambodschanischen Minderheit »Khmer Krom« angehörten, ein sternförmiges Lager ausgebaut. In der Grenzzone mit Kambodscha waren die Vietkong besonders aktiv und verfügten im Nachbarland über eine Anzahl von unverletzlichen Nachschubbasen. Für General Westmoreland waren diese *Sanctuaries* eine unerträgliche Herausforderung. Die *Green Berets* von Tay Ninh mußten eingestehen, daß trotz der Errichtung einer befestigten amerikanischen Funk- und Beobachtungsstation auf dem Gipfel der »Black Virgin« die Hänge dieses Bergkegels immer noch von VC wimmelten. Die Kampfkraft der Cao Dai war bereits unter den Schlägen Ngo Dinh Diems zerbrochen, und ein Teil der Sekte war sogar zur »Befreiungsfront« übergegangen. Nur die kriegerischen Buddhisten vom Hoa Hao wachten am Rande der Schilfebene noch darüber, daß die Roten Kommissare ihren Dörfern fernblieben. Aber sie hatten nicht verwunden, daß ihr wirrer und blutrünstiger Prophet Ba Cut mit Unterstützung amerikanischer Agenten seinerzeit von den Soldaten Diems gefangen und öffentlich enthauptet worden war. Nur dort, wo die katholischen Flüchtlinge aus Tonking in schmukken Dörfern angesiedelt waren, herrschten Sicherheit, Ordnung und Anstand. Im Umkreis ihrer gelbweißen Kirchtürme und der blauen Marienstatuen führten die kampferprobten Geistlichen aus dem Norden ein strenges und sittliches Regiment. Ich beobachtete einen jungen Kaplan, wie er seine Pfarrkinder hinter der Lourdes-Grotte im Werfen von Handgranaten und im Bajonettkampf unterrichtete. Die schwarze Soutane behinderte ihn dabei nicht im geringsten.

Die Gipfelkonferenz zählt die Tage des Vietkong

Manila, im Herbst 1966

Im Malacañan-Palast von Manila hatte Präsident Lyndon B. Johnson seine Verbündeten und Vasallen versammelt. Die spanische Kolonialresidenz bot der Veranstaltung einen prunkvollen Rahmen. Neben den Premierministern von Australien und Neuseeland waren Präsident Park Chung Hee aus Korea und ein thailändischer General aus Bangkok dem Ruf des amerikanischen Präsidenten gefolgt. Die Republik von Saigon war durch Regierungschef Nguyen Cao Ky und dessen Rivalen, General Nguyen Van Thieu, repräsentiert. Ferdinand Marcos von den Philippinen spielte mit viel Gewandtheit und Eleganz den Gastgeber. Die Politiker und Militärs trugen alle das weiße philippinische Spitzenhemd über der dunklen Hose. Die schattigen Alleen des Parks von Malacañan waren von mandeläugigen Mädchen gesäumt. Sie trugen die spanische Kolonialtracht mit lasziver Grazie.

Die eigentliche Gipfelkonferenz hatte nicht lange gedauert. Hinter verschlossenen Türen hatte Lyndon B. Johnson seinen Alliierten mitgeteilt, daß Amerika seine Kriegsanstrengungen in Vietnam bis zum Enderfolg steigern werde und daß er beabsichtige, seine Landstreitkräfte in Indochina auf den Stand von 500 000 Mann zu bringen. General Westmoreland war zu dem Schluß gekommen, daß auf die ARVN-Verbände kein Verlaß sei und daß die GI's in Zukunft die Offensiv-Operationen in eigene Regie nehmen sollten. Den Südvietnamesen würden lediglich Verteidigungsaufgaben zufallen. Die Generale Ky und Thieu mußten sich dieser Entscheidung beugen. Der

Vorschlag des Fliegergenerals Nguyen Cao Ky, der aus Tonking stammte, den Landkrieg nach Nordvietnam in die Hochburg des Feindes zu tragen, wurde vom Tisch gefegt. Das Risiko einer chinesischen »Freiwilligen«-Intervention nach koreanischem Muster war zu groß. Angesichts der Entschlossenheit des US-Präsidenten und seines gewaltigen Einsatzes prophezeite die Weltpresse, die in hellen Scharen nach Manila geströmt war, daß die Tage des Vietkong nunmehr gezählt seien.

Das Treffen von Manila endete mit einem ungezwungenen Bankett. Um Johnson und Marcos gruppiert, saßen die offiziellen Teilnehmer an einer langen Tafel. Der festliche Raum mit den schweren spanischen Möbeln wurde von Fackeln erleuchtet. Ein Filipino-Orchester musizierte. Der amerikanische Präsident hatte dem Alkohol hemmungslos zugesprochen. Wenn er sein Glas zum Toast erhob, erdrückte seine mächtige Cowboygestalt die asiatischen Partner. Johnson hatte sich Hals über Kopf in das Vietnam-Abenteuer gestürzt, pokerte mit der Weltmachtrolle der USA und setzte seine politische Karriere aufs Spiel. Der Hauptverantwortliche für dieses gewagte Engagement war jedoch John F. Kennedy gewesen. Die amerikanischen Journalisten, die auf der *Air Force One* mit eingeflogen waren, erzählten, daß Johnson, der ein gewiegter Innenpolitiker war, dem jedoch die Kenntnis der internationalen Zusammenhänge abging, sich in seiner Vietnam-Strategie vorbehaltlos auf die ehemaligen Ratgeber und Minister seines Vorgängers verlasse. Die Namen McNamarra, McGeorge Bundy, Walt Rostow, Dean Rusk wurden immer wieder erwähnt, wenn eine neue Intensivierung der Kriegführung, eine zusätzliche Eskalation beschlossen wurde. Sie waren »the best and the brightest«, wie David Halberstam ironisch schreiben sollte, und sie trieben Lyndon B. Johnson mit ihren pseudowissenschaftlichen Analysen und Prognosen ins Verhängnis.

Ich sah mir an diesem Abend die Männer und Frauen am Tisch der Prominenten sorgfältig an. Die Urwüchsigkeit Johnsons wirkte ungestüm und sympathisch an diesem kosmopolitischen Ende der Welt, wo Asien sich mit der Hispanität vermählt hatte, ehe ein halbes Jahrhundert US-Präsenz die Philippinen zusätzlich mit dem Firnis des *american way of life* überzog. Der Präsident hatte seine Frau, *Lady Bird*, mitgebracht. Mit ihrer vorspringenden Nase und dem Elsterblick glich sie tatsächlich einem Vogel. Aber sie strahlte jene amerikanische Freundlichkeit aus, die so entwaffnend ist. Von einer ganz anderen Klasse war die Gastgeberin in Malacañan, Imelda Marcos. Sie bewegte sich wie eine Königin und war blendend schön. Die ehemalige *Beauty Queen* der Philippinen hatte mit den Jahren etwas Fülle angesetzt, was ihr aber gut stand. Man sagte ihr großen Einfluß auf ihren Mann nach. Die Oppositionspresse von Manila, die damals noch sehr aggressiv war, machte sie dafür verantwortlich, daß das Vermögen des Marcos-Clans ins Unermeßliche gestiegen sei. Wie so viele Asiatinnen in führender Position besaß sie Persönlichkeit, Intelligenz und stählerne Energie. Diese herrschaftliche Frau brachte es durch ihre natürliche Eleganz und ihr Auftreten zustande, daß der Präsident der Vereinigten Staaten von Amerika wie ihr Vasall erschien. Zehn Jahre später erlag sogar der greise Mao Tse-tung ihrem Charme und küßte bei einem seiner letzten öffentlichen Auftritte der *First Lady* der Philippinen die Hand.

Präsident Marcos gab eine gute Figur ab. Mit den Amerikanern verstand er umzugehen, seit er im Zweiten Weltkrieg an ihrer Seite mit Bravour gefochten hatte und mit ihren höchsten Orden dekoriert worden war. Dieser Staatschef trug immer noch die verwegenen Züge des Bandenführers. Jedermann wußte, daß er als junger Pistolero einen politischen Gegner seines Vaters eigenhändig erschossen hatte. Man merkte ihm an diesem Abend nicht an, daß ihm die innere Opposition im Parlament und die Straßenunruhen der Studenten zu schaffen machten, ganz zu schweigen von den versprengten Trupps der *New People's Army*, die in den Bergen der Insel Luzon ausharrten und ihre Emissäre neuerdings in den brodelnden muselmanischen Süden des Archipels entsandten.

Die Regierungschefs von Australien und Neuseeland wirkten wie hohe Beamte aus dem Stab des Präsidenten der USA. Premierminister Holt von Australien hatte unter der Wirkung von Hitze und Alkohol einen knallroten Kopf bekommen, der mit der elfenbeinernen Blässe der Asiaten kontrastierte. Als das Orchester einen Slow spielte, eröffnete Johnson mit Imelda Marcos den Tanz. Er drückte sie eng an sich und hatte Mühe, das Gleichgewicht zu halten. Nguyen Cao Ky von Südvietnam forderte *Lady Bird* auf. Der Fliegergeneral war Anfang der fünfziger Jahre von den Franzosen in Marokko als Pilot ausgebildet worden. Botschafter Cabot Lodge hatte den als Draufgänger bekannten Ky zum Regierungschef von Vietnam gemacht, was ein monumentaler Fehlgriff war. Mit seinem öligen Haar, dem Menjou-Bärtchen und der eingedrückten Nase wirkte

Nguyen Cao Ky wie ein Gigolo, während er im weißen Filipino-Hemd die Gattin des amerikanischen Präsidenten über das Parkett bewegte. Ky war für asiatische Augen keine Respektsperson. Nach einer gescheiterten Ehe mit einer Französin hatte er die hübscheste Stewardess von *Air Vietnam* geheiratet und seinen Ruf als Playboy bestätigt. Die amerikanischen Gönner hofften vergeblich auf seine politische Profilierung und Initiative.

Im Gegensatz zu dem aufgekratzten Ky, der die große Stunde genoß, verhielt sich sein vietnamesischer Begleiter und Widerpart, General Nguyen Van Thieu, der im Auftrag der Generalität von Saigon einer Art Parallelregierung vorstand, zurückhaltend und scheinbar unbeholfen. Er stammte aus einer einfachen Fischerfamilie Süd-Annams, aber er hatte das Auftreten eines Mandarins in Uniform. Man spürte bereits, daß Nguyen Van Thieu am Tage der unausweichlichen Kraftprobe mit Nguyen Cao Ky der Umsichtigere und der Überlegene sein würde. Am äußersten Ende der Tafel saß eine reglose Figur aus Bronze, Präsident Park Chung Hee von Südkorea. Angesichts der alkoholischen Ausgelassenheit, der amerikanisch-australischen Kumpanei und ihrer lauten Geselligkeit hatte Park sich verkapselt und trug unverblümt seine Mißlaune, seine Geringschätzung zur Schau. Er tanzte nicht und rührte das Essen kaum an. Die Bakkenknochen seines harten Soldatenschädels traten stark hervor. Die Sehschlitze waren fast geschlossen. Der Sohn armer koreanischer Bauern hatte sich erst als Lehrer, dann als Leutnant der japanischen Armee nach oben geschuftet, ehe er nach Kriegsende die Sprossen der südkoreanischen Militärhierarchie systematisch erklomm. Nach dem Putsch von 1961 hatte die Generalsjunta Park Chung Hee an ihre Spitze berufen, weil sie ihn als blasse Übergangsfigur einschätzte. Das war ein schwerwiegender Irrtum, denn mit konfuzianischer Autorität und einer in der Armee des Tenno anerzogenen Strenge hatte General Park alle Hebel der Macht in Seoul an sich gerissen. Er konnte es sich leisten, in Manila wie der »Steinerne Gast« aufzutreten. Zwei südkoreanische Elite-Divisionen kämpften im Abschnitt von Qui Nhon in Zentral-Annam. Wo die Soldaten aus dem »Land des stillen Morgens« zuschlugen, da wuchs kein Gras mehr. Die Südkoreaner waren in Vietnam gefürchtet wie die Hunnen, mit denen sie angeblich entfernt verwandt waren. Sie erledigten ihre Gefangenen mit der flachen Karate-Hand. In ihrem Sektor traute sich der Vietkong kaum aus seinen Verstecken heraus.

Daran gemessen, waren das thailändische Kontingent und die paar philippinischen Soldaten, die nach Südvietnam entsandt worden waren, Operettenkrieger. Die Neuseeländer waren nur symbolisch vertreten. Die Australier hingegen bewährten sich im Dschungelkrieg und sorgten für Ordnung in ihrem Abschnitt zwischen Xuan Loc und Vung Tau.

Ein Mitglied des Präsidentenstabes beugte sich zu Johnson und teilte ihm mit, daß eine randalierende Menge von Halbwüchsigen und Studenten das Hotel der amerikanischen Delegation belagere und in Sprechchören die Beendigung des Vietnam-Krieges sowie die Räumung der US-Basen auf den Philippinen fordere. Es war spät nach Mitternacht. Lyndon B. Johnson gab das Signal zum Aufbruch. Er war bester Laune. Er stieg in seine gepanzerte Limousine. Über die Lautsprecheranlage ließ er mit schwerer Zunge immer wieder den philippinischen Gruß »Mabuhai« in den nächtlichen Park von Malacañan dröhnen. Auf der Treppe winkte ihm Imelda Marcos mit unergründlichem Lächeln nach.

Auf der Suche nach der verlorenen Zeit

Laos, im Herbst 1966

»Dort unten beginnt die Ebene der Tonkrüge«, sagte der Pilot und deutete auf eine riesige Mulde, die von allen Seiten durch Gebirge eingesäumt war. Es sei nicht ratsam, diese *Plaine des Jarres* zu überfliegen. Die Nordvietnamesen, die sich dieser strategischen Schlüsselstellung im nördlichen Laos bemächtigt hatten, verfügten neuerdings über russische Flak. »Erst vergangene Woche haben sie bei Tchepone eine Privatmaschine heruntergeholt«, ergänzte der Pilot und drehte seine Cessna nach Nordwesten ab.

Er hieß Pierre Mounier und hatte einmal als Feldwebel in der französischen Luftwaffe gedient. Mit einem anderen Veteranen des Ersten Indochina-Krieges hatte er in Vientiane diese winzige Fluggesellschaft gegründet. Mounier hatte wohl alle erdenkliche Konterbande inklusive Opium transportiert. Wir charterten seine Cessna für unser Fernsehteam zu einem lächerlich niedrigen Preis und hatten dabei das Gefühl, daß wir ihm seit langer Zeit den ersten ehrlichen Auftrag und damit ein Beschäftigungsalibi gegenüber den Behörden verschafften. Mounier war ein stiller, zuverlässiger Mann. Er lebte mit einer Laotin und kannte das Land wie seine Westentasche.

Auf einem Grasplateau im Gebirgsdschungel waren wir gelandet. Ringsum standen solide Wellblechbaracken, die mit hohen Antennen bestückt waren. Auf dem Rollfeld wurden wir sofort von asiatischen Kriegern umringt. Der rassische Typus kam mir bekannt vor. Es waren Meo. Die Angehörigen dieses Gebirgsvolks waren während des Ersten Indochina-Krieges treue Verbündete der Franzosen gewesen. Sie hatten sich den Amerikanern zur Verfügung gestellt, als die Nordvietnamesen im Verbund mit symbolischen Einheiten der laotischen Kommunisten, der sogenannten »Pathet Lao«, über die 1954 vereinbarte Demarkationslinie vorstießen und die Ebene der Tonkrüge eroberten. Mit diesen Meo-Kriegern war ein beachtlicher Wandel vorgegangen. Sie waren einheitlich uniformiert, und ihre Steinschloßflinten hatten sie gegen funkelnagelneue Schnellfeuergewehre vom Typ M 16 eingetauscht. Sie erhielten reichlichen Sold. Für die regelmäßige Versorgung mit Lebensmitteln und Munition in den vorgeschobenen Berg- und Igelstellungen sorgten die Flugzeuge einer angeblich kommerziellen und privaten Firma, »Air America« genannt, die in Wirklichkeit das wirksame Instrument des amerikanischen Geheimdienstes CIA war. Die Frauen der Meo trugen noch ihre malerische Tracht. Die schweren Silberringe um Hals und Knöchel zeigten Wohlstand an. »Die Meo sind noch nie so glücklich gewesen«, sagte Mounier. »Seit sie auf seiten der Amerikaner kämpfen, fehlt es ihnen an nichts. Jeder hat zwei Gewehre unter seinem Strohsack, und sie dürfen nach Herzenslust Krieg führen.« Eine kleine Gruppe von Amerikanern in Zivil verwaltete diese zentrale Kommandostelle des Meo-Widerstandes. An ihrer Spitze stand ein athletischer Mann in einem bunten Hawaii-Shirt, der fließend Laotisch sprach. »Mein Name ist John«, stellte er sich burschikos vor und erzählte, daß er für eine humanitäre Hilfsorganisation arbeite, die sich vor allem um die Ernährung der Bergvölker kümmere. Er wußte, daß er uns nichts vormachen konnte. Neben einem Funker und ein paar Spezialisten, die sich durch ihren Haarschnitt, den *Crew Cut*, als Angehörige der *Special Forces* auswiesen, lebten auch drei amerikanische Frauen in dieser geheimnisvollen Enklave. Die eine unterrichtete die Meo-Kinder, die andere überwachte die Lebensmittelverteilung, die dritte verwaltete das Hospital, wo ein paar schwerverwundete Meo-Krieger mit großer Gelassenheit ihrer Genesung oder ihrem Tod entgegendösten. Die Lehrerin hatte es am schwersten, denn spätestens, wenn sie zwölf Jahre alt wurden, zogen die Meo-Knaben grünes Drillich an, schnappten sich eine der zahlreichen M 16 und gingen mit ihrem Vater auf den Kriegspfad.

»Ich muß noch einen Außenposten inspizieren«, sagte John. »Aber Ihre Maschine und Ihr Pilot werden da nicht landen können.« Ich stieg zu ihm in eine winzige Sportmaschine, und wir kreisten über schwarzen Abgründen in eine Nebelwand hinein, die trotz der Trokkenzeit den Horizont verstopfte. Wir mußten über 2000 Meter hoch sein, als die Maschine auf die Lehmhütten eines kümmerlichen Wehrdorfes zusteuerte. Jetzt entdeckte ich auch die primitive Landebahn, die wie eine Sprungschanze angelegt war. Bei der Ankunft setzte das Flugzeug brutal auf und wurde durch die Steigung gebremst. Beim Abflug holte die Maschine auf dem abschüssigen Hang Schwung und ließ sich wie ein Skispringer in die Leere schleudern. Ganz ungefährlich war das nicht.

»Wir sind hier am Rande der *Plaine des Jarres* und ringsum von roten Pathet Lao und nordvietnamesischen Regulären umgeben«, versicherte mir John mit einem breiten Grinsen. »Eine andere Rasse als die Meo könnte dieses Katz- und Mausspiel nicht durchstehen, denn unsere Lufttätigkeit ist in dieser chaotischen Urlandschaft recht begrenzt.« Am Rande des Dorfes entdeckte ich die altvertrauten Mohnfelder. Die Meo hatten nicht aufgehört, Opium zu zapfen und zu verkaufen. Das Gerücht ging hartnäckig um, die Linie »Air America« gehöre zu den privilegierten Transporteuren des Rauschgiftes. Die Nachfrage war groß und gierig bei den GI's in Vietnam. Der Heroinkonsum hatte dort die Ausmaße einer Seuche angenommen. Auf dieses Thema war John nicht anzusprechen. »Die Meo müssen schließlich leben«, meinte er knapp, »und Reis wächst in dieser Höhe nicht mehr.«

Der Krieg in Laos war ein großes Abenteuer. Mounier meinte zwar, es finde hier nur ein Schattenboxen statt. Die Laoten seien viel zu träge und friedlich, um als Soldaten zu taugen. Aber die Kampftätigkeit wurde von anderen besorgt: Von den Spezialisten der *Central Intelligence Agency* mitsamt ihren Meo-Verbündeten auf der einen, von den nordvietnamesischen Interventionsregimentern auf der anderen Seite, die ebenfalls im Gebirge Partisanen für die Einheiten der roten Pathet Lao rekrutiert hatten. Die Rasse der Kha war, wie der Name besagt, von dem laotischen Staatsvolk des Mekong-Tals jahrhundertelang als Sklaven behandelt worden. Nun hatten sie sich bereitwillig den Kommissaren aus Hanoi angeschlossen, die ihnen im sozialistischen Lao-Staat von morgen Gleichberechtigung und bessere Lebensbedingungen versprachen.

An Absurdität war die Situation in Laos kaum zu überbieten. An der Spitze der roten Revolutionäre stand die eindrucksvolle Figur des Prinzen Souphanouvong, der mit seinem Katzenkopf und dem breiten Schnurrbart wie ein südostasiatischer Samurai wirkte. Mit russischer Hilfe hatte seine Bewegung »Neo Lao Haksat« in der Felslandschaft von Sam Neua und Vieng Xai ein Labyrinth von Höhlen ausgebaut, sogar Kaderschulen und Reparaturwerkstätten dort untergebracht und sich somit den Bombardements der *US-Air Force* entzogen. Souphanouvong genoß auch bei seinen Gegnern hohes Ansehen. Erst nach der totalen Machtergreifung der laotischen Kommunisten 1975 sollte sich herausstellen, daß der »Rote Prinz« für die Strategen aus Hanoi nur ein Aushängeschild war und daß der wirkliche Chef des Pathet Lao ein bislang völlig unbekannter, halbvietnamesischer Apparatschik, Kaysone Phomvihane, war, der seine Heimat zum Vasallenstaat der Sozialistischen Republik Vietnam machte.

In Vientiane residierte unterdessen Ministerpräsident Souvanna Phouma, auch er ein Prinz und ein Halbbruder seines roten Rivalen Souphanouvong. Souvanna Phouma war ein dicklicher Aristokrat von großer Bildung und erlesenen Manieren. Er war ursprünglich als Neutralist zum Regierungschef berufen worden und betrachtete Frankreich als sein zweites Vaterland. Die Franzosen, denen nach dem Waffenstillstand von 1954 die Ausbildung der Königlich Laotischen Armee übertragen worden war, hatten unaufhaltsam an Boden verloren. Nachdem die kleine neutralistische Truppe des tapferen Oberst Kong Le bei den Kämpfen um die Ebene der Tonkrüge auseinandergefallen war, blieb den zweihundert französischen Militärinstrukteuren nur noch eine Statistenrolle. In ihrem Camp bei Vientiane hatten sie uns zu einem gesellschaftlichen Empfang geladen, mit dem sie des Waffenstillstands von 1918 gedachten. Die französischen Offiziere waren in weißer Uniform angetreten. Der kommandierende Brigadegeneral begrüßte die zahlreichen laotischen Gäste, unter denen sich natürlich Prinz Souvanna Phouma befand. Es war eine nostalgische Veranstaltung.

Die ursprünglichen Vereinbarungen über die Neutralisierung von Laos, die noch zwischen Kennedy und Chruschtschow ausgehandelt worden waren, zerplatzten wie Seifenblasen, seit es in Vietnam wieder ernsthaft zu rumoren begann. Souvanna Phouma hatte vergeblich versucht, seinen Kurs einer Dritten Kraft durchzuhalten. Aber in Vientiane und vor allem in der stockkonservativen und feudalen Südprovinz Champassak mußte er mit den Intrigen und Umsturzversuchen jener adligen Kriegsherren rechnen, die mit dem amerikanischen Geheimdienst und mit ihren thailändischen Verwandten jenseits des Mekong konspirierten. Da auch die rote Gegenpartei immer unversöhnlicher und aggressiver wurde, blieb Souvanna Phouma keine andere Wahl, als seinerseits auf die amerikanische Karte zu setzen und durch diesen Schachzug seine reaktionären Rivalen, an ihrer Spitze den Prinzen Boun Oum auszutricksen. An der Grenze mit Jünan entstand zusätzliche Verwirrung. Dort hatten die Emissäre Mao Tse-tungs die nördlichste laotische Provinz Phong Saly in eine rein chinesische Einflußzone verwandelt, wo auch keine Vietnamesen geduldet wurden. In hochoffiziellen Vereinbarungen mit der Regierung von Vientiane war die Volksrepublik China beauftragt worden, im Norden von Laos zwischen Jünan, Dien Bien Phu und der alten Königsstadt Luang Prabang ein System von Allwetterstraßen auszubauen, das auf lange Sicht die strategische Landverbindung zwischen dem Reich der Mitte und dem Königreich Thailand herstellen würde. Dort wo die Pioniere Mao Tse-tungs am Werk waren, hatten auch die amerikanischen Kampfflieger strikte Weisung, den Himmel zu meiden.

In den Botschaften von Vientiane wurde immer wieder die Legende von den *tambours de bronze* erzählt. Diese Bronzetrommeln gehören seit dem fernen Altertum zu den prächtigsten Erzeugnissen des laotischen Handwerks. Die runde Oberfläche ist mit astrologischen Zeichen verziert. Am Rande kopulieren Dreiergruppen von kleinen Fröschen, und die Schweißnaht ist mit winzigen Elefanten geschmückt. Diese Tempeltrommeln, so besagt die Legende, seien in grauer Vorzeit von einem klugen laotischen Fürsten für eine Kriegslist benutzt worden. Als ein weit überlegenes chinesisches Heer von Norden einrückte, ließ der Prinz die Bronzetrommeln aus den Pagoden holen und stellte sie unter den zahllosen Wasserfällen dieses Gebirgslandes auf. Dadurch entstand ein so ungeheuerliches Dröhnen, daß bei den Soldaten des Kaisers von China der Eindruck entstand, eine starke laotische Armee sei im Anmarsch. Die Söhne des Himmels, vom Lärm der *tambours de bronze* verschreckt, hätten das »Land der Million Elefanten« damals kampflos geräumt, so endete die Sage.

In der schläfrigen und unansehnlichen Hauptstadt Vientiane spiegelten sich die Gegensätze, an denen das Königreich Laos zerbrach. Am Ende einer breiten Allee erhob sich ein grauer, scheußlicher Triumphbogen, der den toten Helden des Laos-Krieges gewidmet werden sollte. Das kolossale Denkmal wurde nie fertig, obwohl der ursprünglich vereinbarte Baupreis bereits zehnfach überschritten war. Das Geld verschwand angeblich in den Taschen der chinesischen Bauherren und einer total korrupten Bürokratie. Nicht weit vom bunten Treiben des Zentralmarktes schirmte sich der schwer bewachte *Compound* der amerikanischen Botschaft hinter weißen Mauern ab. Der *US-Ambassador* agierte nicht nur als Prokonsul von Laos, er war auch der faktische Oberkommandierende. Er dirigierte persönlich die Einsätze der *US-Air Force* und bestimmte die Ziele. In Laos war der CIA allmächtig und gab – rein technisch bewertet – keine schlechte Figur ab. Dem Ruf von *Air America* waren Rudel von Abenteurern und Freibeutern aus USA gefolgt. Sie flogen halsbrecherische Missionen, spielten sich als »James Bond«-Kopien auf, spezialisierten sich in dunklen Geschäften und verunsicherten nach Einbruch der Dunkelheit die anrüchigsten Nightclubs der einst so langweiligen Hauptstadt. Ganze Kontingente siamesischer Prostituierter waren über die Mekong-Grenze gekommen und pendelten zwischen Vientiane und dem thailändischen Städtchen Udorn hin und her, wo sich eine gigantische Luftwaffen- und Radaranlage der Amerikaner befand. Eine Schar von Transvestiten war ebenfalls aus Bangkok eingeflogen. Sie waren so erotisch aufgedonnert und mit chirurgischen Kunstgriffen feminisiert, daß die betrunkenen Söldner von *Air America* ihre wahre Beschaffenheit oft erst entdeckten, wenn es zu spät war.

Keine dreihundert Meter von der amerikanischen Botschaft entfernt standen zwei ungewöhnliche Soldaten vor einer verschwiegenen Villa auf Posten. Sie trugen grüne Ballonmützen mit blau-roter Kokarde und viel zu weite Uniformen. Die Gesichter waren bäuerlich. Bewaffnet waren sie mit chinesischen AK 47-Gewehren. Sie bewachten die offizielle Vertretung der kommunistischen Bürgerkriegspartei Pathet Lao im Herzen der laotischen Hauptstadt. Etwa dreißig Soldaten hatte der Pathet Lao in Permanenz aufgeboten, um seinen Sonderbeauftragten Soth Petrasy zu beschützen. Sie mußten sich schrecklich langweilen, durften den Umkreis ihrer Villa nicht verlassen, spielten Volleyball und pflanzten im Garten ihrer Unterkunft Gemüse. Soth Petrasy war ein umgänglicher Mann. Jedesmal wenn ich in Laos einreiste, habe ich ihm einen Besuch abgestattet und bei ihm Tee getrunken. Die Liaison zwischen dieser seltsamen Mission und den roten Behörden von Sam Neua wie auch die gelegentliche Ablösung des Wachpersonals wurde durch eine kleine Aeroflot-Maschine gewährleistet, deren Piloten bestimmt nicht harmloser waren als ihre Kollegen von der anderen, der amerikanischen Feldpostnummer.

Die Laoten waren von Natur ein heiteres, sorgloses, verspieltes Volk. Sie schienen endgültig von der duldsamen Lehre Gautamas geprägt. Während im Gebirgsland der CIA und die Nordvietnamesen ihren Kleinkrieg um die entscheidenden Schlüsselstellungen dieses Zweiten Indochina-Krieges austrugen und die *US-Air Force* mit ungeheuren Bombenlasten sowie modernsten elektronischen Kniffen den Ho Tschi Minh-Pfad lahmzulegen suchte, feierte die Bevölkerung von Vientiane in aller Unbekümmertheit ihre buddhistischen Feste. Am Nachmittag war die ganze Regierung, Prinz Souvanna Phouma an der Spitze, in feierlicher Prozession zum weißgetünchten Heiligtum Tat-Luang im Osten der Hauptstadt gepilgert. Die Minister trugen die Hoftracht mit schwarzen Kniehosen und weißem Jakkett. Ein safrangelbes Aufgebot von Bonzen nahm diese Huldigung regungslos und würdevoll entgegen. Die laotischen Mädchen beugten ihre lieblichen Mondgesichter und hatten die schwarze Haarpracht, die ihnen oft bis in die Kniekehlen fiel, zu züchtigen Knoten geschürzt. Beim nächtlichen Umzug von Pagode zu Pagode hielt jeder Teilnehmer eine Fackel in der Hand. Es wurde viel gescherzt bei diesen Festlichkeiten, und das goldene Lächeln Buddhas übertrug sich auf die entspannten Gesichter der Gläubigen.

Am folgenden Morgen begab sich König Savang Vatthana zur größten Pagode der Innenstadt. Der stattliche, eigenwillige Monarch, der beim Volk große Achtung genoß, verließ nur ungern seine verschnörkelte Residenz von Luang Prabang, obwohl sich die roten Partisanen bis auf zwanzig Kilometer der alten Königsstadt genähert hatten. Der König von Laos trat mit prächtigem Gefolge auf. In knallrote Livree gekleidete Diener vom Volk der Kha trugen die schweren Tempelgongs. Die Palastgarde war wie die Schweizer des Vatikans mit Hellebarden bewaffnet. Der König würde es nicht lange im kosmopolitischen und sündhaften Vientiane aushalten. Er sehnte sich schon wieder nach seinen verträumten Gärten von Luang Prabang, wo die abendliche Stille nur durch die Gongschläge und das monotone Beten der Mönche unterbrochen wurde. Savang Vatthana huldigte einer skurrilen literarischen Leidenschaft für Marcel Proust. Es hieß bei den Franzosen, daß der Sonderling auf dem Thron der Million Elefanten ganze Kapitel aus dem Proustschen Werk »A la recherche du temps perdu« auswendig rezitieren konnte. Auf der Suche nach der verlorenen Zeit, das wäre ein treffender Titel für die Schilderung dieses liebenswerten hinterindischen Königreichs gewesen, das an einer ruchlosen Machtpolitik der Supermächte zugrunde ging.

Unsere Chartermaschine hatte uns erlaubt, weite Teile von Laos zu inspizieren. Beim letzten versprengten Häuflein der Neutralisten in Vang Vieng, wo die Felsen wie grüne Zuckerhüte den Horizont verstellten, hatten wir einen einsamen französischen Major getroffen, der sich seiner Funktionslosigkeit voll bewußt war. Auf der Höhe von Thakek waren wir nach Osten abgedreht und hatten überprüft, ob die von gewissen amerikanischen Strategen erwogene Absicht, einen Sperriegel quer durch Laos zu ziehen, realisierbar wäre. Doch das erschien als aussichtsloses Unterfangen. Zwischen Thakek am Mekong und dem Dorf Tchepone an der vietnamesischen Grenze legte sich eine chaotische, zerklüftete Gebirgslandschaft quer. Dieses Relief eignete sich nicht im geringsten für eine zusammenhängende Abwehrlinie. Im nördlichen Fort Ban Huei Sai, wo China und Burma zum Greifen nahe sind, wo die Opiumschmuggler sich ein Stelldichein geben und das »Goldene Dreieck« beginnt, konnten wir nicht landen, weil der Mekong – von der Schneeschmelze des Himalaja gespeist – den Flugplatz überflutet hatte. Schließlich waren wir im Tiefflug über das Boloven-Plateau im äußersten Süden des Landes gekreuzt und in der isolierten Garnison von Atopeu von einem feisten phlegmatischen Oberst der Königlich Laotischen Armee bewirtet worden. Der Colonel begleitete uns bis zu seiner vorgeschobensten Wegkontrolle, die nur zwei Kilometer vom Pfahldorf Atopeu entfernt war. Dort begann schon das Niemandsland, und hinter der Biegung des Waldpfades vermutete der Oberst die ersten nordvietnamesischen Vorposten. Der Umkreis von Atopeu galt bei den Nachrichtendiensten von Saigon als Drehscheibe des Ho Tschi Minh-Pfads. Dieses strategische Verbindungsnetz sei in letzter Zeit erheblich ausgebaut worden, erklärte der Oberst vor der Generalstabskarte. »Bei Nacht hören wir nicht nur die Lastwagenkonvois, wir können in der Ferne sogar ihre abgeblendeten Scheinwerfer erkennen. Da geht es manchmal zu wie auf den Champs Elysées«, fügte er grinsend und mit offensichtlicher Übertreibung hinzu. Er war stolz darauf, einmal einen Lehrgang in Frankreich absolviert zu haben. Ob er denn im Ernstfall Atopeu verteidigen und halten könne mit seinen zweihundert Soldaten, fragte ich. Da lachte der Colonel schallend. »Wenn wir Glück haben, schlagen wir uns mit äußerster Anstrengung über das Boloven-Plateau bis Pakse am Mekong durch. Hier in Atopeu sitzen wir hoffnungslos in der Mausefalle.« Die Tage, in denen die Laoten einen übermächtigen Gegner mit dem Dröhnen ihrer Bronzetrommeln verscheuchen konnten, gehörten offenbar einer fernen Vergangenheit an.

»Zu ihrer Rettung vernichtet«

Vietnam, im Herbst 1967

Der Krieg sei so gut wie gewonnen, verkünden die amerikanischen Armeesprecher in Saigon. Jeden Tag weiß der *briefing officer* von Hunderten von *structures,* Öl- und Munitionsdepots zu berichten, die durch die *US-Air Force* nördlich und südlich des 17. Breitengrades zerstört worden seien. Bei genauem Nachfragen erfährt man, daß mit *structures* oft nur Bambushütten im Feindgebiet gemeint sind. Ganze Computer-Systeme haben an Hand des sorgfältig zentralisierten *body count* errechnet, daß die feindliche »main force« im wesentlichen aufgerieben und die *irregulars* am Ende ihrer Kraft seien. Von diesen Siegesbulletins merkt man hier oben in Con Thien, wo Nord- und Südvietnam aufeinanderstoßen, herzlich wenig.

Es ist kalt und windig in der Nähe der Demarkationslinie, die zur heiß umkämpften Front geworden ist. Die Wolken hängen niedrig und grau. Der Regen prasselt in Strähnen auf eine baumlose Landschaft, die im Schlamm versinkt. Ich begegne einer Kolonne von *Marines,* die in die vorderen Stellungen rücken. Beiderseits der glitschigen Lateritstraße verwesen drei Büffel, die in eine Granatwerfersalve geraten sind, und verbreiten süßlichen Gestank. Die Marines sind schwer beladen, völlig durchnäßt und schlammverkrustet. Wie sie sich gegen den drohenden Himmel abzeichnen, erinnern sie an Bilder von Verdun. In diesem Abschnitt des Vietnam-Krieges ist nicht mehr die Rede vom forschen Erfolgsrezept *search and destroy.* Die B 52 der *US-Air Force* haben mit Bombenteppichen den sogenannten nordvietnamesischen »Flaschenhals«, den schmalen Küstenstreifen zwischen dem Ben Hai-Fluß und der Stadt Vinh, in eine Mondlandschaft verwandelt. »Wir werden die Kommunisten in die Steinzeit zurückbomben«, hatte General Curtis Le May gedroht. Dennoch ist es General Giap gelungen, sein Stellungs- und Bunkersystem bis unmittelbar an die amerikanischen Linien vorzutreiben, und er hat neuerdings sogar schwere Artillerie an die Front geschafft, Gott weiß wie. In unregelmäßigen Abständen schlagen die Granaten im Umkreis der amerikanischen Stützpunkte ein und haben die fluchenden *Marines* dazu gezwungen, ihrerseits Stollen und Gräben tief in den lehmigen Boden zu treiben. »Die Beschießung durch den Feind ist äußerst lästig«, meint der Major, der meine Führung in Con Thien übernommen hat. »Aber viel schlimmer sind die Ratten, mit denen wir hier im Dreck leben müssen und die meine Männer gelegentlich anfallen.« In der Ferne rollt Artillerie- und Bombenlärm. Vom Feind ist nichts zu sehen, obwohl er hinter der braunen Bodenwelle eingebuddelt sein muß. »Sie bringen es immer noch fertig, trotz Drahtverhau und Minenfeldern zwischen unseren Stellungen durchzusikkern«, flucht der Major und wischt sich den Regen aus dem Gesicht. »Wir kämpfen gegen eine Armee von Maulwürfen.«

Über Saigon strahlte zu dieser Jahreszeit eine warme, trockene Novembersonne. Die *bonne société saigonnaise* traf sich am Swimmingpool des »Cercle Sportif«. Dieser exklusive Club, in dem sich ein Hauch der französischen Kolonialzeit erhalten hatte, war eine vortreffliche Nachrichtenbörse. Zu den Stammgästen gehörten in jenen Tagen der deutsche und der holländische Militärattaché. Der Niederländer war ein in Insulinde ergrauter Kolonialoffizier, dem man nichts vormachen konnte. Der deutsche Oberstleutnant stand beim übrigen Botschaftspersonal im Rufe eines Miesmachers. Während die diplomatische Vertretung Bonns in der Rue Vo Tanh von der Stabilisierung zugunsten der Amerikaner, vom unvermeidlichen Sieg der guten Sache berichtete, erging sich der Militärattaché in pessimistischen Prognosen und Kassandra-Rufen. Im »Cercle Sportif« konnte man sich auch mit französischen Plantagenverwaltern verabreden. In der Mehrzahl waren es junge Offiziere, die nach dem Algerien-Debakel ihren Abschied eingereicht hatten. Sie mußten jede

Woche mit den Kommissaren des Vietkong verhandeln, Abgaben entrichten und Personalfragen klären, um die Gummibäume ihrer Pflanzungen weiter anzapfen und ihren Rohkautschuk abtransportieren zu dürfen. Die begüterte Bourgeoisie Cochinchinas war im »Cercle Sportif« zu Hause und tummelte sich auf den Tennisplätzen. Natürlich waren auch zahlreiche Amerikaner Stammgäste, aber es gehörte zum guten Ton, französisch zu sprechen.

Zum Dîner war ich beim französischen Generalkonsul Tomasini eingeladen, einem bärbeißigen Korsen, der sich als junger Mann in der *Résistance* von Savoyen und im Maquis von Vercors hervorgetan hatte. Trotz seiner grauen Haare war ihm die Freude am Risiko erhalten geblieben. Wir kannten uns aus der Zeit der Katanga-Wirren, wo er sich als Generalkonsul in Elisabethville sehr intensiv um die französischen Söldner gekümmert hatte und durch ein Attentat schwer verletzt worden war. Wir aßen unter vier Augen in der altmodischen Villa in der Rue Hai Ba Trung. Ein ganzes Museum ostasiatischer Kostbarkeiten war hier von seinen Vorgängern zusammengetragen worden. Als der Boy gegangen war, holte Tomasini einen dikken Umschlag aus dem Safe. »Was Sie hier sehen, ist eine Botschaft des Vietkong«, begann der Generalkonsul. »Einer unserer Plantagenbesitzer, Jean Dufour, ein älterer Mann, der sein ganzes Leben in Indochina verbracht und gegen unser Anraten auf seiner Pflanzung an der alten Kolonialstraße nach Dalat ausgeharrt hatte, war seit mehreren Wochen verschwunden. Die Viets hatten ihn bei Nacht verhaftet und in ihre Schlupfwinkel entführt. Wir haben seitdem vergeblich versucht, Kontakt mit Dufour aufzunehmen. Gestern abend habe ich den Besuch eines geheimnisvollen Emissärs der Befreiungsfront erhalten, eines höflichen Vietnamesen mittleren Alters, der bestimmt einmal in unsere Schulen gegangen ist. Er habe mir eine sehr betrübliche Mitteilung zu machen, kündigte mir der Agent an, als wir allein waren. Monsieur Dufour sei leider in der Haft gestorben. Die Nationale Befreiungsfront sei zu ihrem Bedauern gezwungen gewesen, ihn in Gewahrsam zu nehmen, nachdem er entgegen den ausdrücklichen Weisungen der Revolutionsbehörden eine Rodung fortgesetzt habe, die die Sicherheit der Partisanen in diesem Sektor beeinträchtigte. In der Gefangenschaft sei Dufour schwer erkrankt und trotz aller medizinischen Bemühungen gestorben, noch ehe man ihn nach Saigon transportieren und freilassen konnte. Im Namen der »Nationalen Befreiungsfront von Südvietnam« sei er nun beauftragt, dem französischen Generalkonsul die persönliche Habe zurückzuerstatten, die Dufour im Moment seiner Entführung bei sich getragen habe und auch die Geldsumme zu übergeben, die bei dem Pflanzer konfisziert worden sei. Davon habe man die Kosten für die Medikamente abgezogen, aber darüber sei in dem gelben Kuvert eine detaillierte Aufstellung enthalten. Im übrigen drücke die Befreiungsfront den Angehörigen Dufours ihr ehrliches Beileid zu diesem tragischen Schicksalsfall aus. Vielleicht könne es ihnen zum Trost gereichen, daß Monsieur Dufour vor seinem Ableben die Absichten der vietnamesischen Revolution zur Kenntnis genommen und ein spontanes Bekenntnis zu ihren Zielen abgelegt habe.« – Tomasini schüttelte den Kopf. »Wie rührend«, sagte er, »der arme Dufour war mit den heiligen Sakramenten des Vietkong versehen, ehe er zu Karl Marx ging.«

Ich erzählte ihm von meinem Erlebnis der vergangenen Woche. Meine Bemühungen, ein Direktgespräch mit den Repräsentanten des Vietkong zu führen, hatten endlich zum Ziel geführt. Zuerst hatte ich es über eine neutralistische Anwältin, Madame Ngo Ba Thanh, versucht, die nach langer Kerkerhaft in einem feuchten Saigoner Gefängnis auf Drängen liberaler amerikanischer Organisationen freigelassen worden war. Madame Thanh war eine energische und couragierte Dame, die als Juristin internationalen Ruf genoß. Sie sei zu scharf überwacht, um mir helfen zu können, meinte sie. Ansonsten war ihr politisches Engagement ungebrochen, und sie versicherte mir, daß die sogenannte Dritte Kraft Vietnams im Verbund mit den patriotischen Buddhisten eine reale Chance böte, den Krieg zu beenden und die freiheitliche Zukunft vorzubereiten. Daß ihr nach der kommunistischen Machtergreifung in Saigon jede politische Tätigkeit untersagt und daß sie von den Revolutionsbehörden unter Hausarrest gestellt würde, wäre Madame Ngo Ba Thanh damals nicht in den Sinn gekommen.

Das geheime Stelldichein wurde schließlich durch Vermittlung eines Saigoner Knopffabrikanten arrangiert, in dessen Werkzeugraum gelegentlich auch oppositionelle Flugblätter gedruckt wurden. Der Treffpunkt war ein Restaurant-Dancing an der Autobahn, die nach Bien Hoa führte. Erkennungszeichen meiner Gesprächspartner sei ein auf dem Arm getragener Regenmantel. Die Wahl des Lokals war verblüffend. Gleich beim Eintritt wurde ich von sehr kessen und eindeutigen Hostessen in Empfang genommen. Hohe Beamte und Offiziere des Saigoner Regimes pflegten sich hier zu amüsieren. Die anmutige Besitzerin dieses Etablissements, die mich ohne Zögern zu einem abseits gelegenen Tisch im Garten führte, war die Geliebte des zweiten Polizeichefs von Saigon. Nach einer Weile näherten sich drei vietnamesische Zivilisten. Einer trug den vereinbarten Regenmantel über dem Arm. Sie stellten sich vor, und ich versuchte, mir ihre Namen zu merken, obwohl sie zweifellos frei erfunden waren. Der Senior der drei war, wie er glaubhaft versicherte, ein alter Gewerkschaftsfunktionär, der schon zur Zeit der Franzosen unter den Hafenarbeitern von Saigon agitiert hatte. Der zweite war ein typischer vietnamesischer Intellektueller mit dicker Brille und entpuppte sich im Verlauf des Abends als ideologischer Wortführer. Der dritte war ein kräftiger, schweigsamer Typ, der vermutlich durch eine militärische Ausbildung gegangen war. Wir bestellten ein umfangreiches vietnamesisches Menu und wurden von der Bedienung bald alleingelassen. Was ich an diesem konspirativen Abend erfuhr, war in keiner Weise sensationell. Die Losungen und Propagandaparolen der Befreiungsfront waren mir zur Genüge bekannt. Was mich wunderte, war die Selbstsicherheit, mit der sich diese Männer gewissermaßen in der Höhle des Löwen bewegten. Mich interessierten vor allem die zukünftigen Absichten der »Befreiungsfront«. Der junge Ideologe antwortete. Die ausländischen Berichterstatter sollten sich nicht irreführen lassen durch die Siegesbulletins der amerikanischen Imperialisten und ihrer Saigoner Marionetten, der *Fantoches,* wie er es ausdrückte. Das Volk von Südvietnam warte auf seine Stunde, auf die Stunde der nationalen Erhebung. In Bälde werde die Welt erkennen, wessen die revolutionären Kräfte Vietnams fähig seien. Der Wein und der Reisschnaps, denen die Emissäre des Vietkong kräftig zugesprochen hatten, sorgten schließlich für eine gewisse Entspannung. Die beiden Jungen blieben auf der Hut. Der Gewerkschaftler hingegen erzählte aus seinem Leben und von seinen Erlebnissen in zwanzig Jahren Untergrundtätigkeit. Er war ein jovialer, väterlicher Typ, und ich habe später mit Bedauern erfahren, daß er im Zuge der großen Polizeioperation »Phoenix« gefangen und gefoltert worden sei. Was aus den beiden anderen geworden ist, ob sie beim großen Neujahrsaufstand ums Leben kamen, den sie mir fast unverschleiert ankündigten, habe ich nie herausfinden können.

Aus der US-Basis Dak To, in jener ominösen Gegend, wo Vietnam, Kambodscha und Laos aneinandergrenzen, wurden heftige

Kämpfe mit regulären nordvietnamesischen Verbänden gemeldet. Im »Cercle Sportif« war man darüber geteilter Meinung. Die Mehrzahl der Beobachter sah darin einen verzweifelten Versuch der Kommunisten, den Konflikt, den sie militärisch in den Ebenen von Annam und Cochinchina verloren hätten, auf Sparflamme weiterzuführen. Daß sie den Schwerpunkt ihrer Aktion in das äußerste Randgebiet verlagerten, sei ein Eingeständnis ihrer Schwäche. Der niederländische Oberst hingegen befürchtete, daß es sich hier um ein großangelegtes Ablenkungsmanöver Hanois handele. In Wirklichkeit seien ganz andere strategische Vorbereitungen im Gange.

Am Tag darauf setzte mich eine Hercules-Maschine in Dak To ab. In aller Eile hatte ich nur einen schwerbehinderten französischen Kameramann, Auguste Lecoq, auftreiben können, der bei der Belagerung von Dien Bien Phu ein Bein verloren hatte. Als wir auf dem Metallgeflecht des Flugfeldes von Dak To standen, das ringsum von bewaldeten Bergen eingerahmt war, machte Lecoq ein betretenes Gesicht. »Dieser Kessel hier erinnert mich fatal an mein abgeschossenes Bein«, sagte er. »Damals hat es mich auf der Landepiste von Dien Bien Phu erwischt, als die ersten Granaten des Vietminh einschlugen.« Doch in Dak To war Ähnliches nicht zu befürchten. Dafür sorgte die totale und alles zermalmende Luftüberlegenheit der Amerikaner.

Das Unheil hatte sich ein paar Kilometer südwestlich von Dak To im dichten Gebirgsdschungel zugetragen, wo ein Bataillon der 172. US-Luftlandebrigade mit dem Aufspüren feindlicher Kräfte an den Ausläufern des Ho Tschi Minh-Pfades beauftragt war. Auf den Hängen der Höhe 875 waren die amerikanischen *Paratroopers* in einen Hinterhalt der Nordvietnamesen geraten und drohten im Dickicht aufgerieben zu werden. Die eilig herangeschafften Verstärkungen wurden ebenfalls dezimiert. Trotz seiner Amputation kletterte Lecoq in den Hubschrauber, der uns zunächst zu einem vorgeschobenen Artilleriestützpunkt transportierte. Dort wurde Munition gefaßt, und wir flogen dem Kampflärm entgegen. Die Amerikaner waren in einer verzweifelten Situation. Die Jagdbomber vom Typ F 100 hatten mit unglaublicher Präzision eine Schneise in den Urwald gewalzt, um den bedrängten Fallschirmjägern zu erlauben, eine provisorische Igelstellung zu beziehen. Plötzlich ließ sich unser Hubschrauber wie ein Fahrstuhl steil in diese verwüstete Lichtung fallen, wo gefällte Baumriesen den GI's als Deckung dienten. Die Soldaten hoben in aller Eile Schützenlöcher aus. Sie schanzten um ihr Leben. Ringsum dröhnte ohrenbetäubender Lärm. Ganz in der Nähe heulten die Kampfflugzeuge im Sturzflug auf den unsichtbaren Gegner herunter und setzten ihre Bomben auf die Verstecke der Nordvietnamesen, die knappe dreihundert Meter von der amerikanischen Position entfernt waren. Der Hubschrauber schwebte einen Meter über dem zerwühlten Boden, als ich Lecoq beim Absprung half. Die überlebenden *Paratroopers* waren über und über mit Schlamm beschmiert. Sie hatten die Leichen ihrer Kameraden in grüne Plastikhüllen gezerrt und warfen jetzt diese makabren Pakete wie Postsäcke in aller Eile auf den schlingernden *Chopper,* der sich abhob, sobald die Maximalbelastung erreicht war. Der nächste Helikopter stand schon in Wartestellung über uns. Die Verluste der Amerikaner waren ungewöhnlich hoch. Die Verwundeten waren als erste aus dem Kessel geschafft worden. Den Männern stand die Erschöpfung und die Todesangst in den geweiteten Augen. Die Uniformen waren zerfetzt. Nur die kugelsicheren Westen hatten den Dornen des Dickichts standgehalten. Als die Dunkelheit kam, schnatterten wir vor Kälte. Während der Nacht veranstaltete die Runde der F 100 im Umkreis der Höhe 875 ein unglaubliches Inferno. Das Gelände war taghell erleuchtet, und ganze Dschungelhänge loderten im Napalm. Der heißumkämpfte Berg war fast kahlgestampft, als der Morgen graute. Die Fallschirmjäger gingen unter starkem Feuerschutz zum Sturmangriff vor. Sie liefen gebückt durch die verkohlte und qualmende Vegetation dem Gipfel entgegen. Dreimal gerieten sie unter Granatwerferbeschuß des Gegners und büßten ein paar Mann ein. Dann standen sie vor leeren, ausgeräucherten Höhleneingängen, Fuchsbauten und unterirdischen Stollen, die für eine Rasse von Gnomen gebaut schienen. Die GI's richteten die Flammenwerfer auf die Löcher und warfen Sprengladungen hinein. Dann gruppierten sie sich zum Abtransport durch ein ganzes Hubschraubergeschwader, das aus Dak To heranknatterte. Der Himmel über dem Hochland von Annam war wieder zartblau. Die Kondensstreifen der Kampfflugzeuge zogen silberne Fäden. Die Soldaten blickten ausgepumpt über den endlosen grünen Dschungel. Die Höhe 875 hatten sie dem Feind entrissen, aber vor ihnen entrollte sich eine Landschaft, die Hunderte von ähnlichen Bergkegeln bereithielt. »Ob wir die alle noch erstürmen müssen?« fragte der Sergeant neben uns und reichte uns eine Büchse Coca-Cola.

Nach Dak To zurückgekehrt, versammelten sich die *Paratroopers* zu einer Gefallenenehrung besonderer Art. Das Sternenbanner wehte auf Halbmast. Die Männer standen reglos, während der Feldprediger ein Bibelwort verlas. Die leeren Stiefel der Gefallenen waren, blitzblank geputzt, wie zu einem fetischistischen Ritual präzis ausgerichtet und in einem gespenstischen Halbkreis formiert. »They died with their boots on«, so lautete doch der Titel eines amerikanischen Films aus den Indianerkriegen.

In Europa erreichte mich zwei Monate später die Nachricht von der großen Neujahrsoffensive. Der Vietkong hatte die Feststimmung der buddhistischen Tet-Feiern zu Beginn des Jahres des Affen benutzt, einen Generalangriff in ganz Südvietnam auszulösen, der die Amerikaner total überrumpelte. Ein Selbstmord-Kommando griff sogar die zur Festung ausgebaute neue US-Botschaft im Herzen Saigons an. Fast sämtliche Ortschaften des Mekong-Deltas gerieten vorübergehend in die Gewalt der Aufständischen, und die Stadt Ben Tre mußte, wie der offizielle Sprecher meinte, »zu ihrer Rettung vernichtet werden«. Die alte Kaiserstadt Hue wurde durch nordvietnamesische Einheiten besetzt, die aus Laos heranmarschiert waren. Die Soldaten aus Hanoi hißten die Fahne des Vietkong über der Zitadelle und behaupteten sich fast vierzig Tage gegen die wütenden Gegenangriffe der US-Marines. Am Ende brach die Tet-Offensive zusammen. Die roten Revolutionäre hatten auf die Insurrektion der gesamten südvietnamesischen Bevölkerung spekuliert, auf den Aufstand der Massen. Aber in ihrer überwältigenden Mehrheit verhielten sich die Südvietnamesen völlig passiv. Keine einzige Einheit der Nationalarmee ging zu den Kommunisten über. Rein militärisch gesehen, war die Neujahrsoffensive 1968 ein Fiasko und ein fürchterlicher Rückschlag für Hanoi. Die bodenständigen Kampfverbände der Nationalen Befreiungsfront von Südvietnam wurden aufgerieben. Die politischen Kommissare, Agenten und Aktivisten hatten sich zu erkennen gegeben und fielen in den kommenden Monaten einer gezielten Polizeiaktion gigantischen Ausmaßes zum Opfer. Die meisten westlichen Kommentatoren schrien Sieg.

In Wirklichkeit hatte sich mit diesem tragischen Auftakt des Jahres des Affen das Schicksal endgültig zugunsten Nordvietnams entschieden. In den Vereinigten Staaten steigerte sich die angestaute Entrüstung gegen den »schmutzigen Krieg« zu einem Orkan, Studenten und Intellektuelle standen in der ersten Reihe der Auflehnung. Veteranen- und Frauenverbände zogen im Protest vor das Weiße Haus.

Die *US-Army* hatte in der Neujahrsschlacht einen glatten Abwehrerfolg errungen. Den langfristigen politischen Erfolg konnte jedoch der nordvietnamesische Befehlshaber Vo Nguyen Giap für sich buchen. Seine unermüdlichen Truppen hatten den übermächtigen amerikanischen Gegner demoralisiert. Unter dem Eindruck des kommunistischen Amoklaufs, den seine Generale nicht vorhergesehen hatten, resignierte Präsident Johnson und kündigte an, daß er die Bombardierung Nordvietnams einstellen und die amerikanische Truppenpräsenz in Südvietnam systematisch reduzieren werde. Washington erklärte sich bereit, Verhandlungen mit Hanoi aufzunehmen. Er selbst, so gab Johnson bekannt, beabsichtige nicht mehr, bei den kommenden Präsidentschaftswahlen zu kandidieren.

Bereit für die Revolution

Kambodscha, im Frühjahr 1970

Der französische Priester war bleich vor Wut und Verzweiflung. »Sehen Sie sich an, was die neue Regierung von Kambodscha angerichtet hat«, sagte er und zeigte auf die Menschen, die in seiner Kirche Zuflucht gesucht hatten. Die Gesichter der vietnamesischen Flüchtlinge waren von Leid und Entbehrung gezeichnet. Es waren überwiegend Frauen und Kinder. »Die Männer im waffenfähigen Alter haben sie erschossen, weil sie angeblich Kommunisten waren«, fuhr der Priester fort. »Dabei sind diese Vietnamesen samt und sonders Katholiken und sympathisieren in keiner Weise mit dem Vietkong. Durch ihren Terror werden die neuen Machthaber von Phnom Penh die noch im Land verstreuten Vietnamesen in die Arme der Roten Khmer treiben.« Trotz der Menschenmenge war es beklemmend still in der Kirche. Die Frauen schluchzten lautlos. Die Verwundeten, die teilweise durch schreckliche Schnittwunden verstümmelt waren, stöhnten kaum. Sogar die Babies klammerten sich ohne einen Ton an ihre Mütter, die in der vergangenen Nacht mehrfach vergewaltigt worden waren.

Am Portal standen schwerbewaffnete Kambodschaner. Mit der Disziplin war es bei ihnen nicht weit her, und die Uniformen waren verdreckt. Sie hatten stumpfe, feindselige Gesichter und wirkten auf einmal gar nicht mehr asiatisch. »Weißt du, an wen sie mich erinnern?« fragte mich Horst, der deutsche Photograph, den ich aus gemeinsamen Jahren in Zentralafrika kannte und den ich hier in Phnom Penh wiedergetroffen hatte. »Sie erinnern mich an die meuternde schwarze Soldateska der ehemaligen belgischen Force Publique in Léopoldville.« Das Paradies Kambodscha war über Nacht zu einem asiatischen Kongo geworden. Die Angehörigen der vietnamesischen Minderheit, deren die Krieger des neuen Staatschefs Lon Nol habhaft werden konnten, waren die ersten Opfer in einer unseligen Kette von Massakern.

Das Jubeln war den Einwohnern von Phnom Penh inzwischen vergangen. Im März war Prinz Sihanuk, der sich auf einer allzu langen Auslandsreise verspätet hatte und den Warnungen seiner Ratgeber nicht gefolgt war, durch einen Militärputsch abgesetzt worden. *Monseigneur* hatte in Moskau und Peking erreichen wollen, daß die beiden kommunistischen Großmächte Druck auf ihre Verbündeten in Hanoi ausübten. Nordvietnamesen und Vietkong hatten in den letzten Jahren ihre *Sanctuaries* im kambodschanischen Grenzgebiet mit Südvietnam zu unverletzlichen Ausgangsbasen für ihre militärische Tätigkeit in Cochinchina ausgebaut. Die Gefahr einer amerikanischen *over-reaction* war groß, und Sihanuk hatte die bedrohliche Lage klar analysiert. Die innenpolitischen Verhältnsise hatte er jedoch völlig falsch eingeschätzt, indem er sich auf die Loyalität seiner kleinen und schlecht ausgerüsteten Armee von 35 000 Mann und deren Oberbefehlshaber General Lon Nol verließ. Die dringenden Appelle Lon Nols, sofort nach Phnom Penh zurückzukommen, hatte Sihanuk verächtlich zurückgewiesen. Ohne die Amerikaner und den CIA wäre es natürlich nicht zu diesem kambodschanischen *Pronunciamiento* gekommen. Die Agenten des US-Nachrichtendienstes versicherten den kambodschanischen Militärs, daß ihre Divisionen nur auf die Aufforderung durch eine neue pro-westliche Regierung in Phnom Penh warteten, um die Schlupfwinkel des Vietkong auszuräuchern und das Land der Khmer ein für allemal von der Präsenz des Vietkong zu befreien. Reichliche Bestechungsgelder, die von pro-amerikanischen Agenten der Untergrundbewegung »Khmer Serei« – der »Freien Khmer«, wie sie sich nannten – verteilt wurden, räumten die letzten Bedenken des kambodschanischen Offizierskorps aus.

Die Revolte gegen Sihanuk hatte wie ein Volksfest begonnen. Die

Schüler und Studenten, denen das aufgeklärte monarchische Wohlwollen Sihanuks in besonderem Maße gegolten hatte, legten den größten republikanischen Eifer an den Tag. Im Stadion von Phnom Penh führten die Studenten vor einer johlenden Volksmenge heroisches Theater vor, machten Jagd auf einen als Sihanuk verkleideten Schauspieler und errangen mit Holzgewehren großartige Siege über eine Gruppe Kommilitonen, die sich mit schwarzen Pyjamas und vietnamesischen Strohhüten als Vietkong maskiert hatten. Auf der Ehrentribüne saß der Usurpator Lon Nol, der sich inzwischen zum Marschall befördert hatte. Sein dunkelbraunes Gesicht war ernst. Es spiegelte keinen Triumph, sondern die Unsicherheit eines Mannes, der als der Treueste der Treuen gegolten hatte und seinen Herrn unter dem Zwang der Ereignisse verraten hatte. Sooft ich Lon Nol noch in den nächsten fünf Jahren begegnen sollte, er schien stets von schlechtem Gewissen geplagt zu sein, auch wenn er sich im Laufe der Zeit die Attitüde eines asiatischen Kriegsherrn anzueignen suchte. Noch ehe er durch einen Schlaganfall halb gelähmt wurde, was ihn endgültig zu einer debilen Figur auf dem Schachbrett des großen Indochina-Konflikts machte, hatte er sein Schicksal und seine strategische Planung in die Hände von Hof-Astrologen gelegt. Gegen den eigenwilligen Aberglauben des Marschalls waren die amerikanischen Ratgeber machtlos. Dieser kambodschanische Wallenstein hatte eine abstruse nationalistische Mystik entwickelt. In den Sternen hatte er gelesen, daß er berufen sei, das Reich der Khmer in neuer Größe erstehen zu lassen. Er würde über die auswärtigen Feinde und Schmarotzer, über Vietnamesen, Siamesen, Chinesen triumphieren. In den Adern des Marschalls floß angeblich chinesisches Blut, aber das sah man ihm nicht an. Er selbst betrachtete sich als den authentischen Repräsentanten jener dunkelhäutigen Khmer-Mon-Rasse, die lange vor der Ankunft der hellhäutigen Eroberer aus dem Norden die größte Kultur Südostasiens geschaffen hatte. Lon Nol ließ sich während seiner astrologischen Meditationen als *Grand Noir,* als »Großer Schwarzer« bezeichnen.

Die Revolutionsfeiern waren von kurzer Dauer. Die Masse der Bevölkerung, vor allem auf dem Lande, trauerte ihrem gestürzten Prinzen nach und fragte sich, wie denn das Königreich ohne den Segen dieser Gott-König-Gestalt weiterhin überleben und gedeihen könne. Norodom Sihanuk hatte sich in Peking etabliert, wo er von Tschou En-lai mit Ehren überhäuft wurde und eine Exilregierung proklamierte. In deren Namen stießen die Nordvietnamesen tief nach Kambodscha hinein, bemächtigten sich der Provinzen östlich des Mekong und unterstützten jene kleine Gruppe von kommunistischen Khmer-Partisanen, die von nun an als »Rote Khmer« Furcht und Schrecken verbreiten sollten. Kaum begonnen, war der Krieg für das Regime Lon Nol bereits so gut wie verloren. Zwar hielten seine Soldaten noch das Städtchen Siem Reap, doch über den Tempeln von Angkor Wat flatterte bereits das blutrote Fanal der »Khmers Rouges«. Die Amerikaner erwirkten nicht einmal einen Aufschub. In Divisionsstärke drangen sie etwa zwanzig Kilometer tief in kambodschanisches Territorium vor in der Absicht, die im Grenzgebiet georteten *Sanctuaries* des Vietkong zu vernichten. Vor allem das Hauptquartier der »Befreiungsfront«, im Militärjargon COSVN genannt, war ihr Ziel. Aber die US-Army stieß ins Leere. Die Verstecke waren geräumt. Der Nachrichtendienst hatte miserable Arbeit geleistet. Die Aktion Kambodscha erwies sich als Schlag ins Wasser. Die vietnamesischen Kommunisten, die vorübergehend ihre Stellungen im Umkreis der Gummiplantagen von Snoul, Krek und Mimot räumen mußten und sich aus den kambodschanischen Gebietsvorsprüngen, »Papageienschnabel« und »Angelhaken« genannt, zurückzogen, hatten im Westen nunmehr die ganze Tiefe des kambodschanischen Raumes zu ihrer Verfügung. Daran konnten auch die südvietnamesischen Elitetruppen nichts ändern, die ihrerseits die Grenze überschritten. Als eine Flottille von Kanonenbooten, aus Saigon kommend, den Mekong hochsteuerte und in Phnom Penh vor Anker ging, hätte jedermann wissen müssen, was die Stunde geschlagen hatte. In einer unentschuldbaren Fehleinschätzung hatte Präsident Nixon, von Henry Kissinger beraten, das letzte Bollwerk nationaler Unabhängigkeit und Neutralität in Indochina, das Kambodscha Sihanuks, aus den Angeln gehoben und in einen Krieg geschleudert, von dem die USA sich ohnehin schon distanzierten. Er hatte das Land der Khmer einer unaufhaltsamen kommunistischen Machtergreifung ausgeliefert.

Am Sonntagmorgen fuhren wir mit dem Mietwagen in dreieinhalb Stunden von Phnom Penh zum Hafen Sihanoukville, der neuerdings Kompong Som hieß. Wir begegneten Militärkolonnen. Auf der Höhe des Pich Nil-Passes, wo sich einst die Sommerresidenz Sihanuks befand, waren die Villen ausgebrannt. »Bei Nacht errichten hier die Roten Khmer ihre Wegsperren«, erklärte unser chinesischer Fahrer.

In Kompong Som war jeder Hafenverkehr erstorben. Der Bahnhof, mit Mitteln der Bundesrepublik erbaut, lag verwaist. Im luxuriösen Strandhotel waren wir die einzigen Gäste und wurden von den Kellnern mit tiefen Verneigungen begrüßt. Das Meer war kristallklar und der Strand unter den Palmen schneeweiß. Erst nach der Rückkehr in die Hauptstadt spürten wir, daß uns die Sandflöhe fürchterlich zugesetzt hatten.

Dieser Ausflug blieb unsere einzige große Fahrt über Land, denn die roten Partisanen näherten sich jetzt von allen Seiten der Hauptstadt. Der Krieg in Kambodscha war tückischer und grausamer als in Vietnam. In den ersten Wochen wurde ein ganzes Dutzend westlicher Journalisten umgebracht. An irgendeiner Straßenbiegung waren sie auf eine Truppe »Roter Khmer« gestoßen, und bei denen gab es kein Pardon. Wer sofort erschossen wurde, konnte sich glücklich schätzen. Diese kambodschanischen Kommunisten mit der chinesischen Ballonmütze, den gesprenkelten Halstüchern und den AK 47-Gewehren töteten wie Roboter. Es waren blutrünstige wilde Gesellen, die selbst ihren vietnamesischen Verbündeten nicht geheuer waren. Ein Blutrausch war über das Land der Khmer gekommen, und die Pagoden mit ihren lächelnden Gold-Buddhas wirkten wie verlorene Inseln der Seligen. Kambodscha war einer Horde von mordenden »Zombies« ausgeliefert.

Das Städtchen Neak Luong mit der Mekong-Fähre war eine strategische Schlüsselstellung dieses Krieges. Der Flußübergang war nur siebzig Kilometer von der Hauptstadt entfernt und lag an der alten Kolonialstraße 1, die einst Saigon mit Phnom Penh verband. Die kambodschanische Armee bot den Anblick eines bunten Kriegshaufens. Mit grell bemalten Autobussen waren die in aller Eile aufgebotenen Reserveeinheiten den vorrückenden Nordvietnamesen und »Khmers Rouges« entgegengeworfen worden. Rechts und links der Straße 1 waren von früheren vietnamesischen Siedlungen nur verkohlte Ruinen übrig. Als wir über den Damm fuhren, der den Ausblick über den Ton Le Sap-Fluß freigibt, sichteten wir ein Flußboot der kambodschanischen Marine und konnten durch den Feldstecher beobachten, wie gefesselte vietnamesische Zivilisten in den gelben Strom gestoßen wurden. Die Matrosen an Bord eröffneten dann das Feuer auf diese im Fluß treibenden Zielscheiben. Wenn sie nicht gerade mordeten, waren die Lon Nol-Soldaten nett und umgänglich. Sie hatten ihre Familien bis in die vordersten Stellungen mitgebracht.

Frauen und Kinder lebten stets in der ersten Linie und begegneten den Gefahren des Krieges mit unverdrossener Gleichgültigkeit. »Mutter Courage« trat hier im Sarong auf. Als es aus einem nahen Bambusdickicht knallte und wir in Deckung sprangen, schüttelten sich alle vor Lachen. Die zwölfjährigen Knaben trugen bereits die M 16-Schnellfeuergewehre, die in aller Eile aus Saigon an die Lon Nol-Truppe geliefert worden waren. Die Frauen waren hauptsächlich damit beschäftigt, Essen zu kochen und Kinder zu säugen. Diese unbekümmerten Familienbilder am Rande der Vernichtung waren wohl das einzige, was von dem berühmten *sourire khmer* übriggeblieben war.

Auf dem westlichen Mekong-Ufer bei Neak Luong verkauften die Bauern Reis und schwarze Schweine an die Soldaten. Das eigentliche Marktzentrum jenseits des Flusses war von den chinesischen Kaufleuten fluchtartig geräumt worden. Von nun an fuhren wir durch Niemandsland. Unser junger chinesischer Fahrer, der sich durch Intelligenz, Unternehmungsgeist und peinliche Sauberkeit vom kambodschanischen Schlendrian wohltuend unterschied, war jetzt hellwach. Auch wir prüften mißtrauisch die Baumlinie und die Büsche jenseits der trockenen Reisfelder. Die Straße war leer. Es wurde nicht geschossen. Die Stille war in diesem Konflikt stets ein Alarmsignal, der Vorbote akuter Gefahr. Wir wußten, daß der Flecken Svay Rieng, auf den wir zufuhren, von den roten Partisanen bereits eingeschlossen war. Ich wollte kehrtmachen, da sahen wir die letzte Vorpostenlinie der Lon Nol-Armee. Eine Pagode diente wie stets als Unterkunft. Die Soldaten empfingen uns Europäer ohne jede Spur von Mißtrauen. Der Hauptmann, der die Kompanie führte, sprach ein holpriges Französisch. Seine Feinde bezeichnete er bereits nach amerikanischer Manier als VC. Sie seien ganz in der Nähe, hinter den Zuckerpalmen in östlicher Richtung. Der Rückweg nach Neak Luong sei höchst unsicher. Er riet uns, schleunigst aufzubrechen. Im Ernstfall würde er sich mit seinen Männern bis zum Mekong durchschlagen, denn sie seien mit der Gegend vertraut. Aber für uns gäbe es bei Nacht keine Rettung. Mit hundert Kilometer Geschwindigkeit raste unser chinesischer Fahrer zurück. Am nächsten Morgen berichtete er uns, daß tatsächlich die von uns besuchte Pagode nach Einbruch der Dunkelheit von den roten Partisanen überfallen und von ihrer Garnison eiligst geräumt worden sei. Es befänden sich jetzt keine Lon Nol-Einheiten mehr jenseits des Mekong-Knicks von Neak Luong.

Ein paar Wochen Krieg hatten genügt, um aus Phnom Penh eine schmutzige und verwahrloste Stadt zu machen. Der Abfall häufte sich in den Straßen. Die Ministerien verschanzten sich hinter Sandsäcken und Stacheldraht. Die Brücken waren schwer bewacht. Dennoch war alles zu kaufen im Umkreis der großen runden Markthalle. Versorgungsprobleme gab es nicht, und sehr bald stellte sich heraus, daß die Roten Khmer jede Form von Nachschub in die belagerte Hauptstadt gelangen ließen, unter der Voraussetzung, daß die Lon Nol-Armee sie als Gegenleistung mit Granatwerfern und Munition belieferte. Die amerikanischen Militärberater verzweifelten an ihren neuen Verbündeten, die in selbstmörderischer Sorglosigkeit einen Teil ihres Waffenarsenals an den Gegner verkauften und deren Offiziere ganze Geisterbataillone auf dem Papier führten, um den Sold für diese nicht existierenden Mannschaften zu kassieren. Ohne die ständige Intervention der *US-Air Force* wäre der Krieg in Kambodscha schon viel schneller zugunsten der Kommunisten entschieden gewesen. Bei Einbruch der Dunkelheit leerten sich die Straßen der Innenstadt. Die Sperrstunde wurde sehr willkürlich ausgelegt. Die Patrouillen spielten gern mit dem Abzugshahn, sie waren *trigger-happy*. Die letzten Zivilisten, die vom Trottoir verschwanden, waren die Prostituierten, deren Kreischen und Lachen noch lange zu hören war.

Als Kriegskorrespondenten besaßen wir Passierscheine für die Nachtstunden. Es war ratsam, das Auto von innen zu beleuchten, damit man gleich als weißer Ausländer erkannt wurde. Mit Ian Manoch fuhr ich zu einem verschwiegenen Holzhaus, das abseits vom Boulevard Monorom auf einen Tümpel blickte. Die Frösche quakten den Mond an. Ian war als *free lance*-Journalist nach Phnom Penh gekommen und berichtete für eine Reihe englischer Publikationen. Wir hatten uns zehn Jahre zuvor in Guinea, in der revolutionären Volksrepublik Sekou Tourés an der Westküste Afrikas kennengelernt. Ian Manoch war ein rothaariger Hüne, der in der feuchten Tropenhitze unter seiner Korpulenz litt. Ein chinesisches Amulett verschwand im klebrig-gelben Pelz seiner Brusthaare. Unaufhörlich strich er sich den Schweiß von der Stirn. Die Tür zur Opiumhöhle wurde von einer zahnlosen Chinesin geöffnet. Sie begrüßte den Schotten wie einen alten Komplicen und führte uns in ein winziges Holzverlies ohne jegliches Mobiliar. Wir lagerten uns auf Strohmatten. Zwei junge Kambodschanerinnen rollten die schwarzen Kügelchen, ließen sie anschmoren und reichten uns die Pfeifen. Ich war von der schlechten Straße nach Neak Luong und der Nervosität des Tages gerädert. Aber sehr bald stellten sich Entspannung und Abgeklärtheit ein. Zwischen zwei Pfeifen massierten uns die Mädchen, indem sie sich uns auf Brust und Rücken stellten und behutsam mit ihren Füßen bearbeiteten. Wir lagen fast nackt im Zwielicht der rötlichen Ölfunzel. Die stickige Schwüle und die Moskitostiche peinigten mich nicht mehr. Unsere kleinen kambodschanischen Gesellschafterinnen weckten trotz des engen körperlichen Kontakts keine sexuelle Begierde. Der süße Gott des Opiums, so heißt es, sei ein Bruder des Todes. Mit Sicherheit ist er ein Feind des Eros. Ich ließ mich treiben und schwieg. Aber Manoch war durch den milden Rauch geschwätzig geworden. Er erzählte umständlich von dem Buch über den Krieg der Geheimdienste in Afrika und Asien, das er zu schreiben gedenke, auf das sein Verleger bereits warte und das ihm den Durchbruch zum literarischen Ruhm sichern werde. Genau die gleichen Pläne hatte er vor zehn Jahren in Conakry ausgesponnen, nachdem wir zu zweit eine ganze Flasche Whisky geleert und in die heiße Nacht der westafrikanischen Küste gelauscht hatten. Im Nebenhof hatte damals ein politischer Funktionär der Einheitspartei von Guinea seinen Zuhörern die Losungen des »Großen Elefanten« Sekou Touré eingepaukt: »Honneur, Gloire, Révolution« brüllte er, und der Refrain wurde vom *Comité de Quartier* endlos nachgeplärrt. In dieser fernen Opiumhütte von Phnom Penh glaubte ich auf einmal, das Geschrei von Conakry aufs neue zu hören: »Ehre, Ruhm, Revolution«. Wie einst das schwarze Guinea stand plötzlich auch das Land der Khmer im Begriff, das Kauderwelsch einer unverdauten europäischen Ideologie aufzuschnappen, und es ging daran zugrunde. Ich überraschte mich, wie ich – um Ian Manoch endlich zum Schweigen zu bringen – einen anderen Kampfruf »Silys«, des großen Elefanten von Guinea, wie eine Litanei zu murmeln begann: »Prêt pour la révolution – Bereit für die Revolution.« Afrikanische Erinnerung und südostasiatische Gegenwart vermischten sich. Die ganze Dritte Welt, so schien mir, war in weltanschauliche Trance geraten, und diese Feststellung erfüllte mich mit blödsinniger Heiterkeit.

Auflösung und Flucht

Hue, Ostern 1972

Die Filipinos feierten Karfreitag auf ihre Art. Wir erlebten das Passionsspiel in einem Städtchen im Süden der Insel Luzon. Die durchweg männlichen Büßer hatten sich die Dornenkronen auf den Schädel gedrückt, daß ihnen das Blut über die Stirn floß. Dutzende von Flagellanten geißelten ihre nackten Rücken, bis breite, tiefrote Striemen aufplatzten. Andere hatten sich – was wohl mehr Spaß machen mußte – mit Blechhelmen und Lanzen als römische Legionäre verkleidet. Sie peitschten die Christusdarsteller durch die Gassen und fesselten sie schließlich ans Kreuz, ehe sie diese Golgatha-Kopien aufrichteten. Irgendwo auf Luzon sollte sich jedes Jahr ein Sonderling mit Nägeln an das Kreuz schlagen lassen, so hatte man uns gesagt; wir hatten auf die Besichtigung dieser Extravaganz verzichtet. Aus unzähligen Lautsprechern dröhnten Choräle und Bußlieder, doch am populärsten waren in dieser Karwoche die Weisen des großen Show-Erfolges von Manila: »Jesus Christ, Superstar«. Sevilla und Hollywood waren auf dieser spanisch-amerikanisch geprägten Inselgruppe eine kuriose Verbindung eingegangen. Ein Teil der frommen Zuschauer nahm an den Auspeitschungen teil. Ich beobachtete fasziniert, wie der blutige Rücken eines im Staub ausgestreckten jungen Mannes von einer alten Frau in pedantischer Regelmäßigkeit mit einer Rute bearbeitet wurde. Da rief unser Fahrer Ben mich beiseite. Ben war lächerlich klein gewachsen, doch die breite Messernarbe in seinem wilden, malaiischen Gesicht gab ihm etwas Verwegenes. Wir hatten Ben im Verdacht, der wohlorganisierten Unterwelt von Manila anzugehören, was unser Vertrauen in ihn nicht minderte. Beim Kamerateam hieß er »Mackie Messer«.

Ben hatte im Auto Radio gehört. »Seit gestern haben die Nordvietnamesen eine Großoffensive gestartet«, sagte er. »Sie sollen die südvietnamesischen Linien schon durchbrochen haben.« Wir drehten den Ton lauter. Tatsächlich hatte General Giap wieder einmal überraschend zugeschlagen. Er hatte genau an der Stelle angegriffen, wo niemand damit rechnete, an der schmalen Demarkationslinie längs des 17. Breitengrades. Die Südvietnamesen, die den Bodenkampf allein führen mußten, seit die amerikanische Militärpräsenz durch Präsident Johnson auf 50000 GI's reduziert worden war, hatten in diesem vernachlässigten Sektor ihre schlechteste, die 3. Infanteriedivision, stationiert, die sich im wesentlichen aus erwischten Deserteuren und Ganoven zusammensetzte. Als die Sturmtruppen Hanois sich am Gründonnerstag nach vernichtender Artillerievorbereitung plötzlich mit Rudeln sowjetischer Panzer vom Typ T 52 und T 54 auf die Stellungen der Südisten stürzten, gab es kein Halten mehr. Die *US-Air Force* war durch die niedrige Wolkendecke in ihrer Bodenintervention gehemmt. Die amerikanischen *advisers* ließen sich mit Hubschraubern aus den umzingelten Stützpunkten der Mc Namara-Linie rund um Dong Ha und Cam Lo ausfliegen, was die Moral der Saigoner Truppe vollends untergrub. Schon hieß es, die Provinzhauptstadt Quang Tri sei gefallen. Zum gleichen Zeitpunkt war eine andere nordvietnamesische Panzerkolonne aus dem kambodschanischen Grenzraum nördlich von Saigon längs der Straße 13 nach Süden geprescht und hatte das Distriktstädtchen Loc Ninh im Handstreich erobert. Bei An Loc hingegen waren die im Bewegungskrieg ungeübten Nordvietnamesen, die ihre Panzer ohne ausreichenden infanteristischen Schutz nach vorn geworfen hatten, auf die entschlossene Abwehr der südvietnamesischen Fallschirmjäger und deren panzerbrechende Waffen geprallt. Zwanzig Kilometer südlich von An Loc kam der Angriff zum Stehen.

Wenige Tage später – nachdem wir uns in Manila Visum und Flugkarte besorgt hatten – landeten wir fröstelnd auf dem verregneten Flugplatz Phu-Bay, südlich von Hue. Die Stimmung war trostlos. Am Stacheldraht der verlassenen amerikanischen Camps und Basen vorbei, deren Baracken bereits verfaulten, fuhren wir in einem ächzenden Bus zur alten Kaiserstadt. Das einzige brauchbare Hotel – am Fluß der Wohlgerüche gelegen – war bereits mit Journalisten aus aller Herren Ländern überfüllt. Bei unserer Ankunft stand ein einzelner Weißer vor der Eingangstür mit den zertrümmerten Scheiben. Er trug einen Stahlhelm wie ein amerikanischer GI. Das gelbliche Gesicht war unrasiert. Seine Kleidung hing klatschnaß an ihm herunter, und die Stahlbrille war durch die Feuchtigkeit beschlagen. Dennoch erkannte ich ihn sofort, und wir umarmten uns.

Ich hatte Dietrich Schanz am Kongo kennengelernt. Er war damals mit einem VW-Bus durch die Sahara und das halbe Afrika gereist, bis er in Begleitung seiner russischen Frau im schwarzen Hexensabbat von Léopoldville eintraf. Dietrich Schanz war ursprünglich als fortschrittlicher Geist und Gegner des Kolonialismus von Bonn aufgebrochen. Die Kongokrise hatte ihn mancher Illusion beraubt. Die entscheidende Umkehr in seiner Beurteilung der Dritten Welt hatte er wohl vollzogen, als sein Wagen auf dem Boulevard Albert von einem angetrunkenen schwarzen Soldaten der *Force Publique* angehalten wurde. Dietrich, der damals einen Bart trug, wurde in kaum verständlichem Französisch gefragt, ob er Missionar sei. Als er das verneinte, verabreichte ihm der Kongokrieger eine magistrale Ohrfeige. Nur Missionare trügen Bärte, meinte der schwarze Ordnungshüter, und wer sich als Geistlicher tarne, stehe im Verdacht, ein Spion zu sein. Viel später, nachdem Patrice Lumumba ermordet, Moise Tschombe entführt worden war und in Kinshasa, wie Léopoldville jetzt hieß, die glorreiche Ära Mobutu begann, hatte Dietrich Schanz sein Korrespondenten-Domizil in Hongkong aufgeschlagen, und seitdem bereiste er unermüdlich die Länder Südostasiens. Die Neger war er satt, aber die Asiaten lagen ihm im Grunde auch nicht. Die Hongkong-Chinesen waren ihm zu gerissen, eiskalt und unverschämt. Die Thai bezeichnete er nicht ohne Grund als *the giggling race*, die kichernde Rasse, den Vietnamesen warf er den Schlendrian im Süden und den Fanatismus im Norden vor. Erst als er in späteren Jahren nach Teheran versetzt wurde, begann er den Ostasiaten und vielleicht auch den Afrikanern nachzutrauern.

In einem Beruf, der durch eine Vielzahl von Wichtigtuern, Halbgebildeten und Trunkenbolden gestraft ist, war der Journalist Dietrich Schanz eine rühmliche und herzerfrischende Ausnahme. Er hatte sein kindliches Herz bewahrt, wie wohl überhaupt eine gewisse abenteuernde Naivität die unerläßliche Voraussetzung für den journalistischen Einsatz in Krisengebieten ist. Wenn es irgendwo brannte, war Dietrich mit dem ersten Flugzeug dabei. Daß er als *free lance* jämmerlich schlecht bezahlt wurde und er seine Haut zum Markte trug, während andere, wohlbestallte Ostasienkorrespondenten ihre Frontberichte in klimatisierten Hotelzimmern erdichteten, quittierte er mit Geringschätzung. Sein rheinischer Humor war intakt geblieben. Ihm war das Erleben im Grunde wichtiger als der Erfolg. Er war ein Don Quijote des Journalismus.

Dietrich gab uns den Rat, auf dem Markt von Hue jenseits der Eisenbrücke Matratzen für das Hotelzimmer – die Betten waren verschwunden –, Regenhäute, Stahlhelme und kugelsichere Westen zu kaufen. Mit etwas Glück könnten wir auch ein Taxi für die Fahrt zur Front auftreiben. Er selbst war gerade aus der vordersten Verteidigungslinie bei Dong Ha zurückgekommen. Als jenseits des Cua Viet-Flusses ohne jede Vorwarnung aus dem regenschweren Himmel ein Bombenteppich der B 52 herunterschüttete und der Boden sich wie bei einem Erdbeben aufbäumte, war er in blanker Panik in einen wassergefüllten Trichter gesprungen, zum Ergötzen einer Reihe südvietnamesischer Soldaten, die sich an dieses apokalyptische Dröhnen schon gewöhnt hatten.

Am nächsten Morgen fuhren wir über die alte Kolonialstraße Nr. 1, von den Franzosen einst die »freudlose Straße« genannt und von Bernard Fall in seinem Buch verewigt, in Richtung Quang Tri nach Norden. Wir hatten einen uralten schwarzen Citroën gemietet, wie er zu den unentbehrlichen Requisiten der französischen Gangsterfilme der Vorkriegszeit gehörte. Man hatte dieses Modell einst wegen seiner vorzüglichen Straßenlage *la reine de la route* genannt. Unsere »Königin der Landstraße« von Hue war in einem erbärmlichen Zustand. Es regnete zum Dach herein. Die Federn sprangen aus den zerschlissenen Polstern. Dennoch wollten wir jenen Spaßvögeln nicht glauben, die uns versicherten, unser Vehikel bestehe in Wirklichkeit aus dem Vorder- und Hinterteil von zwei verschiedenen Citroëns, die ein findiger vietnamesischer Garagist zusammengeschweißt habe. Als wir dem vietnamesischen Chauffeur Nho unser Ziel angaben, schüttelte er mißbilligend den Kopf. »C'est très mauvais, Monsieur«, meinte er, was ihn jedoch nicht hinderte, seinen zehnjährigen Sohn neben sich auf den Vordersitz zu packen und ratternd nach Norden zu starten.

Die Nordvietnamesen sind von Westen bis auf vier Kilometer an die Straße Nr. 1, diese Nabelschnur der Verteidigung zwischen Hue und Quang Tri, herangerückt. Die Landschaft ertrinkt im Regen. Das Rollen der Artillerie weht mit dem Westwind herüber. Dort befindet sich irgendwo im Nebel die südvietnamesische Feuerstellung *Bastogne*, die hart umkämpft ist. *Bastogne* bildet den letzten Sperriegel am Ausgang des A Shau-Tals, wo die nordvietnamesische Division 324 B angeblich auf dem Sprung steht. Beiderseits der »freudlosen Straße«, die parallel zur Eisenbahnlinie Saigon – Hanoi verläuft, schwärmen *Marines* aus. Sie durchkämmen Dörfer und Bambusdikkichte nach eingesickerten Gegnern. Diese Elitetruppe, die den Kern der strategischen Reserve Saigons bildet, ist in aller Eile nach Norden eingeflogen worden: Den kleinen gelben Männern in den gefleckten

Tarnuniformen ist weder Mißmut noch Furcht anzumerken. Sie sind Profis des Krieges. In Sichtweite des Asphaltbandes errichten sie Stellungen zur Rundum-Verteidigung. Immer wieder blicken sie zum Himmel, ob nicht endlich die Wolkendecke reißt und den Einsatz der amerikanischen Kampfbomber ermöglicht.

In der Provinzhauptstadt Quang Tri sind alle Läden geschlossen, und verrammelt. Es wimmelt von Flüchtlingen, die ein Bündel Habseligkeiten oder Kinder auf dem Rücken tragen. Mit erstaunlicher Gelassenheit warten sie unter strömendem Regen auf die Essenausgabe. Die kläglichsten unter ihnen sind zweifellos die Leute aus dem Gebirge, die *Montagnards,* die Moi vom Stamme der Bru. Sie lebten ursprünglich im Umkreis der US-Festung Khe San und mußten seit 1968 mindestens dreimal die Fluchtquartiere wechseln. Über der Zitadelle von Quang Tri weht die nördlichste amerikanische Fahne in Vietnam. Die US-Berater der 3. südvietnamesischen Division sind dort gruppiert und haben mit einer Unzahl von Sandsäcken den Befehlsstand zu einer einigermaßen sicheren Höhle ausgebaut. Im Gegensatz zu den Schönfärbern in Saigon sehen die *advisers* von Quang Tri der Zukunft mit grimmigen Ahnungen entgegen. Sie verlangen von uns, ehe wir nach Norden weiterfahren, daß wir kugelsichere Westen, sogenannte *Flak-Jackets,* anlegen. Dabei fällt mir auf, daß kein Kriegsberichterstatter mehr amerikanische Uniform trägt, wie das früher eiserne Vorschrift war, wenn man ins Kampfgebiet wollte. Im Gegenteil bevorzugen die Presseleute neuerdings blaue und gelbe Hemden, die zwar als Zielscheibe gut auszumachen sind, sie jedoch als Nicht-Kombattanten ausweisen. Die Amerikaner erzählen uns, daß die Südvietnamesen sich unlängst geweigert haben, abgeschossene amerikanische Piloten, die hinter den feindlichen Linien abgesprungen waren, mit Stoßtrupps herauszuhauen. Die verständliche Reaktion einer asiatischen Armee, die die Haut eines weißen Soldaten nicht höher veranschlagt als die eines gelben.

Vor dem Befehlsbunker sind Pontons gestapelt. Jederzeit muß damit gerechnet werden, daß feindliche Sabotagetrupps die Brücken der lebenswichtigen Straße 1 in die Luft jagen. Zwei Stunden vor unserer Ankunft war ein solches Kommando von Sturmpionieren bis an den Stadtrand von Quang Tri vorgedrungen, wurde aber dort – knapp hundert Meter vor den ersten Brückenpfeilern – durch südvietnamesische Rangers gestellt und aufgerieben. Nun liegen zwei Dutzend Leichen wie blutverschmierte Puppen in ihren hastig ausgehobenen Schützenlöchern. Die grünen Tropenhelme mit dem roten Stern sind rundum verstreut. Die Verwundeten müssen durch Nahschüsse erledigt worden sein, denn die Köpfe sind durch schreckliche Löcher entstellt.

Beim Anblick dieser Toten weigert sich der Chauffeur Nho, mit seinem schwarzen Citroën, der ohnehin wie ein Leichenwagen wirkt, weiterzufahren. Seine Bedenken sind einleuchtend, denn von hier ab rollen nur noch Panzerfahrzeuge mit Höchstgeschwindigkeit in Richtung Dong Ha nach Norden. Der Waffenlärm wird zur permanenten Geräuschkulisse. Schließlich nimmt uns ein Sanitätswagen mit und setzt uns an einer Gabelung am Südrand von Dong Ha ab. Die Straße wirkt jetzt beklemmend in ihrer bedrohlichen Leere. Tatsächlich sollte Dong Ha drei Tage später fallen. Den Rückzug müssen wir zu Fuß antreten. Knapp fünfhundert Meter von der Straße 1 entfernt entdecken wir eine Kolonne von sieben nordvietnamesischen Panzern, die den Bazookas der Saigoner *Marines* zum Opfer gefallen sind. Sie waren wie wilde Büffel gegen Süden gebraust und hatten die elementarsten Regeln der Absicherung vernachlässigt. Zum erstenmal gab die Generalität Hanois ihre Vorliebe für den konventionellen Bewegungskrieg nach sowjetischem Vorbild zu erkennen. Wir sind schon entschlossen, unsere hinderlichen *Flak-Jackets* in den Graben zu werfen, da lädt uns ein Jeep auf. Nho hat getreulich mit seinem Citroën auf uns gewartet.

Bei Einbruch der Dämmerung treffen wir in Hue ein. Die schwarzen Mauern der kaiserlichen Zitadelle verschwimmen im nieselnden Dunst. Ein vor Nässe triefender Menschenhaufen drängt sich vor dem Haupttor. Zwei erbeutete feindliche Panzer, die bei Dong Ha wegen Brennstoffmangels liegengeblieben waren, sind nach Hue abgeschleppt worden und werden hier als Trophäen ausgestellt. Der eine ist russischer Bauart vom Typ T 54, der andere chinesischer Fabrikation vom Typ T 59. Sie sehen sich zum Verwechseln ähnlich. Ein amerikanischer Berater klettert zur Inspektion in die Turmluke. Ansonsten zeigen sich die letzten US-Militärs möglichst selten in Hue, denn die Vietnamesen, vor allem die Soldaten der ARVN, sind auf den großen Verbündeten schlecht zu sprechen. Schon fühlt sich die Armee Saigons im Stich gelassen. Zehntausende von Flüchtlingen sind in die Kaiserstadt geströmt und kampieren jämmerlich im Schlamm. Nur die reichsten Bürger von Hue können sich ein Flugbillett nach Süden leisten. Sämtliche Sitze sind mehrfach ausgebucht.

Die Bestechungssummen sind astronomisch. Die Furcht vor den Kommunisten ist groß, seit so viele Zivilisten während der Tet-Offensive 1968 durch unkontrollierte rote Banden ermordet wurden.

In einer Seitengasse sammeln sich die Gaffer wie ein Schwarm Fliegen um die Leichen von drei Vietkong-Partisanen. Die Freischärler hatten am frühen Morgen versucht, das Polizeigefängnis zu stürmen. Jetzt bleiben sie zur Abschreckung im Regen liegen. Die jungen südvietnamesischen Milizsoldaten blicken ohne Teilnahme auf diese Kadaver, die ihre Brüder sein könnten.

Der Speisesaal ist in der obersten Etage des Hotels untergebracht. Der feuchte Zugwind dringt durch alle Ritzen. Die Korrespondenten wärmen sich mit Whisky aus PX-Beständen, den man immer noch auf dem Schwarzmarkt von Hue findet. Die Stimmung ist *gloomy.* Inmitten einer kleinen Gruppe vietnamesischer Stabsoffiziere entdekke ich Claude Rouget, der als Sonderkorrespondent des »Figaro« nach Vietnam zurückgekehrt ist, der aber nie aufgehört hat, sich als Offizier zu fühlen. Unter dem weißen Haarschopf wirkt er heute wie ein feinnerviger Intellektueller. Im Frühjahr 1954 hatte er sich zum freiwilligen Fallschirmabsprung in die eingeschlossene und bereits verlorene Dschungelfestung Dien Bien Phu gemeldet. Bis dahin war er Adjutant des französischen Oberbefehlshabers Navarre gewesen. Nach dem Fall von Dien Bien Phu war er ein paar Monate den Umerziehungsmethoden des Vietminh ausgeliefert gewesen, und ganz ohne Spuren war das wohl nicht abgegangen. Denn im Algerien-Konflikt gehörte Rouget zu jenen französischen Offizieren, die mit den pseudo-revolutionären Methoden der psychologischen Kriegführung liebäugelten. Angeblich wurde er sogar in den Generalsputsch gegen de Gaulle verwickelt. Im Kessel von Dien Bien Phu hatte er wohl – wie die meisten seiner französischen Kollegen – von den national-vietnamesischen Verbündeten eine recht geringe Meinung gehabt. Aber das war jetzt vergessen. In dieser aussichtslosen Situation von Hue wurden die alten Gemeinsamkeiten aus der Kolonialzeit lebendig. Die vietnamesischen Obersten und Rouget tauschten Erinnerungen aus, fragten nach dem Schicksal alter Freunde und schimpften gemeinsam auf die Yankees.

Ein paar Tage später fährt uns der Chauffeur Nho über die unvermeidliche Straße 1 in Richtung Da Nang nach Süden. Man hätte annehmen sollen, daß dieser strategische Verbindungsweg zwischen der Nordfront und dem entscheidenden amerikanischen Versorgungs- und Luftstützpunkt Da Nang ständigen Überfällen ausgesetzt wäre. Aber sogar auf den Haarnadelkurven, die zum »Wolkenpaß« führen, rollt der Nachschub ungehindert. Die entgegenkommenden Laster fahren mit aufgeblendeten Scheinwerfern durch die Nebelschwaden. Militärkonvois von mehr als hundert schweren Fahrzeugen transportieren Munition zur Front. Aus instinktiver Furcht vor einem plötzlichen Hinterhalt kleben die Fahrer so eng hintereinander, daß jeder Bremszwischenfall zur Katastrophe führen müßte. Der Regen hat nicht nachgelassen. Durch den Dunst erkennen wir wie Schemen die Wachttürme der Regierungstruppen. In dieser Landschaft verliert der Krieg jede Wirklichkeit. Jenseits des *Col des Nuages* reißt die Wolkendecke plötzlich auf. Hinter den Bambuszweigen einer Biegung öffnet sich in der Tiefe die Bucht von Da Nang. Die Dschunken heben sich wie auf einer chinesischen Tuschmalerei von der bleichen, reglosen See ab.

Vierzehn Tage später kehren wir zum Nordabschnitt zurück. Das Wetter ist umgeschlagen. Die Sonne brennt gnadenlos aus wolkenleerem Himmel. Der Schlamm der Regenzeit hat sich in feinen Staub aufgelöst, der durch alle Fugen dringt und sich hinter den Fahrzeugkolonnen zu rostbraunen Wolken aufbläht. Nach Quang Tri ist kein Durchkommen mehr. Die Provinzhauptstadt wird von den Nordvietnamesen eingeschlossen. Die Front verläuft am My Chanh-Fluß, wo die südvietnamesischen *Marines* sich in alten französischen Betonbunkern eingenistet haben und stoischen Auges die amerikanische Feuerwalze beobachten, die über dem Gegner in kaum zweihundert Meter Entfernung zusammenschlägt. Dabei schieben sie seelenruhig mit den Eßstäbchen ihre Reisration in den Mund.

Die ersten Flüchtlinge aus Quang Tri sind Zivilisten. Sie schleppen sich erschöpft über die Bailey-Brücke des My Chanh-Flusses. Ochsenkarren sind mit Hausrat und Kindern beladen. Alte Männer und Frauen humpeln auf wunden Füßen und benutzen ihre Bambusstökke als Krücken. Verwundete stützen sich gegenseitig. Die Einwohner von Quang Tri sind durch Minenfelder und Artilleriesperren nach Süden ausgebrochen in die vermeintliche Sicherheit.

Major Price, der amerikanische Ratgeber bei den südvietnamesischen *Marines*, hat bisher als Artillerie-Beobachter das Feuer der

7. amerikanischen Flotte auf die vordersten Stellungen der Kommunisten gelenkt und gleichzeitig die Raketeneinschläge der Kobra-Hubschrauber registriert. Aber jetzt richtet er sich auf, streicht sich den rotblonden Schnurrbart zurecht, setzt den Helm auf und zieht die kugelsichere Weste an. Über Sprechfunk hat er eine krächzende Nachricht erhalten, die er uns widerstrebend mitteilt. Der Kommandeur der 3. südvietnamesischen Division hat am frühen Morgen in seinem Befehlsstand von Quang Tri die Nerven verloren und sich mit einem Hubschrauber ausfliegen lassen. Die US-Berater folgten ihm auf dem Fuß, und nun brach unter den Zurückgebliebenen die Panik aus. Als erste requirierten die südvietnamesischen *Rangers*, die im Rufe einer Elitetruppe standen, die verfügbaren Fahrzeuge und brachen, von den Nordvietnamesen kaum behindert, in Richtung Süden auf. Die Trümmer der 3. Division folgten in heilloser Angst. Die Festung Quang Tri fiel kampflos, ein böses Omen für spätere Schlachten. Die Nordvietnamesen hätten dieses Debakel durch gezielte Beschießung in ein Gemetzel verwandeln können. Aber sie hielten sich zurück. Vielleicht versprachen sie sich von der chaotischen Ankunft der Deserteure eine psychologische Schockwelle, die das gesamte Verteidigungsgefüge von Zentral-Annam aus den Fugen heben würde.

Gegen Mittag treffen die ersten Rudel flüchtender Soldaten an der My Chanh-Brücke ein, ein beschämendes Bild der Auflösung. Sie sind teilweise betrunken und feuern wild in die Luft. Die Lastwagen und Kettenfahrzeuge brausen mit Höchstgeschwindigkeit nach Süden, als sei der Gottseibeiuns ihnen auf den Fersen. Um in dieser entwürdigenden Situation immer noch das Gesicht zu wahren, täuschen die Deserteure derbe Ausgelassenheit vor und machen mit ihren Panzern Jagd auf Hühner und Hunde. Unser schwarzer Citroën wird auf der Rückfahrt nach Hue von drei grimmig blickenden Soldaten durch Abfeuern ihrer M 16-Gewehre zum Stehen gebracht. Sie zwängen sich auf den Vordersitz neben den Fahrer. Wir bieten ihnen zur Beruhigung Zigaretten an. Je mehr Abstand zur Frontlinie sie gewinnen, desto umgänglicher werden sie. Kurz vor Hue entschuldigen sie sich in aller Form für ihre schlechten Manieren, bedanken sich für den *lift* und winken uns lange nach. Sie sind eben doch die Söhne eines zutiefst zivilisierten Volkes.

Die Psychose der Niederlage hat, wie erwartet, auf die alte Kaiserstadt übergegriffen. Zwei Drittel der Bevölkerung wälzen sich mit

Karren und Bündeln über die »freudlose Straße« und quälen sich dem angeblich sicheren Hafen Da Nang entgegen. So muß es bei der Eroberung von Shanghai und der Auflösung der Kuomintang-Armee zugegangen sein. Die Szene wirkt gespenstisch, denn diese schwitzende, unter den Lasten ächzende Masse schiebt sich fast lautlos und ohne Gestikulation wie ein schwerverwundetes Tier nach Süden. Würde wird selbst in der Verzweiflung gewahrt. Im nächtlichen Hue leuchtet roter Feuerschein über den Fluß. Es fallen Schüsse. Die marodierenden Soldaten sind zur Plünderung und Brandschatzung des Marktes übergegangen, nachdem die Händler sich geweigert hatten, ihnen ihre Alkoholbestände ohne Bezahlung zu überlassen. Die Soldaten sind dabei auf die Gegenwehr der Militärpolizei gestoßen. Im »Fluß der Wohlgerüche« explodieren Wasserminen. Sie sollen die nordvietnamesischen Froschmänner an der Sprengung der einzigen und unentbehrlichen Brücke hindern.

Daß wir noch einen Platz in der mehrfach ausgebuchten *Air Vietnam*-Maschine nach Saigon fanden, verdankten wir unserem Begleiter und Dolmetscher Tran Van Tin. Mit hundert grünen US-Dollar Aufschlag war eine solche Begünstigung zu erkaufen, und niemand verstand sich besser darauf als Tin. Er war klein wie alle Vietnamesen und konnte ohne seine Brille kaum sehen. Seine sehr helle Haut deutete auf einen chinesischen Einschlag hin. Tran Van Tin hatte seit mehr als zehn Jahren den beiden deutschen Fernsehsystemen zuverlässig und mit geradezu legendärer Effizienz gedient. Es gab keine Drehgenehmigung, keine Visumverlängerung, keine Zollbereinigung, die er nicht binnen kürzester Frist erwirkte. Dazu war er ein Sprachgenie. Neben Französisch, Chinesisch und Englisch hatte er in Selbstkursen so gut Deutsch gelernt, daß er jeden Neuankömmling verblüffte. Tin war älter, als er aussah. Über seinen Werdegang gab es widerspruchsvolle Angaben. Er sei Waise in Hue gewesen, und während des französischen Krieges habe ihn ein Oberst der Fremdenlegion adoptiert, hieß es. Später wurde behauptet, er sei nur eine Art Maskottchen dieses Regiments gewesen, und ganz ohne Familie konnte er auch nicht sein, denn er sprach gelegentlich von seiner bedürftigen Mutter und von einem Bruder, der als Polizeibeamter von den Kommunisten erschossen worden sei. Tin war ein hektischer Mann, und seine Nervosität brachte manchen Fernsehkorrespondenten an den Rand der Raserei. Er verfügte nach ein paar Jahren intensiver Zusammenarbeit mit ARD und ZDF über zwei altertümliche, aber durchaus brauchbare Luxuslimousinen amerikanischer Bauart, befehligte eine Anzahl von Chauffeuren, Kamera-Assistenten und Trägern, die von ihm meist als Onkel, Vettern und Neffen vorgestellt und alle miserabel entlohnt wurden. Seine Geschäftstüchtigkeit paarte sich mit Überlebenskunst. Es wurde behauptet, Tin habe einst dem Regime des katholischen Diktators Ngo Dinh Diem nahegestanden, ehe er eine blitzschnelle Wendung vollzog und neue Gönner suchen mußte. Persönlich hatte ich zu ihm ein völlig unproblematisches Verhältnis. »Für mich sind Sie so etwas wie ein Vater«, sagte er mir gelegentlich, eine Beteuerung, die ich nicht auf die Goldwaage gelegt hätte. Aber ich bin von Tin niemals hintergangen oder im Stich gelassen worden. Dieser ungewöhnliche Aufnahmeleiter war, wie so mancher seiner Landsleute, ein politischer Phantast. Er hatte in einer dreihundertseitigen Ausarbeitung niedergelegt, wie man die Republik Südvietnam von Korruption und Sittenverfall befreien und einen sieghaften antikommunistischen Staat aufbauen könne. Vorher müßten allerdings sehr viele verderbliche Elemente erbarmungslos ausgemerzt werden, so las man in dieser Schrift.

Jedenfalls hatte uns Tin trotz des Andrangs Tausender von Wartenden auf die Maschine nach Saigon gebracht, und er genoß diese Bestätigung seiner Unentbehrlichkeit. Bei der Zwischenlandung in Da Nang brach eine schöne vietnamesische Passagierin in elegantem Ao Dai nach einem kurzen Gespräch mit einem Luftwaffenoffizier mit schrillen Schreien in Weinkrämpfen zusammen. »Was ist passiert?« fragte ich den vietnamesischen Steward. Der stimmte ein hohes asiatisches Gelächter an. »Man hat ihr mitgeteilt, daß ihr Mann, ein Pilot der vietnamesischen Luftwaffe, gestern abgeschossen worden ist.« Der Steward merkte plötzlich, daß sein Lachen, das doch nur der zuchtvollen Beherrschung des Mitgefühls und der eigenen Betroffenheit dienen sollte, von den zuhörenden Weißen mißverstanden werden konnte und setzte eine todernste Miene auf.

Die Vietnamisierung der Särge

Saigon, im Frühjahr 1972

Der Botanische Garten von Saigon ist am Sonntag eine Oase des Friedens und des Anstandes. Die jungen Mädchen des Bürgertums führen hier ihre elegantesten Ao Dai aus. Sie lassen sich auf keinen Flirt mit Unbekannten ein, sondern halten nach ernsthaften Freiern Ausschau. Familien sammeln sich vor dem Palmenhintergrund für ein Gruppenbild. Immer wieder geknipst werden die Kleinen, wenn sie auf dem steinernen Drachen des Ahnentempels hocken. Ein fünfjähriger Knabe ist als südvietnamesischer Fallschirmjäger mit einer Spielzeug-MP kostümiert. Anschließend knattern die meisten Spaziergänger auf ihren Hondas zum Boulevard Le Loi im Stadtzentrum. Sie fahren an dem monströsen Heldendenkmal vorbei, das General Ky wie eine Bedrohung unmittelbar vor das Parlament, die frühere Französische Oper von Saigon, setzen ließ. Dicht hintereinander geklebt, mit aufgepflanztem Bajonett, stürmen zwei überdimensionale vietnamesische Soldaten, die aus einer scheußlichen schwarzgrünen Masse geformt und von den Journalisten mit einem obzönen Spitznamen bedacht worden sind, auf die Tore der südvietnamesischen Volksvertretung zu. Auf dem Rathausplatz gleich daneben staut sich die sonntägliche Menge vor den erbeuteten nordvietnamesischen Waffen der Osteroffensive. Sogar die beiden Panzer aus Hue, an ihren Kennzeichen auszumachen, sind auf dem Seeweg nach Saigon geschafft worden, um Kunde vom Abwehrerfolg der Soldaten des Südens gegen die Divisionen General Giaps zu geben. Diese angeblichen Symbole des Sieges hätten den Einwohnern von Saigon in Wirklichkeit als Vorboten des Untergangs erscheinen müssen. Am glücklichsten sind auch hier die Kinder. Sie lassen sich von südvietnamesischen Soldaten auf die Schützensitze der Viererflak heben, kurbeln mit Begeisterung und lassen die Rohre schwenken.

Wenige Tage zuvor hatte Staatspräsident Nguyen Van Thieu, der sich nach der Verdrängung seines Rivalen Ky endgültig als starker Mann Südvietnams durchgesetzt hat, seine Generalsuniform mit der Tracht des annamitischen Mandarins vertauscht. Im Rahmen eines konfuzianischen Ahnenfestes hatte er dem mythischen Stammvater aller Vietnamesen, Huong Vuong, gehuldigt, der der Sage zufolge vor viertausend Jahren weit oben im Norden die Nation gegründet hatte. Zwischen den scharlachrot gekleideten Offizianten, die hohe schwarze Kappen im chinesischen Hofstil trugen, begleitet von blaugewandeten Knaben, die mit hüpfenden Bewegungen geometrische Figuren beschrieben, ging Thieu im straffen Schritt des Berufsmilitärs auf den Ahnenaltar zu.

Der Präsident stammt aus kleinen Verhältnissen, aus einer Fischerfamilie in Südannam, aber in diesem Rahmen bewegte er sich mit Würde und starrer Miene. Er ist stets von seiner Frau begleitet, die aus der Bourgeoisie kommt, Katholikin ist und sehr geschäftstüchtig sein soll. Unter ihrem Einfluß, und um seine Karriere zu beschleunigen, die er einst als Leutnant in der französischen Fernostarmee begonnen hatte, war Nguyen Van Thieu unter dem Diktator Ngo Dinh Diem zum Katholizismus übergetreten. Das hatte ihn nicht gehindert, maßgeblich am Generalsputsch gegen den gleichen Diem beteiligt zu sein. Der Präsident versäumt am Sonntag niemals das Hochamt in der katholischen Kirche von Saigon, und auch in den Pagoden des regierungstreuen Buddhistenflügels ist er häufig zu sehen. Dennoch ist Thieu weder eine Marionette noch ein skrupelloser Opportunist. In seinem reglosen, abweisenden, sehr gelben Gesicht unter dem straff gescheitelten Haar, das erste weiße Strähnen aufweist, verrät lediglich der intensive Blick eine unüberwindbare Unsicherheit. Thieu ist ein Mann des Volkes, aber Ausstrahlung auf das Volk besitzt er nicht. Südvietnam wird von diesem steifen, kontaktarmen Mandarin in Uniform in seine schwerste Stunde geführt.

Die südvietnamesische Armee hatte sich nach anfänglichen Auflösungserscheinungen gegen den kommunistischen Ansturm recht und schlecht behauptet. Die Amerikaner hatten den »dicken Knüppel« ihrer Luftwaffe herausgeholt, um Hanois Absichten zu durchkreuzen. Acht Flugzeugträger hatten sie im Südchinesischen Meer versammelt. Quang Tri war nach der Einnahme durch die Nordvietnamesen in eine gespenstische Schutthalde, in eine Art konventionelles Hiroshima, verwandelt worden, und die südvietnamesischen *Marines* hatten tatsächlich diesen Trümmerhaufen zurückerobert. In gewissen Provinzen Nordvietnams, so hatte man in jenen Tagen errechnet, seien auf jeden Quadratmeter Boden durchschnittlich drei amerikanische Bomben niedergegangen. Präsident Nixon pokerte weiter, indem er die Häfen von Tonking verminen ließ, was Moskau nicht hinderte, zur gleichen Zeit ein Abkommen über die Sicherheit der Schiffahrt auf hoher See mit Washington zu unterzeichnen. Henry

Kissinger, der gerne die Figur eines zeitgenössischen Metternich abgegeben hätte, sah sich in die fatale Rolle des »Dr. Strangelove« versetzt, der »die Bombe lieben lernt«.

In Wirklichkeit war das Team Nixon–Kissinger dabei, mit der Intensivierung ihres Bombenkrieges die vermeintlichen Voraussetzungen zu schaffen, um mit Hanoi über die Beendigung des Vietnam-Konfliktes zu verhandeln. Wieder einmal war eine groß angelegte Aktion der Nordvietnamesen, die Osteroffensive 1972, nach bescheidenen Anfangserfolgen im Sande verlaufen und nach rein militärischen Kriterien gescheitert. In Wirklichkeit war jedoch aller Welt vor Augen geführt worden, daß das Heil der Südvietnamesen von der amerikanischen Luftunterstützung abhing. Der Abzug der US-Bodentruppen war seit Johnsons Kandidatur-Verzicht so systematisch betrieben worden, daß von ursprünglich 550000 GI's im Frühjahr 1972 nur noch 50000 in Südvietnam verblieben, und dabei handelte es sich im wesentlichen um Versorgungs- und Etappendienste. Während die Heimführung der Amerikaner unter dem Druck einer hemmungslosen Antikriegskampagne in USA beschleunigt wurde, sickerten die regulären nordvietnamesischen Divisionen über die porösen Grenzen von Laos und Kambodscha weiter in Südvietnam ein. Etwa 130000 Mann reguläre Truppen mochte Hanoi bereits in den Dschungeln und Bergen südlich des 17. Breitengrades stehen haben. Ihren Abzug wollte Präsident Thieu erzwingen, ehe er sich in konkrete Waffenstillstandsverhandlungen einließ. Aber in diesem Punkt blieb das Politbüro von Hanoi steinhart, leugnete die Präsenz seiner Streitkräfte im Süden rundum ab und zwang die amerikanische Diplomatie, die aus innenpolitischen Gründen zum totalen und beschleunigten Disengagement aus Indochina getrieben war, zu einer heuchlerischen Vogel-Strauß-Politik. Die Opfer waren General Thieu und seine Armee. Der Waffenstillstand in Vietnam, den Henry Kissinger mit Le Duc Tho, dem Bevollmächtigten Hanois, in den kommenden Monaten mühselig aushandelte und dessen Abschluß im Januar 1973 von einer törichten nordischen Jury mit dem Nobelpreis prämiiert werden sollte, war nichts anderes als Augenwischerei. Die Amerikaner verschafften sich ein Alibi und lieferten die Südvietnamesen ohne Appell ihrem tragischen Schicksal aus. Als zusätzliche politische Belastung kam für Thieu die Tatsache hinzu, daß Washington sich mit der Präsenz der »Nationalen Befreiungsfront von Südvietnam« am Verhandlungstisch abfand. Diese eindeutig von Kommunisten beherrschte Sammelbewegung installierte nunmehr in dem Flekken Cam Lo, unmittelbar südlich der einstigen Demarkationslinie, eine Parallelregierung unter Vorsitz des Rechtsanwalts Nguyen Huu To, eines Angehörigen der cochinchinesischen Bourgeoisie, der in den Konsularregistern von Saigon noch als französischer Staatsangehöriger geführt war.

Auf dem Heldenfriedhof von Bien Hoa ist die Diskussion über Erfolg oder Mißerfolg der Vietnamisierung des Krieges, die im nahen Saigon so angeregt geführt wird, überflüssig geworden. Hier ist sie vollzogen. Hier ist sie gelungen, wie die Zyniker sagen, die Vietnamisierung der Särge. Rings um den Totenhügel von Bien Hoa, der von einer geschwungenen Pagode gekrönt ist, treffen die südvietnamesischen Gefallenen der letzten Woche in einer ununterbrochenen Folge von Leichenzügen ein. Das Ausschaufeln der Gräber, so scheint es, wird mit mehr Eifer betrieben als der Stellungsbau und das Schanzen an der Front.

Ob Buddhist oder Katholik, ob arm oder reich, ob einsam oder von der spektakulären Klage der Hinterbliebenen mit dem weißen Stirnband der Trauer umgeben, diese Toten haben eines gemeinsam: die gelbe Hautfarbe und die gelbe südvietnamesische Fahne mit den drei blutroten Streifen auf dem Sarg. Bei der angelsächsischen Presse ist es Mode, die Kampfleistungen der Armee von Saigon zu schmähen. Wieviel Tapferkeit und stoisches Ausharren auch auf südvietnamesischer Seite aufgeboten wurden, zeigen diese Gräber. Gerade weil sich sehr bald herausstellen könnte, daß sie für eine aussichtslose Sache fielen, sollte man diesen Toten Achtung zollen.

Ganz in der Nähe dieses südvietnamesischen Golgatha, im amerikanischen Mammut-Stützpunkt von Bien Hoa, vollzieht sich unaufhaltsam – die Wahlversprechungen des amerikanischen Präsidenten müssen eingehalten werden – die Evakuierung der letzten GI's. Die Soldaten aus der Neuen Welt waren einst bei ihrer Ankunft von südvietnamesischen Ehrenjungfrauen bekränzt worden. Der Abgang vollzieht sich beinahe in Schande. Bärbeißige Militärpolizisten lassen das Gepäck der Heimkehrer von Schäferhunden nach Rauschgift durchschnüffeln. Der Heroin-Konsum unter den Amerikanern in Indochina hatte erschreckende Ausmaße angenommen, und nun befürchtet man, daß die Seuche auf die Heimat übergreifen könnte. Eine demoralisierte Armee macht sich hier aus dem Staub, und es wirkt grotesk, wenn gewisse Exhibitionisten vor dem Besteigen der

Transportmaschine nach Guam vor versammelten Pressephotographen noch einen Champagnerpfropfen knallen lassen und das V-Zeichen wie »Victory« machen. Die Huren und das Rauschgift hätten diese Truppe geschafft, sagen manche. Das ist weit übertrieben, auch wenn man an das Wort des Generals von Mackensen aus dem Ersten Weltkrieg denkt, der nach seiner blitzartigen Eroberung Rumäniens erklärt hatte: »Mit einer Armee Soldaten bin ich in Bukarest einmarschiert; mit einer Herde von Säuen werde ich hier abziehen.« Einige GI's trugen Plaketten auf dem Uniformhemd: »Die Hölle fürchte ich nicht mehr; ich habe sie in Vietnam erlebt.« Aber das ist in den meisten Fällen reine Prahlerei. Im Durchschnitt hat allenfalls einer von zwanzig US-Soldaten tatsächlich Feindberührung gehabt. Stets besaß die *US-Army* die erdrückende materielle Überlegenheit. Jeder Verwundete wurde in kürzester Frist per Hubschrauber zu den modernsten Operationssälen transportiert. Wie verzweifelt waren dagegen die Kampfbedingungen der Franzosen während ihres Indochina-Kriegs gewesen. Eine leichte Verwundung im Reisfeld kam damals infolge von Wundbrand und Unbeweglichkeit oft dem Todesurteil gleich. In den Bars der Tu Do-Straße, wo die grün uniformierten Amerikaner und die Barmädchen selten müßig werden, klingen immer häufiger Protestsongs aus der Juke-Box. »Bring them home« heißt eines dieser Lieder. Die *boys* sollen leben, die Vietnamesen sollen zusehen, wie sie zurechtkommen.

In der Nähe des »Eisernen Dreiecks«, wo der Vietkong durch nordvietnamesische Reguläre verstärkt wurde und das Gesetz des Handelns wieder an sich gerissen hat, hält eine Nachhut der berühmten *First Cavalry Division* noch den Feuerstützpunkt »Melanie«. Vor sieben Jahren, als der amerikanische Vietnam-Einsatz so hoffnungsvoll begann, hatten sich die GI's in ähnlich sternförmigen Festungen verschanzt, als gelte es, einen neuen Indianerkrieg zu führen und ein modernes Wildwest-Abenteuer zu bestehen. Bei den letzten Hubschrauber-Kavalleristen von »Melanie«, deren Vorgänger – damals noch beritten – die mörderische Indianerschlacht von »Little Big Horn« lieferten, ist von den trügerischen Siegeserwartungen nur der schale Nachgeschmack geblieben. Aus dem *Soldier Blue* der Indianerkriege ist der *Soldier Green* von Vietnam geworden. Die Filmproduzenten von Hollywood haben plötzlich entdeckt, daß sich zwischen der Ausrottung der Indianerstämme durch die Blauröcke des 19. Jahrhunderts und dem Massaker von My Lai durch die verstörten Grünröcke des feisten Leutnant Calley ein schauriger Zusammenhang konstruieren läßt. Die Außenposten der Ersten Kavalleriedivision sind zu Friedhofswächtern der verlassenen Monsterbasen rings um Saigon geworden. Sie hüten die Trümmer eines verflüchtigten Riesenheeres. Auf den Schutthalden türmen sich kilometerweit Berge von Schrott, die Exkremente des Krieges. Auf einem Panzerwrack lese ich die ungelenke Inschrift: »Give peace a chance!«.

»*Road to peace* – Straße zum Frieden«, so hatten die amerikanischen Pioniere die Straße 13 genannt, als sie zu ihrem Ausbau abkommandiert wurden. Ein makabrer Scherz, denn die Straße 13 führt von Saigon aus in gerader Linie nach Norden zu jenem Städtchen An Loc, das man mit einigem Pathos das »Verdun Vietnams« getauft hat. An Loc ist seit Anfang der Osteroffensive von den Nordvietnamesen eingeschlossen und bedrängt. Die Fallschirmjäger des General Thieu haben dem Ansturm, der plötzlich aus dem kambodschanischen Grenzgebiet mit russischen und chinesischen Panzern über sie hereinbrach, wacker standgehalten. Weiter südlich sind die Eliteverbände Hanois längs der Straße 13 bis auf 70 Kilometer an Saigon herangekommen, ehe sie unter gewaltigem Materialaufwand und Einsatz von drei Divisionen mühsam gestoppt wurden.

Durch Kautschuk-Plantagen und geschäftige Dörfer sind wir zu dem südvietnamesischen Divisionsquartier Lai Khe gelangt, wo die Raketen des Feindes ein paar Tage zuvor das Munitionslager in die Luft gejagt haben. Kurz danach nimmt der Gefechtslärm zu, und es wimmelt von Soldaten und Kanonen. Am Rande des Fleckens Chon Tanh stoßen wir auf diese allzu nahe und bedrohliche Front. Die amerikanischen Berater machen an diesem Tag besorgte Gesichter, weil der Gegenangriff der 21. ARVN-Division, die aus dem Delta herangeführt wurde, nicht vom Fleck kommt. Das Verhältnis ist gespannt zwischen diesen letzten *advisers* und dem südvietnamesischen Offizierskorps.

Strafabteilungen südvietnamesischer Deserteure bauen Unterstände. Sie türmen Sandsäcke auf, die allenfalls Splitterschutz bieten. Die Südvietnamesen gehen wie die Amerikaner stets von der totalen eigenen Luftüberlegenheit und von der trügerischen Annahme aus, daß der Gegner über keine nennenswerte Feuerkraft verfügt. Beiderseits des Asphaltbandes sind ein paar Stellungen der Nordvietnamesen erobert worden. Die Ein- bis Zwei-Mann-Bunker sind wie Maulwurflöcher angelegt. Was bleibt den Sturmtruppen Giaps anderes übrig, als sich möglichst hastig und tief in den Boden zu krallen, um dem Napalm und den Druckwellen der Bomben zu entgehen. Leichengeruch liegt über dem verwüsteten Flachland. Neben einer vorgeschobenen Artilleriebasis kauert ein verwundeter nordvietnamesischer Gefangener. Seine Füße sind angekettet, und er ist völlig apathisch.

Die »Straße des Friedens« ist von Trümmern gesäumt. Die Raketen und Granaten der Kommunisten schlagen selten zu, aber dann sitzen sie meist im Ziel. In der Berührungszone zwischen den beiden feindlichen Heeren ist die Hölle los. Ohne Unterlaß kreisen amerikanische Jagdbomber, stürzen wie Falken aus dem Himmel und laden Napalm und Sprengstoff ab. Wir fragen uns, wie die nordvietnamesische Infanterie dieses unbeschreibliche Stahlgewitter wochenlang durchstehen und überleben kann. Eine kleine Gruppe Journalisten ist den vietnamesischen Vortrupps bis in die erste Linie gefolgt. Ein paar Heimwehkranke des französischen Indochina-Kriegs sind mit blasierten Gesichtern dabei. Wir stellen kopfschüttelnd fest, daß die Vietnamesen sich den Luxus der Amerikaner leisten, feindlichen Widerstand nie durch infanteristischen Einsatz zu brechen, sondern stets zu warten, bis der Gegner durch Luftwaffe und Artillerie zermürbt und aufgerieben ist. Aber diese Methode verfängt nicht mit den erprobten »Triariern« Hanois an der Straße 13. Dort wo die Napalmbomben schwarze Rauchklumpen setzen und Dreckfontänen hochgehen, sind die vordersten Nordvietnamesen eingebuddelt. Sie hüten sich, die eigene Position durch Gegenfeuer zu enttarnen. Am Nachmittag versuchen Vorhuten der ARVN mit Hilfe von Schützenpanzern, ein paar hundert Meter nach Norden in Richtung auf An Loc voranzukommen, aber sie bleiben stecken und fordern erneut Artillerieunterstützung an. Dabei ist die umzingelte Festung An Loc jenseits einer Geländemulde mit dem Feldstecher in etwa zwölf Kilometer Entfernung klar zu erkennen. Man sieht sogar die geborstenen weißen Mauern der früheren Präfektur. Es scheint unglaublich, daß bei dem gewaltigen Material- und Menschenaufgebot der Südarmee die paar hundert Nordvietnamesen nicht aus ihrer Umklammerung vertrieben werden können. »Man möchte die Kerle in den Hintern treten, damit sie endlich zum Sturmangriff antreten«, flucht ein ehemaliger deutscher Panzeroffizier, der sich als Rundfunkberichterstatter keine Kriegsszene entgehen läßt und bei den amerikanischen Kollegen als *galoping Major* bekannt ist.

Am späten Abend sitzt unser Fähnlein von Frontbeobachtern beim Glas Pernod auf der Terrasse des »Continental«. Aus dem Lautsprecher kommt das trotzige Chanson der Edith Piaf »Non, je ne regrette rien«. Das Lied war 1962 zum Protestsong der französischen Fallschirmjäger geworden, als sie nach dem Scheitern ihres letzten Putschversuches von de Gaulle zur Aufgabe Algeriens gezwungen wurden. »Nein, ich bereue nichts«, singt die Piaf. »Das werden die Amerikaner nicht singen können, wenn sie hier einmal endgültig weg sind«, sagt der Dien Bien Phu-Veteran Rouget, der sich zu uns gesetzt hat. »Je me fous du passé – Ich pfeife auf die Vergangenheit«, endet das Lied.

Opium und Geheimdienst

Goldenes Dreieck, im Sommer 1973

Die Studenten von Bangkok sind auf die Straßen gegangen. Über das häßliche Denkmal der Demokratie, das in einem plumpen Bronzetopf endet, haben sie einen schwarzen Trauerflor gebreitet. Die thailändische Jugend, meist sind es Söhne und Töchter des Bürgertums, fordert eine neue Verfassung, die Zulassung politischer Parteien. Sie verlangt Demokratie, und die Militärjunta der Marschälle Kittikachorn und Prapass ist tatsächlich ins Wanken geraten. Noch ist die Person des Königs Bumiphol sakrosankt. Am Ende ihrer Kundgebung ertönt die monarchische Hymne, und die Studenten verbeugen sich in Richtung auf den Palast. Aber die westlichen Geheimdienste sehen hinter der Agitation in den Hochschulen bereits die geübte Subversionspraxis von marxistischen Berufsrevolutionären. Die roten Partisanen, die vor allem in den vernachlässigten Nordostprovinzen bäuerliche Rekruten anwerben, dürften demnächst intellektuellen Zulauf aus den Städten erhalten. Wird das vielzitierte Gespenst der Domino-Theorie doch zur Realität? Bereitet sich die große asiatische Umwälzung von Indochina kommend über ganz Hinterindien aus? Der Gesichtsverlust der Amerikaner in Vietnam konnte nicht ohne Folgen bleiben. Die Asiaten teilen nicht die Illusionen so vieler westlicher Kommentatoren, die den Waffenstillstand, der Ende Januar in Paris unterschrieben wurde, als ein Dokument Kissingerscher Staatskunst preisen. Sie wissen, daß Präsident Thieu, als er dem Verbleib der nordvietnamesischen Divisionen vor den Toren Saigons und Hues zustimmen mußte, das Todesurteil des Saigoner Regimes unterschrieben hat. Der Untergang Südvietnams ist nur noch eine Frage des Termins.

Wir wollten herausfinden, welches die wirkliche Lage in jenem geheimnisvollen Gebiet am Schnittpunkt von Thailand, Burma und Laos war, das den klangvollen Namen »Goldenes Dreieck« trägt. Es traf sich gut, daß ein junger Journalist der Bangkoker »Nation« sich durch die Aufdeckung gewisser Querverbindungen des Opiumhandels am Rande der burmesischen Shan-Staaten einen Namen machen wollte. Der Reporter Chula, der uns nach Norden begleitete, gehörte einer sehr angesehenen siamesischen Familie an, die sich ihrer engen Verbindung zum Hof rühmte. Er lief stets in Jeans herum, trug eine lange Mähne, gab sich fast so progressiv wie die Mai-Studenten des Pariser Quartier Latin und trat in Begleitung einer höchst resoluten, ebenso großbürgerlichen Freundin auf, die seinen demokratischen Linksdrall wohl maßgeblich inspirierte. Chula führte uns gar nicht erst nach Chieng Rai oder an den Grenzübergang Mei Sai, wo bereits die ersten Touristenkonvois auftauchten, um die pfeiferauchenden und barbrüstigen Hakka-Frauen zu photographieren. Wir fuhren in den abgelegenen Umschlagplatz Mae Hong Son, wo ganze Schmuggelkarawanen aus dem nur 15 Kilometer entfernten Burma eintrafen, um die Antiquare von Bangkok mit immer neuen und immer unechteren Buddha-Statuen zu versorgen. Ehe Chula seine Vertrauensleute kontaktieren konnte, vergingen ein paar Tage. Ich hatte den Pagodenhügel mit den beiden riesigen weißen Steinlöwen schon viermal erklommen, um mir die Zeit zu vertreiben, und saß jeden Abend an dem verträumten Lotosteich, der die Roben der Bonzen in sattem Gold widerspiegelte.

Da entdeckten wir ein hölzernes Thai-Haus besonderer Art. Es war von jungen Weißen bewohnt. Erst nahmen wir an, wir seien auf eine Gruppe Hippies gestoßen, denn es roch nach Haschisch, die jungen Männer sahen aus wie Mitwirkende aus dem Musical »Hair«, und die Mädchen trugen lange indische Kleider oder den landesüblichen Sarong. Aber das war keine harmlose Versammlung. Der Rudelführer, der eine Art zeitgenössischen Hemingway mimte, war ein Geologie-Dozent aus Missouri. Der asketische Typ neben ihm firmierte als Archäologe, und der dritte im Bunde, ein klösterlich blikkender Jüngling mit kurzem Haarschnitt und dicken Brillengläsern, John genannt, entpuppte sich als einer der erfahrensten Ethnologen in diesem Winkel Südostasiens, der mit seinem Mosaik von Rassen und Gebirgsstämmen ein völkerkundliches Museum darstellt.

Unser Kamerateam wurde freundlich, aber mit verhaltenem Mißtrauen aufgenommen. Die amerikanischen Mädchen waren reizlos und pickelig. Aber eine blonde üppige Südafrikanerin namens Mandy schaffte erotischen Ausgleich. Sie streichelte den Nacken eines schönen Jünglings italo-amerikanischen Typs, der als einziger keine professionelle Spezialisierung aufzuweisen hatte. Für die sexuellen Bedürfnisse des Hemingway-Typs, der sich beim Kredenzen des Whisky als Andrew vorstellte, sorgten wohl die zwei unbeschwerten Thai-Dienerinnen, die voll in die Gemeinschaft integriert waren.

Chula hatte uns begleitet, aber diese Umgebung mißfiel ihm sichtlich. Im Hinausgehen flüsterte er mir zu, es handle sich hier um einen Horchposten des CIA. Tatsächlich habe ich nie wieder eine so malerische Auswahl von *spooks* gesehen. Unter zunehmender Einwirkung von Hasch oder Alkohol – wohl auch um unsere wahren Absichten zu ergründen – wurden die *honorable schoolboys* mitteilsamer. Ihre Studien, so gaben sie zu, galten in erster Linie den rassischen Minderheiten Burmas, die sich seit Ende des Zweiten Weltkriegs in offener Revolte gegen die Zentralregierung von Rangun befanden.

Jedermann in Hinterindien kennt das weitgehend christianisierte Volk der Karen, das mit Hilfe seiner »Befreiungsarmee« die meisten Grenzübergänge zwischen Thailand und Burma sowie den umfangreichen Schmuggel zwischen Bangkok und Rangun kontrolliert. Auf den Warenstrom, der aus dem Konsum-Eldorado Thailand in die durch ein absurdes sozialistisches Experiment ausgepowerte Union von Burma fließt, erheben die Karen einen Wegzoll von vier Prozent. Sie organisieren andererseits die Elefantenkarawanen, die die seltenen Metalle Burmas – vor allem Antimon und Wolfram – nach Siam befördern. Das Interesse der westlichen und östlichen Geheimdienste an den Karen war gering. Diese Rebellen waren fast schon zu einem Element der Stabilität im burmesischen Chaos geworden. Die Pseudo-Hippies von Mae Hong Son, die sich alle durch vorzügliche Beherrschung der Thai-Sprache auszeichneten, blickten nach Norden auf die mysteriösen Shan-Staaten, wo der Kampf um die politische Autonomie zwischen Minderheiten – Shan, Lahu, Meo, Yao, Katschinen, Lolo und wie sie alle heißen mochten – oft nur als Tarnung für die unerbittliche Auseinandersetzung zwischen ganz gewöhnlichen Räuberbanden herhalten mußte. Es ging hier in Wirklichkeit um den Transport und die Kommerzialisierung der Opiumproduktion des »Goldenen Dreiecks«. Sogar hochspezialisierte Laboratorien zur Herstellung von Heroin Nr. 4 waren im Gebirgsdschungel versteckt.

John war in düsterer Stimmung. Er verwies auf ein eben erschienenes Buch über die »Heroinpolitik in Südostasien«. Darin war er mit vollem Namen als Agent des amerikanischen Geheimdienstes aufgeführt. Es verhalte sich alles doch ganz anders, warf er ein. Sein Vater habe als methodistischer Missionar in der südchinesischen Provinz Jünan gewirkt. Vom scheuen, aber kriegerischen Volk der Lahu sei er wie ein weißer Gott verehrt worden. Er selbst sei unter den Lahu-Kindern aufgewachsen, und es erscheine doch nur natürlich, daß er zu dem Zweig dieses Stammes, der in Nordburma siedle und sich neuerdings dem allgemeinen Aufruhr angeschlossen habe, enge Verbindung halte. Ob wir die Absicht hätten, die chinesischen Kuomintang-Verbände aufzusuchen, die in diesem Wirrwarr von Banditen, Schmugglern und Rebellen den Ausschlag gäben, fragte Andrew. Ich hütete mich, unsere wahren Intentionen preiszugeben.

Tatsächlich war es unser Ziel, mit jenen versprengten Angehörigen der alten Tschiang Kai-schek-Armee Kontakt aufzunehmen, die 1950 auf der Flucht vor den siegreichen Divisionen Mao Tse-tungs von Jünan nach Burma und insbesondere in die Shan-Staaten übergewechselt waren und sich dort bis auf den heutigen Tag behauptet hatten. Im Frühjahr 1952 hatte ich bereits versucht, diese Geisterarmee des Generals Li Mi aufzusuchen, war aber in letzter Minute von den burmesischen Sicherheitsbehörden festgenommen und nach Rangun zurückgeleitet worden. Erinnerungen wurden wach an jene kurze Reise auf der legendären *Burma-Road*, deren steile Biegungen bis zur Eroberung Ranguns durch die Japaner die Nabelschnur des nationalchinesischen Abwehrkrieges gegen das Reich der Aufgehenden Sonne und die einzige Verbindungslinie des amerikanischen Nachschubs für Tschungking darstellten. Von Mandalay nach Lashio hatte mich ein Chauffeur aus dem halb bengalischen Arakan in den hohen Norden gefahren. Er betonte stets, daß er Moslem und deshalb ein ehrenwerter Mann sei. Lashio war von den letzten englischen Administratoren längst verlassen worden. Aber es blieben dort sechs italienische Franziskaner als einzige europäische Präsenz übrig.

Die Patres blickten voller Sorge auf die nahe Grenze mit China, denn zu jener Zeit rechnete man noch mit Eroberungsabsichten Pekings in Südostasien. Zusätzlicher Kummer war den italienischen Minoriten entstanden, als ein amerikanischer Geheimagent im Zustand panischer Angst aus Jünan, wo er wohl eine letzte Funkstation bedient hatte, zu ihnen geflüchtet war. Die Italiener steckten den Spion in eine braune Kutte und beteten zum Himmel, daß er bald nach Rangun abreise. Die Neuchristen vom Katschinen-Volk, die damals in der Missionsschule noch in lateinischer Sprache die Meßliturgie nachplärrten, interessierten sich fatalerweise für den Neuankömmling und äußerten den Wunsch, bei ihm zur Kommunion zu gehen. Der Prior rettete sich durch eine Notlüge: der neue Pater sei ein so frommer Mann, daß er bereits in den nächtlichen Morgenstunden das heilige Meßopfer zelebriere. Die einfältigen Katschinen gaben sich mit dieser Erklärung zufrieden.

In einer Teestube von Lashio hatten sich drei unauffällige Chinesen mit Poker-Mienen zu mir gesetzt und in recht gutem Englisch gefragt, welche Waffenmodelle ich ihnen vermitteln und verkaufen könne. Die Franziskaner, denen ich von dieser Verwechslung erzählte, belehrten mich, daß ich aller Wahrscheinlichkeit nach mit Emissären der »Triade«, einer großen chinesischen Geheimgesellschaft, zusammengetroffen sei, und baten mich inständig, ihre Mission nicht mehr zu verlassen. Schließlich bin ich dann doch mit einem Pater aus Piemont und einer langen Maultierkolonne nach Norden geritten. Er wollte seine versprengten Pfarreikinder aufsuchen, und ich erhoffte mir eine Begegnung mit der ominösen Kuomintang-Armee des Generals Li Mi. Im Dörfchen Kutkai, wo alte Chinesinnen mit verkrüppelten Füßen an Spinnrocken saßen und indigo-blaue Webstoffe in der Sonne trockneten, holten mich, wie gesagt, zwei bewaffnete Zivilisten ein, stellten sich als Geheimpolizisten der Zentralregierung vor und verfrachteten mich in das nächste Flugzeug nach Süden.

Zwanzig Jahre später wollte ich mein Mißgeschick von 1952 wettmachen. Noch vor Sonnenaufgang gab uns Chula das Signal zum Aufbruch. Wir fuhren mit dem Jeep etwa vierzig Kilometer nach Norden, wechselten dann auf eine Schotterstraße über, die an einem Pfahldorf endete. Dort warteten acht düster blickende Männer unter der Leitung ihres Anführers Cheng, dessen Visage jedem Kungfu-Film Ehre gemacht hätte. Cheng war ein brummiger, aber – wie sich später herausstellte – verläßlicher Mann. Zehn Pferde waren für uns aufgetrieben worden. Es waren traurige Klepper. Dem zweiten Kameramann Klaus wurde sogar ein einäugiges Reittier zugewiesen, das wir »Moshe Dayan« nannten. Die Teammitglieder hatten ihre Kopfkissen aus dem Hotel mitgebracht, um weicher auf den knochenharten Sätteln zu sitzen. Nach ein paar Kilometern Ritt durch Reisfelder und relativ flaches Terrain stiegen die bewaldeten Hänge steil an. Wir mußten absitzen und die größte Strecke zu Fuß zurücklegen. Welche Ware die Maultiere, die uns begleiteten, transportierten, wußten wir nicht und wir fragten auch nicht danach.

Gegen Mittag, als wir gerade einen besonders schwierigen Dschungelpfad hochächzten, entlud sich das Monsun-Gewitter. Der Regen kam wie ein Sturzbach über uns. Der Boden verwandelte sich in Morast. Wir mußten die Pferde fluchend hinter uns herziehen. Sobald es bergab ging, setzten sich die Tiere auf die Hinterhand und rutschten, wie uns schien, mit hämischer Schadenfreude an uns vorbei. Wir hatten alle Mühe, ihnen nachzustolpern. Endlich erreichten wir ein Plateau, und die Sonne kam stechend zwischen den Wolken heraus. Am Nachmittag begegnete uns eine Maultier- und Pferdekarawane, die von schwerbewaffneten Asiaten undefinierbaren Typs begleitet war. Sie musterten uns argwöhnisch, hielten die Gewehre schußbereit vor der Brust und ritten grußlos an uns vorbei. Wir hätten gern gewußt, was unter den Zeltplanen ihrer Saumtiere verborgen war, aber Neugier war im »Goldenen Dreieck« fehl am Platz.

Schließlich erreichten wir unser Nachtquartier im Meo-Dorf Ban Na Plak. Die Frauen waren mit Stickereien oder dem Stampfen von Hirse beschäftigt. Andere kamen von den Opiumfeldern zurück. Die Kinder waren trotz der empfindlichen Abendkälte splitternackt, trugen jedoch einen dicken Silberring um den dreckstarrenden Hals. Die Männer hatten zu unseren Ehren Blasinstrumente aus Bambusrohr herausgeholt und veranstalteten für unsere Tonaufnahme ein quäkendes Konzert. Sie hielten die Instrumente wie phallische Symbole zwischen den Beinen und bewegten sich rhythmisch im Kreis.

Den ganzen folgenden Vormittag waren wir weiter nach Norden geritten, da hielt Cheng mich an und zeigte auf den seichten Bach, den wir gerade durchwateten. »Das ist die Grenze von Burma«, sagte er. Wir hatten das Gebiet der Shan-Staaten erreicht. Noch drei Regengüsse mußten wir über uns ergehen lassen, ehe wir das verwahrloste Feldlager auf dem roten Laterithügel entdeckten. Wir waren am Ziel. Im Stützpunkt Ban Meo war ein *Détachement* der chinesischen

Kuomintang-Armee stationiert. Rund um die Lehmhütten liefen Deckungsgräben und Bambusverhaue. Eine Viertelstunde lang regte sich nichts, und wir warteten im Schatten. Dann kamen uns fünf Männer in verwahrloster grüner Uniform entgegen. Irgendwoher war ihnen unsere Ankunft bereits gemeldet worden. Sie sahen wie Wegelagerer aus, luden uns aber mit erlesener Höflichkeit zum Tee ein. Chula hatte Schwierigkeiten mit der Übersetzung. In Ban Meo lebten, wie wir bald feststellten, etwa achtzig Kuomintang-Soldaten mit ihren Familien. Es war eine heruntergekommene Truppe. Die Li Mi-Armee war 1950 in Nord-Burma eingerückt in der Hoffnung, eines Tages mit Hilfe Taiwans und der Amerikaner an der Rückeroberung Festland-Chinas von der Südflanke her mitwirken zu können. Nach und nach hatten sich die Einheiten jedoch aufgelöst und sich zu assimilieren gesucht. Im Laufe der Jahre wurden die Veteranen des KMT immer älter. Sie heirateten Frauen der örtlichen Gebirgsstämme. Nur selten kam einmal ein Emissär aus Taipeh eingeflogen und überbrachte illusorische Durchhalteparolen. Die Regierung von Peking wetterte zwar in allen Tonlagen gegen das imperialistische Komplott, das zwischen Yankees und »Taiwan-Banditen« im Norden Burmas angeblich ausgeheckt wurde, aber die Volksbefreiungsarmee war wohl sehr bald zu dem Schluß gekommen, daß diese Kuomintang-Trümmer keine Gefahr mehr darstellten und eines Tages – wer weiß – einmal nutzbringend verwendet werden könnten.

Die Streitkräfte von Burma hatten mehrfach mit großem Spektakel militärische Operationen gegen die bewaffneten Überreste der Li Mi-Armee eingeleitet, deren Angehörige sich häufig wie Marodeure aufführten. Aber damit verschaffte sich Rangun lediglich ein Alibi gegenüber dem zürnenden chinesischen Drachen. In Wirklichkeit wurden die Kuomintang-Soldaten sehr bald in die Anarchie und das Zwielicht des »Goldenen Dreiecks« integriert. Schließlich entdeckten die Generale von Bangkok, daß diese entwurzelten Chinesen wertvolle Dienste in den äußersten Nordprovinzen leisten könnten. Die thailändische Armee taugte ohnehin nicht für den Gebirgs- und Dschungelkrieg. Auch die weit überschätzte Sonder-Grenzpolizei, *Border Patrol Police* genannt, stieß höchst ungern in diese unwirtlichen Gegenden vor. Da erwies sich der Kuomintang am Ende als ideales Instrument, um die Nordgrenze gegen Banditen und kommunistische Infiltranten abzuschirmen. Vor allem boten die Nationalchinesen, die über eine ganze Kette von Stützpunkten in der Grenzzone verfügten, eine Gewähr dafür, daß der Opium- und Heroinschmuggel der Kontrolle der thailändischen Behörden nicht völlig entglitt. Denn in diesem chaotischen Paradies der Wegelagerer, Trafikanten und Halsabschneider war das Rauschgift der Nerv des Krieges.

Die jungen Chinesen, die uns den Tee servierten, waren bereits im burmesischen Exil geboren. Aber jetzt humpelte ein alter Mann, der eine abgenutzte blaugraue Uniformjacke und einen Schlapphut trug, auf uns zu und stellte sich als Oberst Lao Bo von der chinesischen Nationalarmee vor. Der Oberst war zum Skelett abgemagert und mußte schwer krank sein. Das Wort überließ er seinem Neffen, dem breitschultrigen Major Lao Li, der keine Uniform, sondern ein weißes Hemd trug. Lao Li wurde später von Chula in seiner Artikelserie über die wirren Verhältnisse im burmesisch-thailändischen Grenzstreifen als Schlüsselfigur des südostasiatischen Opiumhandels vorgestellt. Er war der tatsächliche Kommandeur von Ban Meo. Während die Chinesen in einer Nebenhütte berieten, wie sie auf unseren Wunsch, ihr Lager zu filmen, reagieren sollten, erklärte mir Chula, daß der Kuomintang im Auftrage gewisser Militärbehörden einen *Cordon sanitaire* bilde, daß aber gleichzeitig direkte und sehr diskrete Verbindungen zwischen den ehemaligen Li Mi-Leuten und den allmächtigen chinesischen Kaufmannsgilden von Bangkok beständen. Mit Hilfe der kampferprobten und den meisten anderen Banden überlegenen Nationalchinesen werde der Rauschgifthandel von der Grenze ab straff zentralisiert und gegen Rivalengruppen notfalls mit Waffengewalt abgeschirmt. Die öffentliche Vernichtung von beschlagnahmtem Opium und Heroin, die zur Besänftigung des amerikanischen Rauschgiftdezernats gelegentlich in Bangkok oder in großen Provinzstädten theatralisch inszeniert wurde, sei ein großangelegtes Täuschungsmanöver. Die thailändische Generalität sei an dem Geschäft maßgeblich beteiligt und sorge für höchste Protektion.

Einer der Chinesen sprach ein leidliches Englisch. Leutnant Fang war erst dreiundzwanzig Jahre alt und bediente das Funkgerät. Nach einigen fruchtlosen Versuchen kam die Verbindung mit einer geheimnisvollen Befehlszentrale in Nord-Thailand zustande. Die Weisung aus dem Hauptquartier eines gewissen General Li war formell. Es dürfe in Ban Meo nicht gefilmt werden, aber man solle uns gastlich bewirten und sicher über die Grenze zurückgeleiten. Fang hatte ein sympathisches Lausbubengesicht. Er beklagte sich bei uns über den kärglichen Sold und die Einsamkeit in diesem Außenposten. Er träumte von den Mädchen in Bangkok und hatte die Bretter seiner Funkbude mit asiatischen Badeschönheiten beklebt. Wir erzählten ihm, daß wir ein paar Tage zuvor im Grenzraum westlich von Mei Sai einer Gruppe burmesischer Freischärler begegnet waren, die ein Abzeichen mit dem Tigerkopf und der anspruchsvollen Bezeichnung *Free Shan State-Army* am Ärmel trugen. Das seien ganz gewöhnliche Räuber, meinte Fang. Diese angeblichen Shan-Krieger hätten so lange mit den burmesischen Behörden paktiert und Jagd auf rivalisierende Banden gemacht, wie ihnen Rangun im Abschnitt von Kengtung das Opium-Monopol zugestanden hätte. Als die Beauftragten des Präsidenten Ne Win ihnen diese Konzession jedoch wieder entziehen wollten, seien sie in den Dschungel gegangen und gebärdeten sich jetzt als Freiheitskämpfer des Shan-Volkes.

»Peking braucht nur den kleinen Finger zu heben«, meinte Fang, »und die ganze Union von Burma, die hier nur noch in der Theorie existiert, bricht zusammen.« Der einzige ernstzunehmende militärische Faktor sei die Kommunistische Partei Burmas chinesischer Obedienz. Der Kuomintang hüte sich strikt davor, mit dieser disziplinierten Truppe irgendwie in Berührung zu kommen. Die burmesischen Kommunisten, die sich im wesentlichen unter gewissen *hill tribes* rekrutierten, hätten sich ganz bescheiden auf den schmalen Streifen der Wa-Staaten längs der Grenze von Jünan beschränkt. Dort sorgten sie nicht nur für Zucht, Ordnung und soziale Gerechtigkeit, sondern halfen sogar den armen Bergbauern beim Einbringen ihrer Ernte. Bei aller politischen Gegnerschaft fühlte man bei Leutnant Fang eine echte Bewunderung für dieses riesige Rote Reich der Mitte, das seine wirkliche Heimat blieb. Unser Rückritt verlief beschwerlich, aber ereignislos.

Die Pseudo-Hippies von Mae Hong Son hatten bereits erfahren, wohin unsere Reise gegangen war. Chula warnte uns vor jeder Verbrüderung. »Die thailändischen Behörden werden die Gruppe bald auffliegen lassen«, meinte er. »Die Zeit der allzu engen Zusammenarbeit mit dem CIA ist vorbei, und es besteht sogar der Verdacht, daß einer dieser Amerikaner ein verkappter Agent der *Anti Narcotics Brigade* ist.«

Die Autofahrt von Mae Hong Son über Chieng Rai bis zu dem verträumten Mekong-Hafen Chiang Saen und zur laotischen Grenze war ein Alptraum. Ich war unvorsichtigerweise zu einem amerikanischen Neuankömmling der seltsamen Gemeinde von Mae Hong Son namens Sam in den Landrover gestiegen. Sam war ein drahtiger junger Mann, der aus seiner Geheimdienst-Leidenschaft gar kein Hehl machte. Er bemühte sich, auf der kurvenreichen Straße sämtliche Rennrekorde zu brechen. Seine Spezialität war es, Jagd auf streunende Hunde zu machen und sie zu überfahren. Einmal brachte er den Wagen nur noch mit quietschenden Bremsen in letzter Sekunde zum Stehen, als er in der Abenddämmerung ein nacktes braunes Kind mit einem Hund verwechselt hatte. Trotz dieser mörderischen Instinkte bezeichnete sich Sam als Buddhist. Er war mit einer thailändischen Generalstochter verheiratet, die seinem Sagen nach Haare auf den Zähnen hatte. Immer wenn wir an einer Pagode oder an einem Geisteraltar vorbeikamen, hielt Sam an, verbeugte sich vor den »Phi« und zündete Räucherstäbchen an. Besonderes Vergnügen bereitete ihm das Abbrennen von Knallfröschen zu Ehren eines Straßengeistes, der angeblich für die Sicherheit der Reisenden zu sorgen hatte und der an dem Feuerwerk, so versicherte der skurrile Amerikaner, besonderes Wohlgefallen finde.

Wir ließen uns vom Mekong nach Süden treiben und waren froh, den hektischen Geisterbeschwörer losgeworden zu sein. Unsere überdachte Piroge hielt sich an das laotische Ufer. Ganze Dorfgemeinschaften planschten fröhlich im Wasser. Der Strom floß mit majestätischer Gelassenheit. Arbeitselefanten schleppten Baumstämme zu einsamen Sägewerken. An diesem Punkt hatte die Kuomintang-Armee Ende der fünfziger Jahre versucht, ihr Opium-Monopol auch auf Nord-Laos auszudehnen. Aber die Fallschirmjäger der Königlich Laotischen Armee hatten sich unter französischer Beratung zur einzig glorreichen Waffentat ihrer Geschichte aufgerafft. Sie hatten die Chinesen über den Fluß nach Thailand zurückgejagt. Im Fort von Ban Huei Sai, das mich an die alte französische Zitadelle von Tay Ninh erinnerte, suchten wir vergeblich nach dem laotischen Ortskommandanten. Im Königreich der Million Elefanten war endlich der Waffenstillstand zwischen den konservativen Streitkräften von Vientiane und den roten »Pathet Lao« in Kraft getreten. Der ungewohnte Friedenszustand hatte bei den pro-amerikanischen Truppen zu rapiden Auflösungserscheinungen geführt. Es sei nicht ratsam, nach Osten vorzudringen, warnte uns ein laotischer Leutnant, den wir in seiner verlängerten Siesta störten. Schon in sieben Kilometer Entfernung könnten wir auf die Straßenbaupioniere der chinesischen Volksbefreiungsarmee stoßen. Peking fuhr fort, zwischen Jünan und

Thailand ein Netz von Allwetterstraßen und eine strategische Infrastruktur für alle Eventualitäten zu schaffen.

In der Königsstadt Luang Prabang erwartete uns John Everingham. Der blutjunge Australier mit dem blonden Christuskopf machte einen fast zerbrechlichen Eindruck. Aber er war ein ganz harter Typ. Als *free lance*-Journalist verdiente er ein saures Brot. Er lebte mit einer Laotin zusammen und beherrschte ziemlich fließend die Sprache des Landes. Das war ihm zugute gekommen, als er bei einer seiner einsamen Expeditionen von den roten »Pathet Lao« festgenommen wurde und ein paar Wochen ihr Gefangener blieb. John und die »Pathet« waren als relativ gute Freunde auseinandergegangen.

Nun sollte John uns ebenfalls auf die kommunistische Seite bringen. Der Waffenstillstand im Königreich der Million Elefanten war fast simultan mit dem Vietnam-Abkommen von Paris unterzeichnet worden. Doch im Gegensatz zu Vietnam waren die Kampfhandlungen in Laos tatsächlich eingestellt worden. Das versöhnliche Temperament dieses Volkes kam sehr schnell zu seinem Recht, und schon wurde von Hochzeiten und buddhistischen Festen in der Berührungszone der beiden Bürgerkriegsparteien gesprochen, auf denen sich die Feinde von gestern verbrüderten. Wären nicht die unerbittlichen Nordvietnamesen mit der ihnen ergebenen Kommunistischen Partei von Laos im Hintergrund gestanden, dann hätte dieser hinterindische Pufferstaat tatsächlich auf ein glückliches Ende seiner langen Wirren hoffen können. Die Pagoden von Luang Prabang waren hinter uns in den schwarzen Monsunwolken verschwunden. Die gelben Fluten des Mekong, der uns in rascher Fahrt nach Süden trug, standen hoch. Der Steuermann der schmalen Motorpiroge mußte immer wieder treibenden Ästen und Stämmen ausweichen. Die Ufer auf beiden Seiten waren von dichtem Dschungel überwachsen und gaben nur gelegentlich winzigen Siedlungen und schmalen Reisfeldern Raum. Wir lagen flach im Boot und hatten die Tropenhüte tief in die Stirn gedrückt, damit man uns von weitem nicht sofort als Europäer erkennen könne.

Hinter einer malerischen Flußbiegung, wo nackte Kinder unter einem Wasserfall planschten, klebte ein laotisches Pfahldorf. Ein paar Frauen mit nackten Schultern wuschen ihre Sarongs im Fluß. Ein halbes Dutzend buddhistischer Mönche in goldgelber Toga schiffte sich gerade auf einer Piroge ein. Alles blickte uns Europäern mit sichtlichem Staunen entgegen. John gab dem Bootsmann die Weisung anzulegen. Das Dorf heiße Pak Howe, sagte er. Es sei erst ein paar Stunden vor dem Waffenstillstand von den »Pathet Lao« besetzt und deshalb von der Bombardierung durch die Amerikaner verschont worden. Pak Howe lag bereits auf dem Westufer des Mekong in der Provinz Sayaburi. Die roten Partisanen hatten sich hier in letzter Minute einer wichtigen Position für die Unterstützung der diversen Aufstandsgruppen im benachbarten Thailand bemächtigt.

Auf dem Pfad, den wir mit unserem Kameramaterial hochkeuchten, begegnete uns zunächst eine Gruppe Yao in ihrer exotischen schwarzen Tracht. Plötzlich stand der erste Soldat vor uns und gleichzeitig entdeckten wir in einer langen Hütte eine ganze Gruppe von Kriegern des »Pathet Lao«. Sie kamen uns forschend, aber freundlich entgegen und forderten uns auf, an einem Bambustisch im Freien Platz zu nehmen. Die roten Laoten entsprachen ganz unserer Vorstellung. Sie trugen Ballonmützen nach chinesischem Vorbild, die grünen Uniformen mit den viel zu weiten Hosen waren peinlich sauber. Die Waffen, die wir zu sehen bekamen, waren AK 47-Schnellfeuergewehre aus China. Zwei Soldaten trugen ein Transistor-Radio am Riemen um die Schulter.

Während John Everingham dolmetschte, wurde ein Offizier gerufen. Es mußte sich um den Kompaniechef handeln. Rangabzeichen gab es nicht. Dafür trug er statt des Gewehrs eine Pistole und eine Kartentasche am Koppel. Der Offizier setzte sich, prüfte unsere Papiere und erklärte uns mit ausgesuchter Höflichkeit, daß er uns die Erlaubnis zum Filmen leider verweigern müsse, solange keine schriftliche Weisung seiner vorgesetzten Dienststellen vorliege. Im übrigen werde man uns nicht festhalten, wir dürften unsere Fahrt als freie Männer fortsetzen und er wünsche uns eine gute Reise. »Wir sind keine Wilden, wie immer von uns behauptet wird«, übersetzte der Australier. Tatsächlich hatten wir während der kurzen Fühlungnahme feststellen können, daß es sich bei den »Pathet Lao« durchaus nicht um unkontrollierte Haufen von Heckenschützen handelte, sondern um eine disziplinierte und gut ausgerüstete Truppe. Über ihre Transistoren waren die Soldaten auf das genaueste über den letzten Stand der Verhandlungen zwischen der pro-westlichen Regierung von Vientiane und der »Patriotischen Front – Neo Lao Haksat« informiert, in der die Kommunisten das Sagen hatten. Wir hatten sogar kurz über das mögliche Datum der angestrebten Koalitionsvereinbarung zwischen beiden laotischen Richtungen diskutiert, die mit der

Stationierung von Teilgarnisonen der »Pathet Lao« in Vientiane und Luang Prabang parallel gehen sollte.

Der Offizier, der in mancher Hinsicht einem jungen idealistischen Geistlichen glich, wies unsere Mitbringsel – Zigarettenstangen und Ovomaltinebüchsen – von sich. Seine Soldaten nähmen keine Geschenke an. So überreichten wir unsere Gaben dem Dorfältesten und den Kindern von Pak Howe. Die rassische Zusammensetzung der kleinen roten Einheit war bemerkenswert. Der Offizier entsprach dem rein laotischen Typus der Mekong-Ebene, aber seine dunkelhäutigen Soldaten waren von fast zwerghaftem Wuchs. Sie gehörten fast ausnahmslos den Gebirgsstämmen der Kha an, die man neuerdings aus Gründen der nationalen Integration als »Lao Theung«, als »Gebirgs-Lao« bezeichnete.

In Vientiane waren die amerikanischen Geheimdienstler mit der Räumung ihrer Unterkünfte und der Demontage ihrer elektronischen Einrichtungen beschäftigt. Ministerpräsident Prinz Souvanna Phouma empfing in seiner schmucken Villa am Mekong weiterhin ausländische Journalisten und versuchte sie davon zu überzeugen, daß das glückliche Naturell der Laoten über die gegenwärtigen politischen Gegensätze am Ende obsiegen würde. »Wenn man uns Laoten alleinläßt«, meinte er, »finden wir immer eine Lösung.« Das Unglück war jedoch – das wußte Souvanna Phouma natürlich, der sich anschickte, seinen Halbbruder, den »Roten Prinzen« Souphanouvong als Vizepremier in Vientiane zu installieren –, daß die Laoten nicht allein bleiben würden und daß die Emissäre Hanois bereits ihre Schlüsselpositionen ausbauten.

Im Hotel »Constellation«, das als Nachrichtenbörse der Journalisten galt, trennten wir uns von John Everingham. Mehr als fünf Jahre später sollte ich über einen Agenturbericht wieder von ihm hören, ja, sein Photo erschien in mehreren fernöstlichen Zeitungen. John war nach der totalen kommunistischen Machtergreifung aus Vientiane ausgewiesen worden und mußte seine laotische Freundin, die er inzwischen wohl geheiratet hatte, zurücklassen. Da schwamm er vom thailändischen Ufer aus bei Nacht über den Mekong und entführte das Mädchen, das zudem nicht schwimmen konnte, auf einem Luftkissen in die Freiheit.

Einer der letzten Piloten von *Air America* ließ sich für gute Dollars überreden, uns in das geheime Hauptquartier des CIA und des Meo-Widerstandes, nach Long Cheng, zu fliegen. Während des

Krieges war uns diese Genehmigung stets verweigert worden. Zweimal mußten wir über dem Nam Ngum-Stausee, aus dem schwarze Baumstümpfe wie Marterpfähle herausragten, umkehren, weil ein unbeschreiblicher Wolkenbruch die gefährlichen Dschungelriffe vor uns in eine warme, milchige Brühe tauchte. Beim dritten Anlauf gelang die Landung in Long Cheng. Nur ein paar Nachzügler der *Special Forces* bevölkerten noch die Rollbahn und die umliegenden Felsbunker dieser früheren Schlüsselstellung des Indochina-Krieges. Ein laotischer Major, der der Meo-Rasse angehörte, fuhr uns im Jeep auf eine nahe Höhe, um uns zwei zerstörte nordvietnamesische Panzer vom Typ T 34 zu zeigen. Die Meo wußten, daß sie demnächst im Stich gelassen und allein gegen das gewaltige Potential Hanois stehen würden, daß sie zum Untergang und zum Gemetzel verurteilt waren. Ihr Befehlshaber, General Vang Pao, stand schon im Begriff, sich mitsamt seiner Kriegskasse nach USA abzusetzen, wo er später in Montana eine Rinderfarm bewirtschaften sollte. Gewiß kämpften auch auf seiten der kommunistischen »Pathet Lao« Angehörige des Meo-Volkes, aber an eine Versöhnung zwischen den feindlichen Brüdern war kaum mehr zu denken. Der schlimmste Leidensweg dieser eigensinnigen, verschlossenen und todesmutigen Außenseiter, die erst unter dem Druck der späten chinesischen Mandschu-Kaiser in Südostasien eingefallen waren, stand erst bevor.

In der schlammigen Dorfstraße von Long Cheng, wo die chinesischen Händler sich beeilten, ihren Plunder zu packen, um rechtzeitig über den Mekong nach Siam zu kommen, streunten Gruppen von Thai-Söldnern. 17000 dieser *mercenaries* aus dem Nachbarland hatte der CIA auf dem Höhepunkt der Kämpfe gegen die vorrückenden Divisionen Hanois angeworben. Die meisten waren bereits in ihre Heimat zurückgekehrt und hatten in Laos einen sehr schlechten Ruf hinterlassen. Die Phantasie-Uniformen der letzten Thai-Söldner waren mit viel Silberbeschlägen und aufgenähten Tigerköpfen verziert. Sie trugen schwarze Cowboyhüte. Sie spielten einen Thai-Western.

Die Mekong-Bar von Vientiane war dem revolutionären Puritanismus, der von Norden und Osten mit den vorrückenden »Pathet Lao« bereits an die Tore der Hauptstadt pochte, noch nicht zum Opfer gefallen. Die Gogo-Girls wippten im roten Scheinwerferlicht. Am Rande der Tanzfläche leerten beschäftigungslose Offiziere der Königlich Laotischen Armee und chinesische Geschäftsleute ganze Batterien von Bierflaschen. Die Taxi-Girls bemühten sich, vor dem Anbruch der neuen Ära noch ein paar Kip auf die Seite zu legen. In einem Nebenraum drängte sich eine Gruppe von Asiaten und amerikanischen Voyeuren um eine nicht mehr ganz junge, nackte Laotin, die mit einem ganzen Päckchen brennender Zigaretten eine obszöne Darbietung gab. Unter den Zuschauern entdeckte ich die staunenden blauen Augen des *galoping Major*, den irgendein Zufall ebenfalls nach Vientiane verschlagen hatte.

Im Hotel »Lane Xang« hatte sich eine Gruppe von amerikanischen Frauen etabliert, die zwischen 25 und 40 Jahren alt sein mochten. Sie wirkten recht bieder und trugen eine geheimnisvolle Plakette mit den Buchstaben MIA auf dem Busen. Wir rätselten lange an der Bedeutung herum, hatten zunächst angenommen, es handele sich um einen Vornamen, dann hatten wir auf eine medizinische Hilfseinheit getippt. Schließlich fragten wir die Damen selbst. MIA stand für *missed in action.* Die Amerikanerinnen waren die Frauen von US-Piloten, die über den Dschungeln von Laos oder Nordvietnam abgeschossen worden waren und von denen jede Spur fehlte. Nun waren sie nach Vientiane gekommen, um nach dem Schicksal ihrer Männer zu forschen und im Bestätigungsfall ihre Rentenansprüche geltend zu machen. Ein paar »MIA's« trösteten sich in ihrer Einsamkeit, indem sie mit den letzten Fliegern von *Air America* ausgingen. Der eine oder andere dieser Nachzügler war vielleicht des reichlichen Angebots an gelber Haut überdrüssig und wollte mal wieder ein Stück Heimat unter sich spüren.

Pol Pot ante portas

Kambodscha, im August 1973

Im Morgengrauen des 15. August schwebten die letzten B 52-Maschinen der amerikanischen Luftwaffe, von Kambodscha kommend, auf dem Stützpunkt Utapao in Süd-Thailand ein. Präsident Nixon hatte unter dem Druck des Senats auch für das Land der Khmer die Einstellung der Bombardierungen verfügt. Die amerikanischen Piloten, die in Utapao von der Presse bestürmt wurden, sagten lediglich, sie hätten einen »guten Job« verrichtet. Tatsächlich lagen fast sämtliche Pagoden im Aufstandsgebiet der »Roten Khmer« in Schutt und Asche. Die Dörfer waren verwüstet. Die militärische Kampfkraft der kommunistischen Partisanen war durch die Bombardierung jedoch kaum angeschlagen worden.

In Phnom Penh hatte man mit einer sofortigen Großoffensive der »Khmers Rouges« gerechnet. Statt dessen lockerte diese geheimnisvolle Aufstandsbewegung ihren Würgegriff rings um die Hauptstadt. Die Straße 5, die zur reichen Reisprovinz Battambang führt, war plötzlich wieder befahrbar. Die Flußkonvois aus Saigon trafen ziemlich unbehelligt über den Mekong in Phnom Penh ein. Auf der Straße Nr. 1, die bereits fünf Kilometer vor dem Stadttor fest in der Hand der Revolutionsbewegung war, fuhren wir wieder zu dem strategischen Mekong-Knick von Neak Luong, den die *US-Air Force* bei einem ihrer letzten Einsätze irrtümlich und ausgerechnet an einem Markttag eingeäschert hatte. In den Botschaften und Geheimdiensten wurde viel gerätselt über diese plötzliche Passivität der »Roten Khmer«. In Wirklichkeit kam die Wiederherstellung eines halbwegs normalen Transportwesens – sogar der Seehafen Kompong Som war wieder erreichbar – den Aufständischen mindestens in gleichem Maße zugute wie den Regierungstruppen des Marschall Lon Nol. Die nordvietnamesischen Divisionen, die sich im Schutz des Waffenstillstandes in ihren südvietnamesischen Einflußzonen zum letzten großen Sturm rüsteten, brauchten Nachschub. Eine Entlastung des Ho Tschi Minh-Pfades dank gesteigerter Lieferungen über Kambodscha war ihnen höchst willkommen.

Ganz ohne Amerikaner ging es natürlich nicht. Die Söldner-Piloten des CIA und der Linie *Air America* flogen verstärkte Transporteinsätze. Fast sämtliche Provinzhauptstädte waren eingekreist und nur durch die Luft zu versorgen. In einem grell bemalten Monstervogel, dessen Bug wie ein riesiger Schnabel zur Aufnahme der Fracht auseinanderklaffte, flogen wir in aller Frühe nach Kompong Cham. Das Städtchen ist etwa 120 Kilometer nordöstlich von Phnom Penh am Mekong gelegen. Hier war der Druck des Feindes am stärksten. Neben Reissäcken und Milchkonserven hatten wir auch Munition geladen. Vom Flugplatz Kompong Cham, der durch ein dilettantisches Bunkersystem geschützt war, fuhren wir zum Zentrum. Die Stadt war von der Bevölkerung weitgehend verlassen. Ein chinesischer Restaurateur servierte uns eine Nudelsuppe zum Frühstück. Er machte sich keine Illusionen über den Ausgang des Krieges und hatte seine Angehörigen bereits nach Thailand verschickt. Am Marktplatz filmten wir zwei Propagandaplakate: Das eine stellte einen rasenden Vietkong dar, der eine Pagode niederbrannte und buddhistische Mönche ermordete; auf dem zweiten intervenierte Buddha in Person, um die nordvietnamesischen und russischen Panzer, die – von fürchterlichen Dämonen bemannt – gegen seinen Lotos-Thron anrannten, mit magischer Geste zu vernichten.

Nur am Fluß herrschte rege Tätigkeit. Pirogen und Motorboote kamen über den Mekong. Das Gegenufer, das bereits von den »Roten Khmer« beherrscht wurde, war nur 700 Meter entfernt. Dort erstreckten sich die großen Kautschuk-Plantagen der französischen Kolonialzeit, die teilweise noch arbeiteten. Der Latex, das Rohgummi, wurde in glitschigen, übelriechenden Riesenklumpen ausgeladen und mit Lastwagen zum Flugplatz gebracht. Dort übernahmen die US-Piloten den Weitertransport zum Hafen Kompong Som und trugen somit indirekt zur Finanzierung der Kriegskasse der kambodschanischen Revolutionsarmee bei. Die Kulis ächzten unter den schweren Ballen, die sie vom Fluß auf das höhergelegene Ufer wuchteten.

Bei dem Chinesen trafen wir einen düster blickenden, ausgemergelten Franzosen. Trotz seines schlechten Gesundheitszustandes war der Mann peinlich sauber gekleidet und trug einen eleganten Seidenschal um den Hals. Sogar einen gewissen Galgenhumor hatte er bewahrt. Der Franzose gehörte zu jenen Kautschuk-Spezialisten, die sich selbst durch die Ankunft der roten Partisanen nicht aus ihren Plantagen hatten vertreiben lassen. Da sie für die Rohgummi-Gewinnung unentbehrlich waren, hatten sie in der ersten Phase – als die Nordvietnamesen noch den Ton angaben – eine gewisse Duldung genossen. Aber nach und nach war das Leben in den »befreiten Gebieten« von Mimot, Krek und Snoul unerträglich geworden. »Was hinter mir liegt, ist ein entsetzlicher Alptraum«, erzählte der Franzose. »Bei Ausbruch des Kambodscha-Krieges gab es höchstens tausend Rote Khmer. Die ganze Kriegführung lag in den Händen der Nordvietnamesen und des Vietkong. Die Vietnamesen sind mißtrauisch und bürokratisch, aber man konnte mit ihnen auskommen. Vor allem war man sich bei ihnen seines Lebens sicher. Aber nach und nach übernahmen die roten Kambodschaner die Verwaltung und die reale Macht. Ihre Kommissare, die über Leben und Tod eines jeden völlig willkürlich verfügten und deren Namen niemand kannte, waren Ausgeburten des Schreckens. Man hat vom Steinzeit-Kommunismus der Roten Khmer gesprochen. Mir ist vor allem die Herrschaft des totalen Terrors in Erinnerung geblieben, und das Instrument dieser mörderischen Willkür, die vor niemandem – weder vor den Bonzen, noch den Intellektuellen, ja nicht einmal vor den bewährten Lon Nol-Gegnern bürgerlicher Herkunft – haltmachte, waren Kinder und Halbwüchsige. Ich hatte ein persönlich schmerzliches Erlebnis. Nach den schweren Kämpfen und Verwüstungen im Sommer 1970 hatte ich ein fünfjähriges Waisenkind, ein Mädchen, bei mir aufgenommen und hatte es zwei Jahre lang beherbergt und verköstigt. Als ich anläßlich einer großen anti-imperialistischen Kundgebung an den öffentlichen Pranger gestellt wurde – eine sehr milde Maßnahme von seiten der Roten Khmer –, zogen die revolutionären Kinder an mir vorbei, um mich zu beschimpfen und zu bespeien. Diejenige, die sich am schlimmsten dabei gebärdete und nicht aufhörte, mir ins Gesicht zu spucken oder am Bart zu zerren, war die kleine Waise, der ich so viel Gutes getan hatte. Es ist ein unvorstellbares Inferno, das sich dort vorbereitet. Selbst die vietnamesischen Kommunisten, die jede Kontrolle über die Roten Khmer und deren anonyme Führung verloren haben, sind offenbar entsetzt. Es ist auch schon zu ersten Zusammenstößen zwischen den roten Brüdern von gestern gekommen.«

Der Name Kompong Cham erinnert an das alte hinduistische Reich Champa, das im heutigen Annam beheimatet war, zu kühnen Feldzügen gegen das damalige Imperium von Angkor ausholte und später durch die vietnamesischen Eroberer aus dem Norden vernichtet und aufgesogen wurde. Vom Volk der Cham sind nur noch wenige Spuren übriggeblieben. In Kambodscha mochten die Cham 80 000 Menschen zählen. Sie waren weder durch ihre Sprache noch durch ihren rassischen Typus zu erkennen, sondern lediglich durch den Umstand, daß sie aus einem kaum erklärbaren Reflex der Selbstbehauptung irgendwann zum Islam übergetreten waren. Vor allem längs der nordwestlichen Ausfallstraße Phnom Penhs hatten diese kambodschanischen Moslems, immer noch Cham genannt, ihre Dörfer und Gebetshäuser errichtet. Als ich den Imam einer bescheidenen Blech-Moschee mit einem Zitat aus dem Buch des Propheten begrüßte, kamen dem alten Mann die Tränen. Er führte mich in seine Koranklasse von etwa fünfzig Jugendlichen. Auf den hinteren Bänken saßen unter züchtigen Kopftüchern auch ein paar Mädchen. Er ließ die heilige Schrift aus Arabien verlesen und überreichte mir stolz eine Broschüre, die der Cham-Minderheit gewidmet war. Die Moslems von Kambodscha zeichneten sich durch militanten Antikommunismus aus. Sie hatten sogar eine autonome Militäreinheit aufgestellt, die von einem gewissen General Karim befehligt wurde. Während die übrigen Offiziere der Lon Nol-Armee seit Abzug der Amerikaner aus Vietnam in Thailand ausgebildet wurden, kümmerte sich die Republik Indonesien – wohl aus islamischer Solidarität – um das kleine Häuflein der Cham und holte deren Offiziere zu Instruktionskursen nach Jakarta.

Phnom Penh lebte in einer Atmosphäre der Unwirklichkeit. Ein Trupp nordvietnamesischer Sturmpioniere war vor ein paar Wochen in das Stadtzentrum eingedrungen und hatte die elegante hochgespannte Brücke über den Ton Le Sap gesprengt. Gleichzeitig bemächtigten sie sich im großen Sportstadion der dort abgestellten Panzerfahrzeuge und fuhren wild schießend durch die nächtlichen Straßen. Am nächsten Morgen hatten die Lon Nol-Truppen, die des Überfalls schließlich Herr geworden waren, die Leichen dieses Himmelfahrtskommandos wie auf einem Fleischmarkt zur Schau gestellt. Im März hatte ein rebellischer Pilot der kambodschanischen Luftwaffe versucht, seine Bombenlast auf die schwerbewachte Residenz Marschall Lon Nols abzuwerfen und das Gelände um 200 Meter verfehlt. Seitdem kapselte sich Lon Nol noch mehr von der Außenwelt ab. Zahlreiche Mitglieder der königlichen Familie wurden eingekerkert. Immer mehr Einfluß und Macht delegierte der Staatschef an seinen Lieblingsbruder, den *petit frère* Lon Non, dessen Korruptheit selbst für kambodschanische Verhältnisse zum Himmel schrie und den der amerikanische Botschafter ohne Erfolg kaltzustellen suchte. Sogar die Hofastrologen des Marschalls wurden ins Gefängnis geworfen, als ihre Horoskope nicht mehr den Erwartungen entsprachen. *Père Ubu* regierte in Phnom Penh.

Vor dem Königspalast begegneten wir einem buddhistischen Trauerzug. Auf Lafetten wurden die Särge von drei hohen kambodschanischen Offizieren zur Einäscherung geleitet. Sie waren auf der mehrfach von uns benutzten Straße nach Neak Luong in einen tödlichen Hinterhalt geraten. Die Militärkapelle spielte im Tango-Rhythmus einen Trauermarsch, aus dem von Zeit zu Zeit französische Clairon-Töne schmetterten. Die goldgelben Bonzen gaben der Trauerfeier das eigentliche Gepräge. Die Hinterbliebenen waren gefaßt. Der Tod erschien hier als etwas Natürliches, als der Übergang zu einer neuen Inkarnation. Bald stieg am Ufer des Ton Le Sap, wo die Wracks der versenkten Schiffe ihre rostenden Schnauzen in den bleigrauen Monsunhimmel hoben, der Qualm der Totenverbrennung auf. Der Weihrauch überdeckte den süßlichen Leichengeruch. Ein alter Mann in schwarzem Anzug nahm mich beiseite: »Wir müssen in einem früheren Leben viel gesündigt haben, daß wir heute so hart gestraft werden«, sagte er.

Die Gastlichkeit des Geschäftsträgers der Bundesrepublik Deutschland in Phnom Penh, Marschall von Bieberstein, war bei Diplomaten und Journalisten hochgeschätzt. Er hatte vor der Schließung des Blockaderings der »Roten Khmer« genügend exzellente Weine aus seiner badischen Heimat kommen lassen, um die Belagerung zu überstehen. Beim abendlichen Gespräch auf der Terrasse der deutschen Residenz waren die Meinungen über die Zukunft Kambodschas oft geteilt. Vor allem an der Figur des Prinzen Sihanuk schieden sich die Geister. Ich hatte *Monseigneur*, wie die Franzosen den gestürzten Staatschef von Kambodscha immer noch nannten, im Frühherbst 1972 in Peking aufgesucht. Seine rastlose Behendigkeit war ihm erhalten geblieben. Sihanuk wohnte im alten Diplomatenviertel von Peking. Der Toreingang und auch der Vorraum zu seinem Besprechungszimmer waren von Soldaten der chinesischen Volksbefreiungsarmee in grüner Uniform mit rotem Stern bewacht. Der Prinz genoß die persönliche Sympathie und Protektion Tschou En-lais, aber die Emissäre der »Roten Khmer« stützten sich auf die Komplizenschaft jener linksradikalen Kreise, die später als »Viererbande« berühmt wurden. Der politischen Aktivität Sihanuks wurden durch die ständige Präsenz eines hochgestellten Aufpassers aus den Reihen der kambodschanischen Kommunisten namens Ieng Sary enge Grenzen gesetzt. Ieng Sary sollte später Außenminister des blutrünstigen Pol Pot-Regimes von Phnom Penh werden.

Während der Audienz ließ sich *Monseigneur* von all den Miseren nichts anmerken. Sein oberstes Ziel jenseits aller Ideologie sei die Unabhängigkeit und das Überleben seines Landes, erklärte er. Ob im Kambodscha von morgen noch ein Platz für Sihanuk sei, darüber sollten seine Landsleute befinden. »Eine Welt ist in Brüche gegangen, die meine Welt war«, beendete der Prinz aus dem Geschlecht der Herrscher von Angkor das Interview und stimmte sein schrilles Lachen an, während die Augen starr und traurig auf den Besucher gerichtet waren.

Jetzt wurde auf der deutschen Terrasse von Phnom Penh im Schein des blutroten Sonnenuntergangs und zum Genuß badischen Weißweins darüber gestritten, ob Norodom Sihanuk den sogenannten befreiten Gebieten Kambodschas tatsächlich einen Besuch abgestattet habe. Ich hatte den Film über diese Reise, der von chinesischen Kameraleuten gedreht worden war, vor meiner Abreise in Paris gesehen. Über die Authentizität des Dokuments bestand kein Zweifel. Sihanuk wie auch seine Frau, Prinzessin Monique, hatten die schwarze Pyjama-Uniform der »Roten Khmer« angezogen und den »Karma«, das schwarz-weiß gesprenkelte landesübliche Tuch um den Hals geschlagen, das den Kambodschanern als Sonnenschutz, als Bauchbinde, als Handtuch und Schlafdecke dient. Der Staatschef, diesen Titel hatte er im Exil bewahrt, nahm die Huldigung einer Einheit schwarz gekleideter Partisanen entgegen, die unter den Hevea-Bäumen einer Gummiplantage Schutz vor der amerikanischen Luftaufklärung gefunden hatten. Er besuchte buddhistische Pagoden, faltete die Hände und verbeugte sich devot vor den kahlgeschorenen Bonzen. Er wurde in der Tempelstadt von Angkor Wat gefilmt, vor einem Hintergrund kambodschanischer Größe, der ihm eine zusätzliche Legitimität verlieh. Die dramatischste Szene war die Begegnung Sihanuks mit seinem alten Todfeind Kieu Samphan, der zu jenem Zeitpunkt als zentrale Führungsfigur in der geheimnisvollen Organisation der »Roten Khmer« angesehen wurde. Zu Unrecht übrigens, wie sich später herausstellte. Kieu Samphan war vom Lon Nol-Regime offiziell für tot erklärt worden. Er hatte einst mit einer These über die totale Neuverteilung des Bodenbesitzes in Kambodscha an der Sorbonne promoviert und war vorübergehend Minister unter Sihanuk gewesen. Aber dann traf ihn der Bannstrahl des Autokraten, und es hieß, er sei von der königlichen Gendarmerie umgebracht worden. Nun begegneten sich der Prinz und der Kommissar im Dschungel von Ratanakiri, und sie umarmten sich wie alte Freunde. Die Bilder des Films waren authentisch, aber alle Gefühle, Verbrüderungen, Toleranz-Szenen, die dort zur Schau gestellt wurden, wirkten künstlich und verlogen. Jedermann wußte zu jener Zeit bereits, daß die Bonzen unter der roten Revolution nichts zu lachen hatten.

Bei den Westdeutschen servierte man badischen Wein. Bei den Ostdeutschen gab es Radeberger Bier. Die DDR hatte einen sehr aktiven Kultur- und Pressereferenten nach Phnom Penh geschickt. Im Brieffach des Hotels »Monorom« fand ich seine Visitenkarte mit der

Einladung zu einem gemeinsamen Abendessen. Herr K. war ein agiler Vierzigjähriger mit kurzgeschnittenem, blondem Haar. Er sprach mit Berliner Akzent. Im Gegensatz zu so vielen Emissären aus Ostberlin gab er sich gelockert und fast burschikos. Er mußte wohl einen speziellen Vertrauensposten bekleiden, um so ungeniert meine Gesellschaft zu suchen. In der Innenstadt war es erdrückend schwül, und das vorzügliche chinesische Restaurant, in das mich K. eingeladen hatte, war nicht klimatisiert. Die Moskitos surrten in dicken Schwärmen um die Neonröhren, während die Söhne des Himmels an den Nebentischen, reiche Kaufleute von Phnom Penh, die am Kriege ein Vermögen verdient hatten, sich mit steigendem Alkoholgenuß lärmend zuprosteten und immer lauter rülpsten.

Nach einer Stippvisite in der Villa des Pressereferenten, wo uns eine brave, blonde Frau das unvermeidliche Radeberger Bier mit sächsischer Freundlichkeit ausgeschenkt hatte, forderte mich K. zu einer Tournee durch die Nachtlokale von Phnom Penh auf, ein ziemlich ungewöhnliches Angebot für einen Ostblock-Diplomaten. Wir hockten uns an eine Bar, umgeben von grell bemalten Prostituierten, von betrunkenen kambodschanischen Offizieren und amerikanischen Söldner-Piloten. Im Etablissement nebenan war es am Nachmittag zu einer Schießerei gekommen, als ein kambodschanischer Major vergebens auf die Auszahlung einer größeren Gewinnbeteiligung gepocht hatte. Von den Schüssen des aufgebrachten Offiziers war ein skandinavischer Experte tödlich getroffen worden. Der Barbesitzer hatte geistesgegenwärtig hinter der Theke Deckung gesucht. Nach dem dritten Whisky kam K. zur Sache. Er entwarf ein sehr nuanciertes Bild der Lage in Indochina. Die Osteroffensive der Nordvietnamesen im Jahre 1972 sei keineswegs mit Ermutigung oder gar auf Wunsch der Sowjetunion erfolgt. Hanoi betreibe seine eigene Politik der Wiedervereinigung auf Biegen und Brechen. Im übrigen sei General Giap, der nordvietnamesische Oberbefehlshaber, wohl etwas übergeschnappt, seit er glaube, den Partisanenkampf zugunsten des Panzerkrieges vernachlässigen zu können. Für eine moderne konventionelle Kriegführung nach russischem Modell fehle es den Nordvietnamesen an der elementaren Logistik. Auf meine Frage, warum die Sowjetunion und deren Verbündete ihre diplomatischen Vertretungen in Phnom Penh auch unter dem Regime Lon Nol beibehalten hätten, wo ihre Sympathie doch den Roten Khmer gehören sollte, kam eine sibyllinische Antwort. Es gehe für die Ostblockstaaten darum, in Phnom Penh nicht nur einen Beobachtungsposten, sondern auch eine Stellung zu halten. Irgendwie müsse es zum Kompromiß kommen, denn die Bewegung, die man als »Rote Khmer« bezeichne, gleite immer mehr unter den Einfluß von chaotischen und unberechenbaren Elementen ab. Sogar im Interesse der vietnamesischen Freunde müßten die Staaten des Warschauer Paktes in Phnom Penh präsent bleiben, denn Hanoi blicke mit immer größerer Sorge auf die ideologischen Abweichungen im Lager der kambodschanischen Revolution. Wenn die Chinesen sich selbst ins Abseits setzen wollten, dann sei das ihre Sache.

Welche Botschaft mir Herr K. tatsächlich übermitteln wollte, ist mir in dieser Nacht nicht klargeworden. Der Fahrstuhl im Hotel »Monorom« war wieder einmal blockiert, und so stieg ich mit brummendem Schädel die vier Treppen zu meinem Zimmer hoch. Vom Flugplatz Pochentong klang der topfige Lärm einschlagender Granaten. Hoffentlich würde das Flugzeug der *Air Vietnam* am nächsten Mittag einigermaßen pünktlich nach Saigon starten.

Gefangener des Vietkong

Südvietnam, im August 1973

Wir trauten unseren Augen nicht. Wie das Tor zu einer Geisterwelt ragte ein riesiges Portal in der verwüsteten Landschaft. Die rote vietnamesische Inschrift auf dem oberen Querbalken ließen wir uns von unseren Fahrern übersetzen. Es war darin von Volksbefreiung, von Sozialismus und Wiedervereinigung die Rede. Über dem Seitenpfosten wehte das Fanal der Revolution, die blau-rote Fahne des Vietkong mit dem gelben Stern im Mittelfeld. Eine Friedenstaube aus Blech klapperte im Wind. Die Straße 13 war unter dem Torbogen durch einen Lehmwall von etwa 50 cm Höhe gesperrt. Viel später erfuhren wir, daß darin Antitank-Minen verbuddelt waren.

Bis dahin war es eine ereignisarme Fahrt gewesen. Ich hatte erkunden wollen, wo nördlich von Saigon auf der im Vorjahr heiß umkämpften Straße 13, auch *Road to Peace* genannt, die Waffenstillstandslinie oder – besser gesagt – die neue Front verlief. Niemand hatte in Saigon genaue Angaben gemacht. Den südvietnamesischen Divisionsgefechtsstand von Lai Khe, 40 Kilometer nördlich der Hauptstadt, wo normalerweise alle Unbefugten angehalten und zurückgeschickt wurden, hatten wir in einer großen Schleife passiert. Wir wunderten uns über eine Gruppe von vietnamesischen Zivilisten, die mit vollgepackten Honda-Motorrollern an einer Straßensperre warteten und von Soldaten der Saigoner Regierung kontrolliert wurden. Uns winkten sie durch, angeblich – wie uns nachträglich berichtet wurde – weil man uns für Mitglieder der Internationalen Kontrollkommission gehalten hatte. Ein paar letzte südvietnamesische Sandsackbunker, über denen die gelbe Fahne mit den roten Streifen wehte, ein Wachtturm, und dann waren wir allein in einer Landschaft des Todes. Zu beiden Seiten des beschädigten Asphaltbandes häuften sich die Trümmer des Krieges, verrostete Panzer, zerschmetterte Lastwagen, zerbombte Stellungen und Batterien. Das Gras wucherte bereits hoch über dem Unrat der Vernichtung. Der Monsun-Himmel hing niedrig und bleischwer. Die Stimmung in dieser feindseligen Einsamkeit war beklemmend. Jean-Louis Arnaud, der Saigoner Korrespondent der französischen Nachrichtenagentur AFP, den ich am Vorabend bei einem Pressecocktail zu dieser Informationsfahrt überredet hatte, legte mir die Hand auf die Schulter. »Du weißt, daß ich um 16.00 Uhr eine Verabredung mit Botschafter Mérillon in Saigon habe«, mahnte er. Ich erwiderte, daß auch wir bis spätestens 17.00 Uhr Filmmaterial verschicken müßten. Wir waren ja höchstens 50 bis 60 Kilometer von Saigon entfernt, und es war noch nicht Mittag.

Da hatten wir unvermittelt dieses Portal erreicht, das eindeutig die Grenze des Vietkong-Territoriums bezeichnete. Eine wirkliche Demarkationslinie zwischen den Bürgerkriegsparteien gab es nicht, und trotz des Pariser Waffenstillstandsabkommens waren die Schießereien nie zur Ruhe gekommen. Die Stellungen der Gegner waren eng ineinander verzahnt. Man sprach vom sogenannten Leopardenfell, so gescheckt boten sich die von der roten Partei beherrschten Gebiete dar. Man hätte sie besser mit Tintenklecksen auf einem Löschblatt verglichen, deren Ränder immer mehr ausliefen. Vor dem Torbogen ließ ich unsere beiden Limousinen wenden, um unverzüglich die Rückfahrt antreten zu können. In Eile wollte ich vor diesen Emblemen der vietnamesischen Revolution einen *On-Kommentar*, einen Lagebericht, sprechen. Während wir das Stativ der Kamera aufrichteten, raschelte es ringsum in den hohen Grasbüscheln, und mit vorgehaltenen Schnellfeuergewehren kamen etwa zwanzig grünuniformierte Soldaten konzentrisch und lautlos auf uns zu. Es bestand kein Zweifel: der grüne runde Dschungelhut, die Waffen vom Modell AK 47, die flatternden Hosen, die Ho Tschi Minh-Sandalen wiesen die kleine Truppe als Partisanen des Vietkong oder als nordvietnamesische Reguläre aus.

Die sehr jungen Männer, die uns umzingelten, hatten offene, bäuerliche Gesichter. Ich ging auf den vordersten zu und schüttelte ihm die Hand. Das entsprach einer alten Erfahrung aus den Kongo- und Katanga-Wirren. Der meuternden schwarzen Soldateska, die stets den nervösen Finger am Abzug hatte, flößte man damals durch diese uralte Geste der Verständigung ein wenig Vertrauen ein. Im übrigen konnte ein händeschüttelnder Bewaffneter nicht schießen. Beim Vietkong schienen solche Befürchtungen überflüssig. Die Truppe war diszipliniert. Die Partisanen wiesen uns ohne jede Aufregung an, im Straßengraben Deckung zu suchen. Offenbar erwarteten sie Störfeuer der Südvietnamesen. Unsere schwerfälligen Limousinen dirigierten sie um das Portal herum nach Norden. In 200 Meter Entfernung wurden die Fahrzeuge mit Laub getarnt. Dann führten sie uns in eine Holzbaracke, die als offizieller Kontrollpunkt diente. Das Kameramaterial wurde beschlagnahmt, aber auf heftigen Protest unseres Kameramanns wurde ihm eine Quittung mit dem Stempel der Befreiungsfront ausgestellt. Die Verständigung war schwierig, und wir wußten nicht, wer der diensthabende Offizier war. Rangabzeichen gab es beim Vietkong nicht. Ich hatte meine Begleiter angewiesen, mit unseren Wächtern lediglich französisch und auf keinen Fall englisch zu sprechen. Der Dolmetscher Thanh, ein Neffe unseres vietnamesischen Mitarbeiters Tran Van Tin, der mit vielen Listen und mit Hilfe seines Onkels der Einberufung in die südvietnamesische Armee bisher entgangen war, schien völlig eingeschüchtert. Er war blaß und brachte kaum ein Wort heraus. Für unsere Pässe interessierten sich die Partisanen nicht sonderlich, auch nicht für die französischen Identitätspapiere Jean-Louis Arnauds. Sie hatten Thanh mitgeteilt, daß ihnen unsere Eigenschaft als Journalisten sehr fragwürdig vorkomme, und niemand könne garantieren, daß wir nicht CIA-Agenten seien. Wir setzten uns auf eine Bank und warteten. Die Blicke der jungen kommunistischen Soldaten waren eher neugierig als feindlich. Die höheren Chargen gaben sich durch mißtrauische Distanz zu erkennen.

Auf der Straße entstand plötzlich Bewegung. Die Honda-Kolonne, die wir am südvietnamesischen Kontrollposten Lai Khe überholt hatten, staute sich vor dem Vietkong-Portal. Hier war mitten im Spannungsgebiet zwischen den Fronten eine Art kleiner Grenzverkehr erhalten geblieben. Die Ortschaft Chon Tanh war kurz vor der offiziellen Feuereinstellung von den Nordvietnamesen umzingelt, aber nicht erobert worden. Die Bürgerkriegsparteien hatten einen Modus Vivendi vereinbart und den Einwohnern von Chon Tanh erlaubt, jeden Morgen in südlicher Richtung nach Lai Khe zu fahren, um dort Lebensmittel einzukaufen. Am frühen Nachmittag kehrten sie wieder zurück. Natürlich profitierte auch die kommunistische Seite von diesem Arrangement, sonst hätte sie sich schwerlich darauf eingelassen. Die 30 Kilometer weiter im Norden gelegene Festung An Loc, die immer noch von südvietnamesischen Fallschirmjägern gehalten wurde, konnte von Saigon aus nur durch Hubschrauber versorgt werden.

Gegen Abend tauchte ein junger Politischer Kommissar auf, musterte uns bärbeißig und sprach kein Wort. Er war von sechs Bewaffneten begleitet. Er gab uns zu verstehen, daß wir zu einer Unterkunft im Wald abgeführt werden sollten. Die Wegstrecke dehnte sich über sieben Kilometer in nordwestlicher Richtung. Unsere Bewacher trugen ihre AK 47 im Anschlag, um jeden Fluchtversuch zu vereiteln. Der Kommissar hielt eine Handgranate abzugsbereit. Das Gelände, durch das wir marschierten, war von B 52-Bombardierungen der Amerikaner verwüstet worden. Die gewaltigen Trichter hatten sich mit Wasser gefüllt und trugen am Rande bereits wieder eine hellgrüne Grasnarbe. Im Westen verschwand die Abendsonne mit tropischer Eile hinter einer bizarren schwarzen Wolkenwand. Wir gingen ohne Gepäck, denn das Kameragerät hatten die Vietkong uns abgenommen, und wir hatten für unseren kurzen Tagesausflug nicht einmal eine Zahnbürste oder Anti-Malariapillen, geschweige denn ein Hemd zum Wechseln mitgenommen. Arnaud und die Team-Mitglieder trugen Stadtschuhe oder Sandalen. Ich hatte als einziger hohe Pataugas-Stiefel angezogen, weil ich seit meinem ersten Indochina-Aufenthalt nur mit festem Schuhwerk ins Reisfeld ging.

Wir drangen in ein modriges Dickicht ein, als die Dämmerung uns einholte. Plötzlich stießen wir auf ein paar Bambushütten und Erdbunker. Der kleine Vietkong-Stützpunkt war durch Stacheldraht und Bambusspitzen abgesichert. Ein ernster Offizier, der im Rang eines Hauptmanns stehen mochte, nahm uns in Empfang. »Versuchen

Sie nicht zu fliehen«, ließ er uns übersetzen, »rings um das Lager haben wir Minen gelegt, auf die Sie unweigerlich treten würden.« Die Soldaten, die uns keine Stunde allein ließen, waren wachsam, aber korrekt. Sie trugen grüne runde Dschungelhüte und grüne Uniformen. Unsere Fahrer, die im Laufe des Abends von uns getrennt wurden, flüsterten uns zu, daß diese jungen Krieger an ihrem Akzent deutlich als Nordvietnamesen auszumachen seien. Wir waren also nicht bei Partisanen des südvietnamesischen Vietkong, sondern bei einer regulären Einheit aus dem Norden. Nachdem ich mehrere Male Durchfall vorgetäuscht hatte, um eventuell noch eine Möglichkeit zur Flucht auszukundschaften, ließ mich der Hauptmann in seine Hütte rufen. Die Nacht war hereingebrochen. Die Soldaten sangen schwermütige Lieder. Er mache sich Sorgen um meine Gesundheit, meinte der Kommandeur. In Erwartung einer besseren Medizin rate er mir, *Tiger Balm* auf meinen Bauch zu schmieren, und er gab mir tatsächlich das kleine Salbendöschen, dem die Ostasiaten eine fast magische Heilwirkung zuschreiben. »Sie täten besser daran, meinen Begleitern etwas zu essen und uns eine Schlafstatt anzubieten«, erwiderte ich. Tatsächlich hockten wir alle noch höchst unbequem auf einer Bretterstange, während die Soldaten ihre grünen Plastik-Hängematten aufspannten.

Man brachte uns daraufhin Reis, heißes Wasser und ein paar Halme undefinierbaren Gemüses. Die Nordvietnamesen aßen die gleiche kärgliche Mahlzeit. Der Hauptmann wies uns eine große Pritsche zu. Meine Gefährten hatten das unerwartete Mißgeschick mit erstaunlicher Gelassenheit hingenommen. Kameramann Josef Kaufmann war in erster Linie um seine Ausrüstung besorgt, fürchtete die Einwirkung der Feuchtigkeit auf die empfindlichen Geräte und versuchte unsere Bewacher radebrechend davon zu überzeugen, daß sie für dieses wertvolle Gerät verantwortlich gemacht werden könnten. Klaus Pattberg, ein ruhiger und humorvoller Kölner, überlegte bereits, wie wir die bevorstehenden Tage oder Wochen der Haft in guter physischer und psychischer Verfassung überdauern könnten. Er entwarf ein Programm von Leibesübungen und bastelte schon am nächsten Tag an einem primitiven »Mensch ärger dich nicht«- und Halma-Spiel. Dieter Hofrath, der Toningenieur aus Rheinhessen, der die Vietnamesen wie ein Goliath überragte, setzte der Ungewißheit unserer Situation ein angeborenes Phlegma entgegen. Halb im Scherz meinte er: »So hatte es bei den Maltesern wohl auch angefangen.« Gemeint war jene Gruppe von deutschen Helfern des Malteserordens, die bei einem Sonntagsausflug in der Umgebung von Da Nang vom Vietkong entführt worden war. Man hatte die unerfahrenen Jungen und Mädchen gezwungen, wochenlang durch den Dschungel in Richtung Hanoi zu marschieren, und die meisten waren den Strapazen erlegen. Hierin sah auch ich die größte Gefahr. Ich war absolut sicher, daß wir von den Nordvietnamesen weder umgebracht noch mißhandelt würden. Dafür kannte ich sie seit zu langer Zeit. Aber wenn sie uns – selbst bei Gewährung privilegierter Verpflegungsrationen – über endlose Dschungel- und Gebirgspisten in Richtung Norden abschleppen würden, dann wäre das Risiko der totalen Erschöpfung und einer tödlichen Erkrankung riesengroß. Der Franzose Jean-Louis genoß das Abenteuer mit der seiner Nation eigenen intellektuellen Neugier. Nur gelegentlich zwirbelte er sorgenvoll an dem gewaltigen Gardeschnurrbart, den er sich in Erinnerung an seine Korrespondentenzeit in Delhi nach britischer Kolonialmanier hatte wachsen lassen.

Wir wurden durch das Gegacker der Hühner und die Rufe der Posten geweckt. Über Nacht hatte unsere Bewachung wohl in Funkverbindung mit dem Hauptquartier der Revolutionsstreitkräfte in Loc Ninh gestanden. Eine blutjunge Krankenschwester mit Rotkreuz-Binde nahm sich unser an. Jeder von uns mußte zum heißen Wasser, das uns in Ermangelung von Tee gereicht wurde, eine Chinin-Tablette schlucken. Wie wir später erfuhren, waren die meisten Ausfälle unter den Nordvietnamesen auf Malaria zurückzuführen. In der Reissuppe schwamm sogar ein winziges Stück Fleisch. Der Hauptmann sagte uns, daß unser Gewahrsam bei der Befreiungsfront mindestens ein paar Tage dauern würde. Da wir weder Seife, Rasierzeug, Handtuch, Kopfbedeckung noch Proviant besaßen, biete er sich gern an, das Nötige besorgen zu lassen. Der tägliche Honda-Konvoi nach Lai Khe werde in etwa drei Stunden starten. Er wolle unseren Dolmetscher Thanh an die Straße 13 schicken, und wir sollten ihm aufschreiben, was wir brauchten und Geld dazugeben. Am Nachmittag komme Thanh dann mit dem Gegenkonvoi zurück.

Ich nahm eine Visitenkarte heraus, aber statt die benötigten Gebrauchsartikel zu notieren, schrieb ich auf die Rückseite: »We are prisoners of the Vietcong near Road 13. Please prevent immediately German Embassy in Saigon for liberation. Help!« Als ich Jean-Louis den Text zuflüsterte, amüsierte er sich vor allem über das Schlußwort. »Du hast zu viel Beatles-Filme gesehen«, meinte er. Thanh schärfte ich ein, sofort nach Saigon zu fahren und dort die deutsche und französische Botschaft zu alarmieren. Ich warnte ihn vor der südvietnamesischen Polizei. Auf keinen Fall solle er zum Vietkong zurückkommen. Die List klappte. Eine kleine Genugtuung war es schon, die berufsmäßigen Verschwörer des vietnamesischen Untergrunds zu übertölpeln.

Gegen Mittag wurden wir in eine neue Unterkunft verlegt. Wir kampierten jetzt in einem umfangreichen Waldlager, wo ein Bataillon Nordvietnamesen vorgeschobene Etappen- und Erholungspositionen bezogen hatte. Sie wechselten sich dort wöchentlich ab. Die eigentliche Frontlinie war höchstens fünf Kilometer entfernt, und bei Nacht hörten wir Artilleriefeuer. Die Vietkong waren Meister der Tarnung. Aus der Luft war unser Camp mit Sicherheit nicht zu erkennen. Die Laubhütten leiteten zu unterirdischen Höhlen über, wo wir im Ernstfall Schutz vor Granateinschlägen suchen sollten. Unsere Hängematten aus grünem Nylon und die Moskitonetze knoteten wir in überdachten Splittergraben fest. Die Kost bei der Revolutionsarmee sei spärlich, hatte uns der Hauptmann übersetzen lassen. Aber es solle uns nach Möglichkeit das Beste geboten werden. Das Wasser, das man uns reiche, sei abgekocht und keimfrei. »Wir werden uns mit wenig zufriedengeben«, antwortete ich, wir essen gern Reis, und wenn wir dazu wie die vietnamesischen Bauern etwas Nuoc Mam, die landesübliche Soße aus gefaultem Fisch bekämen, wären wir hoch zufrieden. Der Hauptmann wurde verlegen: »Reis haben wir ja, aber Nuoc Mam ist für uns ein unerschwinglicher Luxus. Zum Würzen des Reis begnügen wir uns mit salzigem Wasser.« Wir durften den Umkreis der drei Hütten, die uns zu je zwei Personen zugewiesen waren, nicht verlassen. Der Posten ließ uns nicht aus den Augen. Aber einen Transistor hatte man uns zur Verfügung gestellt, und ein junger Soldat aus Tonking erzählte einem unserer Fahrer, daß er und seine Kameraden regelmäßig BBC hörten. »Die BBC lügt nicht«, hieß es beim Vietkong. Unsere Stimmung war nicht auf dem Höhepunkt. Die Erregung der ersten Stunde machte einer gewissen Depression Platz. Am Nachmittag näherte sich ein streng blickender hagerer Offizier. Er teilte uns vorwurfsvoll mit, daß der Dolmetscher Thanh, statt unsere Provisionen zu kaufen und zurückzukommen, wohl zu den »Marionetten« von Saigon geeilt sei, um dort Bericht zu erstatten. Das spreche nicht zu unseren Gunsten. Wir beteuerten unsere Unschuld, aber die beiden vietnamesischen Chauffeure, die sehr viel ängstlicher waren als wir, wurden von nun an streng abgesondert, und wir verfügten über keinerlei Verständigungsmöglichkeit mehr. Gegen Abend fand Josef Kaufmann die Wellenlänge der BBC, und plötzlich hörten wir sein Jubelgeheul. Der Nachrichtensprecher hatte mitgeteilt, daß ein deutsches Fernsehteam und ein französischer AFP-Korrespondent vom Vietkong gefangengenommen worden seien. Der Beauftragte der Befreiungsfront habe erklärt, die Festgenommenen befänden sich bei guter Gesundheit. Damit waren wir die schlimmste Sorge los, unser Verschwinden sei in Saigon gar nicht bemerkt worden. Wir segneten Thanh und wußten zu dem Zeitpunkt nicht, daß der arme Kerl, in Lai Khe von der südvietnamesischen Militärpolizei geschnappt, in einer feuchten Zelle inhaftiert saß und vor Angst fast umkam.

Nachmittags hörten wir Ballaufschläge und die Stimmen von Volleyballspielern. In der Nacht sangen die Nordvietnamesen Revolutionslieder. Eine Weise prägte sich uns besonders ein, weil der Refrain sich endlos wiederholte und mühelos verständlich war: »Vietnam, Ho Tschi Minh! Vietnam, Ho Tschi Minh! Vietnam, Ho Tschi Minh!« Um uns kümmerte man sich kaum. Man brachte uns Essen und Chinin und wartete offenbar Weisungen der Befehlsstelle in Loc Ninh ab. Unsere Beteuerungen, wir seien harmlose Journalisten und hegten keinen anderen Wunsch, als in unser Hotel in Saigon zurückzukehren, stießen auf Schweigen und verschlossene Mienen. Der dritte Tag begann mit bösen Ahnungen.

Am dritten Morgen führten uns zwei Soldaten zu einem riesigen B 52-Trichter, der sich mit klarem Regenwasser gefüllt hatte. Wir streiften unsere verschwitzte Kleidung ab und badeten, während die Wachen ihre AK 47 schußbereit hielten. Während der schwülen Mittagsstunde der Siesta kam die große Wende. Im Urwald knatterte ein Motor, ein völlig ungewohntes Geräusch. Vor unserer Hütte hielt ein schlammverkrusteter Honda. Der Fahrer mochte bereits fünfzig Jahre alt sein und wirkte trotz seiner grünen Uniform wie ein Zivilist. Er ging unverzüglich auf uns zu, schüttelte uns die Hand und hieß uns im Namen der »Nationalen Befreiungsfront von Südvietnam« in den »befreiten Gebieten« willkommen. Er sprach ein fast elegantes Französisch mit stark vietnamesischem Akzent. »Entschuldigen Sie meine Verspätung«, sagte Kommissar Huyn Ba Tang und stellte sich vor. »Die Pisten zwischen Loc Ninh und diesem Lager sind in der Regenzeit kaum befahrbar. Aber ich bringe gute Nachricht. Sie sind von unseren Verbindungsstäben in Saigon eindeutig als Journalisten identifiziert worden. Sie sind nicht länger mehr unsere Gefangenen, sondern dürfen sich als unsere Gäste betrachten. Wenn Sie nach Saigon zurückwollen, werden wir Sie möglichst bald auf den Weg schicken. Falls Sie jedoch den Wunsch haben, in der befreiten Zone zu filmen und über uns zu berichten, steht Ihnen das frei.« Er wies auf eine Kolonne von Soldaten, die aus dem Busch kam und unsere gesamte Kameraausrüstung – fein säuberlich in Nylon verpackt – bei uns ablieferte. Sogar die Batterien waren noch aufgeladen und brauchbar. Die Wendung unseres Schicksals grenzte ans Wunderbare. Die mißtrauischen Bewacher verwandelten sich in lächelnde Betreuer, die uns in leeren Granathülsen wäßrigen Tee servierten. »Sie werden auf manches verzichten müssen«, meinte Huyn Ba Tang mit einem scheuen Lächeln, »aber wir werden unser Bestes tun, damit Sie sich bei uns wohlfühlen.«

Wir hatten ihn gleich liebgewonnen, diesen stillen kleinen Mann, der uns später schilderte, wie er seit mehr als zwanzig Jahren im Untergrund, erst gegen die Franzosen, dann gegen den Diktator Diem, schließlich gegen die Amerikaner und Präsident Thieu, gekämpft hatte. Er war vom Tod immer wieder gestreift worden, war zweimal in Flächenbombardements der B 52 geraten und hatte mit der Zähigkeit einer Katze überlebt. Kommissar Huyn Ba Tang war ein Außenseiter und Sonderling unter seinen Revolutionskameraden. Er stammte aus einer kleinbürgerlichen Familie in Saigon. Sein Vater hatte als Beamter früher in der französischen Administration gedient. Zu hohen Ehren und Rängen hatte Huyn Ba Tang es wohl bei den Partisanen nicht gebracht. Wir merkten bald, daß in dieser Armee, die aus dem Dschungel kam, die harten »Profis« aus dem Norden, die Apparatschiks der Partei und die Techniker des Krieges nunmehr das Sagen hatten. Daran gemessen, war Huyn Ba Tang ein frommer Idealist, ein einfältiger Träumer, kurzum ein viel zu guter Mensch. Dieter Hofrath fand den Spitznamen, den dieser sonderbare Kommissar bis zum Ende bei uns behalten sollte: »Pater Albert«. Etwas Klerikales, Mönchisches ging von ihm aus, und ich mußte an den elsäßischen Bischof Seitz in Kontum denken, der seinen Vietkong-Gegenspieler als einen »Heiligen« bezeichnet hatte.

Von nun an durften wir mit Kamera und Tonbandgerät durch das Lager streifen. Die Soldaten, kräftige Bauernburschen zwischen 18 und 28 Jahren, lächelten uns freundlich zu. Sie zeigten uns ihre

Kochstelle, deren Rauchabzug durch einen hundert Meter langen Tunnel geleitet wurde, um die feindliche Luftaufklärung zu täuschen. Das Feldlazarett verschwand unter Laub und grünen Netzen. Es war so angelegt, daß es binnen zwei Stunden abgebrochen werden konnte. Die Beleuchtung über dem Operationstisch wurde durch ein Fahrrad betrieben. Die Muskelkraft mußte das Notaggregat ersetzen. In mancher Hinsicht glich dieses Dschungellager einem Pfadfinder-Camp. Ununterbrochen war für Beschäftigung der Soldaten gesorgt. Sie führten immer noch eine kärgliche Existenz in ihren Laubhütten und den darunter eingegrabenen Schutzstollen, aber gemessen an der Hölle, durch die sie gegangen waren, an den Fuchsbauten und Rattenlöchern, in denen sie vor Napalm und Bomben jahrelang Zuflucht gesucht hatten, lebten sie jetzt unter fast paradiesischen Bedingungen. Was machte es da schon aus, wenn bei Nacht die Artillerieeinschläge einmal näherkamen.

Jean-Louis fand ein sehr herzliches Verhältnis zu den Partisanen. Irgendeine Magie war doch noch wirksam zwischen diesem sehr typischen Repräsentanten der alten Kolonialmacht und den Bauernsöhnen aus Tonking. Denn aus dem Norden stammten sie fast alle, diese Krieger der Revolution, und sie machten gar kein Geheimnis daraus. Die meisten kamen aus dem übervölkerten Delta des Roten Flusses, und wenn ich ihnen mitteilte, daß ich aus dem Ersten Indochina-Krieg Hanoi, Haiphong, Nam Dinh und Tanh Hoa aus persönlicher Anschauung kannte, dann leuchteten ihre Augen. Dieses war die Armee des General Vo Nguyen Giap. Kaum mehr als zwei Autostunden von Saigon entfernt, richteten sie ihre Uhren nach der Ortszeit Hanois, die um 60 Minuten differierte. Die einzigen Porträts, die sie entfalteten, waren die Ho Tschi Minhs. Am Fahnenmast flatterte zwar offiziell die blau-rote Fahne des Vietkong, aber ihr eigentliches Emblem war die blutrote Flagge Ho Tschi Minhs mit dem gelben Stern der asiatischen Volkserhebung. Vom Vorsitzenden der »Nationalen Befreiungsfront für Südvietnam«, Nguyen Huu Tho, jenem cochinchinesischen Anwalt französischer Prägung, der am 17. Breitengrad in dem Behelfsquartier von Cam Lo die Diplomaten und Delegationen des Ostblocks empfing, war hier unten nicht die Rede. Die Fiktion von Nord- und Südvietnam hatten die Militärs aus Hanoi längst beiseite geschoben. Die Wiedervereinigung Vietnams war knappe 70 Kilometer von Saigon entfernt bereits vorweggenommen.

Die Dschungelkrieger waren stets auf der Hut. Sie wurden damals schon von der internationalen Presse als »Bo Doi« bezeichnet. Bei Tag und bei Nacht schickten sie selbst aus dieser Etappenstellung Patrouillen aus. Die waren dann mit Laubwerk so perfekt und possierlich getarnt, daß Jean-Louis sie mit dem Papageno aus der »Zauberflöte« verglich. Zur Entspannung spielten sie Volleyball, oder sie verfaßten unter Leitung ihrer Politoffiziere Aufsätze über den revolutionären Krieg. Sie mußten auch kriegerische Erlebnisse, natürlich in höchst patriotischem Stil, niederschreiben. Unter einer Bambushütte gab es Zeichenunterricht. Die Bo Doi griffelten in betrüblicher Einförmigkeit und im plattesten Stil des sozialistischen Realismus die Züge eines heldischen Kämpfers gegen den Imperialismus auf das Papier.

Wir wurden zu den ideologischen Schulungskursen eingeladen, die mindestens zwei Stunden pro Tag in Anspruch nahmen. Dabei wurde Selbstkritik geübt, gute Vorsätze wurden gefaßt. Die Zehn Gebote des Revolutionssoldaten wurden durchgesprochen und meditiert. Die geistige Atmosphäre eines Priesterseminars fand ich unversehens in diesem Urwald von Cochinchina wieder. Die ideologische Inbrunst wirkte fast religiös. Das war mehr als eine Lehrstunde in politischem Katechismus, hier wurde die marxistisch-leninistische Doktrin mit der Methodik geistlicher Exerzitien vertieft. Irgendwie schien der Heilige Ignatius von Loyola Pate gestanden zu haben, doch ich hütete mich, unseren frommen Pater Albert auf diese Analogie hinzuweisen.

Wir machten uns mit den Zehn Geboten des Bo Doi vertraut. An erster Stelle des Dekalogs stand die Forderung nach der totalen Wiedervereinigung Vietnams. Ferner wurden Gehorsam gegenüber den Vorgesetzten, Teilnahme am Kampf der Arbeiterklasse, Mitwirkung an Produktion und Propaganda vorgeschrieben. Militärische Geheimnisse durften selbst unter Folter nicht preisgegeben werden. Der Revolutionssoldat mußte seine Klasse lieben und seine Genossen wie sich selbst. Er hatte die Pflicht, seine Waffen zu pflegen, dem Volk zu helfen und es niemals zu bestehlen. Kritik an den Fehlern der Kameraden und vor allem Selbstkritik verstanden sich von selbst.

Wenn die Dämmerung hereinbrach, gingen wir zu den Soldaten, stolperten in der Dunkelheit über die Salat- und Gemüsebeete, die sie angelegt hatten, und suchten im Qualm des Lagerfeuers Schutz vor den Moskitos. Die Verständigung war schwierig, denn Pater Albert ließ uns dann meist allein, und unsere Fahrer wurden in einer separaten Unterkunft von uns ferngehalten. Die Nordvietnamesen waren eine keusche Gemeinschaft. Zum Teil standen sie seit sieben Jahren im Feld. Ihre besten Freunde hatten sie im Krieg verloren. Rangabzeichen trugen sie im Kampfgebiet nicht, obwohl in Hanoi das Offizierscorps mit breiten russischen Epauletten paradierte. Viele Angehörige dieser Eliteeinheit waren mit Tapferkeitsorden ausgezeichnet worden, und sie waren stolz darauf. Die Postverbindung zu den Familien in Tonking, so erklärten sie uns, sei überaus spärlich. Eine Postkarte alle sechs Monate sei ein großer Glücksfall. Ihre Freundinnen und Bräute hätten sie seit Jahren nicht mehr gesehen. Aus ihren Brusttaschen holten sie die vergilbten Bilder bäuerlich-heiterer Mädchen, die sie durch Schlamm und Napalm gerettet hatten. Welchen Beruf sie denn nach ihrer Entlassung aus dem Wehrdienst ausüben wollten, fragten wir diese jugendlichen Veteranen, die teilweise schon bei der Neujahrsoffensive von 1968 oder bei den Schlachten von Khe Sanh, von Tay Ninh und Kontum sowie längs der Straße 13 im vordersten Dreck gelegen hatten. Die Antwort lautete stereotyp: »Wir werden das tun, was die Partei von uns erwartet.« Natürlich hatten sie persönliche Wünsche. Manche wären gern Lehrer oder Ingenieur geworden. Der eine wollte in den Gruben arbeiten, der andere ganz einfach in die heimische Landwirtschaft zurückkehren. Und immer wieder kam das Gespräch auf die fernen Mädchen zu Hause. Wie lange sie noch die grüne Uniform des Revolutionssoldaten tragen würden? Dann klang die Antwort einstimmig: »Bis ganz Vietnam wiedervereinigt und das Testament Ho Tschi Minhs erfüllt ist.« Dabei klang dieses eingepaukte und fast unmenschliche Pathos spontan und ehrlich. Es waren beklemmende und ergreifende Stunden.

Bis in die frühen Morgenstunden sangen sie im Chor ihre patriotischen Kampflieder. Da war von Mut, Frohsinn und Vaterlandsliebe die Rede. »Denk nicht an dein Leben, wenn du den Imperialismus bekämpfst!«, und der Refrain lautete: »Unser zweigeteiltes Vaterland ist vom Mekong bis zu den Bergen des Nordens eine einzige Nation.«

Zwischendurch war Pater Albert hinzugetreten. Er forderte einen jungen Bo Doi auf, zum Klang seiner Gitarre das Lied »Brief an einen Freund in Washington« anzustimmen. Es handelte sich um eine Freundschafts- und Solidaritätserklärung an die Adresse der amerikanischen Kriegsgegner und schloß mit den Worten: »Die Gerechtigkeit bringt uns zusammen, und eines Tages werden wir in Washington und in Hanoi gemeinsam unsere Lieder singen.« Ob so viel kindlicher Herzensreinheit gingen wir etwas traurig in unsere Erdlöcher zurück. Die Südvietnamesen hatten in acht Kilometer Entfernung wieder mit ihrem sporadischen Artilleriefeuer begonnen. Es war klebrig-schwül. Dennoch wachte Pater Albert mit geradezu franziskanischer Sorgfalt darüber, daß über unseren Hängematten die Moskitonetze dicht geschlossen waren. Sogar während unseres Schlafes kam er und prüfte nach, daß wir uns nicht bloßgestrampelt hatten und vor den Insektenstichen geschützt waren.

Am folgenden Morgen stellte er uns zwei neue Begleiter vor. Der ältere war Major Tac, ein väterlich wirkender Nordvietnamese und Frontoffizier, der uns von den Revolutionsbehörden in Loc Ninh zugeteilt war. Weniger sympathisch wirkte Oberleutnant Trung, der vermutlich dem nordvietnamesischen Geheimdienst angehörte, über die Sowjetunion nach Kuba geschickt und auf der Karibeninsel wohl im zwielichtigen Geschäft der *Intelligence* und *Counter Intelligence* gedrillt worden war. In einer Agentenschule Fidel Castros war er auch einem intensiven amerikanischen Sprachkurs unterzogen worden. Ich hatte den unangenehmen Verdacht, daß Oberleutnant Trung im Verhör von gefangenen GI's recht erfahren sein mußte, und hätte ihn mir nicht als Kerkermeister gewünscht. Jedenfalls sprach er karikatural näselndes Amerikanisch, beendete keinen Satz ohne ein obligates »O. K.« und benahm sich uns gegenüber wie ein unerträglicher Touristenführer des *American Express.* Wenn er allzu forsch wurde, riefen wir ihn zur Ordnung. Dann entschuldigte er sich widerwillig. Wir gaben ihm den Rat, sich einen zivilisierteren englischen Akzent zuzulegen.

Wir waren eingeladen worden, einen Streifen der »befreiten Gebiete« zu besichtigen und zu filmen. Vor dem Aufbruch war sogar ein Armeeschneider erschienen, um unsere Maße zu nehmen. Auch bei fleißigstem Waschen starrte unsere einzige Garnitur ständig von Schweiß und Schmutz. Unser Transport ging mit Hilfe eines russischen Lastwagens vom Typ ZIL und eines chinesischen Jeeps vonstatten. Etwa 30 Kilometer fuhren wir nach Nordwesten in Richtung auf An Loc. Die Fahrzeuge quälten sich durch ein menschenleeres, von Bomben verwüstetes Gebiet, über das die tropische Natur schon wieder einen gnädigen Vegetationsmantel gebreitet hatte. Das Ziel unserer Reise war das Dorf Minh Hoa, in dem einst französische Plantagenbesitzer ihre Kautschuk-Kulis angesiedelt hatten. Unsere

Betreuer wollten uns nach den ersten militärischen Impressionen, die wir bei der Befreiungsarmee gesammelt hatten, auch den zivilen Sektor der Revolution vorführen. Wir bewegten uns in Richtung auf die kambodschanische Grenze, in einem jener seltenen Gebiete, wo ein halbwegs normales Verwaltungsleben auf kommunistischer Seite in Gang gekommen war. Hier war der Osterangriff der Nordvietnamesen vor einem Jahr so überraschend vorgetragen worden, daß die lokale Zivilbevölkerung überrollt worden war. Zur Zeit unserer Festnahme kontrollierten die Kommunisten schon umfangreiche Gebietsteile Südvietnams. Aber nur fünf Prozent der Bevölkerung – etwa eine Million Menschen – siedelten in diesen peripheren und unwirtlichen »befreiten Zonen«. Die militärische Infrastruktur wurde im Eiltempo ausgebaut, seit das Waffenstillstandsabkommen von Paris die Präsenz von mindestens 150000 nordvietnamesischen Regulären südlich des 17. Breitengrades de facto legalisiert hatte. Die eigentliche *Main Force* des südvietnamesischen Vietkong war auf Grund der jahrelangen Abnutzung auf rund 50000 Mann zusammengeschmolzen. Wie uns die westlichen Militärattachés in Saigon nach unserer Rückkehr versicherten, befanden wir uns im Abschnitt der Siebenten oder der Neunten nordvietnamesischen Division.

Auf der Fahrt begegneten wir den ersten Zivilisten. Sie waren von den Entbehrungen des Krieges viel härter gezeichnet als die Soldaten. Die Brücken waren zerbombt und durch notdürftige Übergänge oder betonierte Furten ersetzt. Autos sahen wir keine. Dagegen begegneten wir häufig Soldaten und Bauern, die schwer bepackte Fahrräder neben sich herschoben. Während der Schlacht von Dien Bien Phu hatten die Vietminh-Partisanen bis zu 500 Kilogramm Last pro Velo transportiert. Im niedrigen Monsun-Himmel zuckten Blitze und Wetterleuchten.

Für die rund 800 Einwohner des Dorfes Minh Hoa war unsere Ankunft eine Sensation. Seit Einmarsch der Revolutionstruppen hatten sie keine Weißen mehr gesehen. Die ehemaligen Kautschuk-Arbeiter machten einen verhärmten und abgerissenen Eindruck. Die grünen Militärs aus dem Norden gaben den Ton an, und über die Lautsprecher dröhnten Kampflieder und heroische Parolen durch die leere Hauptstraße. Vor einer Bambushütte, die speziell für uns hergerichtet worden war, wurden wir von den Partei- und Armee-Kaders offiziell begrüßt. Wir lächelten uns freundlich zu und stellten uns gegenseitig vor. Major Quoc war der Beauftragte für Propaganda, Major Hoang Befehlshaber des in Minh Hoa stationierten Bataillons. Ihm kam das Grinsen am mühsamsten über die Zähne, als er hörte, daß wir aus Westdeutschland seien. Hauptmann Thien war Reporter bei der Truppenzeitung. Zwischen dem Kameramann Oberleutnant Diet und unserem Team entstand sofort kollegiale Sympathie. Unser Sonderbegleiter Trung mit der kubanischen Ausbildung machte uns in seinem schnarrenden Amerikanisch auch mit den zivilen Mitgliedern der revolutionären Verwaltung bekannt. Darunter fiel uns Madame Nam auf, eine energische Genossin, die unerbittliche Autorität ausstrahlte. »Wir möchten Sie als Freunde aus dem Ausland, aus Europa begrüßen«, beendete Major Quoc seine kurze Ansprache, und wir beklatschten uns gegenseitig. Ich sagte ebenfalls ein paar Sätze auf englisch, die auf Tonband aufgenommen und – wie ich später erfuhr – vom Radiosender der Befreiungsfront am gleichen Abend ausgestrahlt wurden. Ich sprach von der Bewunderung, die der Tapferkeit der vietnamesischen Partisanen und Revolutionäre auch im Westen gezollt werde, und wünschte dem vom Krieg verwüsteten Land Frieden und Wiederaufbau. Für die Forderung der Vietnamesen nach Wiedervereinigung hätten wir als Deutsche und Angehörige einer zwangsweise gespaltenen Nation tiefes Verständnis. Wiederum klatschten wir alle und lächelten uns zu. Der Satz über die Wiedervereinigung wurde allerdings aus der abendlichen Rundfunksendung herausgeschnitten, wohl mit Rücksicht auf die Freunde und Gönner aus der DDR.

Am Nachmittag brachte uns der Schneider unsere neuen Kleider. Das blaue und grüne Drillichtuch erinnerte an die Sommeruniformen bulgarischer Polizisten. Als wir die Jacken und Hosen überstreiften, schüttelten wir uns vor Lachen. Entweder war der Bund so eng, daß wir ihn nicht schließen konnten, oder er weitete sich zu einem Ballon. In die Ärmel war nicht hineinzuschlüpfen, ohne daß die Rückennaht platzte, und der Schnitt der Hosenbeine machte uns bewegungsunfähig. Dennoch waren wir über so viel Aufmerksamkeit gerührt und beschlossen, die grotesken Monturen als Pyjamas überzustreifen, bevor wir abends in die Hängematten kletterten.

Am folgenden Morgen wohnten wir in Minh Hoa einer politischen Kundgebung bei. Jede Familie hatte mindestens einen Angehörigen entsandt. Der Chef der revolutionären Verwaltung war ein bewährter Untergrundkämpfer mit bulligem Gesicht. Er rief zur Erhöhung der Landwirtschaftsproduktion und zum Aufbau »aus eigener

Kraft« auf, was unser Dolmetscher mit *self reliance* übersetzte. Auch die Vorbereitung des nahen Nationalfestes, am 2. September, des Jahrestages der Proklamation der vietnamesischen Unabhängigkeit durch Ho Tschi Minh, wurde besprochen. Die Atmosphäre dieses Meetings war gedrückt und verkrampft. Die obligaten Hochrufe wurden mit starren Mienen ausgebracht. Ein weißhaariger alter Mann verkündete wie ein Roboter die einstimmige Bereitschaft des Dorfes, am sozialistischen Aufbau mitzuwirken. Von revolutionärer Begeisterung war keine Spur vorhanden.

Das erste Lachen hörten wir am Rande der Kautschukplantage. Die Frauen und Mädchen ritzten die Gummibäume an und überprüften die Holznäpfe, in denen sich langsam der milchige Latex-Saft sammelte. Die französischen Pflanzer hatten sich rechtzeitig nach Saigon absetzen können. Jetzt wußten die Behörden der Befreiungsfront wohl kaum, was sie mit dem spärlichen Gummi-Ertrag anfangen sollten. Exportmöglichkeiten gab es nicht. Die jungen Plantagenarbeiterinnen aus dem Süden beobachteten kichernd, wie die Revolutionssoldaten sich um die Anpflanzung von Gemüse und Maniok in diesem unfruchtbaren Lateritboden mühten. Diese weibliche Heiterkeit schien die Bo Doi zu verunsichern.

In einem geräumigen Lagerschuppen, der als Schule diente, warteten die Kinder von Minh Hoa auf unseren Besuch und unsere Filmaufnahmen. Es war eine aufgeweckte und vergnügte Klasse. Die Kinder faßten wohl schneller Tritt im sozialistischen Rhythmus der neuen Zeit. Wir ließen uns den Text eines ihrer Lieder übersetzen. »In der vergangenen Nacht haben wir im Traum den Onkel Ho Tschi Minh gesehen«, so sangen sie, »den guten Onkel Ho mit dem langen Bart und den weißen Haaren. Er hat uns zugelächelt und uns ermuntert, brav und strebsam zu sein. Wir lieben den Onkel Ho, wir lernen fleißig und am Ende wird uns der Onkel Ho das rote Halstuch der Jungen Pioniere verleihen.«

Neben den Kindern betrachteten die Kommunisten vor allem die jungen Frauen in den »befreiten Gebieten« als potentielle Träger der Revolution. In einer Erwachsenenschule wurde den jungen Arbeiterinnen Lesen und Schreiben beigebracht. Neben marxistischen Schnellkursen gehörte die Glorifizierung des vietnamesischen Nationalgedankens zur beherrschenden Thematik. Die Mädchen schrieben zum Diktat die legendäre Entstehungsgeschichte des vietnamesischen Volkes in ihre Notizblöcke, die Sage vom König Hung und der Königin Au-Cho, denen in grauer Vorzeit aus hundert Eiern – ähnlich der Drachensaat des Kadmos – fünfzig Söhne und fünfzig Töchter, die ersten Vietnamesen, entsprossen.

Am Nachmittag spielten die Soldaten Fußball, und die Bevölkerung schaute zu. Für uns wurde sogar eine kleine infanteristische Übung mit den unvermeidlichen AK 47-Gewehren und den bewährten Bazookas vom Typ B 40 inszeniert. Trotz aller Neugier bekamen wir keine schweren Waffen zu Gesicht. Nur einmal am Waldrand hatten wir Kettenspuren von zwei Panzerfahrzeugen entdeckt. Beim Bajonettfechten war der Feind durch eine Strohpuppe unter einem amerikanischen Helm dargestellt.

Gegen Abend bemächtigte sich unserer Begleiter eine leichte Nervosität. Irgend etwas Feierliches stand bevor. Wir hatten bereits eine Woche beim Vietkong verbracht, und unser unfreiwilliger Ausflug näherte sich dem Ende. Wir hatten den letzten Meter Film verdreht. Die Akkumulatoren, die auf wunderbare Weise der Hitze und Feuchtigkeit widerstanden hatten, waren am Ende. Hauptmann Tac und Oberleutnant Trung hatten uns ein besonders reichhaltiges Nachtmahl gebracht: Hühnersuppe mit Fleischstückchen, Reis, Sardinen aus marokkanischen Konserven und einen Laib Brot, in dem es allerdings von Maden wimmelte. Zur großen Überraschung hatte Trung plötzlich zwei Flaschen Wodka hervorgezaubert. Der Wodka stammte aus Hanoi, war aus Reis gebrannt und trug neben dem vietnamesischen Markenzeichen eine Aufschrift in kyrillischer Schrift. Wir hatten bereits unsere Nachtkleidung angezogen. Die beiden Offiziere hatten es eilig. Sie räumten den Tisch ab und wischten die Speisereste auf. Wir waren immer wieder überrascht, daß die Chargen der »Befreiungsarmee« vor den demütigsten Verrichtungen nicht zurückschreckten und auch beim Tragen unserer Kameraausrüstung hilfreich zugriffen.

Der ungewohnte Alkohol beflügelte unsere Stimmung. Wir hatten in den vergangenen Wochen warmes, abgekochtes Wasser, bestenfalls bitteren Tee getrunken, der uns am Schlafen hinderte. Tac blickte jetzt angespannt in die Dunkelheit des Dschungels. Die Glühwürmchen hatten ihren Reigen aufgenommen. In der Ferne dröhnten wieder Kanonen. Da ratterte plötzlich ein Motor. Ein Jeep tauchte aus der Finsternis auf. Zwei ältere Offiziere der Partisanenarmee kletterten aus dem Fahrzeug und kamen in unsere Hütte.

Ihren Dienstgrad haben wir nie erfahren. Vermutlich standen sie im Rang von Obersten, und der eine war mit ziemlicher Sicherheit ein *cadre supérieur* – ein Politischer Kommissar in hoher Position. Sie traten beide sehr selbstsicher auf und stellten sich als Tung und Hung vor. Bestimmt waren das Kriegsnamen, denn die wahre Identität wurde im südvietnamesischen Maquis streng geheimgehalten. Tung wies eine erstaunliche Ähnlichkeit mit dem lebhaften nordvietnamesischen Oberbefehlshaber General Giap auf, während Hung bei einiger Phantasie dem asketischen Typ des Regierungschefs von Hanoi, Pham Van Dong, entsprach. Wir hatten ein hochpolitisches Informationsgespräch erhofft, wurden jedoch enttäuscht. Die Geheimniskrämerei blieb oberstes Gebot auch dieser hochgestellten Bo Doi. Nicht einmal über die administrativen Strukturen der provisorischen Revolutionsregierung in den »befreiten Zonen« wollten sie sich äußern, aus guten Gründen, wie wir später entdeckten. Sehr bereitwillig hingegen erzählten Hung und Tung aus ihrem Leben. Der eine stand seit 27 Jahren im Untergrundkampf – er war jetzt 47 Jahre alt –, der Jüngere hatte sich auch schon vor 20 Jahren dem Widerstand angeschlossen. Offensichtlich hatte diese schreckliche Zeit sie nicht zermürbt. Sie sprachen mit auffällig leiser Stimme, und das Lächeln wich nie von ihren Lippen. Das Schlimmste sei überstanden, bestätigten sie, seit die Partisanen nicht mehr bei Tag und Nacht wie Ratten unter der Erde leben müßten. Dennoch hätte der Krieg sie furchtbar geprüft. Von ihren Familien, die aus den südvietnamesischen Städten Camau und Can Tho stammten, waren sie seit vielen Jahren getrennt. Hung wußte nicht, was aus seinen beiden Töchtern geworden war. Tung hatte einen Sohn im Krieg verloren; ein zweiter war schwer verwundet. »It is a dignity and a glory«, übersetzte Dolmetscher Trung. Dann verschwanden die beiden Obersten so plötzlich, wie sie gekommen waren. Sie fanden zurück in ihr wahres Lebenselement der letzten zwanzig Jahre, in die Nacht und in den Dschungel.

Wir waren in unsere ursprüngliche Etappenstellung im Umkreis der Straße 13 zurückgekehrt und rüsteten uns für das Überschreiten der Linien. »Pater Albert« mit seinem scheuen, guten Lächeln hatte sich uns wieder zugesellt. Wir sorgten uns um das Filmmaterial, das die Behörden von Saigon bei unserem Auftauchen mit Sicherheit beschlagnahmen würden. Ob wir denn nicht die Filme über Loc Ninh, Hanoi, Peking und Moskau nach Westeuropa transportieren lassen könnten, fragten wir. Aber dieser Vorschlag löste bei den Partisanen nur Heiterkeit aus. »Wir werden schon ein Mittel finden, Ihnen Ihre

Aufnahmen in Saigon unbeschädigt auszuhändigen«, meinte Pater Albert zuversichtlich. »Sie müssen dann allerdings zusehen, wie Sie das Material unkontrolliert aus Südvietnam herausschmuggeln. Wir werden Ihnen eine Botschaft zukommen lassen, sobald Sie sicher in Saigon eingetroffen sind.«

Es war noch Nacht, als wir die sieben Kilometer zwischen dem Camp und der Straße 13 zurückmarschierten. Schwer bewaffnete Soldaten begleiteten uns. Aber dieses Mal waren sie zu unserem Schutz erschienen. Der Morgen kam fahl und grau. Wir hatten bereits das ominöse Vietkong-Portal an der Straße 13 erreicht und versteckten uns im Gestrüpp der Böschung. Mit mysteriöser Präzision waren auch unsere beiden Limousinen zur Stelle mitsamt den Chauffeuren, die wir seit sieben Tagen nicht mehr gesehen hatten. Die Fahrer machten einen wohlgenährten Eindruck. Die Autos waren teilweise noch mit Tarnzweigen bedeckt. Im Morgendunst über uns knatterten südvietnamesische Hubschrauber nach Norden und versorgten die eingeschlossene Garnison von An Loc. Hauptmann Tac sprang auf den Asphalt. Er zeigte mit dem Gewehr auf den Konvoi von Motorrollern, der auch an diesem Morgen, aus der Ortschaft Chon Tanh kommend, pünktlich auf uns zusteuerte. Pater Albert war mit nervös flackerndem Blick zu uns geeilt. »Diese Honda-Fahrer sind Ihr bester Schutz, wenn Sie jetzt durch die Linien zu den Saigon-Truppen fahren«, flüsterte er; »wären Sie mit Ihren beiden Limousinen allein auf der Straße, liefen Sie Gefahr, von der Gegenseite beschossen zu werden. Keilen Sie sich mit Ihren Wagen zwischen diese Grenzgänger ein!« Wir umarmten uns wie alte Freunde. Auch den Hauptmann Tac schloß ich in die Arme. Es war ein Moment ehrlicher Ergriffenheit. Dem jungen Dolmetscher aus Kuba hingegen gab ich nur die Hand. Ihm wäre die Akkolade eines Klassenfeindes wohl höchst peinlich gewesen.

Tac riß die Autotüren auf und spornte unsere Chauffeure an. Wir machten eine Kurve um den Lehmwall unter dem Portal, in dem die Panzerminen steckten, und rumpelten durch einen Graben in Richtung auf die südvietnamesischen Vorposten. Rechts und links von uns knatterten die Hondas aus Chon Tanh, deren Fahrer uns verdutzt beobachteten. Wir hatten die Grenze des Vietkong-Gebiets und die Ehrenpforte noch keinen Kilometer hinter uns, da wurden wir durch wild schreiende Soldaten der Armee von Saigon gestoppt. Sie trugen amerikanische Stahlhelme und kugelsichere Westen. Das

A 16-Gewehr hielten sie im Anschlag und feuerten in die Luft, als unsere Fahrer nicht sofort bremsten. Drei Soldaten zwängten sich neben uns auf die Sitze. Sie waren aufgeregt und richteten ihre Waffen auf uns. Nach und nach entspannte sich die Atmosphäre. Wir waren jetzt vorn und hinten durch Jeeps der Militärpolizei eskortiert und bogen in eine befestigte Regimentsstellung ein, über der die Fahne Südvietnams wehte. Ein Fallschirmmajor in elegant geschnittener Uniform erwartete uns. Er war schlank wie eine Wespe und trug ein hellblaues Seidentuch im Ausschnitt seiner Tarnbluse. »Seien Sie trotzdem bei uns willkommen«, grüßte der Major. »Sie sind es wahrscheinlich auch leid, mit Rattenfleisch abgefüttert zu werden, denn was Besseres gab es bei den Kommunisten wohl nicht.« Er reichte jedem von uns eine eiskalte Flasche Coca-Cola. Eine Woche lang hatten wir von eisgekühltem Coca-Cola geträumt – während wir unser warmes Wasser schlürften – ja, dieses US-Getränk, an dem uns normalerweise gar nichts lag, war zu einer Zwangsvorstellung geworden. Jetzt kippten wir die Flasche gierig, aber der braune Saft schmeckte schal.

Jean-Louis Arnaud hatte zu einem Cocktail eingeladen, um unsere gemeinsame Rückkehr nach Saigon zu feiern. Seine Mietwohnung in der Rue Tu Do lag genau eine Etage über jenem Appartement, wo ich 1951 den »Pascha« Ponchardier wiedergetroffen hatte. Jean-Louis wurde von zwei ältlichen vietnamesischen Schwestern betreut, zwei einfachen Frauen aus dem Volk, die vorzüglich kochen konnten und sich recht damenhaft benahmen. Jedesmal, wenn ich den französischen Kollegen besuchte und er noch nicht aus seinem Büro zurück war, setzte sich eine der Schwestern zu mir und pflegte Konversation. Erst nach der Eroberung Saigons durch die Nordvietnamesen sollte Jean-Louis erfahren, daß der Mann einer seiner Dienerinnen seit 1954 in Hanoi lebte und dort sogar einen wichtigen Posten in der kommunistischen Partei-Hierarchie innehatte.

Zur Cocktailparty der AFP-Korrespondenten waren Journalisten, amerikanische Public Relations-Offiziere, Diplomaten und Angehörige der Internationalen Kontrollkommission gekommen. Auch die obligaten Fossile der französischen Kolonisation waren zugegen. Jean-Louis hatte einige sorgenvolle Tage mit uns geteilt. Nach unserem Abenteuer in der »befreiten Zone« waren wir von den Südvietnamesen unter dem Verdacht der Komplizenschaft mit dem Vietkong vier Stunden lang im Polizeihauptquartier von Saigon festgehalten und verhört worden. Doch die Einschüchterung der Saigoner Abwehr hatte nicht verfangen. Als der Sicherheitsbeamte Rotwein und Sandwichs für uns kommen ließ, wie in einem Simenon-Roman, wußten wir, daß wir das Spiel gewonnen hatten. Die deutsche und die französische Botschaft hatten sich unverzüglich für uns eingesetzt. Wenn eine Reihe mißgünstiger Pressekollegen fortfuhr, unseren unfreiwilligen Abstecher ins Vietkong-Gebiet als ein abgekartetes Spiel hinzustellen, konnte uns das nichts anhaben. Kummer hingegen bereitete uns das Schicksal unserer beiden Chauffeure und des Dolmetschers Thanh, den wir am ersten Tag unserer Gefangennahme nach Lai Khe geschickt hatten. Sie waren von der Bildfläche verschwunden und steckten in irgendeiner Gefängniszelle der Hauptstadt. Es sollte noch einige Tage dauern, ehe sie nach zahllosen Demarchen bei den südvietnamesischen Behörden, nach Intervention der Botschaft sowie Einschaltung des CIA plötzlich wieder auf freiem Fuß waren und grinsend ihren Dienst antraten, als sei nichts geschehen.

Es regnete über Saigon. Die leichten Mädchen wurden von ihren mopedfahrenden Brüdern oder Zuhältern vor den Bars der Tu Do-Straße abgesetzt, denn die Stunde des Lasters rückte näher. Sie hatten die Miniröcke bis zum Nabel hochgezogen und suchten ihre dikke Gesichtsschminke und die künstlichen Augenwimpern durch Plastikhüllen vor der Feuchtigkeit zu schützen. Ich sah fasziniert auf die Betriebsamkeit des Geschäfts- und Vergnügungszentrums von Saigon. Noch fühlte ich mich wie ein Besucher von einem fremden Stern. Es war einfach kaum vorstellbar, daß knappe 70 Kilometer von dieser frivolen, verschwenderischen, scheinbar sorglosen Metropole und ihren drei Millionen Einwohnern entfernt eine Armee unerbittlicher Asketen im Dschungel auf ihre Stunde wartete, gewissermaßen in den Startlöchern scharrte, um diesem falschen Glanz von Sünde und Konsum ein Ende zu setzen.

Durch eine wohlbekannte Stimme mit östlichem Akzent wurde ich aus meinen Betrachtungen gerissen. »Ich hatte gehofft, daß ich dich hier treffe«, sagte Laszlo, und wir freuten uns über das Wiedersehen. Ich kannte den Ungarn aus Paris, wo er uns in früheren Jahren gelegentlich Dokumentarfilme aus dem kommunistisch beherrschten Teil von Laos angeboten hatte. Die Ostblock-Journalisten konnten sich natürlich auf der anderen Seite mit großer Freizügigkeit bewegen. »Bist du als Reporter für das ungarische Fernsehen hier?« fragte ich. Aber er wehrte mit großer Geste ab. »Ich bin Mitglied der Internationalen Waffenstillstandskommission und genieße diplomatische Privilegien«, lachte er, »du weißt, die Polen und Ungarn vertreten in diesem Organismus die sozialistische Staatengruppe. Übrigens«, fügte er nach einem kurzen Rundblick hinzu, »muß ich ein paar Worte mit dir unter vier Augen wechseln.«

Wir gingen zum Fenster. Auf dem Trottoir unter uns stolzierten gerade zwei besonders extravagante Exemplare des Saigoner Nachtlebens vorbei. »Wie halten es denn die offiziellen Repräsentanten der sozialistischen Welt in Saigon mit der Moral?« fragte ich den Ungarn. Laszlo war kein Puritaner. »Wir haben einen sehr vernünftigen, väterlichen Typ als Oberst. Er hat uns nach unserer Ankunft in Südvietnam zusammengerufen und gesagt: ›Genossen, ich weiß, daß man hier den Versuchungen nicht widerstehen kann, und ich erwarte das auch gar nicht. Denken Sie aber stets daran, wenn Sie mit einem dieser schönen vietnamesischen Mädchen schlafengehen, daß sie dazu beiträgt, ihre Familie zu ernähren, daß sie im Grunde eine hochachtbare Person ist.‹« Der Gulasch-Kommunismus aus Budapest schien sich auch auf dem Gebiet der sozialistischen Moral durch eine sehr menschliche Originalität auszuzeichnen.

»Du erwartest doch ein Paket?« fragte Laszlo, als wir allein waren. Er wußte von meinen Absprachen mit dem Vietkong und meiner Ungeduld, das Filmmaterial in Empfang zu nehmen. »Wir werden dafür sorgen, daß du deine Filme bekommst.« Am Saigoner Flugplatz Tan Son Nhut verfügte die »Nationale Befreiungsfront« seit dem Waffenstillstand von Paris über eine Enklave, sinnigerweise *Camp David* genannt, wo ihr Verbindungsstab Immunität und Exterritorialität gegenüber der südvietnamesischen Regierung genoß. Dort hielten die Emissäre des Vietkong regelmäßige Pressekonferenzen für die westlichen Korrespondenten ab. »Geh ruhig zum nächsten Briefing der Befreiungsfront im *Camp David*«, riet mir Laszlo. »Der Pressesprecher Oberst Phuong Nam erwartet dich bereits, aber er wird dir nichts überreichen. Es geht nur darum, die südvietnamesischen Geheimdienste irrezuführen. Die Filme werde ich dir persönlich aushändigen, sobald sie aus Loc Ninh eingeflogen sind.«

Major Phuong Nam begrüßte mich zwar besonders herzlich vor seiner Baracke am Flugplatz, wo die internationale Presse in einem grau gestrichenen Autobus des Saigoner Regimes angerollt kam, aber er verlor kein Wort über mein Anliegen. Unser Mitarbeiter Tin, der wacker für die Freilassung seines Neffen Thanh gekämpft hatte, war nach *Camp David* mitgekommen. Nach der Verlesung des Kommuniqués fragte er den Presseoffizier der Befreiungsfront, was denn wohl mit ihm, einem notorischen Kollaborateur des Thieu-Regimes, geschehen würde, wenn die Kommunisten in Saigon die Macht ergreifen würden. »Wir werden Ihnen gute Bücher zu lesen geben und auf Ihre Bekehrung hoffen«, hatte der Vietkong-Major leutselig geantwortet.

Drei Tage später gab Laszlo im Restaurant »Atabea« endlich das vereinbarte Signal. »Das Paket ist eingetroffen«, sagte er. »Ich komme morgen um elf Uhr zur Botschaft der Bundesrepublik in der Rue Vo Tanh. Sei bitte zwei Stunden früher schon dort, damit die Aufmerksamkeit deiner Überwacher nachgelassen hat. Alles andere ist deine Sache.« Der damalige deutsche Botschafter in Saigon war ein Gentleman der alten Schule und stand im Ruf eines Ultrakonservativen. Anläßlich einer Neujahrsansprache hatte er dem Saigoner Präsidenten Thieu in aller Form seine Hoffnung auf den Sieg des Südens ausgesprochen. Als ich ihn bat, die Filme aus dem Vietkong-Gebiet per diplomatischem Kurier nach Bonn befördern zu lassen, zögerte er keine Sekunde und stimmte sofort zu. Um Punkt elf Uhr fuhr eine feierliche schwarze Limousine mit dem blauen Wimpel der Kontrollkommission im Vorhof der deutschen Botschaft ein. Ich hatte den Pförtner Arno Knöchel, einen ehemaligen Fremdenlegionär, verständigt, sofort das Portal aufzureißen, damit es zu keiner Verzögerung käme. Laszlo entstieg dem Auto und wurde in das Büro des Botschafters eingelassen, wo auch ich inzwischen beim Tee saß. Der Ungar trug eine große schwarze Tasche, die er scheinbar achtlos in eine Ecke des Zimmers stellte. Der deutsche Botschafter eröffnete das Gespräch mit Gemeinplätzen, erzählte von seinen eigenen verwandtschaftlichen Beziehungen zum Land der Magyaren.

Auch Laszlo übte sich in gehobener Plauderei. Der Austausch von Höflichkeiten dauerte etwa eine Viertelstunde. Dann war die Audienz beendet, Laszlo verabschiedete sich und wurde zum Ausgang geleitet. Die Limousine fuhr davon. Die schwarze Plastiktasche war in der Ecke des Botschafterbüros stehengeblieben. Sie war bis zum Rand mit unseren Filmbändern und Tonrollen gefüllt. Der nächste Kurier beförderte die Sendung ohne Zwischenfall nach Bonn.

Fieberträume auf Bali

Bali, im März 1975

Die Gong- und Zimbelschläge des Gamelan-Orchesters dröhnen mir wie eine Eisenschmiede im Kopf. Das Fieber hat mich wieder überkommen. Wie durch einen roten Schleier sehe ich die hinduistischen Tänzerinnen, Figuren des Ramayana, die vor einer Tempelattrappe ihre hieratisch abgezirkelten Bewegungen ausführen. Sie tanzen für Touristen in der ernüchternden Atmosphäre einer supermodernen Massenherberge. Die Hintergründigkeit dieser Götter- und Dämonenwelt, wo die Verklärung der Lichtfiguren mit den Fratzen des tantristischen Inferno alterniert, geht dabei verloren. Statt dessen wird Exotik geboten. Die Tropeninfektion habe ich mir wohl in Neuguinea geholt an jenem »Kokoda-Trail«, auf dem die Japaner 1942 mit einer letzten spasmischen Anstrengung vergeblich versucht hatten, den Hafen Port Moresby zu erreichen und das Tor nach Australien aufzureißen. Jetzt liege ich im Sessel des Hotelgartens, schlucke die Pillen, die mir der indonesische Hotelarzt verschrieben hat, wische mir den kalten Schweiß von Stirn und Nacken. Die großen hinduistischen Seefahrer-Reiche der Malayen – Shirivijaya und Madjapahit – waren Zeitgenossen des Khmer-Imperiums von Angkor gewesen. Ich muß an die nächtliche Vorstellung in Siem Reap vor der »Auberge du Temple« denken. Die balinesischen Aspara-Darstellerinnen verschmelzen in meinem Fieberblick mit ihren anmutigen kambodschanischen Schwestern. Zehn Jahre sind seitdem vergangen. In zehn Jahren hat die Welt der Krischna-Reinkarnation Sihanuk – so sahen ihn damals seine ergebenen Reisbauern – der Hölle der Todesgöttin Khali Platz gemacht. Deren Ausgeburten, die »Roten Khmer«, wüten bereits auf einem Altar von Schädeln.

Der Arzt hat mir mitgeteilt, daß Marschall Lon Nol auf Bali eingetroffen sei. Auf Drängen der Amerikaner hat der Staatschef von Kambodscha, der »Große Schwarze«, sein Land in der Stunde des Untergangs auf der Krücke des Paralytikers verlassen. Präsident Suharto von Indonesien, der eine historisch und kulturell begründete Neigung zur Republik der Khmer empfindet, bot ihm Bali, die letzte hinduistische Insel im islamisierten Indonesien, als vorübergehendes Asyl an. Ich bin viel zu schlapp und krank, um auch nur zu versuchen, Kontakt mit Lon Nol aufzunehmen.

In den letzten Januartagen hatte ich Phnom Penh einen Abschiedsbesuch abgestattet. Es war fast schon ein Gang ins Leichenhaus. Die Maschine von *Air Cambodge*, die wir in Bangkok gebucht hatten, landete wie im Sturzflug in Pochentong, um dem Feuer der Belagerer zu entgehen. Die Hauptstadt war von allen Seiten stranguliert. Das Ende war nahe. Die »Roten Khmer« hatten sich des Knicks von Neak-Luong bemächtigt. Kein Fluß-Konvoi gelangte mehr über den Mekong nach Phnom Penh. Im Hafen stauten sich die nutzlosen Frachtkähne. Sie waren mit hohen Drahtgeflechten versehen, an denen die Raketen der Belagerer vorzeitig explodieren sollten. Krankenhäuser und Schulen waren mit stöhnenden Verwundeten überfüllt, deren Blut über die Kacheln der Gänge und über die Treppen floß. Im unfertigen Betonbau eines Kolossalhotels, das Sihanuk noch hatte errichten wollen, drängten sich Tausende von Flüchtlingen um die Reisküchen internationaler Hilfsorganisationen. Der Swimmingpool stank nach Kot und Urin. Dennoch planschten dort nackte braune Kinder.

Auf der Straße Fünf verlief die Front zwei Kilometer jenseits der silbernen Blechkuppel der Cham-Moschee. Die kambodschanischen Moslems hatten mit ihren Ochsenkarren im Umkreis dieses Gebetshauses Zuflucht gesucht. Sie wußten bereits, daß den versprengten Resten des Cham-Volkes eine neue, vielleicht die letzte Tragödie bevorstand. Vor dem »Michrab« ertönten die islamischen Totengebete in peinlich exaktem Koran-Arabisch. Im Königspalast fanden keine Ballettproben mehr statt. Aber in den Gärten, die das Ufer des Ton Le Sap umsäumten, wurden die greisen Wahrsager immer noch von zahlreichen Kunden belagert. Wir nahmen an, daß die Kambodschaner von diesen zerknitterten Auguren erfahren wollten, welches Schicksal ihnen die bevorstehende Machtergreifung der roten Partisanenarmee bescheren würde. Weit gefehlt. »Sie fragen nur danach, ob ihre Braut ihnen treu ist, ob sie Glück in der Liebe haben oder ob ihre Frau ihnen zahlreiche Kinder schenken wird«, berichtigte unser junger chinesischer Fahrer Yung. Der Chauffeur erzählte mir auch vom Schicksal des französischen AFP-Korrespondenten Fillioux, dem es nach endlosen Bemühungen gelungen war, von den »Roten Khmer« und der kombodschanischen Revolutionsregierung GRUNK die Genehmigung zur Reportage in den »befreiten Gebieten« zu erwirken. Fillioux war über Süd-Laos nach Kambodscha eingereist. Aber schon in der Grenzprovinz Mondulkiri war er von einer

Rotte schwarz gekleideter Partisanen aufgehalten und als Spion verdächtigt worden. Als sie eine Landkarte bei ihm fanden, auf der die Reiseroute eingezeichnet war, wurde er ohne Prozeß und Verhandlung mit Bambusknüppeln erschlagen.

Das *State Department* hatte einen seiner besten Experten, John Gunther Dean, nach Phnom Penh geschickt. Er kam als Nachlaßverwalter. Dean, der in Berlin unter einem ganz anderen Namen geboren war, galt als Experte für verzweifelte Kompromißlösungen. Er war in Vientiane maßgeblich am Zustandekommen jenes Laos-Abkommens beteiligt, das zwar in absehbarer Frist zur Machtergreifung der kommunistischen Pathet Lao überleiten würde, dem Land der Million Elefanten aber immerhin das Ende des Blutvergießens bescherte. In Phnom Penh war es für solche Balanceakte viel zu spät. Henry Kissinger hatte sich hartnäckig geweigert, die Karte Sihanuk zu spielen, als habe er mit *Monseigneur* eine persönliche Rechnung zu begleichen. So blieb Botschafter Dean nur noch das Jonglieren zwischen Intriganten und Condottieri. Er lavierte zwischen Prinz Sirik Matak, dem verschlagenen Gegenspieler Sihanuks, General Lon Non, dem halbkriminellen »kleinen Bruder« des Staatschefs, und Premierminister Long Boret, einem der seltenen Politiker von Phnom Penh, die bei den ausländischen Beobachtern ein gewisses Ansehen genossen. Eine andere achtunggebietende Figur des kambodschanischen Puzzle, der frühere Premierminister und General In Tam, hatte sich mit einer Geste buddhistischen Verzichts aus diesem Karussell zurückgezogen. Nun ging es Dean vor allem darum, den Marschall Lon Nol zur Ausreise zu bewegen. In seiner Botschaft von Phnom Penh, die zu einem Befehlsbunker ausgebaut worden war, übte sich der amerikanische Prokonsul in stoischem Fatalismus.

Jetzt, in den allerletzten Märztagen, ist es John Gunther Dean doch noch gelungen, Marschall Lon Nol zur Flucht ins Ausland zu überreden. Das war sein letzter Scheinerfolg. Siebzehn Tage später sollte Phnom Penh vor den wilden Horden der roten Wiedertäufer, der Steinzeit-Kommunisten, wie man sie später nannte, vor den »Khmers Rouges« kapitulieren. Im Namen des fernen abendländischen Propheten Karl Marx und unter dem Vorwand der Menschheitsbefreiung stürzte Kambodscha in den Abgrund eines namenlosen Horrors.

Der malayische Kellner räuspert sich neben mir. Er berührt mich leise am Arm. Ich fahre aus meinem fiebrigen Dösen auf und sitze ganz allein unter Palmen und übergroßen Sternen. Die Touristen sind schlafen gegangen. Der Gamelan ist verstummt. Die Tänzerinnen sind verschwunden. Die sanften Augen des Kellners erinnern mich unvermittelt an jenen indonesischen Kommunistenführer Aidit, dem ich 1954 in Jakarta gegenübergesessen hatte und der im großen Morden von 1965 mit Tausenden seiner Gesinnungsgenossen abgeschlachtet wurde. Ich schüttele mich, um den wirren Gedanken zu entgehen, und schleppe mich in mein Zimmer. Die grell bemalten Holzmasken, die dort an der Wand hängen, wirken bedrückend, fast fürchterlich.

Im Bett geht der Reigen der Halluzination weiter. Einige Etappen unserer Reportagereise der letzten drei Monate ziehen mit spukartiger Präzision an mir vorbei: Da sitze ich in dem nordwestaustralischen Flecken Derby vor dem alten Schamanen Baronga. Er ist nackt bis auf ein Lendentuch. Seine Haut ist gräulich-schwarz. Die Haare sind zottig und verfilzt. Die breite Nase, das mächtige Gebiß, die Augenwülste und die fliehende Stirn könnten die eines Neandertalers sein. Mit einem Zweig zeichnet Baronga eine Spirale in den Sand, das Sakral-Motiv der »Traumwelt«, das Zeichen der ewigen Wiederkehr, des stets erneuerten Lebens. In erstaunlich präzisem Englisch erklärt er den zyklischen Pantheismus der australischen »Aborigines«: »Das Leben sehen wir wie die Wellen des Meeres. Aber solange man einen Anker hat – Sie wissen, was ich mit Anker meine? – solange ist man in Sicherheit; dann kehren wir immer zum gleichen Punkt zurück. Die Menschen lebten schon vor der großen Flut; dann kam das große Wasser, und die Menschen wurden von der Erde ausgelöscht. Das glauben wir. Sie ertranken, aber sie wurden gleichzeitig in Felsen verwandelt, in Lebewesen, die sich bewegen. Was wir Wungur nennen, das sind unsere Verwandten, das sind Felsen, Bäume und Tiere.« In respektvollem Abstand saßen die Frauen. Sie waren in schäbigen Kattun gekleidet. Ihre Häßlichkeit war pathetisch und schrecklich. Sie blickten stumm vor sich hin, trauriger als Tiere. Sie wirkten wie Figuren aus einem absurden Science fiction-Film. Unser Toningenieur Steve sprach aus, was keiner von uns zu formulieren wagte: »Wenn Sie das *missing link* der Menschheitsentstehung suchen, hier haben Sie es vor Augen.« Im Umkreis der Missionsstationen und Eingeborenenreservate von Derby, Broome und Beagle-Bay in Nordwest-Australien gehört viel Gottvertrauen oder menschliche Anmaßung dazu, um nicht zum Anhänger der Entwicklungstheorie zu werden. War nicht der Darwinismus eine weit fundamentalere Heraus-

kerung von Saigon zu Kundgebungen nationaler Abwehrentschlossenheit zu mobilisieren. Sehr viel bedrohlicher als der Verlust von Phuoc Long dürfte sich auf die Dauer die Fertigstellung jener Allwetterstraße auswirken, die seit Jahreswende die Ballungszentren Tonkings mit der südvietnamesischen Provinz Tay Ninh verbindet. Die Kulis und Pioniere Hanois haben diese Strecke unter unsagbaren Entbehrungen durch eine chaotische Landschaft gezogen. Nunmehr dauert der Transport von Waffen und Nachschub aus Tonking nach Cochinchina, der bislang vier Monate brauchte, nur noch 14 bis 18 Tage. Die Stärke der Nordvietnamesen südlich des 17. Breitengrades soll auf 200 000 angeschwollen sein. In einer äußerst gereizten Stimmung war ich mit Tin und dem vietnamesischen Team nach Tay Ninh gefahren. In der Kathedrale der Caodaisten traf ich nur ein halbes Dutzend rot und blau gekleideter Würdenträger der seltsamen Sekte. Sie verneigten sich in Weihrauchschwaden vor dem mystischen Auge des Cao Dai und ließen sich von dem Ausländer nicht ansprechen.

Die Stadt Tay Ninh war von ihren meisten Einwohnern verlassen. Die Nordvietnamesen schossen gelegentlich mit Granatwerfern auf den leeren Markt. Gegen heftigen Widerspruch gab ich unserem Chauffeur die Weisung, so nah wie möglich an die »Schwarze Jungfrau« heranzufahren. Da ragte sie über uns, die »Black Virgin«, wie eine unheimliche Dschungelpyramide und erdrückte die Reisebene zwischen Vietnam und Kambodscha. Die Kommunisten hatten sich dieser beherrschenden strategischen Position im sogenannten »Angelhaken« bemächtigt, und das war für mich wie ein Menetekel. Vor dreißig Jahren, zu Beginn des französischen Fernostkrieges, hatte die »Schwarze Jungfrau« gewissermaßen Pate gestanden bei meiner indochinesischen Feuertaufe.

In dieser balinesischen Nacht spukt noch manche konfuse Erinnerung an mir vorbei. Die grünen Halme im Reisfeld verdichten sich zu einem zitternden Filigran, zu einem erstickenden Netz. Dazwischen treiben aufgeschwollene Leichen in einem Lotosteich. Am nächsten Morgen ist die Krise überwunden. Zwei Tage später sitze ich im Flugzeug nach Europa. Am Treffpunkt in Frankfurt kommt Jörg Wimmelmann auf mich zu. »Sie wissen sicher, weshalb ich Sie hier erwarte«, sagt er. Ich ahne es. »Die Redaktion bittet Sie, so bald wie möglich nach Vietnam zurückzufliegen. Wie Sie wissen, ist Da Nang gefallen, und die Nordvietnamesen rücken längs der Küste auf Saigon vor.« Ich bitte mir ein Wochenende der Erholung in München aus. Vier Tage später lande ich in Saigon. Tran Van Tin erwartet mich auf der Rollbahn in seinem adretten Safari-Anzug. »Es geht dem Ende zu«, sagt er mit einem starren Lächeln, während er mich durch die Zoll- und Paßkontrolle schleust.

Die letzten Tage von Saigon

Saigon, im April 1975

Noch nie ist mir Saigon so asiatisch erschienen wie in diesen Tagen vor dem Fall. Sobald man von der Tu Do-Straße und vom Blumenmarkt abweicht, treibt man schnell als einziger Weißer in einer kompakten gelben Masse. Die Vietnamesen haben den Ausländern gegenüber die Maske der Indifferenz aufgesetzt. Nur wenn sie sich unbeobachtet fühlen, spricht aus ihren Augen die Sorge und die Erwartung der nahen Katastrophe. Mein Fahrer Canh, den ich seit vielen Jahren kenne, ist noch nie so unachtsam und zerstreut durch das Verkehrsgewühl der Innenstadt gefahren. Wie ich ihn zurechtweise, bricht die Angst aus ihm heraus: »Sie wissen doch, Monsieur: 1954 bin ich vor den Kommunisten aus Hanoi nach Süden geflohen, und jetzt holen sie mich wieder ein.« Die Vorsteherin des Telegraphenamtes, eine bedächtige Annamitin mit strengem Haarknoten, nimmt mich auf die Seite: »Stimmt es, Monsieur, daß die Nordvietnamesen die Beamten der Saigoner Regierung umbringen werden?« Im eroberten Da Nang hätten die Kommunisten in jedem Stadtviertel wahllos hundert Personen aufgegriffen und zur Einschüchterung öffentlich erschossen. So hat man ihr erzählt. Manchmal sieht es aus, als würde das Chaos durch Tatarenmeldungen mutwillig geschürt.

Die Menschen von Saigon wollen mit ihrem Kummer und ihrer Ungewißheit allein sein. Für Vietnam geht das Kapitel der zweihundertjährigen Öffnung nach Westen mit einer schrecklichen Enttäuschung über den späten amerikanischen Partner zu Ende. Die flatterhafte Stadt Saigon, *la Perle de l'Extrême-Orient*, schickt sich an, dem Luxus, der Korruption, der hektischen Betriebsamkeit und der sprudelnden Lebensfreude zu entsagen. Bald wird es puritanisch und langweilig zugehen wie in Hanoi. So ähnlich mag die Stimmung

Shanghais gewesen sein, als die Soldaten Mao Tse-tungs im Jahr 1959, von Sutschau kommend, wie Menschen von einem anderen Stern auf das Babel am Wang Pu zumarschierten.

Die Bilder in den Illustrierten, mit den Menschen, denen das Grauen in den Augen steht, dürfen nicht darüber hinwegtäuschen, daß dieses Land mit einer Würde ohnegleichen seinen Schicksalsgang angetreten hat. Seien es die Flüchtlinge, deren scheinbare Resignation mit stählerner Energie und Überlebenswillen geladen bleibt, seien es die Regierungssoldaten, die ebensogut wissen wie die ausländischen Reporter, daß der Krieg verloren ist, daß sie sich demnächst vor Volkstribunalen zu verantworten haben werden und die dennoch eine unverständliche Gelassenheit bis in die vordersten Linien zur Schau tragen – sie alle wahren auf fabelhafte asiatische Weise das Gesicht. Dieses ist ein großes Land, das sich anschickt, unter dem strengen Regiment des proletarischen Sparta im Norden wiedervereinigt zu werden, wo eiserne Ordnung und mönchische Disziplin herrschen. Wie sollten die Amerikaner in einem solchen Land und mit einem solchen Volk zurechtkommen, das sie auf ihren stets irreführenden *Briefings* in *good guys* und *bad guys* einteilten?

Vor der amerikanischen Botschaft stauen sich täglich die Bittsteller. Sie möchten mit den letzten Flugzeugen herausgebracht werden. Die dort Schlange stehen, sind die kleinen Fische der Kollaboration, verschreckte Saigoner Bürger, Bräute von GI's, kleine Angestellte der unzähligen US-Dienststellen. Die wahren Profiteure und Haifische, die in den zehn Jahren amerikanischer Präsenz Vermögen ansammelten, haben längst für ihre Sicherheit gesorgt, die Drahtzieher des Schwarzmarktes, des Heroinhandels und der Prostitution. Sie haben sogar Komplizen auf amerikanischer Seite gefunden, die ganze Bordellbesatzungen nach Manila, Bangkok oder, wie man später erfuhr, nach Florida und Neu-Mexiko herausschafften. Ohne Papiere und Identität werden die evakuierten Freudenmädchen jeder Erpressung ausgeliefert sein. Jene hochanständigen Offiziere und Beamten des Saigoner Regimes, von denen es mehr gab, als die westliche Presse berichten wollte, und die es nicht über sich bringen, unter unwürdigen Bedingungen um einen Flugschein zu betteln, die bleiben zurück.

Gleich neben der *US-Embassy* befindet sich die französische Botschaft. Aus dem Elysée-Palast ist die Weisung gekommen, die Stellung zu halten. Zusätzlich wird Sicherheitspersonal eingeflogen. Rund zehntausend französische Staatsbürger leben im Raum von

Saigon. Mindestens 80 Prozent davon sind vietnamesischer Abstammung. Für sie sind Sammelzentren vorgesehen. Im Arbeitszimmer des Botschafters Mérillon herrscht eine trotzige *Fort Chabrol*-Stimmung, als wolle man den Amerikanern nebenan zeigen, wie sich eine Nation mit historischer Überlieferung in Zeiten des Untergangs verhält. Amerika hat im Gegensatz zu den Franzosen bislang noch nie einen Krieg verloren. Vielleicht will auch das gelernt sein. Ein Korrespondent aus Washington hat das auf eine prägnante Formel gebracht: »Die Franzosen sind hier 1954 vernichtend, aber ehrenhaft in Dien Bien Phu geschlagen worden; unser Abschied aus Vietnam heißt Watergate.« Der kleine drahtige Mérillon, der schon während des »Schwarzen September« in Jordanien Courage bewiesen hat, wirft sich in Pose, zwinkert mir mit den Augen zu und deklamiert mit gallischem Pathos: »Ich bleibe hier auf Weisung meines Staatschefs, hülle mich in die Falten der Trikolore und sehe dem Unabänderlichen gelassen entgegen.« Um es gelinde zu sagen, zum gleichen Zeitpunkt war die Atmosphäre in der deutschen Botschaft weniger resolut. Dort ist lediglich Hausmeister Arno Knöchel, ein Mann mit zahlreichem vietnamesischem Familienanhang, der in der Fremdenlegion gedient hatte, zum Ausharren bereit. Nach Evakuierung des diplomatischen Personals hißt er ohne Weisung und ohne Auftrag einen schwarz-rot-goldenen Wimpel über dem Portal der Bonner Vertretung. Er zeigt Flagge, wie man früher gesagt hätte.

Mit der Plötzlichkeit eines Taifun ist die Niederlage über das Regime des Präsidenten Nguyen Van Thieu gekommen. Mitte März hatten die Nordvietnamesen im annamitischen Hochland die Ortschaft Ban Me Thuot mit Panzern und Artillerie angegriffen. Die Südisten hatten sich knappe vier Stunden halbherzig gewehrt. Dann waren die Soldaten Giaps Herr der Lage, und es gab kein Halten mehr. Die Festungen Kontum und Pleiku, die Südvietnam gegen die poröse Westgrenze mit Laos abschirmen sollten, wurden kampflos preisgegeben. Das Oberkommando von Saigon entschloß sich viel zu spät zu einer drastischen Frontbegradigung. Da die ganze Erste Militärregion mit Quang Tri, Hue und Da Nang seit dem nordvietnamesischen Durchbruch auf den Plateaus gewissermaßen in der Luft hing, sollte der nördliche Küstenschlauch von den dort befindlichen Elitetruppen geräumt werden. In der Gegend von Nhatrang, so hofften die Strategen von Saigon, könnten sie eine neue Frontlinie ziehen, hinter der die Metropole Saigon mit dem unentbehrlichen Hinterland bis Tay Ninh sowie das fruchtbare Mekong-Delta gehalten würden.

Aber ein geordneter Rückzug ist wohl die schwierigste militärische Operation und setzt perfekte logistische Vorbereitungen sowie eine hohe Kampfmoral der Truppe voraus. Beide waren nicht vorhanden. In Hue und Da Nang brach Panik aus. Die Garnison der alten Kaiserstadt hetzte wie die wilde Jagd auf den Hafen Da Nang zu. Am schamlosesten benahmen sich die kampferprobten südvietnamesischen *Marines.* Sie drängten die zivilen Flüchtlingskolonnen in die Straßengräben und schossen sich den Weg zu den Kais und den rettenden Schiffen frei. Es kam zu wüsten Szenen der Plünderung und Brutalität. An Bord der Transporter und Lastkähne, die zum Bersten überfüllt aus Da Nang ausliefen, nahmen die *Marines* den Zivilflüchtlingen Geld und Schmuck ab. Sie vergewaltigten Frauen und Mädchen. Wer ihnen nichts bieten konnte, wurde über Bord gestoßen.

Unterdessen spielten die Panzerkolonnen des neuen nordvietnamesischen Generalstabschefs, Van Tien Dung, der den alternden Oberbefehlshaber Vo Nguyen Giap im aktiven Feldkommando abgelöst hatte, Blitzkrieg. Die Infanterie hatte Mühe, dem kampflosen Vordringen der motorisierten Spitzen zu folgen. Die Küstenstädte Annams, die Monster-Basen, die die Amerikaner – vollgepfropft mit Material – hinterlassen hatten, hißten die weiße Fahne, ohne daß ein Schuß abgefeuert wurde. Es fanden nicht einmal ordentliche Übergabeverhandlungen statt. Die ARVN – *Army of the Republic of Vietnam* – löste sich sang- und klanglos auf. Die Nordvietnamesen ihrerseits, die sich dreißig Jahre lang mit einem zermürbenden und entsagungsvollen Partisanenfeldzug hatten abplacken müssen, entdeckten plötzlich die Freuden des frisch-fröhlichen Krieges, den Rausch des siegreichen Nach-vorn-Stürmens. Russen und Chinesen hatten mit Materiallieferungen seit dem trügerischen Waffenstillstand nicht gegeizt. Eine hochmechanisierte Armee rollte nach Süden. Aus einem barfüßigen Partisanenheer war eine stählerne Dampfwalze nach russischem Modell geworden. Sogar die Marsch-Etappen richteten sich nach dem sowjetischen Reglement. Bei aller Hast ging man in Hanoi auf Nummer Sicher. Nur in einem Überlegenheitsverhältnis von drei zu eins wurde der Offensivbefehl erteilt. Ein Monat hatte genügt, um die Nordfront von der zermalmten Provinzhauptstadt Quang Tri am 17. Breitengrad in die unmittelbare Nachbarschaft von Saigon zu verlagern. Knappe 80 Kilometer vor der Hauptstadt hatten sich zwei

Regimenter katholischer Fallschirmjäger zu einem letzten verzweifelten Widerstand aufgerafft. Sie hatten sich in dem Städtchen Xuan Loc an der Straße Nummer 1 eingeigelt. Sie lieferten seit der Niederlage von Ban Me Thuot das erste Gefecht in dieser gespenstischen Aktion, die den Nordvietnamesen einen Geländegewinn von mehr als 1000 Kilometer längs der »Freudlosen Straße« gebracht hatte. Xuan Loc war eingekreist. Mit Leichtigkeit hätte General Dung seine Sturmtruppen gegen Saigon ansetzen können. Aber er überließ nichts dem Zufall und sammelte neue Kräfte vor dem Todesstoß.

Die Kriegsberichterstattung ist in den letzten Tagen eintönig geworden. Die einzigen Gefechte spielen sich im Umkreis der Straße 1 ab, die nach Osten in Richtung auf Xuan Loc führt. 60 Kilometer Fahrt mit dem Mietwagen an der verlassenen und verwahrlosten US-Basis Long Binh und am Luftstützpunkt Bien Hoa vorbei, und schon befindet man sich in Frontnähe. In der Gegend von Bien Hoa hatten sich nach dem Genfer Waffenstillstand von 1954 rund 300 000 katholische Flüchtlinge aus dem Norden angesiedelt und mit viel Fleiß bescheidenen Wohlstand geschaffen im Schatten ihrer schmucklosen Betonkirchen, Mariensäulen und Lourdes-Grotten. Jetzt sind diese Menschen, die fünfzehn Jahre lang das Rückgrat des vietnamesischen Abwehrkampfes gegen den Kommunismus gebildet haben, wieder auf der Flucht vor den anrückenden Divisionen Hanois. Wie im Jahr 1954 haben Geistliche und Nonnen die Führung der Evakuierungskolonnen übernommen, doch dieses Mal gibt es kein sicheres Asyl im Süden, sondern nur den Tagesmarsch bis in die übervölkerten Vororte einer bereits vom Untergang gezeichneten Metropole.

Die südvietnamesische Armee hat ein paar Batterien gruppiert und feuert auf einen unsichtbaren Gegner. Eine Verteidigungslinie ist nicht zustande gekommen. Für ernsthafte Gegenwehr fehlt jede Voraussetzung. Wir fahren weiter, bis die Straße 1 ganz leer wird, ein untrügliches Zeichen dafür, daß Gefahr im Verzug und der Gegner nahe ist. Die Regierungssoldaten geben sich bei aller Aussichtslosigkeit der Situation freundlich und scherzen sogar mit uns. Wir haben schwarz-rot-goldene Plaketten angesteckt, auf denen »Bao Chi Duc – Deutsche Presse« steht. Auf den Fluchtstraßen in vorderster Linie wird man besser nicht mit einem Amerikaner verwechselt.

Die Soldaten mahnen uns zur Vorsicht. Hinter dem nächsten Hügel, so warnen sie, befänden sich die Nordvietnamesen. Ich lasse den

Wagen wenden und gehe mit dem Team zu Fuß bis zum letzten Beobachtungsposten. In den leeren Feldern bewegt sich nichts. Aber in 300 Meter Entfernung versperrt ein Erdwall die Straße. Die Nordvietnamesen haben dort ihre Panzerminen verbuddelt. Ich muß an unsere Gefangennahme durch den Vietkong im Sommer 1973 denken, als das Portal zur »befreiten Zone« auf der Straße Nr. 13 durch eine ähnliche Aufschüttung blockiert war.

Die fremden Armeen haben Saigon verlassen. Sogar jene amerikanischen Militärratgeber, die als Zivilisten getarnt waren, sind, den Code-Signalen des US-Senders folgend, beinahe wie Verfemte nach Tan Son Nhut gefahren und ausgeflogen worden. Es bleibt nur noch eine letzte weiße Söldnertruppe zurück, die Kohorte der Journalisten. Die Vorboten der Katastrophe und das Nahen der ideologisch-puritanischen Säuberungswelle, die von Norden auf das sündige Saigon zuschwappt, wecken wohl auch bei dem bravsten Presseberichter tief vergrabene Landsknechtsinstinkte. Die Angehörigen der deutschen Botschaft haben bei ihrer Abreise reichlich Alkohol hinterlassen. Die Sperrstunde beginnt schon um acht Uhr abends. So eilt man vom Telex oder von der Radiokabine schnell in eines der französischen Restaurants am Blumenmarkt, läßt sich Pfeffersteaks servieren, die auf Grund der Zeitknappheit stets *bleu* oder *saignant* ausfallen, und schimpft – wie das zur Pose gehört – darüber, daß die Erdbeeren aus Dalat nicht mehr auf dem Dessert-Angebot stehen, wohl wissend, daß Dalat längst von den Kommunisten besetzt ist. Eine letzte Verfügung des Thieu-Regimes hat den Ausschank von Alkohol verboten. So wird der Wein als »Kaffee« in Tassen serviert.

Um acht Uhr trifft sich dann alles in den Hotelzimmern des Hotels»Continental«. Eine vermoderte Kolonialatmosphäre ist in diesem altertümlichen Kasten im Herzen Saigons erhalten geblieben. Die Kellner und Zimmerboys sind noch die gleichen wie vor dreißig Jahren. Der junge Franchini, letzter Besitzer des »Continental« und eurasischer Erbe eines in Saigon wohlbekannten Namens, stand bei den französischen Korrespondenten als Liebhaber asiatischer Kunst und als kenntnisreicher Gesprächspartner in hohem Ansehen. Er hat mit seiner chinesischen Frau Saigon rechtzeitig in Richtung Hongkong verlassen. Das Hotel übergab er der Treuhänderschaft seines alten Personals, runzliger, kleiner Männlein, die vor Schwerhörigkeit kaum noch eine Bestellung entgegennehmen können, die den Tag auf ihren Matten in den Korridoren verschlafen und den Stammgästen bei Vorzeigen eines

Piasterscheines lächelnde Zuneigung entgegenbringen. Mit Trippelschritten servieren sie jeden Abend Eis und Soda für die lärmende Journalistenrunde, die sich über die Alkoholbestände aus der Botschaft hermacht. Bis spät in die Nacht wird getrunken, und immer die gleichen Geschichten werden erzählt, Episoden von der Tet-Offensive 1968, von der Frühlingsoffensive 1972, Anekdoten von Präsident Diem und Präsident Thieu, von Bonzen, Generalen und Ganoven. Am Ende werden die Gespräche erotisch und schlüpfrig. »Die Weise von Liebe und Tod« hieß es im »Cornet«; in diesem verpfuschten Kolonialkrieg ist von Blut und Sperma die Rede.

Daneben sitzen die jungen Vietnamesinnen wie exotische Blumen und werden mit jedem Glas Alkohol, das die Europäer kippen, schöner. Sie selber trinken kaum. An der Wand hängt ein Werbeplakat aus den Tagen, als Südvietnam noch Touristen anlocken wollte: eine attraktive Asiatin in der Nationaltracht Ao Dai ist dort dargestellt, verschwommen und verführerisch zwischen Blumen und Pastelltönung. »Follow me to Saigon!« steht darunter.

So sind die Journalisten die letzten Kunden der Mädchen von Saigon, so etwas wie Beichtväter in der Stunde vor der großen Prüfung. Die eine gibt sich fatalistisch: »Dann werde ich eben beim Vietkong Reis pflanzen; ich komme ohnehin vom Land.« Die zweite meint, daß sie niemals auf schöne Kleider und das leichte Leben verzichten kann, daß sie die Schmach nicht ertragen wird, und daß das Wasser des Saigon-Flusses tief genug ist, um sie aufzunehmen. Die dritte kehrt Trotz heraus: »Als es meinem Volk materiell gut ging hier in Saigon und alle Güter zur Verfügung standen, wollte ich daran teilhaben; doch wenn mein Volk hart arbeiten muß und arm sein wird, dann will auch ich arm sein.« Alle sind deprimiert bei dem Gedanken an ihre Großfamilien, denen sie stets verbunden blieben und deren Überleben sie oft unter Einsatz ihrer Jugend und ihres Charmes sicherstellten.

Auch die Schmetterlinge der Rue Tu Do sind Töchter jener beiden sagenhaften Schwestern Hai Ba Trung, die in grauer Vorzeit den chinesischen Eroberern trotzten und in der Niederlage den Freitod suchten. Das Grundelement dieser Rasse ist hart und spröde. Im Gegensatz zu den triebhaften und heiter-undifferenzierten Siamesinnen ist die Vietnamesin ähnlich zerebral wie die Chinesin. Wenn sie sich wegwirft, dann aus Berechnung oder Verzweiflung, fast nie aus Leichtsinn oder Flatterhaftigkeit. Während ich an jenem Abend im

»Continental« das Mädchen Minh betrachte, die artig, wenn auch nicht sittsam, mit stark geschminkten Katzenaugen regungslos wie eine Puppe verharrt, fällt mir ein Zitat aus dem »Stillen Amerikaner« von Graham Greene ein: »Sie ist kein Kind. Vielleicht ist sie widerstandsfähiger, als Sie jemals sein werden. Kennen Sie die Art von Politur, die unzerkratzbar ist? So ist Phuong.«

Rund um die Terrasse des Hotels »Continental« drängen sich bis zum letzten Tag die Bettler, Krüppel, Schuhputzer, Prostituierten beiderlei Geschlechts und die Souvenir-Händler. Seit die Polizeigewalt sich allmählich auflöst, werden sie immer unverschämter. Eine rühmliche Ausnahme der Zurückhaltung bildet der Buchverkäufer. Er bietet eine stattliche Sammlung von Publikationen über Indochina an. Obenauf liegt der Roman Graham Greenes »The Quiet American«. Ein deutscher Kollege blättert darin, und ich gebe ihm den Rat, ihn zu kaufen. Es ist wohl das beste Buch, das je über Vietnam geschrieben wurde. Schauplatz dieses Romans, der in den Jahren 1951/52 spielt, ist wiederum das Hotel »Continental«. Das zentrale Thema ist ein Dreiecksverhältnis zwischen dem alternden englischen Journalisten Fowler, dem jungen amerikanischen Geheimagenten Pyle und der Vietnamesin Phuong. Fowler lebt seit zwei Jahren mit Phuong, bis Pyle, der »stille Amerikaner«, auftaucht, um sie wirbt und ihr sofortige Heirat wie Sicherheit verspricht. Der verlassene Engländer gibt den kommunistischen Partisanen des Vietminh einen Hinweis, wie sie seinen Rivalen Pyle in einen Hinterhalt locken und umbringen können. – Schon als ich dieses Buch vor vielen Jahren zum erstenmal las, erschien mir die Geschichte zutiefst symbolisch. Greene hatte den Ablauf der Ereignisse in Indochina vorausgeahnt. Phuong stand für Vietnam, der frankophile alternde Engländer für die französische Kolonialmacht, und der junge, naive, bedenkenlose Pyle erschien wie die illusionslose Ankündigung der amerikanischen Invasion.

Es ist viel über die angebliche französische Schadenfreude angesichts der amerikanischen Rückschläge in Indochina geschrieben worden. Zweifellos waren die Franzosen besser informiert, waren dem Land intimer verbunden, erkannten sehr bald, daß dieser Krieg von den USA nicht gewonnen werden konnte. Hinzu kam jedoch eine geradezu eifersüchtige Spannung zwischen dem alten, erfahrenen, abgehalfterten Liebhaber und dem reichen, gutgläubigen, brutalen, jugendlichen und doch schon impotenten Nebenbuhler aus der Neuen Welt. Die französische Armee, die in Dien Bien Phu besiegt worden war, blieb krank an Indochina. Sie litt am *mal jaune*, wie der Schriftsteller Jean Lartéguy, ein ehemaliger Para-Offizier, das später nannte.

Am frühen Morgen haben wir wieder einmal in Richtung Xuan Loc auf der Straße 1 gekundschaftet. Die Nordvietnamesen sickern beiderseits dieser Rollbahn ein. Im nahen Tu Duc sind ihre Propagandatrupps bereits öffentlich aufgetreten und haben der Bevölkerung mitgeteilt, daß sie bis zum 1. Mai eine Schonfrist setzen würden; wenn aber bis dahin General Thieu nicht zurückgetreten sei, würde die Schlacht um Saigon beginnen, und dann solle jeder sehen, wo er bleibt. Auch in Saigon warten alle auf die Abdankung des Präsidenten Nguyen Van Thieu. Seine Ansprache zum großen konfuzianischen Ahnenfest der Vietnamesen, wo des mythischen Stammvaters Huong Vuong gedacht wird, hatte er in letzter Minute abgesagt. Dafür tritt er abends um acht Uhr im Fernsehen auf, während gerade die Ausgangssperre beginnt. Nguyen Van Thieu, dieser unauffällige Mann mit dem unbeweglichen *Poker-face*, der zu Unrecht von so vielen westlichen Zeitungsschreibern dämonisiert worden ist, wächst in dieser Stunde des Abschieds von der Regierung über sich selbst hinaus. »Die Vereinigten Staaten haben ihre Versprechen nicht gehalten«, sagt er mit verhaltener Wut vor der Kamera; »sie sind unfair; sie sind unmenschlich. Sie sind nicht glaubwürdig. Sie sind unverantwortlich. Ich habe nie geglaubt, daß ein Mann wie Henry Kissinger unser Volk einem so schrecklichen Schicksal ausliefern würde.« Mit seinen Anklagen gegen den amerikanischen Protektor, der ihn irregeführt hat, beweist er, daß er eben doch nicht nur eine Marionette war. Thieu ordnet sich in die tragische Nachfolge des Diktators Ngo Dinh Diem ein. Für das abergläubische Volk von Saigon lag der Untergang Thieus seit dem letzten vietnamesischen Neujahrsfest, dem »Tet« der Katze, ohnehin fest. Der kleinen Minh verdankte ich mein astrologisches Wissen: Der Staatschef stand unentrinnbar im astrologischen Zeichen der Maus, und so mußte ihm das Jahr der Katze, das nunmehr unter dramatischen Vorzeichen begann, zum Verhängnis werden. War nicht auch der Maus-Mann Ngo Dinh Diem in einem anderen Jahr der Katze, nämlich 1963, gestürzt und ermordet worden? Wenn dieses Mal Thieu mit dem Leben davonkäme, dann würde er das vielleicht seiner Frau verdanken, die im Zeichen des Pferdes geboren war.

Mit einem Wagen des Diplomatischen Corps sind wir um Mitternacht trotz Sperrstunde durch die verwaiste Stadt gefahren. Polizeipatrouillen sperren die Straßenkreuzungen mit Stacheldraht und spanischen Reitern. Am Flugplatz Tan Son Nhut geht unter amerikanischer Regie die Evakuierung pausenlos und beklemmend weiter. Neben vietnamesischer Polizei und Feldgendarmerie tauchen neuerdings verdächtige Gestalten in den schwarzen Pyjamas der freiwilligen Miliz auf. Sie stellen wohl die letzte Reserve des Regimes dar. Diese unsicheren Kantonisten haben schon mit Plünderungen und Ausschreitungen begonnen. Je schneller und reibungsloser jetzt die Nordvietnamesen die Kontrolle über Saigon übernehmen, desto besser wird es für die Stadt sein. Am Ende sind wir in der Viking-Bar des »Palace«-Hotels gestrandet. Neben ein paar amerikanischen Nachzüglern sind wir die einzigen Gäste. Die Journalisten hatten den ganzen Tag wie lechzende Jagdhunde auf den Rücktritt Thieus gespannt. Jetzt empfand ich das Lachen, das Grölen, das Schäkern mit den Serviererinnen als eine Peinlichkeit.

Der totale Sieg fällt dem Politbüro von Hanoi früher als erwartet in den Schoß. Ziel der Hochlandoffensive war ursprünglich gar nicht die Eroberung von Saigon gewesen. Mit einigen spektakulären Erfolgen im Raum von Hue hätte sich General Dung wohl schon zufriedengegeben. Aber der Kollaps des Südens löste dramatische Überstürzung aus. Während die Nordvietnamesen in aller Hast ihre strategischen Reserven zu strahlenförmigen Stoßkeilen um Saigon zusammenziehen, verlagern sie auch die Schwerkraft ihrer Luftabwehr von Tonking nach Süden. Noch rechnet man in Hanoi mit einem Eingreifen der *US-Air Force* in letzter Minute, um dem südvietnamesischen Verbündeten eine Galgenfrist zu gewähren. Aber Präsident Gerald Ford, der Richard Nixon im Gefolge von Watergate abgelöst hat, trägt sich mit anderen Sorgen.

Das allzu schnelle Vordringen der Nordarmee vereitelt auch alle Kompromiß- und Übergangspläne, die im Umkreis der französischen Botschaft von Saigon ausgeheckt worden sind. Der wendige Mérillon hatte den Quai d'Orsay ermutigt, wieder einmal die Karte der Vermittlung zwischen den Bürgerkriegsparteien zu spielen. Es galt vor allem, die Nachfolge des Präsidenten Thieu in die Hände eines Mannes zu legen, der auch für Hanoi als Gesprächspartner akzeptabel wäre. Hatte nicht schon das Waffenstillstandsabkommen von 1973 einen »Rat der nationalen Versöhnung« als Interimslösung vorgesehen? Der Vorschlag war intelligent, brillant und scheinbar vernünftig, wie so viele Konstruktionen der französischen Diplomatie. Nur hielt er den Tatsachen und der grimmigen Entschlossenheit der Kommunisten nicht stand.

Aller Augen haben sich zwei Tage lang voller Hoffnung auf General Duong Van Minh gerichtet. Aber *Big Minh* glaubte selbst nicht mehr an seine Mission. Der Segen aus Paris ist in dieser Situation keinen Piaster wert. Er selbst weiß, daß sein neutralistischer Versuch der letzten Stunde dieses Mal ebenso scheitern wird wie seine politischen Ambitionen vor zwölf Jahren, als er entscheidend dazu beitrug, den katholischen Diktator Ngo Dinh Diem zu stürzen. Der phlegmatische, brave General Minh lädt die Presse zu einem Gespräch in seine Villa ein. Das Haus ist unweit der Kathedrale an einer schattigen Allee gelegen, die einmal den Namen »Charles de Gaulle« trug. »Ich weiß, daß man mich bald an die Spitze des Staates rufen wird oder dessen, was davon übrigbleibt«, sagt *Big Minh;* »der Gedanke daran ist ein Alptraum.« Man sieht dem schwerfälligen Mann das Bedauern an, daß er durch die Tücke der Politik aus seiner beschaulichen Randexistenz herausgerissen wurde. Er hätte viel lieber seine Orchideen gezüchtet. Vielleicht hat er einen Moment mit dem Gedanken gespielt, die Rolle eines vietnamesischen Marschall Pétain zu spielen, aber Hanoi hat ihm lediglich die klägliche Funktion eines Admiral Dönitz zugewiesen. Er darf nur noch bedingungslos kapitulieren. Wenige Tage später, am 30. April – aber das ahnte an jenem Nachmittag noch niemand –, würden die T 54-Panzer der Nordvietnamesen an der verwaisten US-Botschaft vorbei auf den Doc Lap-Palast zubrausen, die Gitter niederwalzen und die Auflösung der Republik Südvietnam vollziehen. Ehe die Politischen Kommissare aus Hanoi diesen Eintags-Präsidenten abführten, würde Duong Van Minh noch ein paar Worte in das Mikrophon eines fremden Reporters murmeln: »Diejenigen haben gesiegt, die es verdienten.«

Die zehn letzten Tage vor dem Fall Saigons vergehen in hektischer Spannung. Die Amerikaner haben den verbleibenden westlichen Ausländern den Evakuierungsplan für den Tag X mitgeteilt. Über den US-Sender von Saigon wird dann die Code-Ankündigung verlesen: »Die Temperatur hat 105 Grad Fahrenheit erreicht.« Anschließend würde eine Platte von Bing Crosby abgespielt: »I'm dreaming of a white Christmas«. Auf dieses Signal soll jedermann zu den Startplätzen der amerikanischen Hubschrauber eilen und sich zu den Schiffen der VII. US-Flotte ausfliegen lassen. Ich war fest entschlossen, an diesem verzweifelten Run nicht teilzunehmen. Ich wollte mich nicht wie ein Verstoßener im Schutz amerikanischer *Marines* aus diesem Land herausstehlen, das ich vor dreißig Jahren in Conquistadoren-Stimmung entdeckt hatte.

Mit einer Reihe von ausländischen Kollegen hatten wir beschlossen, uns in Saigon von den Nordvietnamesen überrollen zu lassen. Die Risiken waren kalkulierbar. Aber ein Kabel aus der Zentralredaktion hatte mir mitgeteilt, daß meine Sondersendung über Vietnam auf den 2. Mai anberaumt war. Schnitt und Endfertigung würden unter äußerstem Zeitdruck stehen. Am 26. April fand unser Rückflug statt.

Indochina, mon Amour

Im Flugzeug, Ende April 1975

Der Jumbo der *Air France* schraubte sich in steilen Kurven hoch. Die nordvietnamesischen Vorhuten standen stellenweise schon am Rande von Groß-Saigon. Der Pilot wußte, daß längs der Straße 13 auch SAM-Raketen sowjetischer Bauart aufgefahren waren. Es war der letzte Linienflug, der Saigon verließ, wie ich später erfahren sollte. Noch ahnte niemand an Bord, daß der Fall der Hauptstadt nur noch eine Frage von drei Tagen war. Aber jeder Passagier spürte, daß dies ein endgültiger Abschied war, daß selbst im Falle einer späteren Rückkehr die Stadt am Saigon-Fluß, das Land Südvietnam, daß Gesamt-Indochina total verwandelt und entfremdet sein würden. Die stämmigen Kollegen vom Kamerateam, die ich solcher Rührung gar nicht für fähig hielt, blickten mit bewegten und ernsten Gesichtern auf die überfluteten Reisfelder und die breiten Wasseradern des Mekong-Delta hinab, die unter den letzten Strahlen der Sonne aufleuchteten wie Gold und Blut, wie die Farben jener südvietnamesischen Republik, die in diesen Stunden im Abgrund der Geschichte verschwand. Der Steward servierte Champagner. Es kam keinerlei Erleichterung auf, der Tragödie entronnen zu sein. Jeder empfand Trauer und Schmerz, als würde er das Ende einer Liaison zelebrieren. Doch aus dem Lautsprecher des Jumbo tönte nicht »Les feuilles mortes« von Prévert, sondern ein modischer französischer Schlager: »Elle court, elle court, la maladie d'amour«.

Die Fahrt zum Flugplatz Tan Son Nhut war weniger dramatisch gewesen, als erwartet. Erst vor den letzten Sicherheitskontrollen stauten sich Fahrzeuge und Menschen. Es herrschte keine Panik, und die Polizisten in den mausgrauen Uniformen bemühten sich sogar, freundlich zu sein. Die große Flüchtlingsmasse, die vergeblich versuchte, sich in Richtung auf die Abflughalle vorzuschieben, war weder laut noch gewalttätig. In den Gesichtern stand oft eine Resignation, die mehr aussagte über das künftige Schicksal Saigons als Hysterie und Wut. Niemand verschwendete einen Blick auf das unfertige Kolossaldenkmal, dessen Grundstein kaum zwei Jahre zuvor von Präsident Nguyen Van Thieu zu Ehren des »siegreichen« amerikanischen Verbündeten gelegt worden war und an dem noch vor drei Tagen gearbeitet worden war. Auch bei der Abfertigung kam es zu keinem Chaos. Paradoxerweise war der Flug nicht einmal voll ausgebucht, und wir konnten unser Übergepäck von 250 Kilo problemlos verfrachten. Die meisten Ausreisenden auf dieser Maschine waren Vietnamesen französischer Staatsangehörigkeit. Das französische Flug- und Bodenpersonal machte einen *point d'honneur* daraus, ähnlich wie die stark vermehrte Botschaftsbesatzung in Saigon, angesichts der Auflösung in den Reihen der Amerikaner größte Gelassenheit zur Schau zu stellen. Die Rivalität der beiden Verbündeten und konkurrierenden Staaten drückte sich selbst in solchen Kleinigkeiten aus.

Die Menge der Abreisenden verhielt sich gefaßt. Vielen dieser Vietnamesen sah man an, daß sie zur *Crème* der Saigoner Bourgeoisie gehörten. Man unterhielt sich in legerem Plauderton, als hätten diese Zöglinge französischer Schulen ihre Geschichtslektion gut gelernt und versuchten nun, den Adel des *Ancien Régime* zu kopieren, der noch in der Stunde vor dem Gang aufs Schafott Menuett tanzte. »Sind denn diese Leute vom Schicksal ihres Landes so wenig berührt?«, fragte ein deutscher Sozialhelfer, der nichts begriffen hatte und ebenfalls ausflog.

Eine halbe Stunde vor der Abfahrt zum Flugplatz hatte Minh im Hotel angerufen. Sie verabschiedete sich mit artiger Stimme und wünschte mir *bon voyage*. Mit keinem Wort erwähnte sie ihren Kummer und ihre Angst. Ich versprach ihr, nach Fertigstellung des Films mit dem ersten Flugzeug nach Saigon zurückzufliegen, wenn das dann noch möglich wäre. Unser langjähriger Mitarbeiter Tin war bis zur Rampe des Jumbo auf das Rollfeld gekommen. »Soll ich versuchen, mit dem Hubschrauber ins Ausland zu entkommen?«, fragte er mich. Ich blieb ihm die Antwort schuldig. »Das müssen Sie selbst entscheiden«, zögerte ich. »Sie müssen die Wahl treffen zwischen einem Leben in der Fremde und der Unterdrückung im eigenen Land.« Aber ich versicherte ihm, daß wir ihm helfen würden, wenn er eines Tages im Westen auftauchen sollte. Jetzt stand der sonst so nervöse und aufgeregte Tin scheinbar unberührt vor dem Flugzeug und verbeugte sich höflich.

Die Vietnamesen von Saigon werden auch das durchstehen, so hofften wir damals. Auf lange Sicht könnten sie in der Symbiose mit dem Norden vielleicht auch etwas von ihrem weicheren, liebenswürdigeren Lebensgefühl vermitteln, selbst wenn die Ideologen aus Hanoi sich dagegen sträubten. Am Ende bliebe den Asiaten eine für den Westen unfaßbare Anpassungsfähigkeit, die nichts mit Opportunismus zu tun hat, sondern einer elementaren Kraft und dem verbissenen Überlebenswillen entspringt. Sie würden den revolutionären und sozialistischen Rummel mitmachen, so wie es die Politischen Kommissare erwarteten. Nach und nach – beginnend mit den Jugendlichen und Kindern – würden sie zu Gefangenen der eigenen Pose, des eigenen Mimikry werden und unmerklich in das neue revolutionäre System einbezogen sein.

Der Jumbo der *Air France* macht Zwischenlandung in Bangkok. Ich bleibe im Flugzeug. Ich will heute keine fröhlichen, unbekümmerten Asiaten sehen. Warum überkommt mich nur dieses überstarke Gefühl einer persönlichen Trennung? Ich war einst fünf Jahre lang Korrespondent in Afrika gewesen und hatte das Abenteuer der Entkolonisierung am Kongo wie einen Schock erlebt. Aber den Schwarzen Erdteil habe ich mit einem Empfinden der Erleichterung und des Überdrusses verlassen. Eine lange Zeitspanne hatte ich der Berichterstattung über den arabischen Raum gewidmet und mich im libanesischen Gebirge mühselig in Sprache und Religion des Orients vertieft. Doch dort hatte ich mich auf kulturell verwandtem Boden bewegt. Der einzigartige, fast schmerzliche Reiz Vietnams lag wohl in der widerspruchsvollen Kombination von spröder Unnahbarkeit und verführerischer, lasziver Exotik, in einer femininen Rätselhaftigkeit. Außenstehende haben oft gemeint, die quasi-koloniale Situation, in der wir uns befanden, hätte das Leben der Weißen im Fernen Osten mit solchen Privilegien und solchem Komfort ausgestattet, daß wir nur mit Nostalgie daran zurückdenken konnten. In Wirklichkeit lag die Faszination dieser Weltgegend im schwerelosen Lebensstil, in der oft makellosen Schönheit ihrer Menschen. Der kultivierte Europäer mußte sich daneben fast barbarisch vorkommen.

Der Alkohol, dem wir seit dem Abflug reichlich zugesprochen haben, beginnt zu wirken. Der französische Teepflanzer neben mir spricht von Vietnam wie von einer Geliebten, die sich ihm entzieht, die widerstrebend die Gelübde eines neuen, strengen Ordens auf sich nimmt; selbst im Falle einer Rückkehr würde er sie nur durch die Gitter des Klosters wiedersehen und unter dem Schleier nicht mehr erkennen. Auch ich spüre, daß ich nicht nur von meinen Jugenderinnerungen Abschied nehme, sondern von einem gewissen Lebensstil meiner Mannesjahre. Vielleicht koste ich diesen Abschied von dreißig Jahren Vietnam zu sentimental aus. Was ist schon Erinnerung, und was ist Einbildung? *Hiroshima, mon Amour* heißt der paradoxe Titel eines schönen französischen Films. Wieviel treffender hieße es doch: *Indochina, mon Amour.*

DER DRITTE INDOCHINA-KRIEG
Die Chinesen

Umerziehung und neue Fronten

Ho Tschi Minh-Stadt, im August 1976

Was die Informationsbehörden von Hanoi bewogen hat, mich 15 Monate nach der Eroberung Saigons durch die Armee des Nordens wieder in Vietnam einreisen und filmen zu lassen, wird mir stets ein Rätsel bleiben. Vermutlich sind die Ministerien und Sicherheitsorgane kommunistischer Staaten die Gefangenen ihrer eigenen Ideologie und Propaganda und können sich nicht vorstellen, wie ernüchternd und empörend ihre Gleichschaltungsmethoden für einen westlich geschulten Geist sind. Anders ließ sich auch nicht erklären, daß wir am ersten Tag nach unserer Ankunft in Saigon – wir waren mit der Linienmaschine aus Hanoi eingetroffen – jenes menschliche Strandgut besichtigen und filmen mußten, das die Niederlage von Kapitalismus und Imperialismus an den Gestaden des neuen, wiedervereinigten und sozialistischen Vietnam hinterlassen hatte.

Als erstes waren die Prostituierten an der Reihe. Man fuhr uns in den Saigoner Vorort Tu Duc. Das frühere Erziehungsheim katholischer Schwestern war mit Stacheldraht umzäunt. Vor dem Eingang standen bewaffnete Posten. Sechshundert Mädchen hatten die Revolutionsbehörden dort zusammengetrieben. Ihnen sollte die Unsittlichkeit durch produktive Arbeit ausgetrieben werden. Sie flochten Körbe und Matten. Die Aufseherinnen brachten ihnen Lesen und Schreiben bei, soweit sie Analphabetinnen waren. Kinderkleidung wurde für die sozialistischen Gemeinschaftsläden genäht. Im Garten wurde gepflanzt und gejätet. Neben den strengen Matronen der Kommunistischen Partei huschten auch noch ein paar katholische Nonnen über das Gelände. Zwischen grellen Propagandaplakaten, die den armen Mädchen eine strahlende und tugendhafte Zukunft versprachen, verblieb auch noch eine vereinzelte Statue des Heiligen Joseph mit der Lilie, dem Symbol der Keuschheit, in der Hand.

CHINA
Kunming
Lu Nan
Huaning
Pan Qi
Mong Tzeu
Kanton
Nanning
Cao Bang
Phong To
Lao Kay
Roter Fluß
Lai Tschau
Dong Dang
Lang Son
Yen Bai
Schwarzer Fluß
TONKING
Phong Saly
Thai Nguyen
Dien Bien Phu
Vietri
Vinh Yen
Son Tay
Hanoi
Gialam
Hongay
Hoa Binh
Hadong
Haiphong
Song Ma
Hung Yen
Phuly
Nam Dinh
Thai Binh
Sam Neua
Ninh Binh
Phat Diem
GOLF VON TONKING
NORD-VIETNAM
Xieng Kuang
Sayaburi
LAOS
Vang Vieng
Vinh
Vientiane
Mekong
Nong Khai
ANNAM
THAILAND
Thakek
Waffenstillstandslinie
(22. Juli 1954)
am 17. Breitengrad
N
Quang Tri
100
200
300 km
Hue

500 000 Prostituierte hätten die amerikanische Besatzung und das Thieu-Regime in Vietnam hinterlassen, erklärte eine vietnamesische Aufsichtsdame, die nicht einmal unsympathisch wirkte. In Saigon allein habe es 200 000 gegeben. Nun würden sie in Sechs-Monats-Kursen rehabilitiert und dann aufs Land geschickt, um dort in den »Neuen Wirtschaftszonen« zu wohnen und zu produzieren. Die Freudenmädchen von Tu Duc waren meist arme Hascherl, unansehnliche Opfer einer rüden Landsknechtswelt. Sie verrichteten brav und scheu ihre Arbeit, sahen mit verstohlener Neugier auf unsere Geräte und kicherten gelegentlich. Die Hübscheren unter ihnen riskierten sogar einen koketten Seitenblick, wenn sie sich von den Wächterinnen unbeobachtet fühlten. Die gehobenen Exemplare des Gewerbes, die *poules de luxe*, wie man früher einmal gesagt hätte, waren in diesen puritanischen Heimen zum roten »Guten Hirten« nicht anzutreffen. Sie waren wohl rechtzeitig untergetaucht oder hatten es verstanden, bei den Kommissaren des Nordens, die schnell in den Ruf heuchlerischer Tartufferie geraten waren, neue Protektoren und Kunden zu finden. Sie taten uns leid, diese gefangenen Vögel von Tu Duc, die am Ende in einer großen Kachelhalle zusammengetrieben wurden, um händeklatschend ein revolutionäres Lied zu singen, dessen Refrain mir sehr bekannt vorkam: »Vietnam, Ho Tschi Minh! ... Vietnam, Ho Tschi Minh! ...«

Das nächste Ziel war die Anstalt für Rauschgiftsüchtige. Auch hier handelte es sich um ein früheres katholisches Internat, das in eine Art Festung umgewandelt worden war, denn die *addicts* stellten wohl größere Probleme als die Dirnen. 100 000 Drogensüchtige habe das korrupte Regime der Vergangenheit gezüchtet, davon 20 000 in Saigon, so sagte man uns. Die Söhne der Bourgeoisie seien in der Mehrzahl. Aber wir entdeckten sehr bald auch eine Reihe von Kriegsverwundeten, die sich wohl aus Schmerz oder Verzweiflung an den Konsum des Opium oder Heroin gewöhnt hatten. Hier war die Atmosphäre gespannt und schmerzlich. Ein Arzt erklärte, daß östliche und westliche Medizin zur Entwöhnung angewendet würde. Die Akupunktur habe gute Resultate gebracht. Vor allem seien rhythmische Kollektivübungen von Nutzen. Die Insassen dieser Entziehungsanstalt – wir bekamen bestimmt nur die harmlosesten Fälle zu Gesicht – starrten apathisch vor sich hin, wenn zwischen ihren tänzerischen Gymnastikübungen, die dem chinesischen Tai-chi entliehen waren, eine Pause entstand. Auch sie sollten nach der Heilung in die neuen Pionierzonen geschickt werden. Die meisten würden dort wohl zugrunde gehen. Am Ende hockten auch sie im Kreis, sangen und klatschten zu dem Refrain: »Vietnam, Ho Tschi Minh! ... Vietnam, Ho Tschi Minh! ...«

Eine dritte Station auf dem Weg zur Rehabilitierung der südvietnamesischen Bevölkerung: das Waisenhaus von Diuc Quang im Süden von Cholon, der chinesischen Schwesterstadt Saigons. Dieses Mal trafen wir auf eine ursprünglich buddhistische Institution aus der Zeit des amerikanischen Krieges, an der die Organisation *Terre des Hommes* mitgewirkt hatte. Noch stand die riesige Buddha-Statue aufrecht im Hof, aber auch hier waren die roten Transparente mit revolutionären marxistischen Losungen beschriftet. Etwa dreihundert Vollwaisen im Alter von sechs bis siebzehn Jahren waren in Diuc Quang untergebracht. Die buddhistischen Bonzen waren vertrieben und durch linientreue Lehrkräfte aus dem früheren kommunistischen Untergrund ersetzt worden. Unter den Kindern dieser Anstalt waren bestimmt auch ein paar jener kleinen Zigarettenverkäufer, Schuhputzer und Taschendiebe eingefangen, die früher die Hotelterrasse des »Continental« umlagerten. Die vietnamesischen *Besprisornyje* wurden in die Zucht des sozialistischen Staates genommen, und dagegen war nicht viel einzuwenden. In diesem straff geführten Internat entdeckten wir ein paar traurige Nachfahren der fremden Okkupation – ein halbes Dutzend kleiner Eurasier mit blonden Haarsträhnen und blauen Schlitzaugen; zwei Mädchen mit Kraushaar, dicken Lippen und dunkler Hauttönung, die von schwarzen Amerikanern gezeugt worden waren. Es herrschte eine militärische Disziplin. Zu Füßen der Gautama-Säule traten sie alle an, klatschten in die Hände, und es hallte zum Abschied in quäkendem Gleichklang über den Platz: »Vietnam, Ho Tschi Minh! ... Vietnam, Ho Tschi Minh! ...«

Vor dem Hotel »Majestic« wartete Arno Knöchel in einem Volkswagen auf mich. »Springen Sie schnell in den Wagen! Wir fahren zur deutschen Botschaft, und Ihre Aufpasser sollen nicht gleich wissen, worum es geht. Ich habe eine Zusammenkunft mit Madame Tin arrangiert.« Wir fuhren im Eiltempo zur Rue Vo Tanh, wo der frühere Fremdenlegionär Knöchel die geschlossene Vertretung der Bundesrepublik Deutschland in Saigon wie seinen Augapfel und seine persönliche Domäne hütete. Er hatte sich von seinen Hausmeisterpflichten auch durch die kommunistische Machtergreifung nicht abbringen lassen. »Wie geht es denn dem Freund Tin?«, wollte Knöchel wissen. Das war eine lange Geschichte.

Unser langjähriger vietnamesischer Mitarbeiter Tran Van Tin war am 29. April 1975 – drei Tage nach meiner Abreise – auf einem der letzten amerikanischen Hubschrauber aus Saigon entkommen. Über ein Flüchtlingslager in Guam erreichte er die USA, wo Günter Müggenburg von der ARD ihm eine vorübergehende Aufenthaltsgenehmigung beschafft hatte. Gemeinsam organisierten wir seinen Weiterflug nach Deutschland, wo ich ihm beim ZDF eine Beschäftigung vermittelte. Aber Tin war ohne seine Frau und seine Kinder geflüchtet. Lediglich sein junger Neffe Thanh, der unser Abenteuer beim Vietkong miterlebt hatte, war mit ihm auf den Helikopter gesprungen und saß jetzt ebenfalls in Wiesbaden. Während der ledige Thanh in der Bundesrepublik schnell Wurzeln faßte, verfiel Tin einer fast aggressiven Verzweiflung. Offenbar konnte er es nicht verschmerzen, daß er seine nächsten Angehörigen in der Heimat zurückgelassen hatte. Wir beschlossen, ihn in unser Frankreich-Studio nach Paris zu versetzen, wo er zahlreiche Landsleute treffen und den Erwerb der französischen Staatsangehörigkeit einleiten konnte. Doch seine psychische Verfassung besserte sich keineswegs. Tin hatte wohl – infolge der Trennung von Frau und Kindern – das Gesicht verloren, und er unternahm den Kampf um die Rettung seiner Familie mit einer Verbissenheit, wie sie nur einem Vietnamesen zuzutrauen ist. Vor meiner Abreise nach Saigon hatte er mir einen Brief an seine Frau und ein paar hundert Dollar mitgegeben.

Frau Tin erwartete mich im Innern des deutschen Kanzleigebäudes von Saigon. Strömender Regen ging nieder, so daß den Spitzeln vielleicht die Lust an der Überwachung vergangen war. Hausmeister Knöchel hielt neuerdings Gänse im Vorhof der früheren Botschaft. Beim letzten Einbruch hatten die Hunde nicht angeschlagen. Aber auf die Gänse, die schon einmal im Altertum das römische Capitol vor dem Überfall der Gallier gerettet hatten, war Verlaß. Madame Tin war in einem unauffälligen Ao Dai gekommen. Hinter dunklen Brillengläsern waren die Augen vom Weinen gerötet und verquollen. Als ich ihr den Brief und das Geld überreichte, begann sie zu schluchzen. Sie hatte ihre kleine Tochter, ein adrett gekleidetes, artiges Mädchen, mitgebracht, das unser Gespräch mit unnatürlichem Ernst verfolgte. »Ich will zu meinem Mann!« schluchzte Frau Tin,

»ich will meinen Mann wiederhaben. Die Kommunisten peinigen uns ohne Unterlaß, und ich muß jeden Tag damit rechnen, daß ich mit meinen drei kleinen Kindern in die Wildnis verschickt werde. Hunderttausende sind gefangen und vermißt. Alle Angehörigen des früheren Mittelstandes kommen in die Rodungsgebiete, wo die meisten krank werden und viele sterben. Wenn ich nicht zu meinem Mann kann, bringe ich mich mit meinen drei Kindern um.« Arno Knöchel hörte betroffen zu. Er wußte, daß dies ein Fall unter unzähligen war. Das Schlimmste an der Repression war ihre Willkür, ihre Planlosigkeit. Ganz einfache Soldaten, die gegen ihren Willen von der Regierung Thieu zwangsrekrutiert worden waren, wurden seit über einem Jahr in den sogenannten Umerziehungslagern, die in Wirklichkeit KZ's waren, festgehalten. Manche dieser jungen Männer wurden dann als menschliche Wracks entlassen. Nicht einmal die rachsüchtige Bosheit der Revolutionsbehörden, so hörte ich immer wieder, sei das Schlimmste, sondern der unvorstellbare Schlendrian.

Ob ihr Mann nicht besser daran getan hätte, in Vietnam zu verharren, statt in den Westen zu fliehen, fragte ich Frau Tin. Aber da schrie sie zum erstenmal auf: »Sie hätten ihn getötet, wenn er geblieben wäre.« Sie gab mir einen Brief, und ich versprach, von Paris aus das möglichste zu tun. Vor allem solle sie Geduld und Zuversicht bewahren. Es waren leere Worte. Knöchel schleuste sie möglichst unbemerkt durch einen Seiteneingang ins Freie. Es goß immer noch in Sturzbächen.

Dennoch sollte dieses Familiendrama knappe drei Monate nach meiner Rückkehr aus Ostasien ein glückliches Ende finden. Als ich Tran Van Tin in Paris wiedertraf, grenzte seine Depression an Hysterie. Er schlief nicht mehr, war als Mitarbeiter nicht mehr zu gebrauchen und verzehrte sich in zahllosen Demarchen bei allen nur erdenklichen französischen und vietnamesischen Behörden. Auch ihm hatte ich Geduld angeraten. Die Schlamperei bei den Auswanderungsbehörden von Ho Tschi Minh-Stadt sei so unbeschreiblich, daß es mindestens ein Jahr dauern würde, ehe seine Anträge Aussicht auf Bearbeitung hätten. In der Zwischenzeit könne man mit Bestechungsgeldern nachhelfen, denn die revolutionären Tugendbolde waren erstaunlich schnell dem südlichen Klima der Korruption erlegen. Doch Tin wies meine Argumente von sich. »Ich gehe aufs Ganze«, sagte er, »ich suche den Eklat, den Skandal. Ich kenne die Kommunisten und die Vietnamesen und weiß, wie man sich bei ihnen durchsetzen kann, wenn überhaupt eine Chance besteht.« Er hatte seinen französischen Adoptivvater, oder was immer er war, wiedergefunden, einen pensionierten Oberst der Fremdenlegion mit einem wohlklingenden aristokratischen Namen, der sich sofort einsetzte, über zahlreiche Verbindungen verfügte und sogar mit Madame Giscard d'Estaing um einige Ecken herum verwandt sein sollte. Der Colonel verschaffte Tin in erstaunlich kurzer Frist die französische Staatsangehörigkeit. Und nun begann der kleine Vietnamese seinen einsamen Kampf gegen die diplomatische Vertretung Hanois an der Seine. Wie es ihm gelungen ist, an den Botschafter der Sozialistischen Republik Vietnam überhaupt heranzukommen, wird stets sein Geheimnis bleiben. Tatsache ist, daß er die Rote Exzellenz sogar zu nächtlicher Stunde mit seinen Anrufen heimsuchte. Er trotzte ihm das Versprechen ab, daß Ministerpräsident Pham Van Dong persönlich in seine Affäre eingeschaltet werde. Mit einem anklagenden Protestplakat stand er stundenlang im Regen vor dem Gebäude in der Rue Le Verrier. Als alles nicht zu helfen schien und seine Frau die Ausreisegenehmigung immer noch nicht in Händen hatte, griff er zum äußersten Mittel. Er drohte Selbstverbrennung vor der vietnamesischen Botschaft in Paris an, setzte ein Ultimatum und lud die Reporter und Photographen der internationalen Presse zu diesem Schauspiel ein. Die deutschen Fernsehanstalten wurden sich schnell einig, das Autodafé auf keinen Fall zu filmen, um keine indirekte Ermutigung zum Selbstmord zu leisten. Die französische Television reagierte ähnlich. Doch Tran Van Tin gab sich nicht geschlagen. Er kontaktierte über die südkoreanische Botschaft ein offizielles Kamerateam aus Seoul, und Präsident Park Chung Hee wollte sich offenbar die Gelegenheit nicht entgehen lassen, die Unmenschlichkeit der vietnamesischen Kommunisten an diesem Beispiel anzuprangern. Tin konnte und wollte nicht mehr zurück. Wir näherten uns dem dramatischen Höhepunkt, da rief er mich spät in der Nacht zu Hause an und stotterte vor Aufregung. Soeben sei ihm von offizieller vietnamesischer Seite telegraphisch mitgeteilt worden, daß seine Frau und seine drei Kinder übermorgen mit der *Air France*-Maschine aus Ho Tschi Minh-Stadt in Paris eintreffen würden. Tatsächlich kam es am Flugplatz »Charles de Gaulle« zum Happy-End. Tin leitet heute in der französischen Hauptstadt eine »Vereinigung für die Verwirklichung der Menschenrechte in Vietnam«. Offensichtlich geht es ihm nicht schlecht dabei.

Wir sind wieder auf der Straße 13, früher einmal »Road to Peace« genannt. Die Monsunwolken hängen niedrig und dunkel wie einst. Es war eine elegante Geste der Revolutionsbehörden von Ho Tschi Minh-Stadt, uns in jene Gegend reisen zu lassen, wo wir im Sommer 1973 – vor genau drei Jahren – vom Vietkong gefangengenommen worden waren. Die Spuren der Materialschlacht sind kaum noch zu erkennen. Mannshohe Vegetation ist über die verletzte Landschaft gewuchert und deckt alles zu. Die Vietnamesen nennen diese schilfähnliche Pflanzendecke »amerikanisches Gras«. Auch die Asphaltbahn ist repariert, was darauf hindeutet, daß die Straße 13, die zur kambodschanischen Grenze im Norden führt, wieder strategische Bedeutung besitzt. Um das Militärlager Lai Khe haben wir einen weiten Bogen gemacht. Dort hatte der südvietnamesische Divisionskommandeur am Tage der Kapitulation seine Soldaten in strammer Formation antreten lassen und sich vor versammelter Mannschaft eine Kugel in den Kopf geschossen, während die Flagge Südvietnams endgültig eingeholt wurde.

Die Stimmung in unserem Volkswagen-Bus ist gereizt. Das liegt an den neuen Begleitern und Aufpassern, die man uns in Saigon auferlegt hat. Vor allem ein junger Mann namens Map macht aus seiner Feindseligkeit kein Hehl. Seine Froschaugen lassen uns keine Minute aus dem Visier. Wie wir erfahren, hat er nach Hanoi berichtet, wir seien Agenten des Westens und trügen uns mit subversiven Absichten. Auch die militante Journalistin aus dem Revolutionskomitee von Ho Tschi Minh-Stadt fällt uns mit ihren aufdringlichen Propagandatiraden auf die Nerven. Unsere beiden Gefährten aus Hanoi hingegen – Frau Tu und Herr Hong –, die vom vietnamesischen Fernsehen zu unserer Führung abgeordnet wurden und die sich durch herzliche Hilfsbereitschaft auszeichnen, haben im Süden nichts zu melden. Hier herrscht revolutionäre Wachsamkeit, das heißt, die Spitzelei und das Mißtrauen folgen uns auf Schritt und Tritt. Zum Glück haben wir Oberst Phuong Nam in Ho Tschi Minh-Stadt wiedergetroffen. Er war in der letzten Kriegsphase Presseoffizier des Vietkong im sogenannten *Camp David* am Flugplatz von Saigon gewesen, und jetzt ist er wohl ein ziemlich hohes Tier, wenn man das an seinem Citroën mit Chauffeur ermessen kann. Doch selbst Oberst Phuong Nam gelingt es nicht, den krankhaften Argwohn der Sicherheitsorgane zu beschwichtigen. Die Tatsache, daß die vietnamesische Staatspolizei in der DDR ausgebildet wird, erleichtert die Situation nicht.

Unser Ziel ist ein Trümmerhaufen, die Provinzhauptstadt An Loc, »ein vietnamesisches Stalingrad«, wie Map versichert, wobei er verschweigt, daß die heldenhaften Verteidiger dieser strategischen Schlüsselstellung damals südvietnamesische Fallschirmjäger waren. Von der zentralen Geschäftsstraße An Locs sind nur ein paar verkohlte Mauern übriggeblieben. Die spärliche Bevölkerung lebt immer noch behelfsmäßig in Kanisterbuden und Strohhütten. Auf dem Markt sind Früchte und Maniok geschichtet, die von Angehörigen rassischer Minderheiten auf ihren Dschungellichtungen geerntet werden. Unter diesen Eingeborenen befinden sich zahlreiche Kambodschaner, aber vor allem primitive Waldmenschen, die die Vietnamesen früher als »Moi«, als »Wilde«, bezeichneten, Verwandte der *Montagnards* aus dem annamitischen Hochland. Die Moi haben eine dunkelbraune Haut und krauses Haar. Sie wirken grobschlächtig neben den feingliedrigen Annamiten. Sie laufen immer noch halb nackt, haben Kiepen auf dem Rücken und schmücken sich mit plumpen Halsringen. Ich frage nach den Stammesnamen dieser Urrasse. Sie heißen Punong, Chauman und Stieng. Da horche ich auf. In seinem »Königsweg« beschreibt André Malraux das Zusammentreffen seines Helden Claude mit den Stieng, diesen Überlebenden der Steinzeit, und den urweltlichen Schrecken, der von ihnen ausging. Die Stieng von An Loc wirken recht harmlos, während sie sich um den überladenen und schrottreifen Bus drängen, der aus Loc Ninh angerattert ist.

Überall stehen Soldaten und Polizisten mit schußbereiten Gewehren. Plötzlich beginnt die Knallerei. Ein paar Bewaffnete laufen feuernd und schreiend über die rote Lateritstraße einer Schranke entgegen. Die Zivilisten sind mit unglaublicher Behendigkeit in Dekkung gegangen. Der Zwischenfall hat nur zwei Minuten gedauert, und die Funktionäre unserer Eskorte wirken verlegen. Die Soldaten hätten Jagd auf Warzenschweine gemacht, stottert der froschäugige Map, der vor keiner Absurdität zurückschreckt. Aber der Hauptmann, der uns in An Loc begrüßt hat, findet diese Lüge wohl doch zu plump. »Ein Gefangener ist aus dem Gefängnis ausgebrochen und hat versucht, in den Wald zu entkommen«, sagt er kurz und bündig; »er ist aber schon wieder gefaßt worden.« Man führt uns auf die Betonplatte des südvietnamesischen Befehlsbunkers, und mit unseren Objektiven tasten wir die wellige Landschaft ab, die bei Loc Ninh schon nach Kambodscha überleitet. Unser Blick fällt auf einen Panzerfriedhof, wo ein Dutzend stählerner Ungetüme rostet. Die Ketten sind geborsten, die Turmluken gesprengt, die Wände von Bazooka-Einschlägen zerfetzt. Es sind russische Tanks vom Typ T 54. Map hindert uns am Filmen, und unsere Proteste nutzen nichts. Sogar der umgängliche Hauptmann brummt achselzuckend: »Wissen Sie, wenn es nicht unsere eigenen wären . . .«.

Auf der Rückfahrt halten wir bei dem Dorf Tan Khai, einer Pionier-Siedlung der »Neuen Wirtschafts-Zone«. Genau an dieser Stelle hatten wir im Frühjahr 1972 beobachtet, wie die Gegenoffensive der Saigon-Armee trotz ungeheuren Materialaufwandes im sporadischen Feuer von ein paar Dutzend Nordvietnamesen steckenblieb. Auch hier hat das »amerikanische Gras« die Krater und Trichter zugedeckt, aber die Minen sind immer noch da und fordern Opfer unter den neuen Siedlern. Der Vorsitzende des Revolutionären Ortskomitees – das Wort »revolutionär« darf wohl nirgends fehlen – erklärt das Prinzip dieser neugegründeten Ortschaften. Etwa 5800 Menschen – 1100 Familien – sind aus Saigon in diese trostlose, minenverseuchte und unfruchtbare Gegend verpflanzt worden. Keiner von ihnen ist freiwillig gekommen, sondern man hat sie eines Tages auf Lastwagen gepackt, mit dem Entzug der Lebensmittelrationen gedroht und sie dann vor einer Reihe von Behelfshütten abgesetzt, die lediglich aus vier Pfosten und einem Strohdach bestanden. Die Städter, die noch nie in der Landwirtschaft gearbeitet hatten, mußten wohl oder übel mit der Bewässerung des spröden Lateritbodens beginnen, das Dickicht abholzen und ihre Behausungen ausbauen. Gegen das Prinzip der Aussiedlung von eineinhalb Millionen Menschen aus der hoffnungslos aufgeblähten Metropole am Saigon-Fluß ist gewiß nichts einzuwenden, und auch die Urbarmachung der bisher nicht genutzten Landstriche war ein positiver Entschluß der neuen Behörden. Aber die Durchführung dieser gewaltigen Operation, die zahlreiche andere Städte und Provinzen von Südvietnam erfaßt, erscheint schlampig, chaotisch, ja kriminell.

Den Neusiedlern fehlt es an landwirtschaftlicher Schulung, an Geräten, an Düngemitteln, an Saatgut, an allem. Theoretisch sollen sie im ersten halben Jahr nach der Zwangsverschickung 16 Kilo Reis pro Person und pro Monat sowie ein halbes Kilo Salz kostenlos erhalten. Aber diese Versprechen wurden in den seltensten Fällen eingehalten. Die Malaria grassiert und Medikamente gibt es nicht. Offenbar sind in Tan Khai auch Cholera-Fälle aufgetreten, denn naive Zeichnungen geben Anleitungen zur Verhütung dieser Seuche. Im Krankenrevier, das uns der Ortsvorsitzende zeigt und das eindeutig nach dem Potemkinschen Prinzip installiert ist, befinden sich nur ein asthmatischer Greis und eine Schwangere. Immerhin haben unser Besuch und die damit verbundenen Filmaufnahmen den Einwohnern von Tan Khai – unter denen sich sechshundert Chinesen und sechs Cham befinden – zu einer ungewöhnlich reichhaltigen und spektakulären Reisverteilung verholfen. Ein wenig erinnern die Szenerie und die trostlose Landschaft an die Transmigrasi-Dörfer von Sumatra.

Drei Kilometer südlich von Tan Khai wimmelte es auf beiden Seiten der Straße 13 von schwarz gekleideten Jugendlichen. Sie waren überwiegend mit Erdarbeiten beschäftigt. Die jungen Männer und die Mädchen lebten nach Geschlechtern getrennt in großen Baracken, die wesentlich stabiler wirkten als die armseligen Hütten der Umsiedler. Es war bereits später Nachmittag. Verschiedene Gruppen, die ihr Tagespensum beendet hatten, spielten Fußball oder Volleyball. Die jungen Leute stammten sämtlich aus dem achten Bezirk von Saigon. Angeblich hatten sie sich freiwillig gemeldet. Viele Sprößlinge der cochinchinesischen Bourgeoisie waren darunter, die – wie Map behauptete – in der Feldarbeit die Läuterung von den korrupten Gewohnheiten ihrer Klasse suchten. In Wirklichkeit handelte es sich auch hier um eine Zwangsverschickung, und die Verpflichtung zum Wiederaufbau erstreckte sich über eine Periode von drei Jahren. Danach sollte – je nach Leistung und ideologischem Eifer – von den zuständigen Revolutionsorganen entschieden werden, welcher beruflichen Tätigkeit die einzelnen Jugendlichen sich zuwenden könnten. Die Stimmung bei diesem »freiwilligen« Arbeitsdienst war im Vergleich zu den Dörfern der »Neuen Wirtschaftszone« beinahe fröhlich. Die jungen Leute, die 18 Kilo Reis und vier Dong pro Monat – das sind umgerechnet etwa drei Mark – erhielten, wirkten gut genährt. Sie hatten intelligente Gesichter. Unsere Kamera-Arbeit beobachteten sie mit offenkundigem Widerwillen. Sie hielten uns zweifellos für ein Fernsehteam aus dem Ostblock, und ich hörte mehrfach das Wort »Lien Xo«, was Sowjetunion bedeutet. War es schon im Zweiten Indochina-Krieg lästig gewesen, als Europäer immer wieder für einen Amerikaner gehalten zu werden, so erschien es uns jetzt unerträglich, mit den Russen verwechselt zu sein. Jedenfalls trugen die »freiwilligen Arbeitskräfte« des achten Bezirks eine Stimmung geballter und trotziger Opposition gegen die neuen, sozialistischen

Zwangsmethoden zur Schau. Demnächst würden die Kommissare aus Hanoi wohl versuchen, diesen passiven Widerstand durch Eingliederung der jungen rebellischen Südisten in die kommunistischen Streitkräfte zu brechen.

Im Dorf Chon Tanh hielten wir neben einem zerschossenen Reiterstandbild. Dort teilte uns unser Begleiter mit, daß meinem Wunsch, nach Tay Ninh zu fahren und mit den Caodaisten zu reden, nicht entsprochen werden könne. Es gebe keine Probleme mit dieser Sekte mehr. Der Grundbesitz des Cao Dai-Klerus sei auf eine Art Vatikanstaat von hundert Hektar eingeengt worden und sein politischer Einfluß sei kaum noch spürbar. Dennoch wäre ein ausländischer Besuch zu diesem Zeitpunkt nicht opportun. Ob ich wohl auch beabsichtige, zu den Hoa Hao zu reisen, fragte Map lauernd. Jedermann wußte, daß diese kriegerische Buddhisten-Gruppe am Rande der großen Schilfebene einen aussichtslosen Partisanenkrieg gegen die Eroberer aus dem Norden führte. So konnte ich nur aus der Ferne einen Blick auf den düsteren Kegel der »Schwarzen Jungfrau« werfen. Der gewittrige Horizont hinter ihr war von Blitzen gepeitscht. Der Donner grollte wie Schlachtenlärm zu uns herüber.

In Wirklichkeit war das vietnamesische Oberkommando in diesem Sommer 1976 schon dabei, seine Divisionen längs der kambodschanischen Grenze aufmarschieren zu lassen. Selbst die strengen Kommunisten von Hanoi waren verstört über die wirren Nachrichten, die sie aus dem Land der Khmer erreichten. Nordvietnam hatte offenbar jeden Einfluß auf seine früheren kambodschanischen Schützlinge verloren. Mit Müh und Not war es gelungen, eine Delegation vietnamesischer Journalisten in die Gespensterstadt Phnom Penh einzuschleusen. Sie waren mit allen Zeichen des Entsetzens zurückgekehrt. Ein revolutionäres Delirium hatte sich der »Roten Khmer« bemächtigt. Sie wüteten wie Wiedertäufer nicht nur unter ihren früheren Gegnern des Lon Nol-Regimes; jeder, der nicht aktiv auf ihrer Seite gekämpft hatte, war suspekt und von Ausmerzung bedroht. »Das Blut befreit uns von Sklaverei«, so lautete angeblich die neue Nationalhymne des »Demokratischen Kampuchea« und das Blut floß in Strömen. Nach dem Massaker der pro-amerikanischen Streitkräfte wurden auch die Intellektuellen, die Lehrer, die Studenten systematisch liquidiert, obwohl sie meist aktiv gegen Prinz Sihanuk und später gegen Lon Nol opponiert hatten. In Kambodscha wurde *tabu-*

la rasa gemacht. An der Spitze des schrecklichen Staates der »Roten Khmer« stand die geheime Kommandozentrale »Ankar«, deren Zusammensetzung unbekannt blieb und deren mörderische Beschlüsse unwiderruflich waren. Die entsetzten Beobachter sprachen von »Steinzeit-Kommunismus«. Das Geld war in Kambodscha abgeschafft. In pausenlosem Einsatz arbeitete die gesamte Bevölkerung in den Reisfeldern, rodete den Dschungel, grub Kanäle. Es schien, als wollten die wahnwitzigen Ideologen, die die Macht an sich gerissen hatten, die Sklavengesellschaft des großen mittelalterlichen Imperiums von Angkor unter pseudo-marxistischen Vorzeichen neu erstehen lassen. Aber sie schufen nur Elend, Verzweiflung und wirtschaftliches Desaster. Die Pagoden wurden entweiht, die Bonzen zur Fronarbeit eingesetzt und beim geringsten Anlaß umgebracht. Religion und Astrologie, aber auch Tanz und Vergnügen waren untersagt. Das Geschlechtsleben wurde auf reine Reproduktionstätigkeit unter der puritanischen Aufsicht der roten Kommissare beschränkt. Umerziehungslager gab es in Kambodscha nicht. Für Regimegegner und Verdächtige gab es nur den Tod. Die Bücher wurden verbrannt. Die wenigen Fabriken, die mit chinesischer Hilfe wieder in Gang gebracht worden waren, kamen schnell zum Stillstand. Die Maschinen wurden nämlich jugendlichen Aktivisten im Alter von zwölf bis fünfzehn Jahren ausgeliefert. Die Fischereiflotte wurde regimetreuen Fanatikern aus dem Binnenland anvertraut, die noch nie das Meer gesehen hatten und sich wunderten, daß Seewasser salzig schmeckte. Die Krankenhäuser waren geschlossen, und die Ärzte arbeiteten als Kulis im Reisfeld. Die Zahl der Toten während der US-Intervention und des Bürgerkriegs in Kambodscha war auf rund 500 000 Menschen geschätzt worden. Ein paar Monate »Frieden« unter den Roten Khmer hatten offenbar genügt, um die Million vollzumachen.

Mit diesen Schreckensnachrichten waren die vietnamesischen Journalisten aus Kambodscha zurückgekehrt. Die wenigen Diplomaten, die in Phnom Penh akkreditiert waren, durften einen Radius von zweihundert Metern rund um ihre Botschaft ohne Sondergenehmigung nicht verlassen. Auch sie mußten sich teilweise in den kollektiven Volksküchen ernähren. Eine kambodschanische Währung gab es nicht, und so mußten Benzin oder Zigaretten mit grünen US-Dollars bezahlt werden. Die einzigen privilegierten Ausländer waren die Experten und Ratgeber aus Peking. Doch sie hatten nicht verhindern können – wie die Vietnamesen schadenfroh berichteten –, daß die in

Kambodscha lebenden Auslandschinesen das Opfer eines förmlichen Pogroms wurden. An der Spitze des Staates, im düsteren Machtgefüge von »Ankar«, wurden angeblich mörderische Einfluß- und Fraktionskämpfe ausgetragen. Als starker Mann und Regierungschef dieses finsteren Regimes fungierte ein gewisser Pol Pot, der den Gästen aus Hanoi als einziger politischer Gesprächspartner begegnet war. Pol Pot hatte zugegeben, daß achtzig Prozent der Bevölkerung Kambodschas an Malaria erkrankt seien und an Unterernährung litten. Bei unserer Ankunft auf dem Flugplatz von Ho Tschi Minh-Stadt waren wir einer kambodschanischen Frauendelegation begegnet, die sich auf dem Weg nach Hanoi befand. Damals gab es noch solche Kontakte. Bei ihrem Anblick empörte sich unsere Dolmetscherin Madame Tu: »Sehen Sie sich diese Frauen an!«, sagte sie. »Sie haben alle auf höchsten Befehl ihre langen Haare abschneiden müssen. Wenn man von uns Vietnamesinnen das gleiche verlangte, käme es zu einem Aufstand.«

Die Gesellschaft der Madame Tu war einer der wenigen Lichtblikke während dieses deprimierenden Aufenthalts in Saigon. Sie war eine Tochter des Nordens, entstammte einer kleinen Intellektuellenfamilie, die sich frühzeitig der Revolution angeschlossen hatte. Während des Krieges gegen die Franzosen war sie im tonkinesischen Aufstandsgebiet bei Tay Nguyen aufgewachsen. Später hatte sie in der DDR Elektronik studiert. Sie war eine heitere Frau und, wie so viele Vietnamesinnen, mit unverwüstlicher Energie ausgestattet. Ihr Mann arbeitete als Ingenieur. Ihre hübsche kleine Tochter trug das Halstuch der roten Pioniere. Unsere Dolmetscherin hatte in Saigon die Familie eines Onkels besucht, der im Gegensatz zu ihrem Vater auf seiten der bürgerlichen Nationalisten gestanden hatte und im Gefolge der französischen Niederlage nach Süden ausgewandert war. Sie kam sehr deprimiert von diesem Ausflug zurück.

Doch am späten Abend – als wir auf den Rundbänken des Staatszirkus von Hanoi saßen – strahlten ihre Augen schon wieder vor Spaß. Dabei waren die Darbietungen, die sich natürlich nach dem sowjetischen Modell streckten, recht bescheiden. Die Tiernummern amüsierten uns am meisten. Ein Elefant schoß einen Fußball auf einen hurtigen Affen, der als Torwächter dressiert war und seine Rolle außerordentlich ernst nahm. Mit cholerischem Eifer schnappte er den Ball, den der gewaltige Dickhäuter mit souveränem Phlegma auf ihn abfeuerte. Aus den Augen des kleinen Schimpansen sprach die Angst des Tormanns beim Elfmeter. Eine Gruppe Bonzen, die ebenfalls in der ersten Zuschauerreihe saßen, schüttelte sich vor Lachen. Einen Moment lang vergaßen wir, daß das Zirkuszelt – obwohl mitten in Ho Tschi Minh-Stadt aufgeschlagen – von schwer bewaffneten Bo Doi wie ein gefährdetes Militärgebiet abgesichert war. Sogar Stacheldraht hatten sie gezogen, und jeder Zuschauer mußte sich umständlich ausweisen. Die Revolutionsbehörden fühlten sich offenbar immer noch nicht sicher in dieser Stadt Saigon, die sie vor fast eineinhalb Jahren kampflos besetzt hatten.

Immerhin hob sich die Veranstaltung der Gaukler aus Hanoi wohltuend von jenem hochpolitischen Kinderfest ab, das wir drei Tage zuvor gefilmt hatten. Der Park des Doc Lap-Palastes, des früheren Amtssitzes Präsident Thieus, war wie zu einer großen Kirmes dekoriert worden. Die blau-roten Fahnen der »Befreiungsfront für Südvietnam« waren schon überall durch die knallrote Flagge des siegreichen Nordens ersetzt worden. Die Lautsprecher plärrten Militärmärsche und revolutionäre Hymnen. Spruchbänder feierten die Wiedervereinigung Vietnams, die durch eine Abstimmungsfarce bereits beschlossen war und deren offizielle Proklamation nicht auf sich warten lassen würde. Überall thronte das Porträt Ho Tschi Minhs. Der alte Revolutionär mit dem schütteren Bart war in rosa und hellblauen Bonbon-Farben gemalt. Er trug stets ein gütiges väterliches Lächeln zur Schau. Onkel Ho war zum Devotionalienobjekt seiner triumphierenden Ideologie geworden. Er war das Opfer eines revolutionären Kitsches, der seine Anregungen im platten Realismus sowjetischer Kunst, in den Herz-Jesu-Motiven der sulpizianischen Schule und in der bizarren Tradition der taoistischen Heiligenwelt suchte. Als »atheistische Theokratie« würde eines Tages der »neue Philosoph« Bernard Henri Lévy die Pseudo-Religiosität des Marxismus bezeichnen. In Vietnam hätte er eine zusätzliche Bestätigung seiner Thesen gefunden. Am unerträglichsten erschienen uns jene politischen Funktionäre und »Can Bo«, die die Kinderschar von Saigon im neuen Glauben und in dessen Liturgie einzuweisen suchten. Sie entblödeten sich nicht – obwohl ihre Schläfen oft grau waren –, das rote Halstuch der »Jungen Pioniere« umzubinden, und lächelten fast so süßlich wie ihr allgegenwärtiger Prophet. Die Kinder, deren Familienangehörige noch in den Umerziehungslagern verkamen, setzten oft störrische Mienen auf. Aber das machte die selbstgerechten Erzieher, die Missionare der Weltrevolution, nicht irre. Sie waren die neuen, die erfolgreichen Caodaisten des dialektischen Materialismus, die den Bart Victor Hugos durch den Bart des Karl Marx ersetzt hatten. Sie hätten am liebsten ganz Südvietnam in einen riesigen Kindergarten verwandelt, der pausenlos das Lob und die Glorie des Onkel Ho sang. Sie waren die asiatischen Priester des Marxismus, und wie eine Litanei erklang der jugendliche Chor: »Vietnam, Ho Tschi Minh! ... Vietnam, Ho Tschi Minh! ...«

Am frühen Morgen schlenderten wir durch Cholon, die Chinesenstadt Saigons. Der Sozialismus tat sich schwer mit diesen Söhnen des Himmels, die den Vietnamesen als Kaufleute und Organisatoren weit überlegen waren. Während der französischen Kolonisation hatten die Chinesen das Monopol des Reishandels an sich gerissen. Für die Politischen Kommissare aus Hanoi waren sie eine unverbesserliche Kaste von Schmarotzern, Kapitalisten und *Compradores.* Aber auch in den Augen der übrigen vietnamesischen Nationalisten stellten die Chinesen einen unerträglichen Fremdkörper und einen Unsicherheitsfaktor dar. Die schlauen Kaufleute von Cholon hatten bei Ankunft der Revolutionsarmee die Fahne Mao Tse-tungs gehißt. Aber das nutzte ihnen wenig, ja, es schadete ihnen bald, denn der alte chinesisch-vietnamesische Gegensatz war in den Kriegsjahren durch das Gefasel vom »proletarischen Internationalismus« nur mühsam überkleistert worden. Nun brach er wieder auf. Noch herrschte reges Leben und Treiben in Cholon. Aber jedermann wußte, daß die totale Nationalisierung des Handels längst beschlossen war. Die Ladenbesitzer saßen mit undurchdringlichen Gesichtern hinter ihren Theken mit den hölzernen Rechenmaschinen. Das bewaffnete Sicherheitsaufgebot der Vietnamesen war spektakulär und bedrohlich. Jedermann wußte, daß nur ein Aufschub gewährt war, daß die Vorräte in den Geschäften zu Ende gingen, daß immer mehr Familien in die Wildnis der Pionierzonen verschickt wurden, daß die Magnaten der Reisspekulation in den Verliesen der Wirtschaftspolizei pausenlosen Verhören unterzogen wurden. Sobald sie uns als westliche Ausländer identifizierten und mit uns allein waren, sprachen die Chinesen von Cholon offenherzig über ihre Sorgen und Ängste. Während ich eine kleine Lackmalerei kaufte, servierte mir der Ladenbesitzer Tee. »Das frühere Regime war nicht gut, Monsieur«, sagte er. »Aber was heute auf uns zukommt, ist schrecklich. Es bleibt uns wohl nur die Ausreise, aber wohin? Man redet so viel von sozialer Gerechtigkeit. Doch betrachten Sie diese neuen Profiteure aus dem Norden, wie sie sich auf die Güter der geschmähten Konsumgesellschaft stürzen, wie sie sich durch Erpressung und reinen Diebstahl unseren Besitz aneignen. Früher hat es Reich und Arm gegeben in Südvietnam, demnächst gibt es nur noch Arme. Bedenken Sie nur zwei Zahlen: in Nordvietnam gab es bei Kriegsende 30000 Fernsehgeräte, in Südvietnam zwei Millionen. Es muß also damals im Süden zwei Millionen Familien – das sind mindestens zehn Millionen Menschen – nicht ganz schlecht gegangen sein.«

Durch einen puren Zufall haben wir einen Zipfel des vietnamesischen Gulag-Archipels entdeckt. Man hatte uns in Ho Tschi Minh-Stadt vorgeschlagen, die Urbarmachung der riesigen und trostlosen Schilfebene zu filmen, die im Westen durch das fruchtbare Reisland des Mekong-Deltas und im Osten durch den kambodschanischen Kautschuk-Gürtel begrenzt wird. Die *Plaine des Joncs*, wie die Franzosen sie nannten, war stets ein unsicheres Gebiet gewesen und hatte den Partisanen aller Schattierungen Zuflucht geboten. Während des Monsuns verwandelte sich dieser Sumpf in eine endlose Wasserfläche, und die bauschigen Wolken der Regenzeit verzerrten sich darin wie in einem fleckigen, schlammverkrusteten Spiegel. In der Trokkenzeit erstarrte die Schilfebene zu einer grünlich-schwarzen Masse aus Fäulnis und Morast. Die Amerikaner hatten dieses Gebiet während ihres Krieges zur »freien Feuerzone« erklärt, wo nach Belieben auf alles geschossen werden durfte, was sich bewegte.

In My Tho hatten wir übernachtet. Nach Einbruch der Dunkelheit waren wir zum rötlichen Licht der Öllampen durch die Straßen dieser Provinzhauptstadt am nördlichen Rand des Mekong-Deltas spaziert. Wir waren von schwerbewaffneten Soldaten begleitet. Überall lastete die Drohung von Widerstand und Attentaten. Die Revolutionsbehörden von My Tho hatten uns zwei ehemalige Offiziere der Saigoner Nationalarmee zum Interview vorgeführt. Es war keine geglückte Veranstaltung, und in den Augen der Befragten spiegelten sich Verschüchterung und Angst. Über die Zahl der inhaftierten Regime-Gegner oder Verdächtigen war keine auch nur annähernde Zahl zu erfahren. So blieb die Vermutung unwiderlegt, daß immer noch ein paar hunderttausend politische Gefangene in den Umerziehungslagern – »Hoc Tap« genannt – eingesperrt waren. Die ehemaligen Sympathisanten, Angestellten und Agenten der Amerikaner – insbesondere die vietnamesischen Mitarbeiter des CIA – hatten keine Chance, den Politischen Kommissaren Hanois zu entkommen. Bei der überstürzten Räumung ihrer Saigoner Dienststellen hatten die Amerikaner zwar die Ergebnisse ihrer Erdöl-Prospektionen längs der indochinesischen Küste mitgenommen, jedoch sämtliche Listen ihrer vietnamesischen Freunde und Kollaborateure in die Hände des Feindes fallen lassen.

Wir ließen die satten, grünen Farben der Reisfelder, das pulsierende Leben der Kanäle, die lieblichen Dörfer mit den Bambusstauden hinter uns. Die Schilfebene empfing uns mit Wolken von Moskitos und Verwesungsgestank. Unsere Ankunft in dem Flecken Phuoc Tay löste Verwirrung aus. Wir waren auf eine kleine Einheit ehemaliger Vietkong-Partisanen gestoßen, die nicht die grüne Uniform der Armee trug, sondern das gelbe Khakituch der Polizei. Aber ihre Aufgaben erschienen – an der Bewaffnung gemessen – durchaus militärisch. Ursprünglich sollten wir einen Abschnitt der Schilfebene besichtigen, wo ein reguläres Regiment im Dienste des sozialistischen Aufbaus durch Graben von Kanälen die Entsalzung der Schilfwüste und ihre spätere landwirtschaftliche Nutzung in Angriff nahm. Aber die Verständigung hatte offenbar nicht geklappt, oder man hatte sich im Tag geirrt. Nach längerem Palaver mit einem unwirschen Polizeioffizier, der uns feindselig musterte, schulterten seine ehemaligen Partisanen Schaufeln und Hacken und machten sich irgendwo im Schlamm an die Arbeit. Ihre saubere helle Khaki-Uniform eignete sich in keiner Weise für diese Verrichtung und starrte bald vor Schmutz. Nachdem wir ein paar dürftige Bilder gedreht hatten, tauschten die Polizisten wieder das Arbeitsgerät gegen die AK 47 aus. Die Gesichter dieser Männer wirkten hart und fast grausam. Sie waren durch die Hölle eines jahrelangen Partisanenkrieges in diesem gnadenlosen Sumpf gegangen. Sogar der übereifrige Spitzel Map war durch das Auftreten dieser verbiesterten Veteranen eingeschüchtert. Wir wollten schon nach Aufnahme einer Landschafts-Totalen das Unternehmen abbrechen, da entdeckten wir vom Dach unseres Volkswagen-Busses einen ganzen Ameisenhaufen arbeitender Menschen. Sie waren – wie wir durch das Kameraobjektiv erkannten – mit dem Ausschachten eines breiten Kanals beschäftigt. Diese emsigen Männer trugen zerfetztes Drillichzeug und waren so sehr mit Schlamm verkrustet, daß sie gewissermaßen zum lebenden Bestandteil der Schilfebene wurden. Sie bewegten sich wie Krabben im Schlick, und wurden von einer Vielzahl schwerbewaffneter Posten bewacht. Unsere Begleiter waren peinlich berührt. Es handle sich um Bauern aus der Umgebung, die sich zur freiwilligen Kollektivarbeit in der *Plaine des Joncs* gemeldet hätten, erklärten sie uns umständlich. Wir bestanden darauf, diese ungewöhnlichen Bauern zu filmen und konnten uns ihnen nähern. Mit primitivem Gerät waren die Männer – es war keine einzige Frau darunter – damit beschäftigt, den Schlamm aufzuwühlen und mit ein paar alten Schubkarren mühsam abzuräumen. Die meisten schaufelten die Erde in zwei Körbe, schulterten eine lange, wiegende Bambusstange und schleppten die Last beiseite. Die Arbeiter mochten zwischen zwanzig und vierzig Jahre alt sein. Sie wirkten ausgemergelt und erschöpft. Sie nahmen uns kaum zur Kenntnis und standen offenbar unter hartem Leistungszwang. Sie hatten gar keine bäuerlichen Gesichter. »Das sind doch Söldner«, entfuhr es Madame Tu. Als »Söldner« bezeichneten die Kommunisten die früheren Angehörigen der vietnamesischen Nationalarmee. Wir waren auf ein Gefangenenlager gestoßen. Es mußte sich im wesentlichen um ehemalige Offiziere der ARVN handeln. Vor unseren Augen schufteten und litten die »Moorsoldaten« des sozialistischen Vietnam. Von nun an redeten wir kein Wort mehr. Die Dreharbeiten wurden bald durch eine gebieterische Geste des Polizeioffiziers abgebrochen. Auf der Rückfahrt nach Phuoc Tay machten wir eine zusätzliche Entdeckung. Eine geschwungene Holzbrükke, die das dunkelbraune Wasser eines stinkenden »Arroyo« überspannte, gab uns den Blick auf das Lager frei. Alle Requisiten des KZ's und des Gulag waren hier vorhanden: Stacheldrahtverhaue, Scheinwerfer, Wachttürme mit eingebauten Maschinengewehren und – innerhalb der Umzäunung – armselige Schilfhütten, vor denen sich ein paar zerlumpte Gestalten im Zeitlupentempo bewegten, sofern sie nicht regungslos im Sumpffieber dahindämmerten.

Wir hatten es jetzt eilig, Ho Tschi Minh-Stadt zu verlassen. In der Nacht wurden wir mehrfach von Unbekannten angerufen, die uns Briefe und Botschaften für Angehörige in Europa mitgeben wollten. Wir lehnten das ab, weil wir befürchten mußten, einem *agent provocateur* auf den Leim zu gehen.

Die Abfertigung am Saigoner Flugplatz Tan Son Nhut zog sich in die Länge. Jeder Passagier nach Hanoi wurde einer umständlichen

Identitätskontrolle unterzogen. Hingegen hatten die roten Funktionäre offenbar kein Problem mit der Verfrachtung des umfangreichen Beutegutes – Transistoren, Nähmaschinen, Fernsehgeräte, Photoapparate, alle nur erdenklichen Produkte des vielgeschmähten kapitalistischen Konsumsumpfes –, das sie nach Norden mitnahmen. Die besten Sitze in der Iljuschin-Maschine waren für eine Delegation aus Ost-Timor reserviert. Es handelte sich um Repräsentanten der Fretilin, der »Befreiungsfront von Timor«, die nach dem Zusammenbruch der portugiesischen Kolonialherrschaft versucht hatte, eine marxistische Volksdemokratie auf dieser Inselhälfte zu proklamieren. Aber die Armee von Jakarta war ihnen zuvorgekommen und in der Hauptstadt Dilli gelandet. Die Indonesier hatten die Fretilin-Partisanen in die Berge gejagt. Offenbar protegierte Hanoi neuerdings die Widerstandsbewegung ihrer ideologischen Verbündeten auf dieser fernen Sunda-Insel. Die halb malaiisch, halb melanesisch wirkenden Delegierten aus Timor wurden im vietnamesischen Exil mit größtem Entgegenkommen behandelt. Hohe Militärs begleiteten sie. Die dunkelhäutigen Männer aus Insulinde – vor zwei Jahren waren sie noch katholische Priester oder Seminaristen gewesen – genossen offenbar diese Eingliederung in die große Front der asiatischen Revolution. Beim Abflug waren sie reich mit Blumen geschmückt worden. Sie trugen schwarz-rote Fretilin-Abzeichen und altmodische Kommissarsmützen. Sechzehn Monate nach der Eroberung Saigons profilierte sich das sozialistische Vietnam bereits als militante Vorhut der »Völkerbefreiung« in ganz Südostasien.

Zwischenlandung in Da Nang. Wo einmal die monströse Maschine der amerikanischen Kriegstechnik gedröhnt hat, ist Schweigen und Verlassenheit eingekehrt. Die grünen Bo Doi erscheinen noch winziger vor dieser endlosen Kulisse aus Beton und Wellblech. Einen Friedhof der Macht hat Amerika hier hinterlassen. Wie lange werden die Landebahnen und die Schutzbunker von Da Nang noch ungenutzt bleiben? Schon munkelt man in den westlichen Botschaften, daß die Russen sich für diese einmalige Luft- und Flottenbasis Indochinas interessieren. Ob die Bucht von Da Nang jedoch für die Erfordernisse des modernen Seekrieges, insbesondere der U-Boot-Strategie geeignet ist, wird bei den Experten lebhaft debattiert. Ganz ohne böse Vorahnungen sollten die Russen sich in diesem Naturhafen nicht installieren. Da Nang war zur Zeit der französischen Kolonisation unter dem Namen Tourane bekannt gewesen. In Tourane hatte im Jahre 1905 die Flotte des Zaren zum letzten Mal Kohle gebunkert, ehe sie zum Einsatz gegen Japan nach Norden weiterdampfte und in der Meerenge von Tsushima durch die belächelten gelben Matrosen des Reiches der Aufgehenden Sonne versenkt wurde.

Sparta am Roten Fluß

Hanoi, im August 1976

Wie ist dieser Sieg möglich gewesen? Wie konnte dieses geteilte und um seine reichsten Provinzen verstümmelte Land einen dreißigjährigen Krieg durchstehen und gewinnen? Wie ist es diesem ausgemergelten, mittellosen Zwerg Nordvietnam gelungen, die amerikanische Kolossalmacht schachmatt zu setzen? Bei jedem Schritt durch die Straßen von Hanoi drängen sich diese Fragen auf, und es gibt keine Antwort. Alles ist hier heruntergekommen, abgenutzt, verschlampt. Seit 1954, seit dem Abzug der Franzosen, hat sich im Stadtkern nichts verändert. Noch rattern die Straßenbahnen, die zur Zeit der Dritten Republik von irgendeiner französischen Provinz-*Municipalité* ausrangiert und dann nach Fernost verfrachtet wurden, über die verbeulten Schienen des Zentrums rund um den »Kleinen See«. Noch bestimmt der französische Baustil ohne jede erneuernde Zutat das Weichbild Hanois. Das Chinesenviertel wimmelt von Menschen. Die schattigen Alleen im Umkreis der Zitadelle geben späte Kunde vom urbanistischen Talent des Kolonisators. Aber die Gebäude sind verwahrlost, im Monsun-Regen vermodert. Hanoi ist ohne jede Wartung und Pflege geblieben. An die Stelle der französischen Kaufhäuser, der indischen Basare, der chinesischen Zunftgassen sind die trostlosen Filialen des Staatshandels gerückt. Das Angebot ist spärlich, schäbig und teuer. Die Menschen sind mager und scheinbar resigniert. Ihre gelbe Haut wirkt wie verbrauchtes Pergament. Nur die Kinder lachen aus runden Backen. Der Verkehr wird vor allem durch Kolonnen von Radfahrern bestritten, durch die sich die Lastwagen chinesischer Bauart mit ununterbrochenem Hupen einen Weg bahnen. Von Zeit zu Zeit fährt auch ein hoher Funktionär in einem schwarzen Wolga vorbei. Wie in der Sowjetunion ist der rote Potentat vor den Blicken des gemeinen Volkes durch weiße Gardinen geschützt. Das einzige Viertel, das seine alte Pracht restauriert hat, ist das frühere Verwaltungszentrum des französischen Generalgouverneurs. Dort haben sich die Ministerien der Sozialistischen Republik Vietnam installiert. Dort wurde auch das Mausoleum des toten Ho Tschi Minh errichtet. Die Russen haben sich mit einer überdimensionalen Botschaft, einer Art Verbotenen Stadt, in dieser exklusiven Gegend niedergelassen.

Vergeblich sucht der Neuankömmling nach den Spuren amerikanischer Bombardierungen. Hanoi ist durch die *US-Air Force* verschont geblieben bis auf eine einzige Straße, die Rue Thu Kien, über der im Dezember 1972 eine B 52 – vermutlich weil sie durch die Abwehr getroffen war – ihre Bombenlast abkippte und eine schreckliche Schneise hinterließ. Auch die französische Botschaft war zu einem früheren Zeitpunkt mit verdächtiger Präzision getroffen worden, und die Diplomaten des Quai d'Orsay sind immer noch nicht zu überzeugen, daß dahinter keine teuflische Absicht gesteckt habe. Ansonsten muß man die Stadt verlassen, die alte Doumer-Brücke und den Roten Fluß überqueren, wo der Verkehr noch schwieriger und chaotischer ist als zur französischen Zeit, um auf Trümmer und Verwüstung zu stoßen. Es gehörte wohl zum stillschweigenden sowjetisch-amerikanischen Einverständnis, daß der Bombenkrieg, der fast sämtliche Provinzen Nordvietnams heimgesucht hat, an den Toren der Hauptstadt haltmachte.

Der August ist unerträglich heiß und feucht in Tonking. Die Luft klebt an der Haut. Die Siegesbegeisterung der ersten Stunde ist offenbar einer heimlichen Enttäuschung und Resignation gewichen. Aber die jungen Männer sterben nicht mehr im Süden. Das tägliche Leben ist nicht leichter, die Lebensmittelversorgung eher noch kümmerlicher geworden. Lange Schlangen bilden sich vor den Verkaufsstellen für Bedarfsgüter. Vor allem das Kerosin, das zur Beleuchtung vieler Wohnungen und Hütten sowie zum Kochen unentbehrlich ist, bleibt Mangelware. Nur die bombastischen Propagandaplakate, die ganze Häuserfronten verdecken, verkünden sozialistischen Wohlstand und dynamischen Wirtschaftsfortschritt. Statt dieser Utopie hat man sich immerhin die nationale Wiedervereinigung erfochten, und der patriotische Stolz dieser darbenden, am Rand der Erschöpfung lebenden Bevölkerung ist oft ärgerlich, aber stets imponierend.

An der Peripherie ersteht das Hanoi von morgen. Die kommunistische Führung Gesamt-Vietnams möchte sich endlich aus dem Schatten der französischen Bauherren lösen. Die von der Kolonialmacht hinterlassenen Stadtviertel sollen nach und nach abgerissen, der Schwerpunkt der Metropole am Roten Fluß verlagert werden. Das Chinesenviertel dürfte schon bald der Spitzhacke zum Opfer fallen. Aber die modernen Wohnsilos, auf die das Regime so stolz ist, die rechteckigen Zivilkasernen, in denen der sozialistische Mensch von morgen gezüchtet werden soll, wachsen nur langsam aus dem Boden. Die einfallslose Architektur erinnert bestenfalls an Nowosibirsk. Die Bauqualität ist erbärmlich. Hier ist etwas am Entstehen, das die angelsächsischen Kenner des Ostblocks als *instant slums* bezeichnen. Die Voraussetzungen eines trübseligen Termitenstaates werden geschaffen. Für Lebensfreude und individuelle Entfaltung ist kein Raum. Selbst die Bau-Experten aus der DDR, die von ihren kommunistischen Brüdern zur Beratung zugezogen wurden, raufen sich die Haare. Einer von ihnen gab uns sein persönliches Erlebnis in der total zerstörten Stadt Vinh preis. Dort wollten die roten Funktionäre um jeden Preis und gegen jede Vernunft zehnstöckige Wohntürme errichten, eine Wolkenkratzer-Siedlung für vietnamesische Begriffe. Kein Gegenargument der ostdeutschen Architekten konnte die vietnamesische Verwaltung umstimmen. Da fiel den DDR-Experten schließlich ein, daß kein arbeitender Vietnamese sich je von seinem Fahrrad, seinem höchsten Besitz, trennt, daß er das Veloziped sogar nachts über seinem Bett aufhängt, damit es nicht gestohlen wird, denn bei aller revolutionärer Moral ist der Fahrraddiebstahl im siegreichen Nordvietnam fast ebenso verbreitet wie im korrupten Nachkriegs-Italien Vittorio de Sicas. Wie sollten nun die Bewohner der geplanten zehnstöckigen Mietskasernen ihre Räder in die oberen Etagen schaffen, wo ohnehin jedermann wußte, daß die Fahrstühle nie funktionieren würden? Mit diesem Einwand hatten die Ostdeutschen ins Schwarze getroffen, und den Einwohnern von Vinh blieb dieser Schildbürgerstreich erspart.

Auf den Baustellen der neuen Wohnprojekte, bei der Verstärkung der stets bedrohten Dämme des Roten Flusses, die das Delta vor Überschwemmung schützen, bei jeder Straßenreparatur sind es die Frauen, die die Hauptarbeit leisten, die schwersten Lasten tragen, sich nie unterkriegen lassen. Die Gleichberechtigung der vietnamesischen Frau wird in diesem seit zwanzig Jahren kommunistischen Landesteil dadurch demonstriert, daß sie zu den härtesten und schmutzigsten Aufgaben herangezogen wird. Gewiß, in den Führungskreisen von Partei, Armee und Staat haben die weiblichen Funktionäre oft ein gewichtiges Wort mitzureden und sie zeichnen sich durch Linientreue und Fanatismus aus. Aber in der breiten Volksmasse ist die überlieferte konfuzianische Unterordnung der Frau lediglich durch marxistische Propagandaphrasen vertuscht oder auch verschlimmert worden. In jedem Bereich des täglichen Lebens herrscht eben penetrante Heuchelei. Man beobachte nur das unscheinbare graue Gebäude am »Kleinen See«, dessen Fenster mit weißer Farbe verschmiert sind, damit man nicht hineinblicken kann. Dort gibt es Sonderrationen, seltene Konsumgüter und manchmal Importartikel aus dem »befreiten« Süden für die Privilegierten des Regimes und für die in Nordvietnam akkreditierten Ausländer. Der einfache Genosse wagt es kaum, einen Blick auf den Eingang dieses Exklusiv-Geschäftes zu werfen. Die westlichen Diplomaten verschmähen das dortige Angebot, weil es für ihre Begriffe minderwertig ist, aber die Russen haben hier ein Konsumparadies entdeckt und räumen die Regale leer. Sehr schnell haben die Sowjetbürger mit ihren schlecht gekleideten Frauen im vereinigten Vietnam die Nachfolge des »häßlichen Amerikaners« angetreten. Sie sind auch im Norden zutiefst unbeliebt, mit Ausnahme vielleicht bei der vietnamesischen Volksarmee, die die enge und herzliche Bindung an den großen Waffenbruder im fernen Norden aus plausiblen Gründen pflegt.

Dennoch ist in Hanoi die Atmosphäre weit weniger beklemmend als in Saigon. Der pausenlose Krieg hatte die Bevölkerung zusammengeschweißt. Die harten Tonkinesen haben stets unter Entbehrung gelitten und verachten ein wenig die Genußsucht ihrer Landsleute des Südens. Der Nationalstolz ist hier die oberste Triebfeder. Ein südostasiatisches Sparta ist an den Ufern des Roten Flusses entstanden, und die marxistische Ideologie, die seit zwanzig Jahren einer anspruchslosen Bauernmasse eingetrichtert wird, beflügelt den revolutionären Eifer wie eine Heilslehre. Materielle Rückschläge werden in Kauf genommen, weil dieser winzige, unansehnliche Staat ja bisher Sieg um Sieg an seine roten Fahnen heften konnte. Das unerbittliche Regime, das die Bauernrevolte der Jahre 1954–1956 kurzerhand zusammenschießen ließ, hatte sich den Ruf puritanischer Reinheit erworben. Erst seit der Eroberung des Südens schleicht sich die Korruption ein, und neuerdings scheinen in den verkalkten Parteistrukturen des »Lao Dong«, der »Arbeiterpartei«, die sich demnächst mit offenem Visier als »Kommunistische Partei Vietnams« deklarieren wird, die Dämme der Wohlanständigkeit gebrochen zu sein. Das Politbüro beklagt zwar immer wieder diese Mißstände, die wachsende Bestechlichkeit, die Bürokratie, die Arroganz, die Inkompetenz der Apparatschiks, aber diese Mahnungen scheinen nicht zu fruchten. Die Nordvietnamesen haben mit übermenschlicher Anstrengung den Sieg davongetragen, aber nun sind sie plötzlich erlahmt. Den Aufgaben des Wiederaufbaus sind sie nicht gewachsen. Die Landwirtschaft stagniert. Die industriellen Projekte ersticken im administrativen Schlendrian. Überall wird gepfuscht, und jede Anstrengung wird zerredet. Die unaufhörlichen Sicherheitskontrollen, gepaart mit einer bornierten Planungsmanie, ersticken jede Initiative. Die ausländischen Experten aus West und Ost verzweifeln an der technischen und wirtschaftlichen Inkompetenz eines Volkes, dessen kriegerische Tugenden noch vor kurzem der ganzen Welt Bewunderung abnötigten. Die Vietnamesen haben in Industrie und Landwirtschaft für Moskau optiert und das sowjetische Modell des Sozialismus übernommen. Nun leiden sie an der russischen Krankheit.

An diesen Mißständen gemessen, bildet die Armee einen Staat im Staate, eine Kaste der Effizienz und der vorbildlichen Disziplin. Als die Zivilbehörden nicht in der Lage waren, die lebenswichtige Bahnlinie Saigon–Hanoi wieder in Gang zu bringen, sprangen die Pioniere der Volksarmee ein. Im Hafen von Haiphong herrschten chaotische Zustände. Hochwertige Importgüter häuften sich auf den Kais und verfaulten im Monsun-Regen. Die ankernden Schiffe, wie die »Karl Marx-Stadt« aus der DDR, lagen mindestens zehn Wochen vor Reede, ehe sie gelöscht wurden. Auch hier mußten die grünen Soldaten einspringen. Sogar bei der Reisernte kommt man neuerdings ohne die Bo Doi nicht mehr aus. General Vo Nguyen Giap gehörte seit Beginn der Revolution zu den mächtigsten Männern im Politbüro. Seine Parteidisziplin hatte den Verdacht des Bonapartismus nie aufkommen lassen. Nun ist der Oberbefehlshaber zu einer Schlüsselfigur geworden. Giap galt in jenen Tagen bereits – im Verbund mit Generalsekretär Le Duan – als eingeschworener Parteigänger der russischen Linie und als deklarierter Gegner einer engen Zusammenarbeit mit China. Da Partei und Zivilverwaltung versagten, steuerte Vietnam unvermeidlich auf eine gewisse Militarisierung hin. Im Krieg hatte Hanoi auf die allgemeine Wehrpflicht verzichtet. Die Dorfgemeinschaften und die Betriebsgruppen der Fabriken hatten – unter Anleitung der Politischen Kommissare natürlich – die Auswahl getroffen, wer zu den Streitkräften eingezogen und der Ehre teilhaftig würde, für das sozialistische Vaterland zu kämpfen. Paradoxerweise wurde der dreijährige Waffendienst für alle jungen Vietnamesen erst eineinhalb Jahre nach dem Sieg über Saigon verfügt. Der Staatsführung ging es darum, über ein unerschöpfliches, dynamisches und billiges Arbeitsreservoir für den Wiederaufbau des Landes zu verfügen. Vor allem aber sollten auch sämtliche Söhne des Südens, diese unsicheren Kantonisten, die immer noch der westlichen Konsumgesellschaft nachtrauerten, in das eiserne Korsett des marxistischen Staates und seiner Gebote eingespannt werden. Schließlich munkelte man bereits, daß diese permanente Mobilisierung die Sozialistische Republik von Hanoi gegen den chinesischen Erbfeind im Norden absichern solle. Die Blüten der vietnamesisch-chinesischen Freundschaft waren schnell verwelkt.

Es fehlte nicht an ergreifenden Szenen in Hanoi. Wir waren in die alte Französische Oper zu einem Konzert von Kriegsverletzten eingeladen worden. Zwei blinde Soldaten eröffneten die Veranstaltung mit einem Violin-Duo. Die Augen waren durch Sonnenbrillen verdeckt, und die vernarbten Gesichter waren reglos. Der Saal war mit ärmlich gekleideten Menschen, meist Verwandten der Verwundeten, gefüllt. Die Oper befand sich in einem jämmerlichen Zustand. Hier hatte einst die *Crème* der französischen Kolonialadministration, der Bank von Indochina und der französischen Fernostarmee den Schauspielern der *Comédie Française* Beifall gespendet. Hier waren die feierlichen Verse Corneilles deklamiert und die *Libertinage* Marivaux' war mit Seiden-*Frou Frou* und weißer Perücke in Szene gesetzt worden. Jetzt standen hier, auf Krücken und weiße Blindenstäbe gestützt, die Bauernsoldaten der siegreichen asiatischen Revolution. Der Stuck bröckelte von den Wänden, und der rote Samt der Bänke war zerschlissen. In den Kronleuchtern brannten nur noch ein paar Birnen. Über der Bühne war immer noch die Zahl 1911 zu erkennen, das Jahr der Einweihung, als der Generalgouverneur von Hanoi den unterworfenen Völkern Indochinas diesen Tempel gallischer Kultur gesetzt hatte.

Die beiden Blinden wurden durch Gesangsgruppen abgelöst. Es waren auch drei beinamputierte Frauen darunter. Sie traten in ihren grünen Uniformen an, verbeugten sich knapp vor den Zuschauern und sangen selbstkomponierte Lieder. »Unsere Kraft ist nicht erschöpft« hieß das eine. Besonderen Beifall fand eine Ballade: »Vier

Brüder in einem Panzer«, eine zeitgenössische und fernöstliche Wiedergabe des alten Heldenthemas von den Haimonskindern. Ein Solist wurde an die Rampe geleitet. Ehe er sein melancholisches Gitarrenstück begann, verkündete die Ansagerin, daß sein Instrument von amerikanischen »Friedenskämpfern« gestiftet worden sei. Am Ende kamen die Verletzten und Krüppel zu einem machtvollen Chor zusammen, und durch die abgetakelte Französische Oper hallte der Refrain: »Vietnam, Ho Tschi Minh . . .«. In den Augen der verhärmten und unterernährten Zuschauer leuchtete jetzt Rührung und Begeisterung.

Am Vortag hatten Staat und Partei der Toten gedacht. Am Rande der Hauptstadt präsentierte die Ehrenformation in weißer Uniform, breiten Epauletten und steifen Tellermützen das Gewehr. Da waren sie alle versammelt, die legendären Figuren der vietnamesischen Revolution. Mit unendlich langsamen Schritten kamen sie auf die Urne zu, in der eine Flamme loderte. Das Tempo ihres Ganges wurde durch den neunzigjährigen Staatspräsidenten Ton Duc Thang bestimmt, der von seinen Nachbarn gestützt werden mußte. In der ersten Reihe defilierte die Troika von Hanoi: Ministerpräsident Pham Van Dong mit dem in sich gekehrten Asketenausdruck; General Vo Nguyen Giap, der immer noch – trotz hartnäckiger Krankheitsgerüchte – vor Energie zu platzen schien; und der Generalsekretär der Partei, Le Duan, mit glattem Funktionärsgesicht. Im zweiten Glied bewegten sich der Präsident der Nationalversammlung, Truong Chinh, der nach 1954 mit äußerster Brutalität gegen die dortigen »Kulaken« vorgegangen war und dem man immer noch unterstellte, er habe den vietnamesischen Kommunismus auf eine maoistische Linie bringen wollen. Weit dahinter entdeckten wir die Verhandlungsführer von Paris, Le Duc Tho und Xuan Thuy. Es waren fast nur alte Männer vor dem Totenmal angetreten. Sie bildeten eine Garde von machtbewußten Greisen. Eine Gerontokratie hatte die Jugend Nordvietnams in den Krieg und zum Sieg getrieben. Diese Berufsrevolutionäre waren noch durch die Schule des Stalinismus gegangen. Der französische Botschafter in Hanoi, ein Linkssozialist, der im tiefsten Herzen mit dem gesellschaftlichen Umsturz in Indochina sympathisiert hatte, verzweifelte neuerdings an diesen altersstarren Ideologen, die den Marxismus zur Theologie erhoben hatten und die er als *Agrégés du Komintern* bezeichnete.

Die Uniformen der Garde, das Exerzierreglement der Soldaten

waren vom russischen Vorbild geprägt. An solchen Einzelheiten merkte der Außenstehende, daß die Sozialistische Republik Vietnam – aus welchen Gründen auch immer – eine prosowjetische Wendung vollzog und damit unweigerlich auf Kollisionskurs mit Peking geriet. Noch vor wenigen Monaten hatte die Spitze der Lao Dong-Partei und vor allem Ministerpräsident Pham Van Dong eifersüchtig darüber gewacht, daß im Verhältnis zu den beiden kommunistischen Großmächten und Verbündeten eine absolute Parität und Äquidistanz gewahrt wurde. Das ging so weit, daß die Parteizeitung Nhan Dan – wenn sie der Russischen Oktoberrevolution einen Artikel von 1475 Worten gewidmet hatte – unverzüglich einen anderen Beitrag veröffentlichte, der den »Langen Marsch« Mao Tse-tungs ebenfalls mit 1475 Worten würdigte. Zu offiziellen Veranstaltungen waren sowjetische und chinesische Gäste stets in gleicher Zahl und in der gleichen Rangordnung eingeladen. Bei festlichen Empfängen wurden Wodka und Mao Tai in gleichen Mengen serviert. Diese peinliche Balance war neuerdings offenbar aus den Fugen geraten.

In der Kulturpolitik lagen die Russen eindeutig vorn. In den Kinos wurden überwiegend heldische sowjetische Filme gezeigt. Auch die Drehbücher des vietnamesischen Staatsfernsehens stammten zum größten Teil aus Moskau. Wir wohnten den Aufnahmen zu dem Stück »Nila« bei, das die verworrene Tragödie einer patriotischen Doppelagentin gleichen Namens während des Zweiten Weltkrieges schilderte. Nila entlarvte – unter Aufopferung ihrer Tugend – einen deutschen Spion, der in sowjetischer Uniform hinter den Linien operierte. Am Ende erschießt Nila ihren feindlichen Liebhaber, wird aber selbst dabei tödlich getroffen. Als wir den Aufnahmeleiter auf die Verwechslungsgefahren und die Konfusion in diesem komplizierten Spiel hinwiesen, antwortete er mit jener entwaffnenden Liebenswürdigkeit, die auch die Nordvietnamesen nicht ganz verlernt haben: »Das macht nichts, denn für uns – wissen Sie – sind alle Europäer gleich.«

Der Feind aus dem Norden

Im nördlichen Grenzgebiet Vietnams, August 1976

Die antichinesische Stimmung war unterschwellig im Wachsen. Jedesmal, wenn wir den alten, verrosteten Pont Doumer überquerten, schimpfte Hong auf diese Chinesen, die immer noch nicht ihr Versprechen eingelöst hatten, eine neue moderne Steinbrücke über den Roten Fluß zu bauen. Frau Tu variierte ihre alte vietnamesische Weisheit: »Wenn der Feind aus dem Süden abgewehrt ist, droht der schlimme Feind aus dem Norden.« Als wir zum Wochenende längs der nördlichen Küste Tonkings zur Halong-Bucht fuhren, erblickten wir zahllose Soldatenfriedhöfe, die stets um eine weiße Pagode mit rotem Stern gruppiert waren. Ich traf auch die ominösen Bunker jener Maginot-Linie wieder an, die der General de Lattre de Tassigny rings um das Delta hatte bauen lassen und die jetzt mühselig mit Spitzhacke und Preßluftbohrer abgetragen wurden. Vor allem fielen uns die vietnamesischen Militärkonvois auf, die – teilweise mit Artillerie bestückt – gen Norden, in Richtung auf die chinesischen Provinzen Kwang Si und Kwantung rollten.

Dieses Mal konnte ich die Halong-Bucht als Tourist genießen, mit dem Ausflugsboot um die bizarren Felsinseln kurven und im suppenwarmen Wasser des Südchinesischen Meeres baden. Das alte französische Kolonialhotel war überwiegend mit sowjetischen Urlaubern und Touristen aus Wladiwostok belegt. Am späten Abend stimmten sie traurige russische Lieder an, ehe sie ihre slawische Schwermut in Wodka ersäuften. Bedenklicher aus chinesischer Sicht war wohl das starke Aufgebot russischer und kubanischer Frachter, die in der Halong-Bucht ankerten. Die Schiffe löschten Maschinenteile für die Gruben von Hongay und luden die Kohle dieses nordvietnamesischen Reviers zum Transport in die sowjetische Fernostprovinz. Für die getarnte Radar-Flotte der russischen Seemacht bot die Halong-Bucht einen idealen Vorposten zur Beobachtung der südchinesischen Küsten. Unsere offiziellen Begleiter verheimlichten uns nicht länger, daß sich an der vietnamesischen Grenze die Zwischenfälle häuften. Grenzsteine wurden versetzt. Chinesische Streifen drangen angeblich in vietnamesisches Territorium ein. Es war zu Handgreiflichkeiten zwischen Grenzposten und Milizen gekommen. Man war mit Stökken aufeinander losgegangen, ja es war geschossen worden. Über die

Lautsprecher sei ein unentwegter Propagandakrieg im Gang. Unlängst hatte es noch in Peking geheißen: China und Vietnam seien in der Abwehr des Imperialismus so eng verbunden wie »Lippen und Zähne«. Etwa vierundzwanzig Prozent der vietnamesischen Ausrüstung und Versorgung waren während des Krieges aus dem Reich der Mitte gekommen. Die Mehrzahl der Lastwagen, die uns begegneten, trug chinesische Schrift- und Markenzeichen. Aber das schien bereits vergessen. Die nationale Erbfeindschaft war stärker als das ideologische Zweckbündnis.

Auf der Rückfahrt nach Haiphong mußten wir am Bach Dang-Fluß eine Weile auf die Fähre warten. »Mit diesem Fluß hat es eine besondere Bewandtnis«, erklärte unser Fernsehkollege Hong, der vor zwei Jahren noch als Frontoffizier gedient hatte. »An dieser Stelle sind die Chinesen zweimal besiegt worden, als sie in ferner Vergangenheit versucht haben, das vietnamesische Volk zu unterjochen. Im Jahre 938 war es ein Herrscher der Tang-Dynastie, der Vietnam dem Reich der Mitte einverleiben wollte und an dieser Stelle von dem Volkshelden Ngo Quyen geschlagen wurde. Doch die große Entscheidung am Bach Dang fiel im Jahre 1288, als der Mongolenkaiser Kublai Khan seine Heere zur Eroberung nach Süden schickte. Der vietnamesische Feldherr Trang Hung Dao hatte spitze Pfähle in den seichten Bach Dang rammen lassen. Die Wasser standen hoch, als die Kriegsdschunken Kublai Khans mit einer weit überlegenen Invasionsarmee den Fluß heraufruderten und ankerten. Aber bei Nacht kam die Ebbe. Das Wasser zog sich zurück, und die Schiffe der Chinesen wurden durch die Pfähle gerammt und zerbarsten. In diesem Augenblick ließ Trang Hung Dao die Hörner blasen zum Gegenangriff und zum Überfall. Die feindlichen Eroberer wurden besiegt. Am Heldenmut der Vietnamesen war sogar der weltweite Machtanspruch des großen Kublai Khan gescheitert.« Hong führte uns unweit der Anlegestelle zu einer großen Steinwand, auf der die Schlacht am Bach Dang in bunter naiver Malerei dargestellt war. Da brannten und sanken die Dschunken der Chinesen, während die Krieger Kublai Khans in ihren schweren Rüstungen ertranken. Da triumphierte das vietnamesische Bauern- und Fischerheer, und Trang Hung Dao hatte den Arm zur sieghaften Geste erhoben.

In den westlichen Botschaften Hanois war man sich nicht einig über das Ausmaß der Abkühlung oder Verfeindung zwischen Vietnam und China. Aber die Ostblock-Repräsentanten waren besser informiert. Der ständige Korrespondent der Ostberliner Nachrichtenagentur ADN hatte mich zum Kaffee eingeladen. Günter Wagner war ein ganz anderer Typ als jener mysteriöse K., der mich durch die Nachtbars von Phnom Penh geschleppt hatte. Bei Wagners gab es sächsischen Blümchenkaffee und selbstgebackenen Kuchen. »Ich hätte Sie nicht zu uns gebeten, wenn ich nicht wüßte, daß Sie ein Freund des vietnamesischen Volkes sind«, begann der ADN-Korrespondent die Unterhaltung, die sofort ins Politische abglitt und dort steckenblieb. Denn Günter Wagner und seine ebenfalls als Journalistin tätige Frau machten aus ihrem kommunistischen Engagement kein Hehl. Es war seltsam, im fernen wiedervereinigten Vietnam über die Verhältnisse im geteilten Deutschland zu sprechen. Das Thema führte nicht weit. Hingegen war Wagner sehr gut über die Spannungen zwischen Hanoi und Peking unterrichtet. »Sie haben sicher gemerkt, wie schwer es zur Zeit hier ist, selbst für ganz offizielle Zwecke Benzin zu finden«, begann er. »Die Chinesen haben ihre Erdöllieferungen eingestellt.« Dann holte er eine Karte des Südchinesischen Meeres aus einer Schublade: »Das ist der akuteste Krisenpunkt: die Paracel- und die Spratly-Inseln. Zur Zeit der Kolonisation hatten diese winzigen Archipele, deren Eilande über Hunderte von Kilometer verstreut sind, theoretisch zu Französisch-Indochina gehört. Die Saigoner Regierung hatte ein paar *Marines* dort stationiert, um ihre Souveränität zu demonstrieren. Doch in der letzten Phase des Zweiten Indochina-Krieges waren Sturmtruppen der Volksrepublik China auf der Paracel-Gruppe, die in den Atlanten Pekings ›Shi Sha‹ hießen, gelandet und hatten die Vietnamesen vertrieben. Sehr viel komplizierter ist die Situation auf den weiter südlich gelegenen Spratly – auch »Nan Sha« genannt. Dort war die kleine Marine Hanois den Soldaten Mao Tse-tungs zuvorgekommen, und ein paar Inselchen waren in aller Stille von den Nationalchinesen aus Taiwan sowie durch ein symbolisches Kontingent aus den Philippinen besetzt worden. Nun erhob der schnaubende chinesische Festlandsdrache Anspruch auf diese weit verzettelten Archipele und deren Hoheitsgewässer, die bis in die unmittelbare Nachbarschaft Borneos im Süden und der Philippineninsel Luzon im Osten vorgreifen. Die strategische Bedeutung dieser umstrittenen Sandbänke, von denen aus der gesamte Schiffsverkehr Südostasiens kontrolliert werden könnte, war gewaltig. Hinzu kam die Vermutung, daß im Umkreis der Paracel und Spratly reiche *Off Shore*-Vorkommen an Erdöl auf ihre Erschließung warteten.« Mit unverhohlener Genugtuung kündigten die Wagners, die sich natürlich mit der Ostasienpolitik der Sowjetunion identifizierten, die unvermeidliche, ja dramatische Verhärtung des vietnamesisch-chinesischen Gegensatzes an.

Im Hotel »Thong Nhat« warteten Hong und Madame Tu mit Ungeduld auf meine Rückkehr. Wir sollten unverzüglich nach Thai Nguyen, der Hauptstadt der nördlichen Provinz Bac Thai, aufbrechen, wo wir noch am gleichen Abend von einer hohen Persönlichkeit empfangen würden. Die Programmierung unserer Dreharbeiten war stets von Geheimnis umgeben, und die Mitteilungen erfolgten in letzter Minute. Während ich aufs Zimmer eilte, mußte ich einen Bogen um eine Gruppe kubanischer Experten machen, die zum Klang der Gitarre revolutionäre Lieder ihrer Zuckerinsel sangen. Sie brachten lateinamerikanischen Rhythmus in diesen eleganten weißen Hotelkomplex, den Fidel Castro den Vietnamesen zum Sieg über die amerikanischen Imperialisten in einer Geste sozialistischer Solidarität geschenkt hatte. Die modernen Einrichtungen und die Möbel des »Thong Nhat« stammten jedoch aus Skandinavien oder aus Japan. Die Zimmer blickten auf den »Großen See« von Hanoi. Die späte Sonne vergoldete das schlammige Wasser, auf dem Seerosen und Lotos zu schwarzen Schatten erstarrten. Fischerboote wurden von alten Männern im Zeitlupentempo bewegt. Der »Große See« wimmelte von Karpfen, aber noch zahlreicher waren die Ratten, die im Schlamm des Ufers hausten und auch vom Hotel »Thong Nhat« Besitz ergriffen hatten. Wir hatten uns schnell an die ungenierte Präsenz dieser fetten Nagetiere gewöhnt, die vor allem in der Nachbarschaft der Küche ihr Unwesen trieben. Ein betrunkener Russe hatte am Vortag spontanen Beifall von allen anwesenden Ausländern geerntet, als er im Speisesaal seine Bierflasche nach einem besonders kräftigen Exemplar dieser widerlichen Tiergattung warf.

Der Chauffeur unseres Minibusses fuhr wie ein Besessener. Von Hanoi bis Thai Nguyen hupte er ununterbrochen und überholte endlose Lastwagenkolonnen chinesischer Bauart, die Munition nach Norden transportierten. Er erzählte uns, daß er drei Jahre lang auf der Ho Tschi Minh-Piste eingesetzt gewesen sei. Seine Fahrkunst ließ jedoch viel zu wünschen übrig, von Schaltung hielt er nichts und quälte seinen LKW stets im vierten Gang. Nach diesem Veteranen zu schließen, müßten die nordvietnamesischen Streitkräfte mindestens ebensoviel Materialverluste durch unzureichende Wartung und technisches Unvermögen erlitten haben wie durch die Einwirkung der amerikanischen Luftwaffe. Als die Sonne unterging, erreichten wir die Hügelzone. Das Delta lag hinter uns. Wir hatten das strategische Dreieck verlassen, das die Franzosen im Ersten Indochina-Krieg wie ein Bollwerk verteidigt hatten.

Ehe wir in Thai Nguyen eintrafen, entdeckten wir durch das Bambusdickicht der Straßenböschung einen gewaltigen Industriekomplex, der in der Dämmerung bereits von Scheinwerfern angestrahlt war. Das Stahlwerk von Thai Nguyen, das unsere Begleiter mit keinem Wort erwähnten, war einmal, zu Lebzeiten Ho Tschi Minhs, das stolze Schaustück des nordvietnamesischen Aufbaus gewesen. Jede Ausländerdelegation mußte diesem Monument sozialistischen Fortschritts einen Besuch abstatten. Hier sollte demonstriert werden, daß die Vietnamesen unter dem roten Fanal der Revolution den Sprung vom Bauernvolk zur Industrienation bereits vollzogen hatten. Die *US-Air Force* hatte seinerzeit dieses technische Prunkstück in Klump und Asche bombardiert, und der Wiederaufbau stieß jetzt auf unzählige Schwierigkeiten und Pannen. Das Stahlwerk Thai Nguyen war für die Propagandisten Hanois tabu geworden, denn wer wollte schon zugestehen, daß die Inkompetenz und Rivalität russischer und chinesischer Ingenieure sich für die Wiederaufnahme der Stahlproduktion ebenso verhängnisvoll ausgewirkt hatte wie die Zerstörungswut der amerikanischen Piloten? Die DDR-Techniker, die man schließlich zu Rate gezogen hatte, stellten mit Verzweiflung fest, daß kostbare und unentbehrliche Maschinenteile seit Monaten auf den Kais von Haiphong rosteten.

General Chu Van Tan erwartete uns auf der obersten Stufe der Treppe des Gästehauses. Er trug seine Gala-Uniform mit den breiten goldenen Achselstücken und der reich verzierten Tellermütze. Die Brust war – wie bei einem sowjetischen Marschall – über und über mit Orden bedeckt. Er war wegen unserer Verspätung nicht ungehalten, sondern empfing uns mit einer rauhen Herzlichkeit, die wir bisher in den hohen Sphären des kommunistischen Vietnam noch nie angetroffen hatten. Chu Van Tan war sechsundsechzig Jahre alt, so hieß es wenigstens in seinem Lebenslauf. Er gehörte zu den Vaterfiguren der vietnamesischen Revolution, obwohl er einer rassischen Minderheit, dem Volk der Tay, angehörte, das in verschiedenen Verästelungen und Untergruppen über weite Gebiete Südostasiens und auch Südchinas verstreut lebt. Als Knabe war er nur in eine

Dorfschule gegangen, aber sehr früh war er wohl mit den französischen Kolonialbehörden und den vietnamesischen Mandarinen in Konflikt geraten. Vielleicht führte er wie ein tonkinesischer »Robin Hood« seinen Privatkrieg gegen die Willkür der annamitischen Grundbesitzer, als er auf die ersten kommunistischen Agitatoren, einen gewissen Ho Tschi Minh und dessen Gefolgsleute Pham Van Dong und Vo Nguyen Giap, stieß. Jedenfalls stellte er ihnen 1941 seine kleine Partisanengruppe zur Verfügung, die sich fast nur aus Angehörigen der Gebirgsstämme zusammensetzte und sich gegen die Bevormundung und Übervorteilung durch Franzosen und Annamiten zusammengerottet hatte. Was lag näher, als sich jener Handvoll vietnamesischer Intellektueller und Revolutionäre anzuschließen, die nicht nur den Sieg des Proletariats, sondern auch die Gleichberechtigung der unterdrückten rassischen Minderheiten auf ihr Panier geschrieben hatten. Die Stunde war günstig, denn Frankreich war in Europa geschlagen worden, die Japaner waren in Indochina einmarschiert, von den Kuomintang-Chinesen kam zaghafte Unterstützung für die Aufständischen, und der amerikanische Geheimdienst OSS hatte in Jünan – gemeinsam mit den »Fliegenden Tigern« des Generals Chennault – seine ersten Antennen errichtet.

Unversehens war der Bandenführer Chu Van Tan zu einem politischen Machtfaktor geworden. Auf Grund seiner Tapferkeit und seiner militärischen Begabung hieß er bei seinen Landsleuten »Der graue Tiger«. Von 1941 an wurde er ein treuer und unentbehrlicher Gefährte der roten Aufstandsbewegung. Im September 1945 stand er an der Seite Ho Tschi Minhs in Hanoi, als die Unabhängigkeit Vietnams proklamiert wurde. Aus dem *War Lord* wurde ein hochkarätiger Genosse. Als Chu Van Tan uns an jenem Abend in Thai Nguyen die Hand schüttelte, wurde er von dem Provinzbeauftragten für Propaganda als politischer Kommandeur der Militärregion Viet Bac, als Vizepräsident der Nationalversammlung, Mitglied des Zentralkomitees der Lao Dong-Partei und Vorsitzender des Ausschusses für nationale Minderheiten vorgestellt.

Der General war für einen Asiaten breit und mächtig gewachsen. Er bewegte sich weniger wie ein Tiger als wie ein alternder Elefant. Das Gesicht war offen, bullig und gutmütig. Ein vietnamesischer Hindenburg stand uns gegenüber, und dann erinnerte er mich wieder an jenen greisen Marschall Budjonnyi, den ich im Georgssaal des Kreml einmal gesichtet hatte. Der »graue Tiger« hätte ebensogut unter die Veteranen des »Langen Marsches« Mao Tse-tungs gepaßt. Jedenfalls war Chu Van Tan eine eindrucksvolle und auf den ersten Blick gewinnende Persönlichkeit. Es haftete ihm jene fröhliche Einfalt an, die den Umgang mit alternden Militärs oft so erquicklich macht. Hätte er ein Jahrhundert früher gelebt, würde er vermutlich auf seiten der Flußpiraten von Tonking, der *Pavillons Noirs* gekämpft haben. Als ich ihn beim Essen – weil das Gespräch nicht gleich in Gang kam – nach den sanitären Verhältnissen während der langen Jahre des Partisanenkrieges fragte, antwortete er mit einem schallenden, sehr asiatischen Gelächter. »Wenn Sie die Malaria meinen, die haben wir im Gebirge alle schon im Mutterleib aufgeschnappt.«

In einer Kaderschule für junge politische Funktionäre führte das Ballett der vietnamesischen Volksarmee am gleichen Abend Tänze der rassischen Minderheiten vor. Die Trachten und Kostüme waren funkelnagelneu und kitschig imitiert. Die Ausführenden waren samt und sonders Angehörige des vietnamesischen Staatsvolks. Sie sangen den Polit-Choral »Der Sieg ist unser«, ein Gedicht, das Ho Tschi Minh anläßlich der Neujahrsoffensive von 1968 verfaßt hatte. Sie waren teilweise als Meo-Krieger verkleidet und tanzten zu dem Thema »Neue Freude«. Irgend etwas stimmte nicht, und auf unsere Frage mußte der Provinzbeauftragte zugeben, daß die ursprünglichen Tanz- und Gesangsgruppen der verschiedenen Nationalitäten – Tay, Meo, Lolo, Yao, Nung und andere – aufgelöst worden waren. Die anfangs liberale Linie Hanois gegenüber den rassischen Minderheiten war seit 1975 offenbar in eine unverblümte Assimilationspolitik umgeschlagen. Die autonome Region Viet Bac, die früher fünf Provinzen umfaßte und vor allem von den Angehörigen des Tay- und des Nung-Volkes bevölkert war, hatte dem kulturellen Zentralismus der Vietnamesen weichen müssen und wurde abgeschafft. Ähnlich war es der autonomen Region Tay Bac im äußersten Nordwesten und den dort lebenden Thai- und Meo-Stämmen ergangen. Die drei Provinzen von Tay Bac mit der früheren Föderationshauptstadt Lai Tschau, die ich 1951 zu Pferde bereist hatte, waren ebenfalls gleichgeschaltet worden. Eine befriedigende Erklärung für diese administrative Straffung wurde uns nicht gegeben, aber sie lag auf der Hand. Die Regierung von Hanoi, die von den Franzosen den Hang zum jakobinischen Einheitsstaat geerbt hatte, wollte an ihrer Grenze gegenüber dem gewaltigen Reich der Mitte kein Risiko eingehen. Jede Form von Partikularismus war den vietnamesischen Zentralisten suspekt, zumal die allogenen Gebirgsvölker von Viet Bac und Tay Bac auch in Südchina stark vertreten waren. So verfügten die Tay – unter der Bezeichnung Chuang – über eine riesige autonome Region in der chinesischen Südprovinz Kwang Si.

Das Revolutions-Museum war zu später Stunde speziell für uns geöffnet worden. Die Region Viet Bac war im ersten Indochina-Krieg die Hochburg des Vietminh-Widerstandes gegen die Franzosen gewesen. Hier hatte bereits im Jahr 1939 die Kommunistische Partei Indochinas militante Zellen organisiert. In der zerklüfteten Felslandschaft von Cao Bang hatte 1943 der bis dahin unbekannte vietnamesische Berufsrevolutionär Ho Tschi Minh in der Höhle von Pac Bo seinen Befehlsstand aufgeschlagen. In Zusammenarbeit mit dem »grauen Tiger« Chu Van Tan hatte er den Aufstand der Bergvölker, der ursprünglich gegen die vietnamesischen Mandarine und Landlords gerichtet war, in eine breite Revolution umfunktioniert. Der große Befreiungskrieg gegen die Kolonialmacht und gegen jene japanischen Besatzungstruppen, die nach der französischen Niederlage in Europa mit Zustimmung Vichys in Indochina eingerückt waren, hatte begonnen. Das erste bescheidene Hauptquartier Ho Tschi Minhs war im Museum von Thai Nguyen auf einer Makette säuberlich rekonstruiert. Onkel Ho, der 1920 bereits bei der Gründung der Kommunistischen Partei Frankreichs in Tours zugegen gewesen und inzwischen durch die Moskauer Schule des Komintern gegangen war, hatte die Landschaft rund um sein Hauptquartier mit neuen revolutionären Namen versehen. So hieß auf der Makette die Höhe, in der sich seine Höhle befand, »Karl Marx-Berg«. In der vietnamesischen Sprache wurde Karl Marx aus phonetischen Gründen »Kac Mac« geschrieben und auch ausgesprochen, was bei uns eine gewisse Heiterkeit auslöste. Ein Flüßchen, in dem der Vater der vietnamesischen Revolution regelmäßig badete, wurde nach Lenin umgetauft, »Le Nin« auf vietnamesisch. Die Etappen der kommunistischen Erhebung Indochinas waren in vergilbten Bildern festgehalten. Zwei faszinierten mich besonders. Das eine stammte aus dem Jahr 1945 und zeigte den heutigen Verteidigungsminister Vo Nguyen Giap, den Sieger von Dien Bien Phu, bei einer Inspektion seiner kleinen Truppe. Die Buschkrieger waren wie Banditen buntscheckig uniformiert und bewaffnet. Aber am prächtigsten wirkte der Oberbefehlshaber Giap selbst. Er trug Räuberzivil, hatte einen schweren Revolver im Gürtel hängen und trug dazu einen schwarzen »Homburg«, einen »Arbeitgeberhut«, wie man in der Bundesrepublik sagen würde.

Das zweite Photo zeigte Ho Tschi Minh im Jahre 1950 bei der Belagerung der französischen Grenzfestung Cao Bang. Das war nicht der liebe und etwas senile Onkel Ho, dieser taoistische Pseudo-Heilige, der so gern die kleinen Kinder tätschelte und sich von ihnen am Bart zupfen ließ. Da saß auf einem Felsvorsprung ein hagerer Mann in der Fülle seiner Kraft. Den Tropenhelm hatte er ins Genick geschoben, und mit einem kühlen Feldherrnblick prüfte er die Befestigungen der französischen Gegner im Tal zu seinen Füßen, ein Bild gebündelter Energie und stahlharten Willens.

Frau Tu hatte inzwischen eine andere Entdeckung gemacht. Sie stand vor einem Photo französischer Gefangener, die 1950 zwischen Cao Bang und Lang Son in einen Hinterhalt der Viet Minh-Partisanen geraten waren. Frau Tu brach in helles Gelächter aus. Als ich zu ihr trat, spürte ich einen Schock. Der französische Hauptmann, der von zwei vietnamesischen Partisanen flankiert war, glich mir zum Verwechseln. »Das sind doch Sie«, kicherte unsere Dolmetscherin, und alle Hinweise, daß ich zu diesem Zeitpunkt gar nicht in Ostasien geweilt hatte und es sich um einen wesentlich älteren Doppelgänger handeln mußte, fruchteten nichts. Sie zwinkerte mir wie eine Komplizin zu.

Über die völlig vereinsamte Hauptstraße von Thai Nguyen verließen wir das Museum. Im Rückspiegel sah ich noch einmal den hohen Eingang. Die weiße Kolossalstatue Ho Tschi Minhs war vor rotem Hintergrund durch Scheinwerfer angestrahlt. Neuerdings sagte man nicht mehr »Onkel« Ho, sondern Vorsitzender Ho. Der Vater der vietnamesischen Revolution erschien mir plötzlich wie ein ostasiatischer Pharao. Die Wallfahrt nach Pak Bo, zur ersten Befehlshöhle Ho Tschi Minhs war uns nicht gestattet worden. Dem Getuschel unserer Begleiter entnahm ich, daß die Situation so nahe der chinesischen Grenze nicht sicher genug sei und daß dort Befestigungsarbeiten im Gang waren, die man vor unseren Kameras verheimlichen wollte. Statt dessen lud uns General Chu Van Tan zu einem Besuch in seinem ehemaligen Widerstandszentrum von Tan Trao ein. Wir fuhren etwa zwei Stunden in nordöstlicher Richtung durch eine zerklüftete Landschaft. Der Horizont war durch felsige Zuckerhüte verstellt, die vom Dschungel überwuchert waren. Die Reisfelder wurden seltener und kleiner. Ursprünglich war Tan Trao ein winziges Yao-

Dorf gewesen, ehe der »graue Tiger« dort mit seinen Partisanen eintraf. Aber 1945 errichtete Ho Tschi Minh in diesem schwer zugänglichen Tal sein Hauptquartier, und dorthin kehrte er auch zurück, nachdem das französische Expeditionskorps des Generals Leclerc den Vietminh aus dem Delta des Roten Flusses vertrieben hatte. Noch im Jahr 1947 hatten französische Fallschirmjäger im Handstreich versucht, Tan Trao zu überrumpeln und die rote Revolutionsregierung gefangenzunehmen. Das Unternehmen war ein Fehlschlag.

Chu Van Tan zeigte uns mit sichtbarem Stolz die Stätten seiner großen Vergangenheit. Er trug jetzt einen grünen Tropenhelm und die leichte Felduniform seiner Armee. Wir rasteten unter den zwei riesigen Bäumen, die bereits den frühen Verschwörungen der Bergvölker und später der ersten Delegiertenversammlung des kommunistischen Vietnam Schatten gespendet hatten. Chu Van Tan führte uns schließlich zu einer bescheidenen Bambushütte an einem klaren Bach. Von hier aus hatte Ho Tschi Minh den Widerstand gegen Frankreich zwischen 1946 und 1954 geführt. Es war die Behausung eines Eremiten. Chu Van Tan und die übrigen Vietnamesen bewegten sich behutsam und ehrfürchtig, als beträten sie eine Kathedrale. »Hier wurde der Reis für Ho Tschi Minh gekocht«, erklärte der »graue Tiger«. »Vor der Küche hat Onkel Ho jeden Abend gesessen und über die Landschaft geblickt. Auf dieser Pritsche hat er geschlafen. Besucher hat er stets im Freien empfangen. Er hatte viel Sinn für Ordnung und war sehr pünktlich, vor allem bei der Arbeit. Morgens machte er Frühgymnastik und dann badete er im Bach.« Die Umgebung von Tan Trao stellte für die vietnamesischen Kommunisten ein ähnliches Heiligtum, eine revolutionäre Besinnungsstätte dar, wie die Felsenhöhlen von Jenan für das maoistische China.

Der General hatte uns bei der Verabschiedung versichert, daß wir auf der Rückfahrt nach Thai Nguyen aufnehmen dürften, was wir wollten. Als wir uns jedoch anschickten, eine besonders malerische Szene zu filmen – Bauern mit ihren Büffeln beim Pflügen, die sich als schwarze Schatten in einem überfluteten goldgelben Reisfeld spiegelten, das bevorzugte Motiv vietnamesischer Lackmalerei – widersetzten sich die mißmutigen Sicherheitsbeauftragten. Sie hatten unsere fröhliche Plauderei mit Chu Van Tan mit offensichtlichem Argwohn verfolgt. Die Reisbauern seien nicht ordentlich angezogen, und deswegen dürften wir keine Bilder von ihnen machen. Alle Proteste nutzten nichts, und wir hatten plötzlich das Gefühl, daß die Autorität des »grauen Tigers« in Viet Bac nicht mehr ganz unumstritten war. Wir passierten die Kreuzung einer Allwetterstraße, die während des letzten Krieges von Pionieren der Pekinger Volksbefreiungsarmee gebaut worden war, wie ein Schild in chinesischen Schriftzeichen verkündete. Am Wegrand entdeckten wir ein paar armselige Lehmhütten. Die Frauen trugen die wohlbekannte Tracht des Meo-Volkes. Die Dorfgemeinschaft hatte ursprünglich nahe der chinesischen Grenze oberhalb von Cao Bang gesiedelt. Sie war jedoch von den vietnamesischen Behörden zwangsevakuiert worden. Die Meo wirkten apathisch in dieser fremden Umgebung und waren ohne Begeisterung mit dem Pflanzen von Maniok beschäftigt. Offenbar mißtrauten die Vietnamesen dieser rassischen Minderheit und fürchteten ihre Komplizenschaft mit dem gigantischen chinesischen Nachbarn. Wieder einmal, so schien mir, kündigten die Prüfungen und Leiden dieses störrischen und harten Volkes der Meo, das über die Gebirgswelt ganz Hinterindiens verzettelt lebt, eine neue Phase der Konfrontation und drohenden Kriegsgefahr an. Auf der Straße kam es mehrfach zu Auseinandersetzungen zwischen den Funktionären unserer Eskorte. »Es ist alles etwas schwierig hier«, antwortete Hong verlegen auf unsere Frage. »Einige dieser Genossen gehören der Tay-Nationalität an. Sie sind zur Stunde besonders empfindlich und geraten manchmal mit den Funktionären aus Hanoi in Widerspruch.« Nach Einbruch der Dunkelheit erlaubte man uns in Thai Nguyen nicht, die schwülen Hotelzimmer zu verlassen. Als wir auf der baumbestandenen Allee etwas Kühle suchen wollten, wiesen uns die Polizisten zurück. Wir schieden mit einem Gefühl der Verärgerung von der Region Viet Bac. Damals konnten wir noch nicht ahnen, daß der sympathische General Chu Van Tan ein halbes Jahr später in Ungnade fallen würde. Der »graue Tiger« habe sich in seinem Herrschaftsbereich wie ein »König«, wie ein *War Lord*, aufgeführt, hieß es dann in Hanoi. In Wirklichkeit verkörperte er ein letztes Stück Selbständigkeit jener rassischen Minderheiten, denen er angehörte, und vielleicht schreckte er, als guter Kenner der Grenzverhältnisse, vor dem Zusammenprall mit China zurück, der sich langsam, aber unerbittlich ankündigte.

Skorpione in einer Flasche

Hanoi, im August 1976

Das Mausoleum Ho Tschi Minhs war ein Geschenk der Sowjetunion an den vietnamesischen Verbündeten. Das kubistische Gebäude war im Stil der Lenin-Gruft am Roten Platz von Moskau errichtet. Aber die Dimensionen waren größer, und der Marmor war grau in Hanoi. Der tote Onkel Ho lag mit leicht geschminkten Wangen wie eine Wachspuppe im Kristallsarg. Vor dem Grabmal stauten sich lange Kolonnen. Die »atheistische Theokratie« konnte auch hier auf den Reliquienkult nicht verzichten. Wie ich in dem eiskalten Gebäude an den zu Stein erstarrten Gardesoldaten vorbei auf den Nationalhelden Vietnams blickte, mußte ich an das Museum von Tschang Tscha in der südchinesischen Geburtsprovinz Hunan des Vorsitzenden Mao Tse-tung denken. Dort waren die Mumien eines viertausend Jahre alten Königspaares ausgestellt. Seitdem war die Menschheit, auch wenn sie sich in die rote Fahne des dialektischen Materialismus hüllte, mit dem unerträglichen Geheimnis ihrer eigenen Vergänglichkeit offenbar immer noch nicht fertiggeworden. Im kommunistischen Hanoi errichtete man dem toten Propheten der vietnamesischen Wiedergeburt eine Wallfahrtsstätte, verwandelte ihn in pharaonischem Kult zum ewig lebendigen Symbol der Nation. »Tod, wo ist dein Sieg?« hätte in den grauen Marmor gemeißelt sein können. An der langen Reihe der wartenden Andächtigen vorbei marschierte die Wachablösung im Stechschritt und mit den Gesten von Robotern. Die Gesichter der vietnamesischen Pilger waren ergriffen und fromm.

Vor zwei Wochen war auch eine offizielle thailändische Delegation unter der Führung ihres Außenministers Bhichai Rattakun an dem Leichnam Ho Tschi Minhs vorbeidefiliert und hatte einen Kranz niedergelegt. Seit die vietnamesische Armee in Laos den Mekong und somit die thailändische Grenze erreicht hatte und Bangkok nicht mehr auf amerikanischen Beistand zählen konnte, bemühten sich die Siamesen – in Schaukelpolitik seit zweihundert Jahren geübt – um eine Normalisierung ihres Verhältnisses zu Hanoi. Im internationalen Gästehaus von Hanoi, auch ein Relikt der französischen Kolonialherrschaft, hatte man das Protokoll unterzeichnet und Trinksprüche ausgetauscht. Der kleine vietnamesische Außenminister Nguyen Dui Trinh, der angeblich zum härtesten Flügel der Lao

Dong-Partei gehörte und der sich unter den Stuckwänden des Festsaales in seinem schlechtgeschnittenen Anzug wie ein grimmiger Verschwörer bewegte, knurrte seine Ansprache auf vietnamesisch. Sein thailändischer Kollege, elegant gekleidet und professoral, antwortete auf englisch, was die wenigen Ausländer verdutzt aufhorchen ließ. Der Siamese hatte neben seinen diplomatischen Experten auch ein paar Sicherheitsbeamte mitgebracht. Die Gorillas aus Bangkok trugen bunte Hawaiihemden und wirkten wie Gangster. Bhichai Rattakun beglückwünschte die Vietnamesen zu ihrem Sieg und bezeichnete den Mekong zwischen Indochina und Thailand als die neue Friedensgrenze Südostasiens. Zuvor hatte er im Namen seiner Regierung versprochen, keine ausländischen Basen in Thailand mehr zuzulassen und den 60 000 vietnamesischen Flüchtlingen, die seit Ende des Zweiten Weltkriegs in den Nordostprovinzen lebten, weitgehende Toleranz zuzugestehen. Es war wohl auch zu Gesprächen über jene kommunistischen Partisanenbewegungen gekommen, die die thailändischen Grenzprovinzen gegenüber Laos verunsicherten. Man konnte sicher sein, daß die Vietnamesen bei aller Beteuerung ihres Respekts vor fremder Souveränität auf die ideologische Solidarität mit den roten Revolutionären Siams niemals verzichten würden. Die beiden Delegationen kamen halbherzig überein, daß sie im Falle des offenen Dissens auf Gewaltanwendung verzichten würden. Bei allen Freundschaftsbeteuerungen, das war beinahe physisch zu spüren, standen sich hier Todfeinde gegenüber und prosteten sich zu. Der weiße Imperialismus war verdrängt worden, hatte Südostasien sich selbst überlassen, und schon begegneten sich die von fremder Einmischung befreiten unabhängigen Staaten Hinterindiens wie Skorpione in einer Flasche.

Diplomaten und Journalisten waren zu sehr früher Stunde in den ehemaligen Palast des französischen Generalgouverneurs geladen worden. Der Himmel war grau über Hanoi, die feuchte Hitze schon unerträglich. Das Diplomatische Corps war im Tropenhemd mit kurzen Ärmeln angetreten. Der große Saal wurde von einer Büste Ho Tschi Minhs beherrscht. Ministerpräsident Pham Van Dong kam auf die Minute pünktlich. Er sollte unmittelbar nach dem Empfang zur Konferenz der blockfreien Staaten nach Colombo abfliegen. Hanoi hatte es mit einem Kunstgriff fertiggebracht, in diesen Club der angeblich Neutralen trotz seines vollen kommunistischen Engagements auf seiten Moskaus hineinzuschlüpfen. Pham Van Dong würde in

Colombo kurzerhand die Nachfolge der »Nationalen Befreiungsfront für Südvietnam« antreten, die infolge des nordvietnamesischen Sieges über Saigon von der Bildfläche verschwunden war, aber bei den Blockfreien immer noch über einen leeren Sessel verfügte.

Pham Van Dong war mit seiner Gefolgschaft von ehrwürdigen Greisen des Zentralkomitees und jüngeren Funktionären in die Mitte des Saales getreten. Sein viel zu weiter Tropenanzug war schon am frühen Morgen verbeult. Er musterte die Ausländer mit einem ungeheuer intensiven Blick. Sein Asketenkopf wirkte mönchisch und streng. Ich entdeckte plötzlich eine gewisse Ähnlichkeit mit jenem Bischof Le Huu Tu, der mich im Jahr 1951 in der Diözese Phat Diem an der Spitze seiner katholischen Milizen beeindruckt hatte. Pham Van Dong verstand zu lächeln wie ein asiatischer heiliger Franziskus. Wenn er sich erregte, erinnerte er hingegen an den florentinischen Fanatiker Savonarola. An diesem Morgen trug er gute Laune, fast Ausgelassenheit zur Schau. Er wandte sich an Madame Binh, die früher einmal als Außenministerin des Vietkong bei den Pariser Verhandlungen fungiert hatte, nach dem Sieg Erziehungsminister für ganz Vietnam geworden war und als einzige Repräsentantin der südlichen Befreiungsfront noch einen nennenswerten Posten in Hanoi bekleidete. »Ich bin eingeschüchtert vor dem großen internationalen Treffen, zu dem ich fliege«, zierte sich der Regierungschef und wandte sich schäkernd an Madame Binh: »Wenn du in Colombo dabei wärst, würde ich mich viel wohler fühlen, denn du kennst dich auf dem diplomatischen Parkett aus.« Ein obligates Gelächter und Klatschen ging durch die Reihen der Funktionäre und Diplomaten. Das vornehme Gesicht der Madame Binh, die einen dunkelblauen Ao Dai trug, verschönte sich durch ein breites Lächeln. Pham Van Dong ging die Reihe der Geladenen ab und schüttelte jedem die Hand. Mich sah er mit seinen brennenden Augen eindringlich an: »Ob Sie es glauben oder nicht«, sagte er und hielt meine Hand sehr fest, »wir sind ein blockfreies Land – nous sommes un pays non-aligné.«

Auf der Konferenz von Colombo würde Pham Van Dong im streng buddhistischen Sri Lanka auf die Duldung hinweisen, die die Religion Gautamas im sozialistischen Vietnam genoß. Zum Beispiel wurden auch wir zum Besuch der Quan Su-Pagode von Hanoi eingeladen, wo sich am Abend größere Menschenmengen zur Feier des buddhistischen Totenfestes trafen. Meist waren es alte Leute, die sich vor der goldenen Statue des kontemplativen Erlösers aus Indien verneigten, Weihrauchstäbchen anzündeten und den Bonzen bescheidene Gaben brachten. Das Ganze erinnerte an das Kloster Zagorsk in der nördlichen Nachbarschaft Moskaus, wo die atheistische Sowjetunion eine ähnliche Museumspflege der spärlichen Reste der russischen Orthodoxie unternimmt. Immerhin wurden vierzig junge Bonzen in Hanoi ausgebildet, und die Behörden verwiesen auf die Gründung eines »Buddhistischen Bundes« für den wiedervereinigten vietnamesischen Staat. Der Verdacht drängte sich auf, daß die Lehre Gautamas von den kommunistischen Kommissaren, die schon einmal erfolgreich ihre Agenten in die Pagoden Saigons und Hues eingeschleust hatten, nun auch zur politisch-ideologischen Unterwanderung der streng buddhistischen Länder Südostasiens mißbraucht werden könnte. Das Politbüro von Hanoi war sehr viel klüger als die rasenden roten Fanatiker von Phnom Penh, die die zahllosen Klöster Kambodschas verwüsteten und die keine Sekunde zögerten, die goldgewandeten Mönche zu versklaven oder umzubringen. Im Gegensatz zu Kambodscha, Laos, Thailand und Burma, wo die straffe Übung des »Kleinen Fahrzeuges«, des Hinayana oder Theravada-Buddhismus vorherrschte, hatte sich Vietnam dem Mahayana, dem »Großen Fahrzeug« zugewendet. Letztere Interpretation der Lehre Gautamas entbehrte der allzu strikten Regeln und war sogar auf einen universalen Synkretismus ausgerichtet. Im alten China hatte dieser Buddhismus des »Großen Fahrzeugs« reibungslos mit der konfuzianischen Sittenlehre und den extravaganten Vorstellungen des Taoismus kohabitiert. Im Reich der Aufgehenden Sonne hatte sich diese Religion der Gewaltlosigkeit und der Duldung sogar mit dem kriegerischen Bushido-Kodex der japanischen Samurai akkommodiert. Alles sprach jetzt dafür, daß der vietnamesische Kommunismus sich pragmatisch genug erweisen würde, um mit den Resten des Mahayana ein ungleiches Auskommen zu finden. Den Kommissaren würde es schon gelingen, den Yogi in den Dienst der Revolution zu gängeln bis zu dem Tag, an dem auch eine solche Tarnung überflüssig würde.

Bei den Katholiken Vietnams hingegen stießen die kommunistischen Apparatschiks auf Stein, besser gesagt, auf den Fels Petri. Zwanzig Jahre lang hatte der Machtapparat Hanois versucht, die Christen Nordvietnams durch unaufhörliche Schikanen an ihrem Glauben irrezumachen. Das Unternehmen war fehlgeschlagen. Die Katholiken von Tonking und Nord-Annam blieben mit 1,2 Millionen Menschen ebenso zahlreich wie die Mitglieder der Kommunistischen Partei. Zur Ehre der vietnamesischen Marxisten muß festgehalten werden, daß ihre atheistische Kampagne gegen die Kirche Roms längst nicht so brutal und konsequent durchgeführt wurde wie im China Mao Tse-tungs. Zum Fest Mariä Himmelfahrt hatten wir die Erlaubnis erhalten, einen Gottesdienst in der St. Joseph-Kathedrale von Hanoi zu filmen. Vor dem mächtigen Portal in neugotischem Stil beherrschte immer noch eine Statue der Jungfrau Maria den runden Vorplatz, der sich jeden Weihnachtsabend, wie unsere Begleiter versicherten, mit Tausenden von Gläubigen füllte.

Ein seltsamer Modus vivendi hatte sich zwischen Staat und Kirche nach der Machtübernahme des Vietminh im Jahre 1954 eingependelt. Vier katholische Kirchen durften in Hanoi geöffnet bleiben. Drei Messen pro Woche durften in der Kathedrale gelesen werden, und am Sonntag wurde morgens und abends ein Gottesdienst abgehalten. Seit 1973 wurden wieder ein paar Seminaristen ausgebildet. Dem Katechismus-Unterricht für Kinder war eine Stunde am Sonntag innerhalb der Gotteshäuser zugestanden.

Jedenfalls war es ein seltsames Gefühl, in dieser Hauptstadt der siegreichen marxistischen Revolution die Glocken mächtig läuten zu hören zu Ehren einer Himmelskönigin, die an diesem Tag zu ihrem göttlichen Sohn aufgefahren war. An jenem Abend im August knieten die Andächtigen in dicht gedrängten Reihen. Vom Altar und von den Säulen blickten sulpizianische Heilige in Rosa und Himmelblau auf diese inbrünstige Gemeinde herab, die sich trotz der widerwilligen Duldung der Behörden in der Stimmung der Katakomben traf. Die Herz Jesu-Statue und die Jungfrau von Fatima lächelten süßlich. Die Orgelmusik intonierte seichte Kirchenlieder, die einmal von französischen Missionaren importiert worden waren und nun in der quäkenden vietnamesischen Übersetzung auch nicht schöner klangen. Dennoch ging eine überwältigende Faszination von dieser ärmlich gekleideten, unterernährten Menge aus. Hier bekreuzigten sich nicht nur alte Frauen. Alle Altersklassen waren vertreten. Sie beteten mit ernsten, feierlichen, entsagungsvollen und entrückten Gesichtern. In den Augen der Männer spiegelten sich Gottergebenheit und frommer Trotz. Die Gesichter der Frauen waren von Entbehrung und Trauer gezeichnet, als stünden sie unter dem Kreuz auf einem asiatischen Golgatha. Die Nonnen trugen noch ihre strengen schwarzen Hauben. Die jungen Schwestern erblühten im Gebet, während die alten mit faltigen Pergamentgesichtern wie Mumien zum Altar aufschauten und sich nach der Abberufung in eine bessere Welt sehnten. Am ergreifendsten waren die Kinder. Sie folgten der eucharistischen Feier mit todernster Aufmerksamkeit. Sie brachten das größte Opfer. Sie würden nie das rote Halstuch der Jungen Pioniere tragen dürfen. Im späteren Leben würden sie von den Verantwortungsposten und von allen begehrenswerten Berufen ausgeschlossen bleiben. Ich konnte mich vom Anblick dieser exotischen Cherubine nicht lösen. Während das Kamerateam arbeitete, war auch ich in einer Seitenbank niedergekniet und hatte mich bekreuzigt, um den Anwesenden mitzuteilen, daß ich einer der Ihren war, daß ich nicht zu jenen gottlosen Fremden gehörte, die aus den feindseligen Steppen und Tundren des Antichristen kamen. Ich empfand es schmerzlich, daß die Römische Kirche auf die alte lateinische Meßliturgie verzichtet hatte. Hier riefen die Christen Vietnams »de profundis«, aus der Tiefe zu Gott. »Quare me repulisti et quare tristis incedo, dum affligit me inimicus.« Die Gemeinde von St. Joseph gehörte gewiß zur Kirche des Schweigens, aber im Flackern der wenigen Kerzen erschien sie mir als die tatsächliche »ecclesia triumphans«. Aus der goldbeladenen Internatskirche meiner Kindheit kam mir die Erinnerung an einen Vers des »Te Deum«: »Martyrum candidatus exercitus – das strahlende Heer der Märtyrer«.

Die Kirche Vietnams faßte in jenen Tagen eine neue, zaghafte Zuversicht. Der Erzbischof von Hanoi, Monseigneur Trinh Nhu Khue, hatte wider alle Erwartung die Erlaubnis erhalten, nach Rom zu reisen, und dort war ihm von Papst Paul VI. die Kardinalswürde verliehen worden. Am Fest Mariä Himmelfahrt ahnte in St. Joseph niemand, daß das kommunistische Regime den Bischof am 2. September 1976, zur Zelebration des vietnamesischen Nationalfeiertages, zum großen Gedenktag der Roten Revolution, der in diesem Jahr endlich die Wiedervereinigung von Nord und Süd besiegelte, auf die Ehrentribüne laden würde. So filmten wir ihn später: Am äußersten Rande der Prominentengarde, die von der Balustrade des Ho Tschi Minh-Mausoleums den regimetreuen Werktätigen huldvoll zuwinkte, hoch über einem Meer von roten Fahnen und dem endlosen Festzug kommunistischer Begeisterung stand ein schmächtiger, unscheinbarer Mann in abgewetzter schwarzer Soutane, Mgr. Trinh Nhu Khue, der Kardinal von Hanoi.

Meine Abreise rückte näher. Es war zu schwierigen Verhandlungen gekommen, weil ich den Wunsch geäußert hatte, mit der Eisenbahn von Hanoi nach Peking zu fahren. Den Vietnamesen paßte es offenbar nicht, daß ich die kritische Grenzzone passierte. Über die Zwischenfälle im Umkreis von Lang Son gingen inzwischen die wildesten Gerüchte um. »Sind Sie sicher, daß die Chinesen Ihnen überhaupt ein Visum erteilen?« fragte mich Hong. »Sie haben doch gelesen, daß die Mandschurei und sogar Peking und Tsientsin von schweren Erdbeben heimgesucht wurden. Da werden Sie voraussichtlich gar nicht willkommen sein.« Aber das chinesische Generalkonsulat von Hanoi hatte das Visum schon bereitliegen, und es wurde mir von einem lässigen Beamten der Volksrepublik überreicht, der für diese Amtshandlung nicht einmal eine Mao-Jacke über das weiße Unterhemd streifte. Der Sohn des Himmels schüttelte mir mit herzlichem Grinsen die Hand. Meinen vietnamesischen Begleiter und Aufpasser beachtete er gar nicht.

Am vorletzten Abend in Hanoi wurde ich zu später Stunde zu einer wichtigen Besprechung gerufen. Der Wagen setzte mich in dem Garten einer stattlichen Kolonialvilla ab. An der Tür erwartete mich ein grauhaariger Vietnamese mit hagerem Intellektuellenkopf. Der Chefredakteur der offiziellen Parteizeitung »Nhan Dan«, Mitglied des Zentralkomitees und Vorsitzender des Propaganda-Ausschusses der Kommunistischen Partei, hatte mich zu einem ideologischen Abschiedsgespräch gebeten. Hoang Tung gehörte, nach Aussagen der diplomatischen Beobachter, dem stahlharten Führungskern an. Manche bezeichneten ihn als den »Großinquisitor« der Revolution. Zumindest galt er als Chefideologe der Partei, als eine Art Suslow Hanois. Hoang Tung nahm mich mit demonstrativer Freundlichkeit am Arm und geleitete mich die Treppe hinauf in einen großen Raum, der mit den obligaten breiten Sesseln versehen war. Wir setzten uns auf den weißen Schutzüberzug des Sofas vor einen niedrigen Tisch. Tee und Bier wurden serviert. Über uns hing ein großes Porträt Ho Tschi Minhs. In den Parteibüros der Dörfer Tonkings waren wir stets noch auf die Quadriga des Weltkommunismus gestoßen: Karl Marx, Friedrich Engels, Josef Stalin und Ho Tschi Minh. Mit Rücksicht auf die russischen Freunde wurde die Verehrung für den Georgier neuerdings in Hanoi unter den Scheffel gestellt. Mao Tsetung war bei den vietnamesischen Revolutionären ohnehin nie auf den Altar gehoben worden.

Er wolle ganz offen mit mir sprechen, begann der Vorsitzende des Propaganda-Ausschusses. Die Deutschen genössen bei den Vietnamesen ein besonderes Ansehen. Schließlich seien die Väter des dialektischen Materialismus und der marxistischen Philosophie Deutsche gewesen. Das nationale Schicksal der Deutschen sei in mancher Hinsicht exemplarisch. Ein tragischer Fehllauf der Geschichte habe bewirkt, daß ein intellektueller und ideologischer Höhenflug ohnegleichen, der bereits mit der bürgerlichen Aufklärung eingesetzt und zu den Gipfeln sozialistischen Denkens im 19. Jahrhundert geführt habe, durch Erscheinungen wie Nietzsche, Bismarck und Hitler pervertiert worden sei. Er hege übrigens nicht nur Verehrung für Hegel und Marx, sondern sei ein Bewunderer Goethes. Die übrigen Europäer und vor allem die Franzosen sollten sich nichts vormachen, Deutschland sei immer noch die erste Macht Europas, selbst wenn es geteilt sei. Er wich dem Gespräch über die Perspektiven der deutschen Einheit im Lichte der eben vollzogenen Wiedervereinigung Vietnams nicht aus. Aber er war nicht bereit, der Sowjetunion irgendeine Verantwortung am Zustand der deutschen Spaltung anzulasten. Schnell artete die Diskussion in höfliches Schattenboxen aus. Das Gesicht des alten Ideologen verlor, wenn es um prinzipielle Fragen ging, jede Verbindlichkeit. Hoang Tung wirkte dann wie ein altes Krokodil.

»Wir wissen, daß in unserem Land vieles unvollkommen bleibt und daß gerade in dieser Stunde der Wiedervereinigung schwere Fehler begangen werden«, schaltete er die Konversation um. Vietnam stehe vor schrecklichen Problemen. Jedes Jahr vermehre sich die Bevölkerung um 1,2 Millionen Menschen. Im Jahr 2000 werde Vietnam 90 Millionen Einwohner zählen. Durch den Anschluß des sittlich verwüsteten Südens seien auch gewisse Funktionäre aus dem Norden der dort gängigen Korruption erlegen. Auf dem nächsten Parteikongreß werde man sich intensiv mit dem Verfall der sozialistischen Moral und dem bürokratischen Schlendrian befassen müssen. Generalsekretär Le Duan habe die politischen Funktionäre bereits gewarnt und wissen lassen, daß Methoden der Einschüchterung gegenüber dem Volk nicht geduldet würden. Doch die Aufgaben im Süden seien gigantisch. Hoang Tung sprach von den drei Armeen des heimtückischen Widerstandes gegen die wahre revolutionäre Erneuerung. Da gebe es zunächst mehr als eine Million ehemaliger Söldner des Thieu-Regimes, die umerzogen werden müßten. Neunzig Prozent von ihnen, so behauptete er, genössen wieder volle Bürgerrechte, und lediglich die Generale und Obersten der »Marionettenregierung«, der *fantoches*, sollten noch auf längere Zeit in den Lagern festgehalten werden. Die zweite Armee setze sich aus jenen Angehörigen des »schönen Geschlechts« zusammen, die zu Hunderttausenden der Prostitution nachgegangen seien und nun mit allen Waffen ihres Charmes versuchten, die tugendhaften Bo Doi zu verführen. In der dritten Armee schließlich befänden sich jene bürgerlichen Intellektuellen, die den Vorstellungen der Partei und den klassenkämpferischen Prinzipien des Arbeiter- und Bauernstaates mit Dünkel oder Kasuistik begegneten.

Wie lange die ideologische Umschulung einer ganzen Landeshälfte denn noch dauern solle, fragte ich. Der »Großinquisitor« nickte bedeutsam. »Um Karl Marx zu erforschen und zu begreifen, muß man ihn sehr lange studieren.« Karl Marx war in Hanoi offenbar zum Kirchenvater, zum Propheten geworden. Hoang Tung schwieg eine Weile vor sich hin. »Es gilt ja nicht nur, die importierten Laster des französischen Kolonialismus und des amerikanischen Imperialismus auszumerzen«, fuhr er dann fort. »Der Konfuzianismus ist vielleicht unsere größte Belastung auf dem Weg zur neuen Gesellschaft. Sie fahren doch übermorgen nach China. Blicken Sie nach Peking, wie schwer sich die dortigen Kommunisten tun. Ihre Anti-Konfuzius-Kampagne – Pi Lin – Pi Kong – ist in den Anfängen steckengeblieben.« Die Zukunft der vietnamesisch-chinesischen Beziehungen bereitete ihm große Sorgen. Ho Tschi Minh habe bis zuletzt von der Einheit des sozialistischen Lagers geträumt und mit allen Mitteln versucht, die Reibungen zwischen Peking und Moskau zu schlichten. Aber die neueste Entwicklung in China stimme bedenklich. Er wußte natürlich, daß Mao Tse-tung im Sterben lag. Was würde hinterher kommen? Würde das Reich der Mitte unter verschiedenen mächtigen Provinz-Satrapen aufgespalten werden und seine Einheit zerfallen, wie manche sowjetischen Experten voraussagten? Ein listiges Lächeln huschte über sein asketisches Priestergesicht: »Sie kennen doch die Meinung der Kuomintang-Clique auf Taiwan?« fragte er. »Sie bezeichnen Mao Tse-tung als den neuen Chin Shih Huang Ti. Sie wissen, wer gemeint ist, jener erste Kaiser der Chin-Dynastie – er hatte nur einen schwächlichen Nachfolger – der vor mehr als 2000 Jahren die erste tatsächliche Einigung des Reiches der Mitte mit strenger Autorität vollzog. Er wollte die Lehren des Meisters Kong auslöschen und seine zentralistische Staatslehre mit Hilfe der ihm ergebenen Legalisten durchsetzen. Der erste Chin-Kaiser ließ die konfuzianischen Gelehrten lebendig begraben und ihre Bücher verbrennen. Er war in mancher Hinsicht ein sehr moderner Mann. Aber er ist gescheitert, und der Konfuzianismus hat zwei weitere Jahrtausende das kulturelle und politische Gesicht Chinas geprägt. Zweifellos sind diese Taiwan-Chinesen bösartige Verleumder, wenn sie den Vorsitzenden Mao Tse-tung mit Chin Shih Huang Ti vergleichen und dem Maoismus eine ähnliche Kurzlebigkeit voraussagen wie dem Experiment der frühen Legalisten.«

Erdbeben in China

Peking, Ende August 1976

Der Zug quälte sich schnaufend aus den Niederungen des Deltas der chinesischen Grenze und dem Hochland von Kwangsi entgegen. Der Schweiß lief den Passagieren in Bächen vom Körper. Ich hielt vergeblich Ausschau nach militärischen Vorbereitungen. Nur einmal überholten wir an einer Rangierstation eine lange Reihe von Waggons, die Raketenwerfer geladen hatten. Der Abschied von Hanoi war ergreifend gewesen. Madame Tu und Hong hatten mich zum Bahnhof gebracht. Die Schäden eines präzisen amerikanischen Bombenangriffs aus dem Dezember 1972 waren immer noch nicht behoben. Dem Bahnhof gegenüber hatte sich zur französischen Zeit ein mehrstöckiges Bordell befunden. Das Gebäude stand noch, aber seine frühere Nutzung mutete jetzt wie ein Stück Prähistorie an.

Frau Tu und Hong überreichten einen großen Strauß Feldblumen. Durch ihre Hilfsbereitschaft, ihre menschliche Wärme, die sie uns unter voller Wahrung der ideologischen Parteitreue entgegenbrachten, hatten sie erfolgreicher für ihr Land geworben als alle Funktionäre und Prediger. Besonders hatten wir ihren Sinn für Humor geschätzt. Wir schieden – wie ich hoffe – als Freunde, und sie winkten mir lange nach. In der glühenden Mittagshitze hielt der Zug in Lang Son. Der Bahnhof trug ebenfalls noch die Narben des amerikanischen Kriegs. In Lang Son war Ende des 19. Jahrhunderts ein *déta-*

chement der französischen Kolonialinfanterie in einer chinesischen Umzingelung aufgerieben worden, und darauf mußte der damalige Regierungschef Jules Ferry, von seinen politischen Gegnern als *le Tonkinois* beschimpft, zurücktreten. Die überstürzte Räumung Lang Sons durch das französische Expeditionskorps im Herbst 1950 hatte das erste Signal der unabänderlichen Niederlage gesetzt. Die Provinzhauptstadt war und blieb die strategische Schlüsselstellung zwischen Vietnam und dem Reich der Mitte. Eine kleine Ortschaft, die den possierlichen Namen Dong Dang trug, huschte vorbei und machte einer kahlen Hügellandschaft Platz. Die Sonne brannte unerbittlich auf eine Schlucht, die von Chinesen und Vietnamesen zur Zeit der engen Waffenbrüderschaft »Freundschafts-Paß« getauft worden war. Unter den Franzosen hatte sie den prosaischen und treffenden Namen *Porte de Chine* getragen. Auf beiden Seiten der Schienen standen jetzt bewaffnete vietnamesische Posten in grünen Uniformen, als müßten sie die Bahnstrecke gegen mögliche Überfälle abschirmen. Die Bunker und Artilleriestellungen auf den umliegenden Höhen waren jedoch perfekt getarnt.

Unmittelbar an der Grenze mußten wir die Züge wechseln. Auf der anderen Seite des Kais warteten die geräumigen chinesischen Waggons nach Peking. Die vietnamesischen Grenzbeamten, denen meine Durchreise bestimmt gemeldet war, zeigten sich von ihrer freundlichsten Seite. Auf einmal fiel mir eine Bemerkung der Madame Tu ein: »Ihr Europäer steht uns näher als die Chinesen.« Auf dem Bahnsteig lief eine junge Vietnamesin in der obligaten grünen Uniform zwischen den Zügen hin und her und gab mit der Trillerpfeife dem Lokomotivführer Signale. Unter dem Tropenhelm fielen ihre rabenschwarzen Haare bis zum Gürtel. Im Halfter steckte eine schwerkalibrige Pistole. Das Mädchen strahlte vor Heiterkeit und Energie, scherzte mit den Zöllnern und war bildhübsch. Wieder einmal nahm ich Abschied von Vietnam. Den Blumenstrauß aus Hanoi hatte ich schon im Abteil liegenlassen, da eilte ich zurück, holte ihn und überreichte ihn der jungen Vietnamesin, die mich fassungslos ansah und dann in ein fröhliches Gelächter ausbrach.

Zwei Tage dauerte die Strecke von der chinesischen Grenzstation Ping-Hsiang bis Peking. Die bizarren Kalkfelsen von Kwangsi, die fruchtbare Reisebene von Tschang Tscha, das Industrierevier von Wuhan am Jang Tse kiang zogen in brütender Hitze vorbei. Die Menschen waren hier besser genährt und gekleidet als in Vietnam.

Das Versorgungsangebot selbst in den Bahnhofskiosken war sehr viel reichhaltiger als in Hanoi. Am dritten Morgen der Reise wurde die Luft plötzlich trocken, und die Landschaft färbte sich gelb. Drei Lastkamele zogen auf einer Lehmstraße daher. Wir näherten uns der Hauptstadt der Volksrepublik China und ahnten bereits die Nähe der Steppen und Wüsten Zentralasiens.

Im Kreis der Ausländer von Peking gab es nur ein Gesprächsthema: das Erdbeben. Nicht nur die große mandschurische Industriestadt Tang Shan war durch eine fürchterliche und völlig unerwartete tektonische Bewegung dem Erdboden gleichgemacht worden – man sprach von hunderttausend Toten – auch Peking war mit Trümmern übersät. Die Bevölkerung hatte auf Weisung der Behörden ihre Ziegelbauten verlassen und kampierte unter Zelten, Kisten und Nylontüchern auf den Straßen. Millionen Menschen waren vorübergehend obdachlos geworden, aber nirgendwo war es zu Chaos oder Panik gekommen. Die gewaltigen Ausschachtungen im Zentrum der Metropole, die dem Bau der Untergrundbahn und vor allem der Anlage eines atomsicheren Tunnelsystems dienten, lagen für jedes fremde Auge offen, seit die »Squatter« die hohen Bretterzäune zur Errichtung von Behelfshütten abgerissen hatten.

Über der alten Kaiserstadt lastete – selbst für den Ausländer spürbar – eine Art Untergangsstimmung. Eine australische Presseagentur hatte am Morgen den Tod Mao Tse-tungs gemeldet, was prompt dementiert worden war. Aber jedermann wußte, daß die Tage des großen Steuermannes zu Ende gingen. Geheimnisvolle Beratungen und Versammlungen fanden statt. Am Mittag war unser Fahrzeug unweit des Tien An Men-Platzes gestoppt worden, um einer endlosen Kolonne von Autobussen den Vorrang zu lassen. Die Bus-Insassen – Soldaten der Volksarmee und Grubenarbeiter – waren mit roten Papierblumen geschmückt und erwiderten das Händeklatschen der neugierigen Passanten mit eigenem Applaus. Offensichtlich handelte es sich um verdiente Katastrophenhelfer aus Tang Shan, die zu einer Ehrung nach Peking geholt worden waren. Gegen Abend staute sich zwischen dem Bahnhof und dem Platz des Himmlischen Friedens eine gewaltige, schweigende Masse. Milizangehörige, an ihren weißen Brustschildern zu erkennen, regelten den Verkehr und sperrten die Zugänge zum großen Volkspalast ab. Soldaten der Volksbefreiungsarmee kamen im Laufschritt aus ihren Unterkünften. Sie trugen Klappsitze unter dem Arm. Nach und nach sickerte durch, daß die

Spitzen von Staat und Partei nahezu vollzählig versammelt waren, um den Erdbeben-Helfern von Tang Shan in feierlichstem Rahmen zu danken. Aber die Menschen von Peking ließen sich nicht irreführen. Sie starrten gebannt auf jenen geschwungenen Eingang der Verbotenen Stadt, wo zwei Gardesoldaten der Volksbefreiungsarmee regungslos auf Posten standen. Hinter diesem Portal und der roten Sperrmauer mit dem Leitspruch »Dem Volke dienen« befanden sich die Gemächer Mao Tse-tungs. Jedermann fragte sich, ob für den Vater der Volksrepublik China die Stunde gekommen sei, »zu Karl Marx zu gehen«, wie er in besseren Zeiten mit vielschichtiger Ironie zu sagen pflegte. Der Abendhimmel war von violettem Licht erhellt. Alles wirkte unwirklich und irgendwie unheimlich. Jenseits der blutroten Mauern und gelben Dächer der Verbotenen Stadt, wo das Porträt des Sterbenden sich über den sukzessiven Torbögen wie ein Echo wiederholte, hob sich das Tempelchen auf dem »Kohlenhügel« von einer schwefelgelben Wolke ab. An dieser Stelle hatte sich der letzte Kaiser der Ming-Dynastie erhängt, als sein Reich unter den Schlägen der barbarischen Mandschu-Eroberer zusammenbrach, als deutlich geworden war, daß ihm der Auftrag des Himmels entzogen war.

Hinter der grauen Ziegelmauer eines winzigen Hauses der Altstadt, das der Erschütterung widerstanden hatte, traf ich an jenem denkwürdigen Abend einen seltsamen Gesprächspartner. Pater S. empfing mich in seinem Gärtchen. Der frühere deutsche Missionar war vom Strudel der großen asiatischen Revolution fast zermalmt worden. Er hatte Jahre im Gefängnis und im Straflager verbracht. In seiner grenzenlosen Einsamkeit und Not hatte der katholische Priester eine chinesische Nonne geheiratet. Sie hatten zwei Töchter gemeinsam. Die eine hatte nach Australien auswandern dürfen. Die andere paßte sich der chinesischen Wirklichkeit voll an und weigerte sich, eine fremde Sprache zu lernen. Sie begrüßte uns freundlich, aber flüchtig mit »Ni hao« und entfernte sich, als unser Gespräch begann. Pater S. war von den Jahren der Haft gezeichnet. Mit seiner chinesischen Frau bildete er ein sehr harmonisches – man möchte sagen frommes – Paar. Beide waren vorzeitig gealtert. Auf dem Tisch der kleinen Stube stand ein Kruzifix zwischen zwei Heiligenbildern. Der greise Mann wirkte weiterhin priesterlich: »Sacerdos es in aeternam«.

Er wußte natürlich besser als jeder andere Ausländer um die Stimmung des Volkes. Die Naturkatastrophe war ein böses Zeichen. »Sie kennen doch jene geomantischen Regeln, die im alten China bei jedem Neubau und bei jeder Ausschachtung berücksichtigt werden mußten, wenn man sich nicht den Zorn des Himmels zuziehen, wenn man nicht die glückbringenden Drachen in ihren Höhlen stören will. Nicht umsonst haben die Propagandastäbe der Partei in diesen Tagen zu einer heftigen Kampagne gegen jede Form von Aberglauben ausgeholt. An viel zu vielen Stellen seien völlig wahllos tiefe Stellen in den Boden der Hauptstadt getrieben worden, so hört man bei den kleinen Leuten von Peking. Die Gesetze und Regeln der überlieferten Ordnung seien verletzt worden.« Aus dem Katastrophen-Zentrum der Mandschurei wurden böse Zeichen gemeldet. Dort, wo die Erde aufbrach, sei schwarzes Wasser, das Blut der Drachen, an die Oberfläche gequollen. Die Natur kündigte an, daß das Ende einer Herrschaft gekommen war. Die Chinesen fragten sich mit banger Ahnung, ob für den großen Mao Tse-tung der Auftrag des Himmels erloschen sei.

Mein Durchreisevisum war kurz befristet, und ich fuhr zum Flugplatz von Peking, während der große Steuermann bereits dem Tod verfallen war. Sein Porträt mit der Kinnwarze blickte riesengroß über die leere Rollbahn. Ich war fast allein in der viermotorigen Maschine. An Bord kontrollierte ein jugendlicher chinesischer Beamter in Uniform noch einmal die Ausweise. Er sprach ein wenig Englisch. Beim Anblick meines deutschen Passes, in dem auch das vietnamesische Visum vermerkt war, fragte er mich nach der Stärke der Bundeswehr und legte unaufgefordert ein Bekenntnis zur deutschen Wiedervereinigung ab. Wir seien doch gewissermaßen Verbündete gegen einen gemeinsamen Feind. Er hatte beinahe den Ausgang erreicht, da kam er noch einmal zurück: »Sie waren doch in Hanoi?« fragte er, »are there many Russians in Vietnam? – Gibt es viele Russen in Vietnam?« Die Maschine rollte an. Aus dem Lautsprecher tönte die Hymne »Der Osten ist rot«. Aber es war Abend, und die Sonne ging mit blutrotem Schein im Westen unter.

Der Stellvertreter-Krieg in Kambodscha

Kambodschanisch-thailändische Grenze, im Februar 1979

Das also ist der Dritte Indochina-Krieg. Der glatte Asphalt-Highway, der die kambodschanische Grenze bei Aranya Prathet mit Bangkok verbindet, ist knapp fünfzehn Kilometer entfernt. Aber hier umfängt uns der Dschungel mit tiefgrüner Aquariumsbeleuchtung, mit dem stikkig heißen Atem ewiger Verwesung und ewiger Zeugung. Wieder einmal folgen wir kleinen, schlitzäugigen Männern mit brauner Haut und welligem Haar. Sie sind trotz der Nähe des siamesischen Konsum-Paradieses in Lumpen gehüllt und laufen barfuß. Auf der Schulter tragen sie veraltete Gewehre aus dem Zweiten Weltkrieg. Manche sind nur mit Schrotflinten bewaffnet. Aus ihrem roten Betel-Mund mit den häßlichen Zahnstummeln kommen die gutturalen Laute eines kambodschanischen Dialektes. Denn diese Dorf-Partisanen zwischen den neuen Fronten Südostasiens, die die Regierung von Thailand mit ein paar Bath entlohnt, sind Angehörige des Khmer-Volkes, auch wenn sie auf der siamesischen Seite der Grenze siedeln.

Am frühen Morgen hatten wir an einem thailändischen Gebietsvorsprung südlich Anranya Prathet, den wir – in Erinnerung an den vietnamesischen Grenzverlauf weit im Osten – »Papageienschnabel« getauft hatten, die Chancen eines Übertritts nach Kambodscha abgetastet. Zu nächtlicher Stunde waren wir aus dem Luxus-Hotel in Bangkok im klimatisierten Mercedes gestartet. Seit zehn Jahren arbeitete ich nun schon mit »Joe« Prasat, einem athletisch gewachsenen Chauffeur des »Oriental« zusammen. Er hatte uns zur laotischen Mekong-Grenze bei Vientiane und ins »Goldene Dreieck« begleitet. In Wirklichkeit hieß er natürlich nicht Joe, sondern hatte sich diesen Namen für seine ausländischen Touristen zugelegt. Joe hatte einen Mittelsmann in Aranya Prathet aufgetrieben, einen thailändischen Gelegenheitsjournalisten namens Seksan, der angeblich die Grenze, die Übergänge und die Situation auf der anderen Seite wie seine Tasche kannte. Aber Seksan, der kein Wort Englisch sprach und uns mit sorgenvoller Miene in einer chinesischen Garküche erwartete, hatte uns enttäuscht. Wir waren in einer gelben Staubwolke über einen holprigen Lehmweg – es war Trockenzeit – in den besagten »Papageienschnabel« gefahren und standen dort vor den verkohlten Resten eines thailändischen Dorfes. Die trockenen Reisfelder waren verwahrlost und bereits mit Schilf überwachsen. In den hohen Baumkronen am Rande der Lichtung flatterten kleine blau-weiß-rote Thai-Fahnen. »Das ist die Grenzlinie«, flüsterte Seksan. »Dahinter beginnt Kambodscha. Aber es ist nicht ratsam, hier einen Übergang zu versuchen. Die *Kemelusch* haben überall Minen gelegt und vergiftete Bambus-Spieße gepflanzt.« Ich brauchte eine Weile, ehe ich begriff, daß mit *Kemelusch* die »Khmers Rouges«, die »Roten Khmer« gemeint waren.

Die *Kemelusch* waren verantwortlich für die Verwüstungen auf thailändischer Seite. Sie waren sengend und mordend eingefallen, und die Zivilbevölkerung war seit langem geflüchtet. Es hatte sich meist um reine Willkürakte der kommunistischen Kambodschaner, aber manchmal auch um gezielte Vergeltungsschläge gehandelt, denn in diesem Raum südlich Aranya Prathet hatten sich letzte Anhänger des besiegten Marschall Lon Nol und sogenannte »Khmer Serei« oder »Freie Khmer« zu kümmerlichen Banden zusammengeschlossen. In Wirklichkeit besaßen diese Desperados keine Chance gegen die blutrünstigen Roboter des Pol Pot-Regimes von Phnom Penh.

Seit der Jahreswende war die gesamte strategische Situation in Südostasien in Bewegung geraten und umgekrempelt worden. Die kampferprobten Divisionen Hanois, die seit der Beendigung des Zweiten Indochina-Krieges der ständigen Grenzguerilla der »Roten Khmer« ausgesetzt waren und sich ihrerseits angewöhnt hatten, tief in kambodschanisches Territorium vorzustoßen, hatten plötzlich ernst gemacht und die Tarnkappe der kommunistischen Brüderlichkeit aller indochinesischen Völker brutal heruntergerissen. Dahinter offenbarte sich das nackte Antlitz des vietnamesischen Führungsanspruchs über das gesamte, ehemals französische Indochina. Mit verblüffender Selbstverständlichkeit waren die vietnamesischen Kolonisierten von gestern – wie so manches andere Volk Afrikas und Asiens – in die Fußstapfen des Kolonisators getreten und beanspruchten die von den verhaßten Fremdherren willkürlich gezogenen Grenzen als heiliges nationales Erbrecht. Schon am 9. Januar waren die Panzerspitzen des vietnamesischen Generalstabschefs Van Tien Dung, eines Schülers Vo Nguyen Giaps, in der menschenleeren Geisterstadt Phnom Penh eingerollt. Ministerpräsident Pham Van Dong hatte keine Zeit verloren. Er hob eine kambodschanische Marionettenregierung unter einem gewissen Heng Samrin in den Sattel, von dem man nur wußte, daß er aus Kompong Cham stammte und dort einmal eine Division der »Khmers Rouges« befehligt hatte, ehe er sich mit der Pol Pot-Clique überwarf. Nach Überwindung sporadischen Widerstandes näherten sich die vietnamesischen Elitetruppen der 5. Division der Grenze Thailands.

Wir folgten Seksan im Gänsemarsch und standen plötzlich am steilen Ufer eines ziemlich breiten *Klong*. Das Wasser des Flüßchens war auf der kambodschanischen Seite von dichtem Bambusgehölz überhangen. »Hier müßten wir übersetzen«, meinte Seksan. Er hatte allen siamesischen Gewohnheiten zum Trotz noch kein einziges Mal gelächelt oder gescherzt. Gegen Bezahlung sei ein Nachen zu beschaffen. Auf dem Gegenufer müßten wir uns allerdings allein zurechtfinden. Es sei kein örtlicher Kundschafter bereit, uns in ein Gebiet zu begleiten, das noch von den *Kemelusch* verunsichert sei. Wir sollten beim Vordringen auf dem Dschungelpfad auf Minen und Fallen achten. Nach sieben Kilometer Fußmarsch würden wir die alte Kolonialstraße nahe der Ortschaft Nimit erreichen. Dort ständen sich zur Zeit Vietnamesen und »Rote Khmer« kämpfend gegenüber. Regelmäßig käme es zu Gefechten: Bei Tage würden die Vietnamesen schießen, bei Nacht die Kambodschaner.

Wir hatten uns mit der Absicht getragen, die zersprengten Verbände der »Khmers Rouges« aufzusuchen in der Hoffnung, daß die Niederlage und die Zwangslage, in der sie sich befanden, ihre blinde Mordsucht zumindest gegenüber westlichen Ausländern etwas gemildert hätten. Keinem fremden Journalisten war bisher ein befriedigender Kontakt mit dieser Geisterarmee gelungen, die sich im wesentlichen aus Jugendlichen zwischen 12 und 18 Jahren zusammensetzte und laut Angaben der Militärattachés in Bangkok noch über mindestens 30000 Mann verfügte. Während Seksan seine ernüchternden Angaben mit tonloser Stimme machte, drang aus westlicher Richtung Gefechtslärm zu uns herüber. Erst ratterten Infanteriewaffen, dann mischten sich Panzerkanonen ein. Es wäre selbstmörderisch gewesen, mit einem vollausgerüsteten Kamerateam in dieser Richtung ins Blinde zu tappen. Unsere Gegenwart schien sich herumgesprochen zu haben, denn plötzlich trafen – aus Aranya Prathet kommend – ein halbes Dutzend thailändischer Photoreporter und Kameraleute mit ihren Hondas auf unserer Lichtung ein. Offenbar wollten sie unseren Grenzübergang und – wer weiß – unseren Untergang filmen, denn vom höchsten Grenzbaum aus, so versicherte Seksan, könne man weit in die kambodschanische Provinz Battambang spähen. Eine Woche später las ich übrigens in der »Bangkok Post«, daß sich eine kleine Gruppe thailändischer Journalisten doch noch aufgerafft hatte, an dieser Stelle überzusetzen. Sie hatten aus der Ferne sogar ein paar schwarzgekleidete Khmer-Partisanen entdeckt, waren von den Freischärlern jedoch sofort unter Feuer genommen worden und mußten sich in wilder Hast über den *Klong* nach Thailand retten. Ein Photograph war bei diesem überstürzten Rückzug auf eine Mine getreten.

Die Vietnamesen hatten Kambodscha im Blitzkrieg überrannt. Die grünen Soldaten des Generals Van Tien Dung waren auf russischen Tanks und amerikanischen Beutepanzern nach Westen geprescht, und ich konnte mir vorstellen, mit welcher Genugtuung diese Armee, die dreißig Jahre lang in ihren Maulwurflöchern gehockt hatte, das Abenteuer des offenen Bewegungskrieges auskostete. Aber schon raunten die Skeptiker, daß Verteidigungsminister Vo Nguyen Giap, der nun endlich seine stählerne Kavallerie einsetzen konnte wie sein Vorbild Napoleon die Husaren Murats in die Flanken des Feindes warf, mit fortschreitender Vergreisung offenbar den Sinn für strategische Analyse verloren habe, daß sein Stellvertreter Dung allzu konventionell durch das sowjetische Modell geprägt sei. Mit zehn bis fünfzehn Elitedivisionen und fast 150000 Mann hatten die Vietnamesen das Kambodscha Pol Pots erobert. Was fanden sie vor? Menschenleere Städte, verwaiste Ortschaften, gesprengte Brücken, unbefahrbare Straßen, ein Land ohne Wirtschaft, ohne Industrie, ohne Währung. Die »Khmers Rouges« waren vor der Dampfwalze Hanois in den Dschungel und in die Berge ausgewichen. Die vom Terror-Regime Pol Pots dezimierte, gequälte und verstörte Bevölkerung betrachtete gewiß die Ankunft der vietnamesischen Okkupationsarmee als das geringere Übel, gemessen an den unsagbaren Leiden, die ihnen die eigenen Landsleute im Namen ihres Steinzeit-Kommunismus zugefügt hatten. Aber Sympathie für den erobernden Erbfeind aus dem Osten brachten die Kambodschaner nicht auf, und sie blieben weiterhin ziemlich schutzlos der schrecklichen Vergeltung ausgesetzt, die die schwarzgekleideten Partisanen Pol Pots nunmehr im Namen des nationalen Befreiungskampfes an allen Kollaborateuren übten. Die Vietnamesen hatten sich in Kambodscha paradoxerweise auf eine Art amerikanische Kriegführung eingelassen und die Rollen vertauscht. Sie besetzten die Ortschaften, kontrollierten die großen Verkehrsachsen. Sie zerschlugen jeden organisierten Widerstand mit Napalm, Bomben und Artillerie. Ihre isolierten Vorposten und Panzerspitzen verstärkten sie mit Hubschraubern. Ihnen gegenüber befand sich eine zerzauste Truppe beweglicher, anspruchsloser Buschkrieger, die zur Bekämpfung der mechanisierten Divisionen des General Dung auf die Taktik des Vietkong zurückgriffen.

Der rote Tyrann Pol Pot hatte sich mit dem harten Kern seiner Anhänger in das Cardamom-Gebirge zurückgezogen, dessen Dschungel sich fast bis zur thailändischen Grenze verlängert und auf Sichtweite an die Küste des Golfs von Siam heranreicht. Die chinesischen Berater und Techniker waren den vietnamesischen Invasoren mit knapper Mühe entkommen. Peking wurde in Kambodscha in unerträglicher Weise herausgefordert. Sein einziger Verbündeter in Südostasien war durch den vietnamesischen Hegemonial-Willen in ein paar Tagen auf die Knie gezwungen worden. Für das Reich der Mitte drohte peinlicher Gesichtsverlust. Nun kam es für die Agenten Pekings darauf an, den Widerstand der Roten Khmer durch Versorgung und Waffenlieferung am Leben zu halten. Denn die Vietnamesen wären kaum in der Lage, in Kambodscha auf unbeschränkte Zeit jenen Abnutzungskrieg oder *protracted war* zu führen, an dem sich die Großmacht USA in Vietnam zermürbt hatte. Die meisten Pressekommentare in Europa und Amerika beschrieben in jenen Tagen die gewaltige materielle Überlegenheit Hanois und erwähnten die unermeßliche Waffenbeute, die den Nordvietnamesen 1975 in die Hände gefallen war. Aber die wenigsten sprachen von der Unzulänglichkeit der vietnamesischen Materialpflege oder *maintenance*, vom Mangel an Ersatzteilen, von der zerstörerischen Wirkung der Lateritstraßen und des Monsun-Klimas. Soweit das eroberte amerikanische Rüstungsgut nicht schon vor dem Kambodscha-Einsatz untauglich geworden war, verwandelte es sich nun auf den Pisten zwischen Svay Rieng, Kratie und Battambang zu Schrott. Es kamen nur noch die Russen als einzige und unentbehrliche Waffenlieferanten in Frage. Die amerikanische CIA-Antenne in Bangkok konnte mit Genugtuung beobachten, wie zwischen Vietnamesen und Kambodschanern ein neuer Stellvertreterkrieg – *war by proxies* – in Gang gekommen war. Moskau und Peking zählten die Punkte. »Die Khmers Rouges hätten alle Chancen auf ihrer Seite«, sagte mir ein Geheimdienstler in Bangkok, »wenn sie – nach maoistischem Prinzip – wie der Fisch im Wasser in der Bevölkerung leben würden. Aber« – und hier lachte der *spook* schallend – »diese roten Fanatiker haben durch ihre blinden Massaker unter den eigenen Landsleuten das Wasser ausgeschüttet, in dem sie heute schwimmen müßten.«

Die Schießerei in der Gegend von Nimit setzte sich mit kurzen Unterbrechungen fort. Es fehle den kämpfenden Parteien wohl nicht an Munition, fragte ich Seksan. Er antwortete, daß die Freischärler Pol Pots äußerst sparsam mit ihren Patronen umgingen. Bei den Massenhinrichtungen hätten die Roten Khmer mit Knüppeln und Schaufeln gewütet, ja sie hätten eine neue Exekutionsmethode erfunden: Sie stülpten ihren Opfern Plastiktüten über den Kopf, die sie am Hals luftdicht zuschnürten. Nur in Sonderfällen sei auch geschossen worden. So habe ein alter muselmanischer Flüchtling vom Volk der Cham dieser Tage von einem besonders grauenhaften Vorfall berichtet. Als Pol Pot noch regierte, habe eine Delegation von kambodschanischen Moslems die Bitte an die Revolutionsbehörden gerichtet, daß man ihnen – wenn schon die Ausübung jeder Religion streng untersagt sei – doch wenigstens gewisse rituelle Gewohnheiten lasse. In der Volksrepublik China, so hätten die Cham argumentiert, sei es den Muselmanen, »Hui« genannt, weiterhin gestattet, ihre eigenen Speisevorschriften zu beachten. Ähnliches strebten die kambodschanischen Moslems ebenfalls an. Die roten Kommissare hatten sie aufgefordert, sich zur Diskussion auf einer weiträumigen Lichtung zu versammeln. Etwa 1500 muselmanische Cham waren zusammengekommen. Sie wurden aus dem Hinterhalt durch Maschinengewehre niedergemäht.

Ein Land des Grauens begann dort hinter den Baumwipfeln mit den Thai-Wimpeln. Die Gegend war mir wohlbekannt. Im Herbst 1972 war ich im Leihwagen bis Aranya Prathet gefahren, hatte ohne jede Begleitung zu Fuß die Grenze passiert und mich in der kambodschanischen Ortschaft Poipet nach weiterer Beförderung umgesehen. Mindestens zwei Dutzend Taxis – sämtlich vom Typ Peugeot 404 – warteten dort auf Kunden. Ich suchte mir ein fahrtüchtiges Fahrzeug mit einem vertrauenerweckenden Chauffeur aus. Die anschließende Fahrt über Sisophon nach Battambang war eine Tortur. Die schlechteste Schotterpiste wäre den metertiefen Schlaglöchern dieser ausgebeulten Asphaltstrecke vorzuziehen gewesen. Zwischen Poipet und Battambang herrschte regster Verkehr. Immer wieder lagen riesige Tankwagen, die Benzin auf dem Landweg von Thailand nach Phnom Penh transportieren sollten, im Straßengraben. Mein Fahrer, der ein halsbrecherischer Akrobat und verhinderter Rennfahrer war, vermied mehrere Male um Haaresbreite den fatalen Zusammenstoß. Soldaten der Lon Nol-Armee und Sicherheitsvorkehrungen sah man kaum. Die Provinz Battambang, wo schon zu Zeiten Sihanuks kommunistisch inspirierte Bauernrevolten stattgefunden hatten, stand zwar im Ruf, mit den »Roten Khmer« zu sympathisieren. Doch diese reiche Grenzregion, die auch von Thailand beansprucht und von Sihanuk deshalb als »unser Elsaß-Lothringen« bezeichnet wurde, lieferte ihren Reis wohl an beide Bürgerkriegsparteien und genoß deshalb eine befristete Waffenruhe.

Das schmucke Städtchen Battambang bot ein Bild des Friedens und der tropischen Langweile. Ich war dort mit zwei französischen Archäologen verabredet, die nach der Besetzung Angkor Wats durch die roten Revolutionäre nach Battambang ausgewichen waren, um die nahen Khmer-Tempel und Hindugötter von Prasat Sneng vor weiterem Verfall zu bewahren. Nach langem Suchen fand ich sie am Rande des Waldes in einem typisch kambodschanischen Pfahldorf. Die Dämmerung war hereingebrochen. Die beiden jungen Wissenschaftler zündeten Karbidlampen an, denn Elektrizität hatten sie nicht. Sie wollten offenbar im Zustand paradiesischer Unschuld leben, waren nur mit einem Sarong, dem landesüblichen *Sampot* bekleidet, ernährten sich wie die Eingeborenen, deren Sprache sie fließend beherrschten. Im Umkreis ihres Kompong hatten sie eine Art Zoo, besser gesagt eine Arche Noah angelegt, mit herrlichen bunten Vögeln, seltsamen Affen und einigen Reptilien des Dschungels. Sie hatten sich mit drei oder vier kambodschanischen Großfamilien umgeben und bei ihnen ihre Gefährtinnen ausgesucht, braune bäurische Mädchen mit schönen Gesichtszügen und kräftigen Waden. Jean und Antoine machten sich keine Illusionen. »Das Land der Khmer steht vor dem Untergang«, begann der eine. »Wir wissen, daß uns in unserem exotischen Eden nur noch eine kurze Frist gewährt ist«, fuhr der andre fort. »Bei unseren Kollegen in Paris stehen wir im Ruf, finstere Kolonialisten, nostalgische Idioten zu sein, die die Anspruchslosigkeit dieser Exoten mit Zufriedenheit verwechseln«, sagte Antoine. »Aber wir glauben die Khmer besser zu kennen, als jeder andere Weiße, und wir versichern Ihnen, sie lebten vor dem Krieg so glücklich wie ein Volk dieser Erde nur leben kann. Doch jetzt kommt das große Entsetzen auf uns zu.« Jean hätte am liebsten Henry Kissinger als Kriegsverbrecher verurteilt gesehen. »Daß die Amerikaner in den Vietnamkonflikt hineinstolperten, kann man vielleicht noch entschuldigen«, sagte er, »aber für den Überfall auf Kambodscha gibt es keine mildernden Umstände. Das war der blanke Zynismus Kissingers.« Ob der Buddhismus nicht einen letzten Ausweg böte, fragte ich. Aber da wehrten sie beide ab. »Woran ist denn das große Reich von Angkor zugrunde gegangen? Wie kam es, daß die kriegerische und staatsbildende Kraft der Khmer im Mittelalter erlahmte? Das war doch eine Folge der buddhistischen Entsagungsphilosophie und Weltabgewandtheit. Die Lehre Gautamas ist eine Religion der egozentrischen Selbsterlösung ohne Verantwortungsgefühl gegenüber dem Nächsten. Einige Jahrhunderte Buddhismus, und jedes Imperium ist reif für den Zerfall. Vielleicht werden die Siamesen in absehbarer Zeit eine ähnliche Erfahrung machen. In Zeiten des Friedens mag es angehen, seine Sutren zu murmeln, Weihrauch zu brennen, die Bonzen zu füttern und im Nirwana die ewige Befreiung von den Schrecken der Wiedergeburt zu suchen. Aber wenn harte, feindliche, ganz auf die Auslöschung des Individuums zugunsten der kollektivistischen Gemeinschaft angelegte Kräfte zum Sturm ansetzen, dann gibt sich der Buddhismus als das zu erkennen, was er ist: ›Opium für das Volk‹ in einem anderen Sinne vielleicht, als Lenin das verstand.« – »Aus eigener Kraft«, so erklärte Jean, »hätten die kambodschanischen Kommunisten nie an die Macht kommen können. Gott-König Sihanuk und die buddhistische Lethargie hätten das verhindert. Aber die kombinierte Aktion der Amerikaner und der Nordvietnamesen hat die brutale Entstabilisierung dieses verschlafenen hinterindischen Königreichs bewirkt. Beide sind an ihrem Unternehmen nicht froh geworden. Sie haben jene Kräfte nach oben gespült, die bis dahin nur unbedeutende oder finstere Randgruppen waren: ein paar wirre Intellektuelle einerseits, die im Quartier Latin jeden Sinn für die Realitäten ihres Landes verloren hatten, die bereit waren, ihre blutroten Utopien auf einem Berg von Schädeln zu errichten; auf der anderen Seite die primitiven Waldvölker, jene Urrassen, die schon vor Jahrhunderten von den Khmer-Eroberern in die Wildnis verdrängt worden waren und sich nur noch in den Außenprovinzen Ratanakiri und Mondulkiri behaupteten; hinzu kamen jene kambodschanischen Hinterwäldler, die im Bannkreis des Dschungels lebten, die ihre primitiven und furchterregenden Buddha-Statuen aus Lehm bildeten und wie Fetische verehrten. Diese Kombination von pseudo-marxistischer Verblendung, wie sie auf dem linken Seine-Ufer gedeiht, und urweltlicher *sauvagerie*, das ist das Geheimnis der ›Roten Khmer‹.«

Bevor die beiden Archäologen mich ins Hotel zurückbegleiteten, hatte Antoine ein Mädchen aus dem nahen Kompong kommen lassen. »Das gehört hier zur Gastfreundschaft«, sagte er. »Wollen Sie darauf verzichten, das lebendige Abbild einer klassischen Khmer-Göttin aus der besten Chen La-Periode im Bett zu haben? Sehen Sie sich den quadratischen Schädel an, die gerade Stirn, die Mandelaugen, die runden Schultern. Wirkt diese Haut nicht wie schwarze Bronze? Nur das Lächeln stimmt nicht ganz. Es ist zu harmlos.«

Sieben Jahre waren seitdem vergangen, eine Ewigkeit. Auf dem Rückweg nach Aranya Prathet begegneten wir zwei bewaffneten Zivilisten auf Fahrrädern. Sie wiesen uns einen neuen Pfad in südlicher Richtung. Zum ersten Mal stießen wir jetzt auf eine Wegsperre der thailändischen Armee. Die Soldaten waren amerikanisch bewaffnet und uniformiert wie seinerzeit die Männer des General Thieu oder des Marschall Lon Nol. Sie winkten uns lässig durch. Wir mußten das Auto bald stehen lassen, weil das Unterholz von beiden Seiten den Pfad einschnürte. Nach zwei Kilometern Marsch wuchsen ein paar Hütten aus dem Dickicht. Ein Dutzend kambodschanischer Partisanen, die mehr oder minder im Dienste der siamesischen Behörden standen und vermutlich den antikommunistischen »Khmer Serei« zuzurechnen waren, begrüßten uns zutraulich. Ein paar hundert Bath verwandelten sie in willige Hilfskräfte. Sie schulterten unser Kameramaterial, ließen dabei jedoch die Flinten und Buschmesser nicht aus der Hand. Diese ausgemergelten kleinen Männer würden niemals in der Lage sein, den wölfischen »Roten Khmer« oder den kampferprobten Vietnamesen standzuhalten.

Wir näherten uns wieder der Grenze Kambodschas. Das letzte Dorf und die geräumigen Holzpagoden eines buddhistischen Klosters waren verlassen. Die Bonzen waren geflüchtet. In dem verstaubten Wat waren der Altar und die Kultgegenstände beiseite geräumt wie Bühnenrequisiten. Es roch nach Moder. Ein Zauberer, so schien es, hatte seinen Plunder liegen lassen. In einer Ecke verharrte ein großer hölzerner Buddha. Es war eine häßliche Schnitzerei mit einer übergroßen Spitznase, mit der Fratze eines *Farang*, wie die Thai alle westlichen Ausländer nennen. Mit dem steil auslaufenden Schädel wirkte diese vergessene Statue wie ein bösartiger Bajazzo.

Die Grenze war hier ebenfalls durch einen *Klong* markiert, aber das Wasser floß nicht dunkelgrün und klar wie bei unserer ersten Station. Der gelbe Tümpel verbreitete Verwesungsgeruch. Der faulige Urwald ringsum war verfilzt. Prozessionen großer roter Ameisen zogen zielstrebig über mürbe Äste. Wir versanken bis zu den Knöcheln im Schlamm und ekelten uns vor einer Unzahl von Würmern und Insekten. Auf einem querliegenden, glitschigen Baumstamm balancierten wir auf die andere Seite des *Klong*. Wir befanden uns auf kambodschanischem Boden.

Einer der Partisanen – er mochte der Anführer sein, obwohl er ebenso ärmlich gekleidet war wie seine Gefährten – holte grinsend ein Bündel spitzer Bambuspfeile aus seiner Tragetasche. »Davor müssen Sie sich jetzt am meisten in acht nehmen«, übersetzte Joe. »Die ›Roten Khmer‹ haben ihre früheren Stellungen mit diesen messerscharfen Spitzen wie den Rücken eines Stachelschweins gespickt. Oft sind sie mit Leichengift beschmiert. Passen Sie auf, wohin Sie Ihre Füße setzen.« Im grünlichen Zwielicht des Dschungels erkannten wir jetzt Laufgräben und Erdbunker. Von hier aus hatten die *Kemelusch* ihre Einfälle nach Thailand unternommen. Unter dem Druck der vietnamesischen Eroberer hatten sie sich in der undurchdringlichen Wildnis, die nur ihnen vertraut war, aufgelöst. Wir empfanden alle eine seltsame Beklemmung. Die Zwangsvorstellung vom einsamen Tod im Dschungel drängte sich auf. Myriaden von Insekten und Larven würden sich des sterbenden Fleisches bemächtigen, und das Verenden wäre entsetzlich.

Als wir Aranya Prathet erreichten, stand die Sonne schon tief im Westen. Am schmucken thailändischen Zollgebäude vorbei fuhren wir in Richtung Poipet weiter. Aber der Schlagbaum war gesenkt. Ein Leutnant der Thai-Armee hielt uns an. »Wenn es an uns läge, könnten Sie ruhig zu Fuß bis zur kambodschanischen Grenzstation vordringen und filmen. Die Vietnamesen und ihre kambodschanischen Hilfstruppen haben Poipet noch nicht besetzt. Wie Sie sehen, weht nicht mal eine Fahne auf dem Mast gegenüber. Aber die letzten hundert Meter werden von unserer *Border Patrol Police* kontrolliert, und die dulden keine Neugierigen. Sie wissen ja, wie schwierig das mit der *B. P. P.* ist.« In der Tat hatten wir von den ständigen Querelen zwischen der Armee und der Grenzpolizei Thailands gehört. Die Soldaten, die ihr Königreich gegen die Gefahr aus dem Osten abschirmen sollten, waren mehr als *relaxed.* Ihre Uniformen hatten sie gegen T-Shirts und Shorts ausgetauscht. Sie spielten Volleyball oder kochten Reis. Nicht einmal in dem verwahrlosten Sandsackbunker war ein bewaffneter Posten zu sehen. Bei der *Border Patrol Police* ging es kaum martialischer zu. Es war fünf Uhr nachmittags, und somit war auch für sie der Dienst zu Ende. Sie kamen zu sechs Mann in gescheckten Tarnuniformen mit M 16-Gewehren auf uns zu, winkten freundlich und verschwanden in ihren rückwärtigen Unterkünften.

Wußten die thailändischen Militärs überhaupt, was sich im Osten zusammenbraute? Ihre Sorglosigkeit grenzte an Wahnwitz. Es war jetzt zu spät, um noch das Flüchtlingslager von Ta Phraya aufzusuchen, wo zwei- bis dreitausend Kambodschaner ein sehr provisorisches Asyl hinter Stacheldraht gefunden hatten. Wer unter diesen *refugees* war ein Sympathisant der *Kemelusch* und wer ein Opfer dieser Mörderbanden? Die siamesischen Immigrationsoffiziere sortierten sie recht und schlecht aus und versuchten, die Todfeinde voneinander zu trennen. Wenn bewaffnete Gruppen schwarzuniformierter Partisanen aus dem Grenzdickicht auftauchten, forderten sie schnell eine bewaffnete Eskorte der *B. P. P.* an, die die Eindringlinge ein paar Dutzend Kilometer nach Nord oder Süd weitergeleiteten und dort wieder nach Kambodscha abschoben, an Übergangsstellen, die die Vietnamesen noch nicht kontrollierten. Die Situation wurde in dem Maße immer heikler, wie die Soldaten Hanois ihre *mopping up*-Operation in den Provinzen Battambang und Siem Reap vorantrieben. Würde das vietnamesische Oberkommando noch lange tatenlos hinnehmen, daß den versprengten Pol Pot-Partisanen in Thailand Unterschlupf und Freistatt geboten wurde? Auch hier waren die Nordvietnamesen plötzlich in die Rolle ihrer früheren amerikanischen Gegner gedrängt, die jahrelang wutschnaubend beobachten mußten, wie der Vietkong im ostkambodschanischen Grenzraum unverletzliche *sanctuaries* benutzte.

Joe drängte zur Heimfahrt nach Bangkok. War die Gegend ab Einbruch der Dunkelheit tatsächlich unsicher, oder wollte er nur rechtzeitig bei seiner Frau oder Freundin sein? Die Strecke bis Bangkok war flach und langweilig. Nur einmal säumten felsige Hügel die schnurgerade Asphaltbahn. Sonst lösten sich Reisfelder, Lotos-Teiche und reliefloses Ödland ab. Die Städte und Dörfer glichen sich wie ein Ei dem anderen. Die siamesischen Holzhäuser waren häßlichen, einfallslosen Betonklötzen gewichen. Die schreiend bunte Reklame einer hektischen Konsumgesellschaft war allgegenwärtig und flimmerte in der Dämmerung mit Neonröhren. Die Tankstellen waren wohl das wichtigste Merkmal dieser Hinwendung Siams zum westlichen Modernismus. Je näher wir der Hauptstadt kamen, desto hoffnungsloser keilten uns die Auto- und Lastwagenkolonnen ein. Das Zentrum einer jeden Ortschaft hatte sich zur *Main-street Thailand* herausgeputzt, und nur die abstrusen Architektur-Einfälle der reichen chinesischen Kaufleute, die den Beton mit Schnörkeln verzierten, schufen bizarre Abwechslung. Überall hatte der Staat neue Pagoden errichten lassen. Diese Kultstätten des Buddhismus waren stets nach dem gleichen Modell in Zement gegossen. Der Giebel war mit schillernden Glassplittern dekoriert. Die Fabeltiere – auch sie kamen aus der Retorte – wurden mit grünem und rotem Neon in die Beleuchtung eines Jahrmarkts getaucht. Sogar die frommen Statuen des Erlösers Gautama – ihre Vervielfältigung entsprach einer gezielten Religionsförderung durch Thron und Regierung – waren fast so anspruchslos und genormt, wie die Lenin-Denkmäler in der Sowjetunion.

Es ließ sich gut reisen in dem klimatisierten Mietwagen. Aus dem Autoradio klangen süßliche siamesische Schlager. Wir hatten die Stadtgrenze von Bangkok erreicht, und die Fahrt wurde immer langsamer. An den Straßenecken brannten Kerzen und Ölfunzeln vor den Kultstätten hinduistischer Gottheiten, die mit der toleranten Lehre Buddhas seit Jahrhunderten kohabitierten und kindliche Verehrung beim Volk genossen. Aber diese bescheidenen Symbole althergebrachter Frömmigkeit wurden erschlagen durch die überdimensionale und gebieterische Aufforderung zum Konsum, zur Geldausgabe, zum materiellen Statuserwerb in der Gesellschaft der Reichen. Auf riesigen Plakaten wurden Pepsi und Coca-Cola zu Elixieren moderner Glückseligkeit, wie strahlende Thai-Familien in Großformat – Urahne bis Kleinkind – mit der Flasche in der Hand an einem idyllischen Strand demonstrierten. Die Kinosäle warben mit Brutalität und Sex. Immer häufiger leuchteten die Glasfronten der Massagesalons auf. Aus den Nachtbars dröhnte Disco-Musik. Die Fahrzeuge standen Stoßstange an Stoßstange. An Vorwärtskommen war kaum noch zu denken. »Wenn die Vietnamesen eines Tages mit ihren Panzerdivisionen nach Thailand einfallen sollten«, so lautete ein Party-Scherz, »dann werden sie erst durch das Verkehrschaos von Bangkok gestoppt werden.«

Das kühle Zimmer und die Stereomusik im Hotel »Oriental« versetzten mich am Ende dieses heißen Tages in eine euphorische Stimmung. Tief unten spiegelten sich die Lichter der Stadt in der dunklen Strömung des Menam. Der Schlaf kam schnell. Im ersten Morgenlicht wurde ich jäh durch das Telefon geweckt. Rolf Schreiner, ein ehemaliger Fremdenlegionär, der es als Kaufmann in Thailand zu

Geld und Ansehen gebracht hatte und mit einer reizenden Thai aus guter Familie verheiratet war, meldete sich am Ende der Leitung. »Haben Sie die Radio-Nachrichten gehört?« fragte er. »Seit heute morgen haben die Chinesen eine Grenzoffensive gegen Vietnam gestartet in einem Abschnitt, den wir beide gut kennen. Es scheint sich um eine größere Aktion zu handeln.«

»China packt die vietnamesische Schlange am Schwanz«

Bangkok, im Februar 1979

Die Hotelterrasse des »Oriental« war einer der wenigen Plätze in Bangkok, wo man noch dem alten Siam nachtrauern konnte. Fast überall waren die malerischen *Klongs* zubetoniert worden und hatten trostlosen Asphaltschluchten Platz gemacht. Die Terrasse war dem Menam zugewandt. Die dickbauchigen Lastkähne ragten hoch aus dem Strom, wenn es flußaufwärts ging. Auf dem Rückweg zum Ozean hingegen drückte die schwere Reisfracht sie fast unter den Wasserspiegel. Unermüdlich kreuzten die Motorfähren. Zwischen der Papageien-Buntheit der übrigen Passagiere leuchtete das feierliche Gold der Bonzentracht. In der Ferne – zwischen Hochhäusern und Schornsteinen – verschmolzen die phallischen Kacheltürme und Stupas der Königspagode Wat-Phra-Keo mit dem milchigen Morgenhimmel.

Seit dem amerikanischen Vietnam-Debakel war Bangkok zur Drehscheibe der südostasiatischen Intrigen des neuen Domino-Spiels, zum Tummelplatz der Geheimdienste geworden. Die Nachricht von der chinesischen Grenzoffensive gegen Vietnam wirkte sich hier wie ein Tritt in einen Ameisenhaufen aus. Angeblich war das neue Kampfgebiet zwischen Tonking, Jünan und Kwangsi durch eine so dichte Wolkendecke verdeckt, daß selbst die perfektionierten US-Satelliten nur unbefriedigende Beobachtungsergebnisse lieferten. Um so hektischer und widersprüchlicher kursierten die Gerüchte an der Nachrichtenbörse am Menam. Nach außen hin war die Hauptstadt Thailands – die fast zehn Jahre lang den amerikanischen Kurzurlaubern aus Indochina als

»rest and recreation«-Zentrum, schnöde gesagt als Monster-Bordell, gedient hatte – in einen riesigen Rummelplatz für Touristen aus der westlichen Wohlstandssphäre umfunktioniert worden. Sie landeten mit ihren Charter-Jumbos in Bataillonsstärke auf dem Flugplatz Don-Muang. Ihr erster Gang führte sie in die Massagesalons und Go Go-Bars des Pat Pong-Viertels. Die Deutschen aus der Bundesrepublik waren besonders zahlreich vertreten, als gälte es noch einmal in Fernost dem Appell aus dem chinesischen Boxerkrieg nachzukommen: »The Germans to the front!« Es gab natürlich auch sittsame Vergnügungs- und Bildungsreisende, die keine Pagode von Chiang Mai ausließen, den Elefanten-Zirkus von Surin absolvierten und in Mei Sai, im Herzen des Goldenen Opium-Dreiecks einen Hauch von Abenteuer suchten. Sie begegneten braunen, kichernden, freundlichen und – wie es schien – recht einfältigen Menschen. Sie wußten nicht, daß die Siamesen zu den verschlossensten und unberechenbarsten Völkern Hinterindiens zählen, sehr viel undurchdringlicher jedenfalls als beispielsweise die Vietnamesen, denen die intensive französische Kolonisation gewisse abendländische Reflexe anerzogen hat. Seit der Film »Emmanuelle« in den Kinosälen Europas die Kassen füllte, hatte sich auch das weibliche Touristenkontingent vermehrt. Ob diese Nachahmerinnen der Silvia Kristel in Bangkok auf ihre Kosten kamen, war eine andere Frage.

Das Oberkommando der chinesischen Volksbefreiungsarmee hatte feierlich bekanntgegeben, daß es mit seiner Grenzoffensive gegen Vietnam keinen dauerhaften Geländegewinn anstrebe. Es handle sich lediglich um eine räumlich und zeitlich limitierte Strafaktion gegen die »Revisionisten« und »Provokateure« von Hanoi. Sobald den vietnamesischen Kriegstreibern ein gehöriger Denkzettel verpaßt sei, würden sich die Soldaten Pekings auf ihre Ausgangsstellungen zurückziehen. Auf keinen Fall beabsichtige die Volksbefreiungsarmee gegen das Herzland von Tonking, das Delta des Roten Flusses oder gar gegen die Hauptstadt Hanoi vorzurücken. In vieler Hinsicht erinnerte die chinesische Strategie in den nördlichen Randzonen Indochinas an den Himalaja-Feldzug des Jahres 1962, der mit einer schmerzlichen Demütigung der indischen Streitkräfte ausgegangen war. Wo hatten die Chinesen tatsächlich angegriffen? Wo standen sie bereits? Wie erfolgreich behauptete sich die vietnamesische Verteidigung? Darüber lag keine präzise Information vor. Selbst die Amerikaner tasteten offenbar im dunkeln, gingen jedoch in einer instinktiven Reaktion der Selbstrechtfertigung davon aus, daß die Armee Hanois, die den US-Streitkräften erfolgreich getrotzt hatte, auch den Heerscharen Pekings gewachsen wäre.

Wir schlenderten häufig durch die Straßen und Gassen des Chinesenviertels Sampeng. Vor dem Hintergrund konfuzianischer Ahnentempel formulierte ich aktuelle Fernsehkommentare zur Lage, die sich auf Grund der Entfernung von der Front auf Mutmaßungen stützen mußten. Die Söhne des Himmels trugen in Bangkok Gelassenheit zur Schau, aber in Wirklichkeit sahen sie der Zukunft mit Sorge entgegen. Über ihre Landsleute von Vietnam – die Hoa, wie man sie jetzt überall in der internationalen Presse nannte – war die Katastrophe bereits hereingebrochen. Die totale Verstaatlichung des Einzelhandels, die die Behörden von Ho Tschi Minh-Stadt im März 1978 verfügt hatten, war in eine systematische Drangsalierung aller in Südvietnam ansässigen Chinesen ausgeartet. Gewiß, die meisten Hoa waren Kaufleute oder zumindest kleine Händler. Sie ließen sich schwer in den neuen sozialistischen Staat integrieren und sträubten sich verständlicherweise gegen die Verschickung in das Ödland der »Neuen Wirtschaftszonen«. Doch auch in Nordvietnam betrieb die Regierung von Hanoi mit systematischen Schikanen, ja Pogromen die Vertreibung der dort ansässigen Chinesen. Selbst wenn sie lange in Verwaltung und Armee des sozialistischen Regimes von Hanoi gedient hatten, fanden sie keine Gnade vor dem xenophoben Nationalismus eines Systems, das das Argument des Klassenkampfes oft nur als Vorwand benutzte. In den chinesischen Zeitungen von Bangkok wurde ausführlich über diese unglücklichen Rassegenossen berichtet, die wochenlang an der Grenze zwischen Vietnam und China kampiert hatten, ehe die Regierung von Peking ihnen widerstrebend Einlaß gewährte. Viel tragischer war das Schicksal jener Angehörigen des chinesischen Mittelstandes von Cholon, die sich mit einigen Tael Gold das Ausreiserecht erkauften und erschlichen, um dann auf schiffbrüchigen Kuttern und Seelenverkäufern dem Taifun, den Piraten und den Haien der Südchina-See ausgesetzt zu sein.

In der Demokratischen Volksrepublik Laos waren die Dinge weniger dramatisch verlaufen. Die dortigen Auslandschinesen hatten ohne große Mühe den Mekong überquert. Sie fanden in Thailand Unterschlupf bei ihren Sippen und Landsmannschaften. Aber aus Kambodscha kam grausige Kunde. Dort hatte das Bündnis Pol Pots mit Peking nicht verhindern können, daß die Söhne des Himmels zu den bevorzugten Opfern des Fremdenhasses und des Blutrausches der

»Khmers Rouges« wurden. Würde sich diese antichinesische Welle im übrigen Südostasien fortpflanzen? Im Chinesenviertel Sampeng wußte man natürlich, warum das mächtige Reich der Mitte zur Errettung der bedrängten Hoa in Indochina kaum einen Finger rührte. Nur eine verschwindende Minderheit der Vertriebenen hatte den Wunsch geäußert, sich auf die Dauer in der großen heimischen Volksrepublik niederzulassen. Die Masse strebte nach den USA, nach Kanada, Australien, eventuell nach Europa. Ihnen stand der Sinn nicht nach einem neuen kommunistischen Experiment. Im übrigen drohte das Schicksal der Hoa von Indochina zu einem bedrohlichen Präzedenzfall für sämtliche Übersee-Chinesen zu werden. Die Geschäftsleute erinnerten sich sehr wohl an die fremdenfeindlichen Ausschreitungen in Indonesien nach dem mißglückten Putsch der linksradikalen Offiziere im Jahre 1965. Was würde passieren, wenn auch die Republik von Jakarta mit der Ausweisung ihrer vier Millionen Chinesen begänne, wenn die Föderation Malaysia, die die erschöpften *boat people* Vietnams mit äußerster Härte in den Ozean zurückstieß, auf den Gedanken käme, das brennende und unlösbare Problem ihrer chinesischen Minderheit, die fast 40 Prozent der Gesamtbevölkerung ausmachte, durch Entrechtung und Zwangsverschickung zu lösen.

Schließlich lebten auch im Königreich Thailand mindestens drei Millionen Söhne des Himmels. Im Gegensatz zu den malayischen Staatsvölkern, den »Bumiputra« Indonesiens und Malaysias, deren muselmanische Religion jede Akkulturation mit den konfuzianischen Einwanderern verhinderte, hatten die Siamesen den massiven Zudrang aus dem Reich der Mitte relativ gut verdaut. Mischehen waren geschlossen worden, Thai-Namen wurden adoptiert. Es herrschte ein geschmeidiger *Modus vivendi.* Doch unterschwellig gärten die Gegensätze weiter. Jeder Thai wußte, daß der Reichtum seines Landes von den Söhnen des Himmels gemehrt und gehortet wurde. Die Führungsschicht des Landes war stark mit chinesischem Blut durchsetzt. Wer einem besonders dynamischen und kompetenten thailändischen Gesprächs- oder Geschäftspartner gegenübersaß, konnte mit ziemlicher Sicherheit davon ausgehen, daß er es zumindest mit einem Halbchinesen zu tun hatte. Die herrschende Chakri-Dynastie des Königs Bumiphol verdankte ihren Thron dem reinen Fukien-Chinesen Taksin, dem es im 18. Jahrhundert gelungen war, den Brandschatzungen und Einfällen der Burmesen im Ayuthya-Reich ein Ende zu setzen.

Langsam rührten sich Gegenkräfte. Niemand wunderte sich, daß der Präsident von Singapur, Lee Kwang Yew, der rein chinesische Staatschef einer überwiegend chinesischen Stadtrepublik, die Methoden der vietnamesischen Kommunisten am leidenschaftlichsten geißelte. Hanoi war mit seiner brutalen Politik der Chinesenausweisung dabei, ganz Hinterindien, den gesamten ASEAN-Verband zu entstabilisieren. Zwischen Hongkong und Jakarta, zwischen Rangun und Manila berieten sich die chinesischen Geheimbünde, die weitverzweigten Verschwörerzellen der »Triade«. Die Emissäre Pekings stießen hier neuerdings auf fruchtbaren Boden und bereitwillige Kooperation. Die allzu forschen Revolutionäre von Hanoi hatten ein vielarmiges Ungeheuer, eine Art Krake der Tiefsee zu erbitterter Notwehr, zum Kampf auf Leben und Tod gereizt.

In diesen Tagen tauchten viele altbekannte Gesichter in Bangkok auf. Der offene Konflikt zwischen China und Vietnam zog alle Experten, Beobachter und Veteranen der Indochina-Szene an wie eine Lampe die Motten. Hanoi und Peking hatten ihre Grenzen weitgehend dicht gemacht. Da war die Metropole am Menam mit ihrem Ausblick auf Kambodscha und Laos immer noch der günstigste Platz, um über einen Zusammenprall zu berichten, der durch ganz Asien dröhnte. Die Militârattachés und Residenten der Geheimdienste trafen sich zu regelmäßigen Besprechungen. Die Kontakte fanden in den französischen Gourmet-Restaurants der internationalen Luxushotels oder in den verschwiegenen Nebenzimmern chinesischer Speisepaläste statt. Die umworbensten Mitglieder solcher Runden waren die lächelnden chinesischen Diplomaten. Diese Abgesandten Pekings, die nur noch selten in der Mao-Jacke auftraten, hatten sich seit der Bestätigung des pragmatischen Deng Xiaoping-Kurses – den Leitsatz beherzigend, daß es gleich sei, ob eine Katze schwarz oder weiß ist, Hauptsache sie fange Mäuse – ganz neue Allüren angeeignet. Selbst wenn sie offizielle Lügen verbreiteten, taten sie das mit verblüffender Direktheit. Der chinesischen Botschaft in Bangkok fiel offenbar die geheime Aufgabe zu, den Widerstand der »Roten Khmer« gegen die vietnamesische Besatzungsarmee nach Kräften zu stützen. Als logistisches Element stand ihnen die chinesische Kaufmannsgilde von Bangkok zur Verfügung, die natürlich auch das gesamte zivile Transportwesen zu Lande und zu Meer beherrschte. Die Männer aus Peking gaben ganz offen zu verstehen, daß weder das traurige Schicksal der Hoa noch die Zwischenfälle im vietnamesischen Grenzgebiet, die in letzter Zeit wohl häufig von beiden Seiten in Form von Stoßtrupp-Unternehmen ausgetragen wurden, die massive militärische »Strafexpedition« zwischen Lang Son und Lai Tschau ausgelöst hatten. In Wirklichkeit ging es darum, Hanoi zur Räumung Kambodschas zu zwingen. Der Freundschafts- und Beistandspakt, der zwischen der Sozialistischen Republik Vietnam und der Sowjetunion im November 1978 unterzeichnet worden war, hatte den Divisionen Hanois für ihr Kambodscha-Unternehmen grünes Licht gegeben, auch wenn ein paar amerikanische Kreml-Analytiker immer noch mutmaßten, die Russen seien von den Vietnamesen durch eine vollendete Tatsache überrumpelt worden. Jedenfalls mußte das Bündnis zwischen Moskau und Hanoi den Erben Mao Tsetungs als eine tödliche Herausforderung und als aggressives Instrument der sowjetischen Einkreisungspolitik erscheinen.

Die Repräsentanten der Volksrepublik China in Bangkok suchten fleißig den Kontakt zu ihren westlichen Kollegen. Für den Geschmack mancher Diplomaten plakatierten sie dabei allzu deutlich eine weltweite Solidarität mit der Atlantischen Allianz. Deng Xiaoping war erst vor wenigen Tagen von seiner Reise nach Amerika zurückgekehrt. Er hatte dort den breitkrempigen Texashut aufgesetzt und alle Public-Relations-Marotten der Amerikaner über sich ergehen lassen. Während er die Normalisierung der Beziehungen zwischen Washington und Peking perfektmachte, hatte er wie ein *ceterum censeo* immer wieder betont, daß die Volksrepublik China nicht umhin könne, den aggressiven Vietnamesen eine blutige Lektion zu erteilen. Washington hatte diese Mahnungen nicht ernstgenommen, und die Experten des *State Department* entdeckten jetzt nachträglich, daß der chinesische Vize-Premierminister durch die ständige Wiederholung seiner Drohungen an die Adresse Hanois auf amerikanischem Boden bei den russischen Fernostspezialisten den Eindruck erwecken wollte, als sei die bewaffnete Aktion der Volksbefreiungsarmee im voraus mit den USA abgekartet oder zumindest abgesprochen worden.

Es dauerte nicht lange, bis auch ich Verbindung zu einem hochgestellten chinesischen Gewährsmann aufnehmen konnte. Wir trafen uns wie üblich beim Essen, blickten zusammen aus dem Normandy-Grill des »Oriental« über das graue Häusermeer jenseits des Stroms oder ließen uns im rot lackierten Séparé eines Kanton-Restaurants südchinesische Spezialitäten servieren. Mr. Q. – wie ich ihn nennen werde – war dreiundfünfzig Jahre alt, wirkte aber wesentlich jünger. Für einen Chinesen war er kräftig gewachsen. Die roten Backen verliehen ihm etwas Lausbubenhaftes. Im Korea-Krieg gegen die Amerikaner hatte er bereits als Bataillonskommandeur gekämpft. Jedenfalls war Q. alles andere als ein Mandarin, und bei aller List, die aus seinen schmalen Äuglein blinzelte, waren seine Aussagen direkt, klar und unbefangen. Beim Gespräch schlug er mir mit einer typischen Geste der Herzlichkeit immer wieder auf den Schenkel. Die eingeborenen Kellner verneigten sich tief vor diesem einflußreichen Mann, der an den Ufern des Menam eine wichtige Branche des chinesischen Machtapparats vertrat. Sie hatten noch nicht vergessen, daß die Könige von Siam als ferne Vasallen dem Reich der Mitte gehuldigt und dem Sohn des Drachens in Peking bis ins 19. Jahrhundert einen symbolischen Tribut entrichtet hatten.

Mr. Q. gab ganz unumwunden zu, daß für die chinesischen Strategen an der Nordgrenze Vietnams nicht alles nach Wunsch verlaufen sei. Peking hatte wohl gehofft, das vietnamesische Oberkommando werde seine in Tonking verbleibenden vier Divisionen sofort in die Schlacht werfen, was der Volksbefreiungsarmee erlaubt hätte, die strategischen Reserven General Giaps systematisch zu zermalmen, während das Gros der vietnamesischen Armee auf Grund ihres Kambodscha-Engagements im Süden verzettelt blieb. Aber General Giap war ein zu erfahrener Fuchs, um in eine solche Falle zu rennen. Er versuchte, den chinesischen Ansturm mit seinen Regionalstreitkräften und Milizen aufzufangen, wobei ihm zugute kam, daß Peking die Begrenzung der chinesischen Offensiv-Absichten auf den äußersten Gebirgsgürtel nördlich des Tonking-Deltas selbst publik gemacht hatte. Dennoch waren schon in den ersten Tagen die Städte Lao Cay, Cao Bang und Dong Dang in die Hände der Angreifer gefallen. Das waren entscheidende Positionen, wie die Franzosen aus schmerzlicher Erfahrung wußten. »Wir mußten endlich handeln«, sagte Mr. Q., »wir konnten die vietnamesischen Provokationen nicht länger hinnehmen. Gewiß, es sind schwere Kämpfe im Gange, und wir unterschätzen den Gegner nicht. Aber wenn wir es wirklich wollten, könnten wir innerhalb einer Woche in Hanoi einmarschieren. Was uns behindert, ist die Bekanntgabe der selbst auferlegten strategischen Kurzziele. Andrerseits tut es unserer Volksbefreiungsarmee gut, endlich wieder konkrete kriegerische Erfahrungen zu sammeln. Seit Korea, seit dreißig Jahren haben wir nicht mehr im Feld gestanden. Was sich im Norden Vietnams abspielt, ist für uns ein nützliches Manöver. Wir lernen dabei, und – glauben Sie mir – wir halten die vietnamesische Schlange, deren Kopf sich in Kambodscha festgebissen hat, am Schwanze fest.« Der Vergleich gefiel ihm offenbar sehr, denn Mr. Q. stimmte ein schallendes Gelächter an. Natürlich, so räumte der Gewährsmann in der weiteren Diskussion ein, habe man in Peking mit einer sowjetischen Reaktion, mit einer Intervention der Russen zugunsten der vietnamesischen Verbündeten rechnen müssen. Aber man solle diese Gefahren nicht überbewerten. Er kenne die »Sozial-Imperialisten«. Er habe vier Jahre lang bei ihnen gelebt. Wenn man ihnen die Zähne zeige, wichen sie zurück. Auf mein Bohren, wo die chinesische Führung am ehesten mit einem Vergeltungsschlag der sowjetischen Streitkräfte gerechnet habe, nannte er die Provinz Sinkiang, die große autonome Westregion der Uiguren, die sich zwischen der Gobi-Wüste und dem Karakorum-Gebirge, dem »Dach der Welt«, erstreckt. Ob er unserem Kamerateam nicht einen Freipaß zu den »Roten Khmer« besorgen könne, über deren Widerstand wir gern berichten würden, schlug ich vor. Mr. Q. schüttelte bedenklich den Kopf. Das sei viel zu unsicher und gefährlich. Die Verantwortung könne er nicht auf sich nehmen. Im übrigen sei er im Hinblick auf die Lage in Kambodscha recht optimistisch. Die Regierung Pol Pot habe zweifellos schwere Fehler begangen, aber die Versorgung der kambodschanischen Patrioten, die gegen die Vietnamesen weiterkämpften, könne gewährleistet werden. Vietnam sei in einen hoffnungslosen Abnutzungskrieg verwickelt. Ob ich nicht Lust hätte, Prinz Sihanuk zu interviewen, der wieder in Peking residiere, fragte Q. unvermittelt. »Wenn Sie mir ein Visum beschaffen«, fragte ich zurück. Mr. Q. setzte eine schelmische Maske auf und klopfte mir auf den Schenkel.

In ihrer Beurteilung der ersten chinesischen Offensiv-Ergebnisse waren Franzosen und Amerikaner – wie konnte es anders sein – unterschiedlicher Meinung. Die amerikanischen Diplomaten sprachen schon am zweiten Tag der Kämpfe von einer totalen Fehlplanung und von einem schweren Gesichtsverlust Pekings. Sie konnten es wohl schlecht verwinden, diese neue Konfrontation in Südostasien nicht vorausgesehen zu haben. Der chinesischen Volksbefreiungsarmee legten sie immer noch die Maßstäbe ihrer eigenen überzüchteten Kriegsmaschinerie an und hatten offenbar aus der eigenen Vietnam-Erfahrung wenig gelernt. Daß hier ein asiatischer Konflikt ausgetragen wurde, dessen Spielregeln in keiner Weise in die Schablonen westlicher Hast und *efficiency* paßten, kam den US-Experten nicht in den Sinn. Die französischen Beobachter – Colonels, die sich vor dreißig Jahren ihre ersten Offiziers-*Galons* in Tonking verdient hatten, oder jüngere Nachrichtenspezialisten, deren Gesichter mir aus dem Saigon des Zweiten Indochina-Krieges vertraut waren – gaben den Vietnamesen keine langfristige Chance gegen das chinesische Riesenreich. »Zum ersten Mal ist General Giap auf einen Gegner gestoßen, der ihn mit seinen eigenen Methoden bekämpft«, meinte ein französischer Botschaftsrat, der sein kühles Geschäft hinter den Allüren eines unbekümmerten Playboy verbarg. »Jedermann weiß, daß die Volksbefreiungsarmee unzureichend und altertümlich bewaffnet ist, aber das waren die Nordvietnamesen bis 1975 auch. Die chinesischen Soldaten sind mindestens ebenso anspruchslos, verbissen und todesmutig wie ihre südlichen Gegner. Bei ihnen spielen Menschenverluste keine Rolle. Der Generalität Pekings sitzt kein *Congress* und keine *Assemblée Nationale* im Nacken, um Rechenschaft über das Leben der jungen Soldaten zu verlangen. Im Gegensatz zu Paris und Washington verfügt Peking in Indochina über den Vorteil der inneren Linie. Es sind 900 Millionen Chinesen gegen 50 Millionen Vietnamesen angetreten, von denen zudem noch die südliche Hälfte in passiver Opposition zum Regime von Hanoi steht. Vor allem darf man die Ausdauer, die grenzenlose Geduld des Reichs der Mitte nicht unterschätzen. Dort denkt man in ganz anderen Zeitbegriffen als im schnellebigen Westen. Die Vietnamesen sind Opfer ihrer eigenen Hybris. Schon müssen sie in aller Eile mit Hilfe sowjetischer Antonow-Maschinen ihre Eliteverbände aus Kambodscha abziehen und nach Norden werfen. Sie haben sich übernommen. Die Chinesen spekulieren auf die physische Auszehrung Hanois. Haben Sie vorhin im Radio gehört, daß die japanische Agentur Kyodo den Fall von Lang Son meldete? Wenn sich diese Nachricht bestätigt, dann hat die Volksbefreiungsarmee binnen kürzester Frist und in schwierigstem Gebirgsterrain nach Überwindung eines unvorstellbaren Bunker- und Tunnelsystems die entscheidende Schlüsselstellung erobert. Von Lang Son aus steht den Chinesen – unter Inkaufnahme hoher Verluste natürlich – der Weg in die Niederungen des Tonking-Deltas und nach Hanoi offen. Den Chinesen sind sicherlich schwere Fehler unterlaufen. Sie haben keine nennenswerten Teile der vietnamesischen Streitkräfte in ihren Würgegriff bekommen. Aber stellen Sie sich vor, welchen Effekt es bei uns in Frankreich hätte, wenn im Rahmen einer peripheren Grenzaktion der Feind die Städte Lille, Metz und Straßburg besetzen würde.«

Kam es in Südostasien wirklich noch auf die Meinung der Franzosen und Amerikaner an? Frankreich war in Fernost zur *quantité négligeable* geworden. Amerika hatte seit seinem Vietnam-Fiasko das aktive Mitspracherecht verwirkt. Was die Asiaten selbst vom Eingreifen Pekings dachten, das war ausschlaggebend. Die Thai hatten die chinesische »Strafaktion« mit einem Seufzer der Erleichterung quittiert. Natürlich hielt man sich in den Ministerien von Bangkok diskret und vorsichtig zurück, aber in den regierungsfreundlichen Gazetten nahm man kein Blatt vor den Mund. Die Siamesen hatten ernsthaft befürchtet, daß die Berufsrevolutionäre von Hanoi auch an ihren Grenzen nicht haltmachen würden. Schon regten sich rote Aufstandszellen in fast allen Außenprovinzen. Seit das Reich der Mitte dem vietnamesischen Hegemonialstreben auf so spektakuläre Weise einen Riegel vorgeschoben hatte, hofften die Thai schon wieder, daß das traditionelle Schaukelspiel, dem sie ihre Unabhängigkeit von Franzosen und Engländern im 19. Jahrhundert, ihr Überleben im Zweiten Weltkrieg zwischen Japanern und Amerikanern verdankten, in der aktuellen Situation zwischen Peking und Hanoi sich aufs neue bewähren würde. Die Südostasiaten spürten instinktiv, daß der chinesische Drache dem vietnamesischen Tiger am Ende überlegen war. 200 Jahre lang hatte der technische Vorsprung des Westens das Reich der Mitte zu Rückständigkeit und Unterwerfung verurteilt. Diese Periode neigte sich ihrem Ende zu. Wessen die Tüchtigkeit und Intelligenz der Han-Rasse fähig waren, das zeigten bereits die kapitalistischen chinesischen Außenposten in Taiwan, Singapur und Hongkong. Die Siamesen bedurften nicht eines Napoleon-Zitats, um zu wissen, daß die Welt am Tage des chinesischen Erwachens erbeben würde.

Am runden Siegesplatz von Bangkok, wo ein klotziges Denkmal den siamesischen »Waffenerfolg« von 1940 über die französischen Truppen des Vichy-Regimes feiert – Marschall Pibul Songram hatte damals mit japanischer Begünstigung die kambodschanischen Provinzen Battambang und Siem Reap annektiert – zog ein überdimensionales Kinoplakat die Aufmerksamkeit der Passanten auf sich. Hubschrauber spuckten Feuer, Bomben explodierten über flüchtenden Vietnamesen, und ein riesengroßer amerikanischer Filmheld – mit einem roten Stirnband angetan – drückte den Revolver an seine

Schläfen. Ich reihte mich in die Warteschlange ein, denn der Film »Deer-Hunter« – so hieß es auch in der örtlichen Kritik – erbringe den Beweis, daß Amerika endlich sein Vietnam-Trauma überwunden habe. Die Enttäuschung war groß. Als die Filmszene von den Stahlwerken der Alleghenies nach Indochina überblendete, als die Gefangenschaft der Hauptdarsteller beim Vietkong geschildert wurde, hätte ich es beinahe der russischen Delegation beim Internationalen Berlin-Festival gleichgetan und aus Protest den Saal verlassen. Die Vietkong-Partisanen waren nicht zart mit ihren Gefangenen umgesprungen, und es war bestimmt gefoltert worden. Aber zum Russischen Roulette hatten die Soldaten Ho Tschi Minhs mit Sicherheit niemanden gezwungen, und schon gar nicht hatten sie um Geld gespielt. Was immer man von den vietnamesischen Kommunisten halten mochte, diese plumpe Verunglimpfung war unwürdig und empörend. Peter Arnett, der mir in den Jahren des Vietnam-Krieges als einer der draufgängerischsten US-Korrespondenten aufgefallen war, hatte zu »Deer-Hunter« einen treffenden Kommentar abgegeben. Vielleicht handle es sich um einen künstlerisch und technisch bedeutenden Film, meinte er, aber die ganze Story sei eine verdammte Lüge, *a bloody lie.* Auch die chaotischen Szenen aus den letzten Tagen von Saigon – wenn man von den Fluchtbildern auf dem Dach der US-Botschaft absieht – waren ein Produkt ausschweifender Phantasie. In Saigon gab es keine Spelunken, in denen Russisch Roulette geübt wurde. Dazu waren die Vietnamesen ein viel zu gesittetes Volk. Nicht einmal die Piraten der Binh Xuyen hatten sich auf solche Spiele eingelassen.

Trotz der späten Stunde wimmelte die Hotelhalle von italienischen und deutschen Gästen. Die Touristen waren gerade sonnenverbrannt aus Pataya angereist. Am Empfangsbüro wurde mir eine *message* überreicht. Wilfred Burchett, so las ich darauf, erwartete mich auf der Hotelterrasse. Der Name war in ganz Ostasien ein Begriff. Wilfred Burchett war Australier und hatte von Jugend an – zuerst als Holzfäller, wie es hieß – in der radikalen Gewerkschaftsbewegung und der kommunistischen Partei seines Landes militiert. Später hatte er sich als Journalist einen Namen gemacht, stets auf der Seite der Weltrevolution. Ich selbst hatte ihn zum ersten Mal im Sommer 1952 in Korea vor der Verhandlungsbaracke von Pan Mun Jom getroffen, aber daran erinnerte er sich wohl nicht mehr. Alle westlichen Korrespondenten hatten damals fasziniert auf diesen einzigen Journalisten aus einem Land der »Freien Welt« geblickt, der sich nicht scheute, die Ballonmütze und die grüne Uniform der chinesischen Volksbefreiungsarmee zu tragen. Im Gegensatz zu den Kriegsberichtern der osteuropäischen Satellitenstaaten, die damals noch voll unter dem eisernen Zwang des Stalinismus standen und jedem Gespräch mit den westlichen Kollegen auswichen, suchte Burchett unseren Kontakt. Bei den Angelsachsen traf er dabei als »Renegat, Überläufer und Verräter« auf Ablehnung, Spott und – von seiten der US-Provinzpresse – auf blanken Haß, als sei er eine Ausgeburt der Hölle. Ein wenig unheimlich war der kommunistische Propagandist Burchett damals schon gewesen. Er war nicht davor zurückgeschreckt, die Greuelmärchen vom amerikanischen Mikrobenkrieg in Korea nachzubeten. Aber Konsequenz und Mut konnte man ihm nicht absprechen. Als der zweite Vietnam-Krieg ausbrach, befand er sich automatisch auf seiten des Vietkong. Schon in den ersten Jahren des US-Engagements nahm er das Risiko auf sich, im Geleit seiner kommunistischen Freunde bis in die Nachbarschaft Saigons heranzuschleichen und darüber zu berichten. Der neue Fernostkrieg zwischen China und Vietnam hatte ihn blitzschnell wieder mobilisiert. Ich traf einen weißhaarigen, brillentragenden Mann mit stark gerötetem Teint, der trotz des fortgeschrittenen Alters seine ungebrochene Vitalität bewahrt hatte. Wilfred Burchett war auf dem Weg nach Hanoi. Im Gegensatz zu so vielen anderen hatte er sofort ein Einreisevisum in die Sozialistische Republik Vietnam erhalten. Er hatte gehört, daß ich mich um vietnamesisches Filmmaterial bemühte, erinnerte sich daran, mir einmal auf einem nordvietnamesischen Cocktail in Paris begegnet zu sein und schlug mir den Verkauf seiner nächsten Produktion vor. Wir wurden uns schnell einig, und das Gespräch schweifte ab. Der australische Agitator des Weltkommunismus entpuppte sich als jovialer alter Herr. In regelmäßigen Abständen stieß er ein dröhnendes angelsächsisches Lachen aus. Obwohl er unter diversen Krankheiten zu leiden angab, sprach er dem Alkohol kräftig zu. Wir gerieten schnell in eine leutselige Veteranenstimmung. »Ich hatte gar nicht mehr die Absicht, nach Asien zu kommen«, nahm der Australier den Faden wieder auf; »ich hatte geglaubt, mit der Befreiung Saigons sei das Kapitel endgültig umgeblättert. Aber Sie sehen, es geht immer weiter.« Er hatte sich in den letzten Jahren vor allem der afrikanischen Revolution zugewandt, hatte aus Angola, Mozambique, Äthiopien berichtet. Am nächsten Morgen würde er nach Hanoi starten und die Mitglieder des Politbüros wie alte Freunde und Komplizen begrüßen. Pham Van Dong hatte ihm ein Interview zugesagt, und auch General Giap würde er treffen, der allen anderslautenden Meldungen zum Trotz kerngesund sei. Auch von dem amtierenden Generalstabschef Van Tien Dung, den die westlichen Nachrichtendienste als phantasielosen militärischen Routinier einschätzten, zeigte Burchett sich beeindruckt. Daß seine chinesischen Waffengefährten aus dem Korea-Krieg, denen er damals treue Propagandadienste geleistet hatte, nunmehr zu den Todfeinden Hanois und Moskaus geworden waren, trug er mit verblüffendem und etwas zynischem Gleichmut. Im Sommer 1950 war es Josef Stalin gewesen, der dem Nordkoreaner Kim Il Sung den Freibrief für die Eroberung Seouls erteilt hatte. In jenen Tagen bildeten China und die Sowjetunion – nach außen zumindest – noch einen festgefügten ideologischen Block. Selbst in chinesischer Uniform und im Gefolge der Soldaten Mao Tse-tungs hatte Wilfred Burchett sich damals wohl in erster Linie als eingeschworener Anwalt der sowjetischen Parteilinie gefühlt. Heute stand er ganz selbstverständlich im russischen und somit im vietnamesischen Lager. Sein kämpferisches Temperament, sein Engagement waren ungebrochen. Weiß der Teufel, wie er das fertigbrachte und dazu noch sympathisch wirkte. Wie sehr unterschied sich dieser urwüchsige Angelsachse doch von jenem polnischen Journalisten, dem ich vor einem Monat in Paris begegnet war und der den Auftrag seiner Warschauer Redaktion, für eine neue Reportage nach Hanoi zu reisen, abgelehnt hatte. »Wissen Sie warum?« hatte der Pole mich gefragt. »Ich bin zu alt, um zu lügen.«

Nachschub für die »Roten Khmer«

Kyon Yai, Ende Februar 1979

Um vier Uhr morgens wurden wir im chinesischen Hotel von Trat durch den Bootsbesitzer geweckt, den wir am Vorabend angeheuert hatten. Er sollte während der Nacht mit seinem Schiff bis Kyon Yai tuckern, war aber durch den dichten Nebel verhindert worden. Die Verzögerung war ärgerlich, denn wir hatten beabsichtigt, in aller Frühe mit dem Wagen nach Kyon Yai zu fahren, um dort unauffällig an Bord zu gehen. Nun waren wir gezwungen, in diesem äußersten thailändischen Fischerhafen, der unmittelbar an Kambodscha grenzte, nach einem neuen Boot zu suchen und bei hellichtem Tage in See zu stechen. Zuerst verdächtigten wir den Schiffer von Trat, er sei aus Angst vor der Grenzpolizei von unserer Vereinbarung zurückgetreten. Aber er gab uns auf den letzten Bath unsere Anzahlung zurück und führte uns zu einer Straßenbiegung, wo wir die dichten Nebelschwaden sehen konnten. Der Fluß, der sich in den Golf von Siam ergoß, war wie mit Watte zugepackt.

Trat war eine jener stillosen Ortschaften, die die Provinzen Thailands in schneller Folge verunzieren. Am Abend unserer Ankunft waren wir durch die Betonkulisse der Hauptstraße geirrt. Natürlich gab es einen Massagesalon, der durch grüne und rosa Neonbeleuchtung die Kundschaft anlockte. Im Inneren saßen Masseusen im weißen Minikittel wie Affen in einem grün angestrahlten Glaskäfig – ein tristes Aufgebot. Schließlich fanden wir dank Joe doch noch ein akzeptables Thai-Restaurant, das seinen Gästen sogar ein paar Varieté-Nummern bot. Mit grellen Katzenstimmen sangen zwei Thai-Mädchen, die sich für ihren Auftritt grotesk herausgeputzt hatten. Sie trugen winzige Röckchen und steckten bis zu den Oberschenkeln in knallroten Schnürstiefeln. Die Gesichter waren grell geschminkt. In ihre schrillen Chansons, die auch den soliden Joe zu Protestäußerungen veranlaßten, mischte sich die dunklere Stimme eines männlichen Interpreten. Der Mann faszinierte uns. Er war ein asiatischer Albino mit schneeweißem Haar und bleicher Haut. Das Gesicht war selbst am späten Abend durch eine Sonnenbrille halb verdeckt. Dazu trug er einen gut geschneiderten schwarzen Anzug. Er wirkte wie ein Gespenst aus einem *science fiction*-Roman. Eines der Mädchen hatte sich zu uns an den Tisch gesetzt. Sie sprach ein putziges Englisch. Es herrschte in dem Lokal, wo wohlhabende Thai-Kaufleute genußvoll tafelten, eine aufgeräumte Stimmung, obwohl die kambodschanische Grenze knappe fünf Kilometer von Trat entfernt verläuft. Plötzlich unterbrach die Sängerin ihr Geplapper. Ihr drolliges *baby-face* wurde beinah ernst und sie fragte leise: »Glauben Sie wirklich, daß der Krieg auch zu uns kommt? Wir haben so viel Angst.« Gleich darauf ging sie wieder auf ihr Podium und miaute ein anderes neckisches Liebeslied.

Auf dem Weg nach Kyon Yai passierten wir ein kambodschanisches Flüchtlingslager. Ein *détachement* von Thai-*Marines* bewachte den *Camp.* Der Posten ließ uns nach längerem Verhandeln und unter bewaffneter Eskorte durch das Drahtgitter zum Kommandanten fahren. Der gab sich liebenswürdig und lächelnd, aber jeden Kontakt mit den Khmer, die Schutz vor den Pol Pot-Banden gesucht hatten, verweigerte er uns strikt. Auch im Divisionsquartier der *Marines* in Chanthaburi waren wir – trotz eines hochoffiziellen Empfehlungsschreibens – bei dem diensthabenden Oberst auf ebenso höfliche wie lächelnde Ablehnung gestoßen, als wir seine Truppe filmen wollten. Man trank bei diesen Gesprächen Tee, grinste sich zu, hütete sich, die Stimme zu erheben, denn wer bei den Siamesen laut wurde, verlor das Gesicht. Die Freundlichkeit der Eingeborenen konnte wie eine Gummimauer sein. Wenn wirklich einmal in Thailand ein Asiate in Rage geriet und zu zetern und zu schreien begann, konnte man sicher sein, daß man es mit einem Chinesen zu tun hatte.

In Kyon Yai setzte uns Joe bei einem chinesischen Suppenhändler ab, während er unsere Seereise mit fernöstlicher Diskretion organisierte. Von unserem Tisch hatten wir einen prächtigen Blick auf den schmalen *Klong*, in dem sich die Fischkutter wie Sardinen in einer Büchse drängten. Der kleine Hafen quirlte vor Leben. In den Läden beiderseits des *Klong* waren alle nur erdenklichen Konsumgüter, vom Eisschrank über den TV-Apparat bis zur elektrischen Zahnbürste, gestapelt. Auf den Brettern des Anlegestegs lagen Fische und Schalentiere in der Vielfalt eines Schöpfungstages aus. Wo denn die kambodschanische Grenze verlaufe, fragte ich den Suppenhändler, dessen Familie sich zutraulich um uns drängte und uns mit besonders ausgefallenen Fischgerichten verwöhnte. Er zeigte auf den Kamm der waldigen Höhe, die in höchstens tausend Meter Entfernung die Bucht von Kyon Yai nach Osten abschloß. Dort begann also das Inferno der »Roten Khmer«, der erbarmungslose asiatische Brudermord, der Hunger, das Elend, die Folter und das Grauen. Und hier – im Blickfeld der vorgeschobenen Posten dieser roten Amokläufer – spielten sich die bescheidenen Szenen fernöstlichen Familienglücks und geschäftiger Zufriedenheit ab. Die Kinder lachten aus pausbäckigen Gesichtern, zupften uns heimlich an den Haaren der Vorderarme und gruselten sich ein wenig vor dem Fell dieser langnäsigen Barbaren. Die Alten waren mit dem Entschuppen und Ausnehmen der Fische beschäftigt. Der Gefahr, die in Reichweite lauerte, begegneten die Menschen von Kyon Yai mit Schicksalsergebenheit und Weisheit. Sie taten so, als nähmen sie sie gar nicht zur Kenntnis.

Eine militärische Absicherung gab es so gut wie nicht. Die äußerste thailändische Landspitze, die nach Kambodscha hineinragte, endete mit einer Schranke und zehn Sandsäcken. Dort döste ein Zug *Marines* in Hängematten unter schattigen Bäumen. Im *Klong* lag ein verrostetes Polizeiboot, dessen Bordkanone seit Jahren keinen Schuß abgegeben hatte. Dennoch legten wir uns flach auf den Boden des Kutters, den Joe für uns aufgetrieben hatte, ehe wir uns nach endlosem Stochern und Schieben aus der Umklammerung der übrigen Boote gelöst und das Patrouillenschiff passiert hatten. Bald tuckerten wir auf freier See. Der Golf von Siam lag glatt wie eine Silberplatte zu unseren Füßen. Unser Fischerboot zog eine sanfte Furche hinter sich her. Der Besitzer, der mit Frau und kleinem Sohn an Bord lebte, ging an den Bug und entzündete zwei Weihrauchstäbchen. »Die sind für den Geist des Schiffes bestimmt«, erklärte Joe, »denn jedes Boot hat seinen eigenen Beschützer.«

Der Fischer Prem war ein grauhaariger, gesetzter Mann. Er hatte nur widerstrebend und gegen gute Bezahlung unserem Plan zugestimmt. Wir wollten bis zu den kambodschanischen Hoheitsgewässern vordringen und vor allem einen Blick auf jene Insel Ko Kong werfen, die immer noch von den »Khmers Rouges« gehalten wurde und die angeblich dem chinesischen Nachschub für den kambodschanischen Widerstand als Umschlagplatz diente. Prem kannte die Küste durch und durch. Seit die Behörden von Phnom Penh nicht mehr in der Lage waren, ihre Souveränitätsrechte in diesem äußersten Randgebiet auszuüben, waren die Thai-Fischer in ganzen Rudeln in die kambodschanischen Buchten eingedrungen, wo der Fang ergiebiger war als auf der siamesischen Seite. Es war schon später Vormittag. Die Hitze hatte einen Dunstschleier über das Meer gebreitet. In etwa drei Kilometer Entfernung wurde jetzt das kambodschanische Festland sichtbar. Jenseits des weißen Strandes begann der Dschungel, und gleich hob sich die Landschaft zu unwirtlichen Gebirgszügen. »Prem wird Sie nicht zu nah an die Insel Ko Kong heransteuern«, übersetzte Joe. »Es heißt, die *Kemelusch* verfügten dort über Artillerie, zumindest über Granatwerfer, und man weiß nie, wie sie reagieren. Noch mehr Angst hat er vor den Korvetten der vietnamesischen Marine, die hier regelmäßig patrouillieren. Sie führen zwar die neue Flagge der kambodschanischen Regierung Heng Samrin, die von Hanoi eingesetzt wurde, aber an Bord sind reine Vietnamesen. Vergangene Woche ist Prem von einem solchen Kriegsschiff aufgebracht worden. Sie haben alles nach Waffen und Schmuggelgut durchsucht, sogar die Pritschen der Wohnkabine herausgerissen. Dann haben sie ihn mit einer strengen Verwarnung nach Kyon Yai zurückgeschickt. Das nächste Mal würden sie das Boot beschlagnahmen. Stellen Sie sich vor, die Vietnamesen würden heute *Farangs* an Bord entdecken!«

In der Ferne wuchs ein dunkelgrüner Kegel aus dem Meer. »Das ist Ko Kong«, erklärte Prem. Die Thai-Fischer waren weit ausgeschwärmt und zogen die Netze ein, die sie in der Nacht ausgeworfen hatten. Die Beute war reich. Wenn sie in der Dunkelheit operierten, so erklärte unser Bootsbesitzer, begegneten sie manchmal diskreten Motorschiffen, die jedes Licht gelöscht hatten. Das waren wohl die geheimnisvollen Transporteure, die im Auftrag der chinesischen Mittelsmänner aus Chanthaburi und Trat Munition und Waffen nach Ko Kong brachten. Das Manöver wurde immer riskanter, seit die Vietnamesen nach heftigen Kämpfen den Hafen Kompong Som, das frühere Sihanoukville erobert hatten. Uns wurde klar, daß die Insel Ko Kong nicht das große Transitlager war, wie die thailändischen Behörden immer wieder behaupteten. Die wirkliche Versorgung der noch kämpfenden Pol Pot-Partisanen wickelte sich auf dem Landweg mit stillschweigender Komplizenschaft der thailändischen *Border-Police* ab. Aber das wollte in Bangkok natürlich niemand zugeben. Hanoi hatte das Spiel längst durchschaut und drohte mit Repressalien. Auch das Angebot einer Sonderprämie konnte Prem nicht bewegen, näher an das Dschungeldreieck von Ko Kong heranzufahren. In einer großen Schleife drehte er ab.

Bei Einbruch der Dunkelheit trafen wir in Pataya ein. Die plumpe erotische Kirmes-Atmosphäre dieses weltbekannten thailändischen Strandes traf uns wie ein Faustschlag. Pataya war höchstens 200 Kilometer Luftlinie von den »Roten Khmer« und den Panzerspitzen der vietnamesischen Volksarmee entfernt. Doch hier dachte niemand an Krieg und Tod und Elend im Nachbarland der anderen. Das Gewühl in der einzigen Straße des Ferienortes wurde durch ein verblüffendes Aufgebot käuflicher thailändischer Weiblichkeit beherrscht. Diese Amazonen schreckten vor nichts zurück, um in den Augen der europäischen, amerikanischen und japanischen Kundschaft *sexy* zu erscheinen. Sie hatten sich einiges einfallen lassen: *Hot-pants* und hohe Kürassierstiefel, handbreite Miniröcke und Dekolletés, die tiefer als der Rücken reichten. Die eine ging im *Lolita-look*, die andere hatte sich mit Ringelsocken und Sportschuhen als Fußballer verkleidet. Eine weißgewandete Königin der Nacht kam uns mit dem Turban einer Maharani entgegen. »Achten Sie auf die besonders stark geschminkten Mädchen in langen Abendkleidern«, warnte Joe, »das sind Transvestiten. She is a he.« Die männlichen Touristen stauten sich vor miserablen Fischrestaurants und brüllenden Diskotheken. Dieses massive Sexualangebot verschlug ihnen den Atem, und sie waren bald in braunhäutiger Gesellschaft. »Haben Sie schon gemerkt, daß es hier zwei Kategorien europäischer Feriengäste gibt«, bemerkte Josef Kaufmann, der auf dieser Reise wieder die Kamera führte. »Die einen sind als Junggesellen gekommen und haben schon mit verklärtem Lächeln ein Thai-Mädchen im Arm. Die anderen sind mit ihren weißen Ehefrauen angereist und beobachten jetzt frustriert und neidisch das muntere Treiben der anderen.« Die Freude der liebestollen Eroberer, so meinte der Toningenieur Steve lachend, werde in den meisten Fällen nicht länger als drei Tage dauern; dann würden sie nach dem Arzt und der Penicillinspritze rufen.

»Denken Sie nur, heute mittag blickten wir noch auf Ko Kong«, mischte sich Joe ein, der sonst kein Kind von Traurigkeit war, der aber das Treiben der Ausländer mit Kopfschütteln beobachtete. »Erinnern Sie sich noch an die Amerikaner aus Vietnam, Sir«, fragte er, »an die Urlauber des *R. and R.*-Programms? Mir wird bange vor der Zukunft, wenn ich den Rummel hier sehe.« Er machte eine Pause und grübelte vor sich hin. »Gewiß, man kann es heute in Thailand zu etwas bringen, wenn man fleißig und tüchtig ist«, räumte er ein. »Seit Ihrem letzten Besuch bin ich Besitzer meines Mietwagens geworden. Aber diese *Farang*, die sich mit unseren Mädchen vergnügen, ahnen wohl nicht, daß die armen Bauern im Norden und Nordosten ihre Töchter für Geld in die Bordelle des Südens verkaufen. Sie sehen uns immer lächeln, aber wissen nicht, daß ein Kuli in Bangkok höchstens 40 Bath pro Tag verdient.« Das war der Gegenwert von vier D-Mark. Ich fragte ihn nach der roten Aufstandsbewegung in den Grenzprovinzen. Die Rebellen der Kommunistischen Partei Thailands seien durch den chinesisch-vietnamesischen Gegensatz geschwächt und gespalten worden, meinte Joe. Aber die Unsicherheit in der Hauptstadt und auf dem Lande sei dadurch nicht behoben. »In Thailand können Sie für ein paar tausend Bath« – ein paar hundert D-Mark – »einen Mörder dingen, um einen Geschäftsrivalen oder einen politischen Gegner aus dem Feld zu räumen. Und glauben Sie mir, das Gewerbe blüht.« Hinter der verklärten Erhabenheit der buddhistischen Staatsreligion, hinter dem steifen viktorianischen Hofzeremoniell der Monarchie verbargen sich Abgründe. »In Kambodscha, Sir«, so endete Joe seine ungewöhnliche Meditation, »wirkten die Menschen ebenso friedlich und glücklich, und dann kamen die ›Roten Khmer‹.«

Im Hotel »Royal Cliff« erwartete uns eine telefonische Mitteilung der deutschen Botschaft in Bangkok. Die Demokratische Volksrepublik Laos hatte uns ein Sammelvisum und eine Filmgenehmigung erteilt. In drei Tagen sollten wir, wenn irgend möglich, in Vientiane eintreffen.

Cocktails und Bonzen im roten Laos

Vientiane, im März 1979

In der laotischen Hauptstadt Vientiane vergeht fast kein Abend ohne Empfang oder Cocktail des Diplomatischen Corps. Natürlich dreht man sich im Kreise und begegnet immer wieder den gleichen Gesichtern. Die Asiaten sind bei weitem in der Überzahl, und sie geben den Ton an. Bei meiner letzten Durchreise in Vientiane im Sommer 1976, auf dem Weg nach Hanoi, hatte am Mekong noch ein französischer Botschafter mit den Allüren eines entmachteten Prokonsuls der roten Revolution getrotzt. Aber heute ist der Quai d'Orsay nicht mehr in der Demokratischen Volksrepublik Laos vertreten. Die Arroganz eines Botschaftsrats allein hat die Schließung der französischen Vertretung wohl nicht bewirkt. Die Funktionäre der »Revolutionären Volkspartei«, unter diesem Namen agiert die Kommunistische Partei von Laos, waren offenbar gewillt, der immer noch wirksamen französischen Kulturpräsenz ein Ende zu setzen. Ausgerechnet im provinziellen Perpignan hatte sich ein schemenhaftes Nationalkomitee für die Befreiung des ehemaligen Königreichs der Million Elefanten etabliert und bestätigte den Argwohn der roten Machthaber, daß jede Art reaktionärer Verschwörung von Paris begünstigt würde. In letzter Instanz war wohl aus Hanoi der gebieterische Wink gekommen, der ehemaligen Kolonialmacht die Tür zu weisen.

Das gesellschaftliche Leben in der Hauptstadt des kommunistischen Laos wird neuerdings von den Diplomaten der südostasiatischen ASEAN-Gruppe bestimmt, in der neben Thailand, Malaysia und Singapur auch Indonesien und die Philippinen vertreten sind. Es ist bemerkenswert, wie in dieser lockeren Staaten-Assoziation ein Instinkt der selbsterhaltenden Solidarität gewachsen ist, seit die Drohung einer vietnamesischen Hegemonie über ganz Hinterindien lastet. Die Ministerien von Bangkok, Kuala Lumpur, Jakarta und Manila haben nicht ihre schlechtesten Leute in dieses verlorene Nest am Mekong geschickt. Laos okkupiert eine strategische Schlüsselstellung im vielzitierten Domino-Spiel dieser Region. An diesem Abend fällt mir ein schnurrbärtiger Thai auf, der auf Grund der rassischen und sprachlichen Verwandtschaft der beiden Nachbarvölker in Laos fast zu Hause ist und über die besten Informationen verfügt. An seiner Geschmeidigkeit prallen alle Fragen ab. Eindrucksvoll ist auch ein hochgewachsener burmesischer Oberst, der aus eigener nationaler Erfahrung besser als jeder andere die Gefahren von Bürgerkrieg und Stammesaufruhr in dieser Gewitterecke Asiens beurteilen kann. Er soll ein persönlicher Vertrauter seines Staatspräsidenten, General Ne Win, sein. Sein Urteil über die chinesische Militäraktion an der nordvietnamesischen Grenze ist eher negativ. Insgeheim sympathisiert der Burmese offenbar mit Hanoi, weniger aus ideologischer Verwandtschaft als aus einem Abwehrinstinkt gegenüber dem gewaltigen Reich der Mitte. Hatten nicht auch die letzten Könige von Mandalay bis ins 19. Jahrhundert den Kaiser von China als ihren höchsten Lehnsherrn anerkennen müssen? Der indonesische Botschafter ist der Gastgeber dieses Abends. Er stellt ein paar Neuankömmlinge vor. Er genießt seine Rolle auf dem internationalen Parkett. Einen holländischen Botschaftssekretär, der eben eingetroffen ist, begrüßt er auf niederländisch, und seine laute Jovialität wirkt ein wenig batavisch, so absurd das bei diesem kleinen braunen Malayen auch klingen mag. Jeder der Anwesenden ist bis zu einem gewissen Grad vom früheren Kolonisator geprägt. Dem Malaysier merkt man den Aufenthalt in Sandhurst an. Die Filipinos dämpfen ihr lärmendes Yankee-Benehmen durch spanische Allüren.

Die US-Botschaft hat sich wider Erwarten in Vientiane behauptet. Hanoi bemüht sich eifrig um diplomatische Normalisierung mit Washington. Da wäre es töricht, den schmalen Kontakt, der auf dem Umweg über Laos noch existiert, total abzubrechen. Der *Councelor* aus USA, der von den laotischen Sicherheitsbehörden sehr aufmerksam beobachtet wird, ist ein ehemaliger Offizier der *Marines*, der lange in Vietnam gedient hat und mit einer überaus neugierigen Vietnamesin verheiratet ist. Die Engländer haben einen Spezialisten delegiert, der seinen bescheidenen Rang auf der Protokolliste durch profunde Kenntnis asiatischer Zusammenhänge kompensiert. Wichtiger als der Botschafter von Saint James erscheint hier der Missionschef aus Canberra. Das weiße Australien ist ein geachteter Partner und ein wichtiger Machtfaktor am Rande – man möchte fast meinen – im Verbund der ASEAN-Gruppe. Eine Sonderstellung nehmen auch hier die Schweden ein. Der Geschäftsträger aus Stockholm ist eben erst eingetroffen und trägt bereits bei jeder offiziellen Gelegenheit die laotische Landestracht, eine hochgeknüpfte, kleidsame Bluse aus weißer Seide. Er ist ein Repräsentant jener für Schweden typischen Bemühung, in der farbigen Welt stets auf seiten der »progressiven Kräfte« zu stehen, auch wenn das mit einem Quant Charakterlosigkeit bezahlt werden muß. In Vientiane empören sich die westlichen Diplomaten, daß die Regierung Olof Palme als eine ihrer letzten Taten den roten Laoten mit entscheidender finanzieller und technischer Hilfe zur Seite gesprungen ist, um die Landverbindung zwischen dem Mekong und der vietnamesischen Küste am Südchinesischen Meer auszubauen. Dies trug zur Abhängigkeit Vientianes von Hanoi und zur zusätzlichen Satellisierung der Laoten bei. Aber auch der Schwede täuscht mit seinen Anbiederungsbemühungen nicht darüber hinweg, daß die Rolle des Westens fast bis zur Bedeutungslosigkeit geschrumpft ist. Die Bürde des weißen Mannes, von der Kipling einst erzählte, ist am Mekong federleicht geworden. Die neuen Groß- und Mittelmächte Asiens haben die Nachfolge bereits angetreten. Die Japaner können es sich leisten, in Vientiane einen leutseligen jungen Mann nach vorn zu schieben, der an der Sorbonne akzentfrei Französisch gelernt und eine für seine Inselnation ungewöhnliche Affinität zur *douceur de vivre* entwickelt hat. Jedermann weiß, daß die »Großostasiatische Wohlstandssphäre«, die die Armeen des Tenno während des Zweiten Weltkrieges vergeblich mit Waffengewalt zu gründen suchten, nunmehr auf dem diskreten Wege des Handelsaustauschs und des Wirtschaftsdiktats zur Realität wird. Sogar im sozialistischen Vietnam liegen die japanischen Kaufleute vorn. Den Asiaten ist nicht entgangen, daß das gewaltige industrielle Potential Nippons jederzeit die Voraussetzungen für eine schwindelerregende Remilitarisierung des Reiches der Aufgehenden Sonne in sich birgt.

Natürlich verfügen auch die Inder über Ansehen und Einfluß in

Laos. Dieses ist ein hinduistisch geprägtes Land. Die Religion Gautamas wurzelt am Ganges. Die laotische Schrift stammt aus den großen Zeiten des Mahabaratha. Delhi bildet das einzige demographische Gegengewicht zum chinesischen Giganten. In den Samtaugen der indischen Beamten spiegelt sich – bei aller gesellschaftlichen Wendigkeit – die wissende Traurigkeit der Jahrtausende und die abwehrende Arroganz tief verwurzelten Kastenbewußtseins. Zwischen Indern und Chinesen gibt es so gut wie keinen Kontakt. Als die Soldaten Mao Tse-tungs die Elite-Regimenter Jawaharlal Nehrus im Himalaja überwanden, schäumte die Presse des Subkontinents gegen die barbarischen Horden aus dem Reich der Mitte. Nicht erst seit dem Ausbruch des Grenzkonflikts mit Hanoi suchen die Diplomaten Pekings das Gespräch und die Gesellschaft ihrer westlichen Kollegen. Ich gerate beinah automatisch an den Tisch des chinesischen Militärattachés, eines alten Herrn mit schütteren grauen Haaren und einem sympathischen Pferdegesicht. Er ist hochgewachsen und überragt die Laoten um Kopfeslänge. Der Militärattaché soll im Rang eines Generals stehen. Er spricht kein Wort einer fremden Sprache. Als englische Dolmetscherin ist ihm seine Frau behilflich. Sie ist in einer bunt geblümten Bluse erschienen. Ihre Augen leuchten vor Intelligenz. Die feinen Gesichtszüge und die Sicherheit ihres Auftretens weisen sie als eine Tochter der früheren chinesischen Oberschicht aus. Der General spielt mit Erfolg die Rolle des einfältigen alten Haudegen. »Er kann sich nur über das Wetter unterhalten«, klagt eine Botschaftsdame. An diesem Abend ist bekannt geworden, daß die Volksbefreiungsarmee nach der Einnahme der Festung Lang Son ihren Vormarsch eingestellt hat und demnächst ihren planmäßigen Rückzug nach China antreten wird. Als ich ihn danach frage, legt sich das Gesicht des Militärattachés in tausend Lachfalten: »Sie dürfen unsere Strafaktion nicht mißverstehen. Das war ein begrenztes und relativ bescheidenes Unternehmen. Aber wir konnten die Nadelstiche und Schikanen Hanois doch nicht auf alle Zeit passiv hinnehmen. Die Vietnamesen, diese ›Kubaner‹ Asiens, brauchten einen Denkzettel. Den haben sie jetzt. Glauben Sie mir, hier in Südostasien behauptet niemand mehr, daß wir Papiertiger sind.«

Zu den jüngsten Spannungen zwischen Laos und China schweigt er sich aus. Die Position der chinesischen Botschaft in Laos ist in diesen Tagen nicht einfach. Die kommunistische Regierung von Vientiane hat sich rückhaltlos auf die Seite Vietnams gestellt und Peking aufgefordert, die noch im Norden des Landes befindlichen Straßenbaupioniere unverzüglich abzuziehen. Auch das chinesische Verbindungsbüro von Oudomsay ist abrupt geschlossen worden. Im Gefolge der vietnamesischen Führungsmacht steuert die Demokratische Volksrepublik Laos auf Kollisionskurs gegen die Volksrepublik China. Ein Pufferstaat von drei Millionen Menschen fordert das Reich der Mitte und seine 900 Millionen Söhne des Himmels heraus. Von Wahrscheinlichkeitsrechnungen und Statistiken scheint man in Vientiane nicht viel zu halten.

Es sei denn die laotischen Kommunisten, deren Generalsekretär Kaysone Phomvihane seit der totalen Machtergreifung auch das Amt des Regierungschefs ausübt, verließen sich auf das strategische Übergewicht der Sowjetunion. Das Land der Million Elefanten steht im Begriff, nicht nur eine Satrapie Hanois, sondern auch ein militärisches Sprungbrett Moskaus in Südostasien zu werden. Neben den Vietnamesen, die auf keinem Gesellschaftsabend westlicher oder neutraler Staaten anzutreffen sind – Hanoi tarnt seinen Einfluß – gebärden sich die Russen als neue Schutzherren. Auch sie begeben sich nicht gern auf das glatte Parkett der Cocktails und Tanzparties, schicken allenfalls einen abgebrühten KGB-Beauftragten zu solchen Übungen und lassen sich durch die gewandteren Kubaner vertreten, denen die bescheidene Mondänität dieser Provinzfeste offenbar Spaß macht. Auch die Ungarn fühlen sich in dieser lockeren Atmosphäre wohl, während die DDR eine besonders farblose und verklemmte Mannschaft nach Vientiane delegiert hat, die gegenüber der Bonner Vertretung ins Abseits geraten ist. Das liegt an dem unkonventionellen Botschafter Wasserberg aus Bonn, der sich von ideologischen Querelen nicht anfechten läßt und durch die Wahrnehmung der französischen Interessen in Laos ein erhebliches Zusatzgewicht gewonnen hat. Das liegt auch an seiner schönen Frau, die eine fast provozierende Eleganz mit rheinischer Ausgelassenheit verbindet. Eva ist der begehrteste Party-Gast in Vientiane und gewinnt jedes Tennisturnier im Australischen Club.

Natürlich hat das laotische Außenamt ein paar Beamte auf die Einladung des Indonesiers abkommandiert. Sie sprechen einwandfreies Französisch und kopieren unbewußt das Auftreten ihrer früheren Kolonisatoren. Der eine ist sogar mit einer Französin verheiratet, und seine Kinder leben bei Paris. Man sieht diesen Männern nicht an, daß sie ein paar Jahre als Partisanen in den Höhlen von Vieng Xai verbracht haben. Die hohen *Sabai* – so nennt man die »Genossen« auf laotisch – halten sich bei den Plaudereien am Büfett streng an die offizielle Sprachregelung der Partei, aber sie möchten den Ausländern wohl zu verstehen geben, daß das hiesige Gesicht des Marxismus verbindlicher und lächelnder ist als das rüde vietnamesische Vorbild.

In den schläfrigen Straßen von Vientiane ist mir schon bei der Ankunft aufgefallen, daß die buddhistischen Mönche immer noch zahlreich in ihrer feierlichen Toga von Wat zu Wat wandern. In der Pagode Ong Tu ist die größte Schule der Hauptstadt untergebracht, und die Bonzen sind am Unterricht beteiligt. Ist es den Kommunisten wirklich geglückt, die Lehre Gautamas in den Dienst der marxistischen Indoktrination zu stellen? Der gesteuerte ideologische Synkretismus läuft offenbar darauf hinaus, die Begriffswelt des Buddhismus im revolutionären Sinne umzufunktionieren. Ein französisches Lehrerehepaar hat in der Zeitschrift »Le Nouvel Observateur« nach seiner Ausweisung eine ganze Theorie darüber ausgearbeitet. Demnach wird die geistliche Erbauung »Kaona« in den politischen Seminaren mit der Verinnerlichung der Parteiparolen gleichgesetzt. Die Meditation »Sati«, die ursprünglich die dem Menschen innewohnenden Widersprüche überwinden sollte, dient nunmehr der Entwicklung ideologischer Gewissenserforschung, der Selbstkritik und der revolutionären Wachsamkeit. Einst bezeichnete der Begriff des »Dhamma« die Harmonie des Menschen mit seinem Schicksal. Im roten Buddhismus-Ersatz von heute ist »Dhamma« das Kennzeichen der Erleuchteten, die die neue wahre Lehre erfaßt haben und zwischen Gut und Böse zu unterscheiden wissen. »Adhamma« sind gewissermaßen die Verdammten, die Feinde des menschheitsbeglückenden neuen Regimes. Der große Gautama, so versuchen die Kommissare der »Revolutionären Volkspartei«, die zum Teil in einer früheren Lebensphase das safrangelbe Gewand der Bonzen getragen hatten, dem tumben Volk beizubringen, offenbare sich in diesen Tagen als neue Wiedergeburt unter den Erscheinungsformen des materiellen Fortschritts und der menschlichen Solidarität. Ob diese Verstümmelung der Religion tatsächlich bei den Gläubigen verfängt, ist höchst ungewiß. Immerhin ist ein Drittel der Mönche über den Mekong geflüchtet, und unmittelbar vor meiner Ankunft war einer der höchsten Würdenträger, ein uralter Abt aus dem Norden, nach Thailand übergewechselt.

Ansonsten erscheint mir die Atmosphäre in Vientiane entspannt und entkrampft im Vergleich zu meiner eintägigen Durchreisestation im Sommer 1976. Damals war sogar der CD-Wagen der deutschen Botschaft zwischen Hotel und Flugplatz durch Banden bewaffneter Halbwüchsiger mit roten Armbinden angehalten und durchsucht worden. Die Insassen wurden von diesen revolutionären Kindern, denen die neue Milizfunktion großes Vergnügen bereitete, nach Waffen durchsucht. Auch die Versorgung der Hauptstadt mit Lebensmitteln und den notwendigsten Konsumgütern klappt jetzt offenbar weit besser als vor drei Jahren. Das Geheimnis ist in der Konterbande aus Thailand zu suchen, die den Mekong fast ungestört überquert. Das Regime hat gewisse pragmatische Konzessionen gemacht, indem es für alle Transaktionen mit Ausländern – ob es sich um den Erwerb eines Flugtickets auf den inneren Luftlinien oder den Kauf einer Flasche Bier im Hotel »Lane Xang« handelt – den US-Dollar neben dem landesüblichen Kip zur quasi offiziellen Zweitwährung deklarierte. Wie die Bevölkerung dabei zurechtkommt, ist für den Außenstehenden nicht zu durchschauen. Der Reis kostet in den offiziellen Verteilungsstellen des Staates 45 Kip das Kilo. Auf dem unentbehrlichen Schwarzmarkt werden 500 Kip dafür bezahlt. Wer Benzin haben will – es gibt immer noch viele Hondas und ein paar Privatautos in Vientiane – wendet sich am besten auf Umwegen an die laotische Volksarmee, die durch den Brennstoffverkauf ihr unzureichendes Budget systematisch aufbessert.

Der große Zentralmarkt in Nachbarschaft jenes wuchtigen asiatischen Triumphbogens, der von den Royalisten einmal als Gefallenendenkmal errichtet wurde, hat sich wieder belebt. Gemüse und Hühner werden reichlich angeboten. Das ehemalige Geschäftszentrum an der Rue Samsenethai hingegen ist menschenleer und verwaist. Vor den meisten Läden sind die Gitter geschlossen. Die chinesischen Kaufleute haben sich abgesetzt. Geblieben sind ein paar geschäftstüchtige Vietnamesen, die altes Meo-Silber, ein paar Bronze-Buddhas und ganze Haufen scheußlichen Talmi-Schmucks an die Ausländer verramschen. Dieser wertlose Plunder findet bei den Russen gierige Abnahme, wie überhaupt das ausgepowerte Vientiane für die Experten aus der Sowjetunion und ihre Familien immer noch ein Konsumparadies zu sein scheint. Während die vietnamesischen Ratgeber und Drahtzieher, die in jedem Ministerium installiert sind, äußerste Diskretion üben und die Interventionseinheiten Hanois am Rande der Hauptstadt in streng abgesonderten Quartieren heimlich bereitstehen, sind die Russen auf Schritt und Tritt anzutreffen und zu erkennen. Die *Aeroflot* hat die *Air France* verdrängt und wirbt für illusorische Erholungsreisen ans Schwarze Meer. Das weibliche Aufgebot der russischen Experten-Gemeinde, die vorwiegend in einer Reihe vergammelter Appartement-Häuser auf der Straße zum Flugplatz untergebracht ist, zeichnet sich durch Uneleganz und Plumpheit aus. Niemand registriert das aufmerksamer als die koketten Laotinnen, denen das marxistisch-puritanische Regime das Tragen von Jeans verboten und die Einheitstracht des »Sin«, des Laotenrocks mit der bunten Borte am unteren Saum, zur Pflicht gemacht hat. Im Gegensatz zu den Kambodschanerinnen des Pol Pot-Regimes, denen man zwangsweise die schwarze Haarpracht in Ohrenhöhe stutzte, ist es den Laotinnen untersagt, Bubikopf oder Pony zu tragen. So unterschiedlich sind die Facetten und Launen der großen asiatischen Revolution.

Die laotischen Kommunisten haben für Sittenstrenge gesorgt. Die Laster- und Opiumhöhlen von einst sind geschlossen. In einer traurigen Unterhaltungsbude am Stadtrand, die zu Unrecht den Titel *Night-Club* beansprucht, werden Bier und Limonade unter einem großen roten Stern mit Hammer und Sichel ausgeschenkt. Den lebenslustigen Lao-Mädchen ist unter Androhung der Einweisung ins Arbeitslager verboten worden, mit verheirateten Männern zu »spielen«, wie man hier sagt. Die jungen Burschen werden kurzerhand verhaftet, wenn sie ihre Haare lang wachsen lassen oder bei Tanz zu westlicher Musik überrascht werden. Beim zweiten Mal droht auch ihnen das Umerziehungslager. Im Unterschied zu Vietnam ist die Flucht aus dem roten Laos ein Kinderspiel. Es genügt, den Mekong zu überqueren, im Boot oder schwimmend. Das Wasser des großen Stromes steht so niedrig, daß man dazu kein Athlet sein muß. Die Flußgrenze mit Thailand erstreckt sich über Hunderte von Kilometern und ist gar nicht zu sperren. Auf der anderen Seite leben Menschen, die die gleiche Sprache sprechen und der gleichen Rasse angehören. 130000 Laoten seien in den *Refugee-Camps* Siams untergebracht, heißt es offiziell in Bangkok. In Wirklichkeit ist ein Zehntel der Gesamtbevölkerung von etwa drei Millionen Menschen bereits ins Ausland entkommen und zur Hälfte untergetaucht. Im Sommer 1976 hallten fast jede Nacht die Schüsse der Grenzpatrouillen über den Quai Fa Ngum und die ruhigen Fluten des Mekong. Es wurde auf Flüchtlinge geschossen, und sogar ein australischer Diplomat wurde beim Wasser-Ski durch eine AK 47-Kugel im Bein verletzt. Ein einfältiger Kha-Soldat wußte mit diesem exzentrischen Sport offenbar nichts anzufangen. Aber in diesen frühen Märztagen 1979 scheinen die Behörden resigniert zu haben. »Sollen die Kapitalisten, *Compradores* und alle Feinde der sozialistischen Revolution doch das Land verlassen, wenn sie wollen«, hört man in den Amtsstuben. Bedenklicher ist, daß auch die einfache Landbevölkerung flüchtet, seit die laotischen Kommunisten, angestachelt von ihren vietnamesischen Zuchtmeistern, die ohnehin in traditioneller Dorf- und Sippengemeinschaft lebenden Bauern in ihre Kolchosen und Sowchosen hineinpressen wollen.

Wir haben darauf verzichtet, im »Tam Dao Vien«, dem letzten chinesischen Restaurant, wo angeblich noch genießbare Speisen bereitet werden, zu essen. Automatisch haben wir uns dem Rhythmus unseres Ausländer-Ghettos, des verstaatlichten »Lane Xang«-Hotels angepaßt, wo der Service noch recht und schlecht funktioniert. Der *swimming-pool* ist sogar neu dekoriert und gesäubert worden. An Stelle der CIA-Agenten von einst sitzen jetzt Russen in Badehosen unter den Bäumen rund um das Becken und spielen Schach wie in einem heimischen »Park für Kultur und Erholung«. In der Bar des »Lane Xang«, die meist leersteht, hängt hinter der Theke immer noch ein idiotischer Spruch aus der französischen Kolonialzeit: »L'alcool tue lentement, mais qu'importe, nous ne sommes pas pressés. – Der Alkohol bringt langsamen Tod, aber was soll's, wir haben es nicht eilig.« Am Abend sind wir mit dem Taxi zur Tat Luang-Pagode gefahren. Sie ist weiß und frisch getüncht, ihre goldene Spitze leuchtet von fern. Daneben ist den revolutionären Toten ein keilförmiges, häßliches Monument erstellt worden mit rotem Stern über weißem Gips. Neben dem Kriegsmuseum, das kein westlicher Ausländer betreten darf, wacht ein Doppelposten vor einem kitschigen Siegesdenkmal. Ein triumphierendes Paar, Soldat und Bauer, setzt den Fuß auf eine Bombe, die mit den Buchstaben US gezeichnet ist. Um 17 Uhr ist *rush-hour.* Dann leeren sich die Regierungsbüros, und die breite Allee, die am zweckentfremdeten Triumphbogen der Königlich-laotischen Streitkräfte vorbeiführt, wimmelt plötzlich von Fahrrädern und Motorrollern. Schnell erstirbt das Leben wieder. Die Wasserbüffel grasen neben einem zerbröckelnden Stupa in unmittelbarer Nachbarschaft des Außenministeriums. In den buddhistischen Klöstern, im Wat In Peng, das gerade restauriert wird, und im Wat Bi Sai hängen die Mönche ihre gelb-roten Tücher zum Trocknen aus. Die Sonne sinkt schnell über dem

Mekong. Zwischen den Sandbänken leuchten die Rinnsale des sonst so mächtigen Stroms wie flüssiges, rotglühendes Eisen auf. Drüben ist ganz deutlich das thailändische Zollhaus von Nong Khai zu erkennen. Nach Einbruch der Dunkelheit ist es für einen Laoten nicht ratsam, seine Heimstätte zu verlassen, und die Ausländer sind auf die Autos und Privilegien des Diplomatischen Corps angewiesen.

Unsere Hoffnung, in den Norden reisen zu können, mußten wir schon am zweiten Tag begraben. Sogar die »Ebene der Tonkrüge«, die im Vorjahr noch von westlichen Journalisten besucht wurde, ist seit dem Ausbruch des chinesisch-vietnamesischen Grenzkonflikts zum Sperrgebiet erklärt worden. Man sprach von Truppenkonzentrationen Hanois im Umkreis dieser strategischen Drehscheibe. Den widerstreitenden Berichten der Diplomaten zufolge, hatte Hanoi zwischen zwanzig- und fünfunddreißigtausend Soldaten im Land der Million Elefanten stationiert. Die Bo Doi hatten in den vergangenen drei Jahren die Widerstandszentren der Meo systematisch durchkämmt und ihre Dörfer mit Napalm ausgeräuchert. Sogar Giftgase seien verwendet worden, behaupteten thailändische Quellen. Jedenfalls waren die Meo-Krieger und ihre Familien nach einem letzten heroischen Aufbäumen in ihrer Hochburg Phou Bia zu Paaren getrieben worden und versuchten nun verzweifelt, die Thai-Grenze zu erreichen, wohl wissend, daß sie auch dort nicht gut gelitten wären, denn die siamesische Armee führte seit Jahren einen erbitterten Kleinkrieg gegen die in der Nan-Provinz nomadisierenden Splittergruppen dieser aufsässigen Gebirgsrasse.

Das Außenministerium hatte uns als äußerstes Ausflugsziel längs der Straße nach Luang Prabang den Staudamm von Nam Ngum zugewiesen. Wir starteten am frühen Morgen und beglückwünschten uns zu dem offiziellen Reisebegleiter, den man uns zugeteilt hatte. Mongkhul war ein recht ungewöhnlicher Fremdenführer und Dolmetscher. Man merkte seinem runden, hellhäutigen Gesicht, seinem vornehmen Phlegma an, daß er der Aristokratie des Landes angehörte. Erst ein paar Tage später erzählte er mir, daß sein Vater unter König Sisang Vatthana in den fünfziger Jahren vorübergehend als Premierminister amtiert hatte. Mongkhul selbst hatte es vor dem Umsturz zum Dekan der juristischen Fakultät von Vientiane gebracht. Sein Studium hatte er in Paris absolviert. In der *Fondation Nationale des Sciences Politiques* hatte er trotz des Altersunterschiedes teilweise noch bei den gleichen Professoren Vorlesungen gehört wie ich. Diese Sciences-Po-Erinnerungen aus der Rue Saint-Guillaume schufen zwischen uns ein spontanes Gefühl brüderlicher Verbundenheit. Ein Intellektueller, der bei André Siegfried, Raymond Aron, Maurice Duverger und Pierre Renouvin in die Schule gegangen war, mußte vom liberalen Geist geprägt, konnte kein sturer Apparatschik sein.

Nach etwa hundert Kilometer Fahrt und mehreren Militärkontrollen erreichten wir den Nam Ngum-Staudamm, der teilweise mit Mitteln der Bundesrepublik gebaut worden war. Auf den Hügeln standen Flak-Batterien in Bereitschaft. Als Feind kam hier nur die Luftwaffe der Volksrepublik China in Frage. Der Stausee, den wir 1973 unter so widrigen Umständen überflogen hatten, glänzte nun silbrig und schön in der prallen Sonne. Die Baumstümpfe, die immer noch aus den stillen Fluten ragten, wirkten gar nicht mehr unheimlich, sondern erhöhten den romantischen Liebreiz dieser Landschaft. Leider wurden wir wieder einmal zum Besuch von Umerziehungslagern für Prostituierte, Drogensüchtige und Landstreicher auf einem Fährboot verfrachtet. Wir absolvierten das obligate Pensum trauriger Mädchen und abgestumpfter junger Männer. Grausam wurden sie offenbar nicht behandelt, und der Lagerkommissar wirkte nicht wie ein Unmensch. Im Prinzip würden die Häftlinge ein Jahr lang auf den Inseln festgehalten, bis sie in die sozialistische Gesellschaft integriert werden könnten. Als ich ihn fragte, ob auf den anderen Inseln, die wir am Horizont flimmern sahen, auch politische Gefangene interniert seien, wich der Lagerkommandant aus. Er wisse das nicht. Dafür sei er nicht kompetent, sondern die Armee und die Staatspolizei. Die Zahl der *prisonniers politiques* war in Vientiane nicht zu erfahren. Die Schätzungen unter den ausländischen Beobachtern klafften weit auseinander. Die Mehrzahl der Regimefeinde, hohe Beamte des früheren Regimes, Stabsoffiziere und Generale der Königlich-laotischen Streitkräfte, unverbesserliche Kapitalisten, waren hoffentlich rechtzeitig über den Mekong entkommen. Diejenigen, die geblieben waren, wurden in die nebligen Nordprovinzen verschickt, wo sie wie arme Gebirgsbauern leben und Maniok pflanzen mußten. Sogar den friedlichen König von Laos, Sisang Vatthana, hatten die roten Schergen eines Tages überraschend in seiner verträumten Residenz von Luang Prabang festgenommen und in die unwirtlichen Randzonen der »Ebene der Tonkrüge« verschleppt. Angeblich hatte eine Widerstandsgruppe seine Evasion nach Thailand vorbereitet, wo er zweifellos zur Sammelfigur aller oppositionellen Kräfte geworden wäre. In Vieng Xai, der früheren Hochburg des roten Pathet Lao, stand der Monarch unter strengem Arrest, und niemand wußte, ob er weiterhin im kalten *Crachin* Muße fand, seinen literarischen Neigungen, seinen Proust-Studien, der »Suche nach der verlorenen Zeit« nachzugehen. In Vieng Xai, so hieß es, sei der »Neo Lao Haksat«, die rote »Nationale Front von Laos«, die sich vor kurzem in »Front für den Nationalen Aufbau« umbenannt hatte, schon wieder damit beschäftigt, das kilometerlange Verteidigungssystem von Höhlen und Tunneln im schroffen Kalksteingebirge für alle kriegerischen Eventualitäten zu perfektionieren. Der Schatten Chinas lastete über dem allzu gefügigen Verbündeten Hanois.

Auf der sogenannten »Insel des Friedens« hat der sozialistische Staat ein Hotel für ausländische Besucher von den Sträflingen erbauen lassen. Wir aßen dort zu Mittag. Im Januar war hier der thailändische Regierungschef Kriangsak Chovanan zu Gast gewesen. Damals rechnete noch niemand mit dem bewaffneten Zusammenprall zwischen Peking und Hanoi. In General Kriangsak besaß Bangkok endlich einen Ministerpräsidenten, der seinem Amt gewachsen war, Achtung einflößte und Energie aufbrachte. Der dunkelhäutige, elegante Mann mit dem leicht gewellten Haar unterschied sich vorteilhaft von seinen Vorgängern, Militärs wie Zivilisten. Die Vietnamesen hatten die roten Laoten aus zwingenden wirtschaftlichen und strategischen Gründen nach Beginn ihrer Offensive in Kambodscha ermutigt, gegenüber dem thailändischen Nachbarn auf Entspannungskurs zu gehen. Davon erhoffte sich Hanoi eine Entlastung seiner kritischen Position in Phnom Penh und vielleicht auch eine Stärkung des neutralistischen Trends in Bangkok. General Kriangsak hatte das Spiel damals geschmeidig und klug mitgemacht. Er hatte sich von einer Gruppe siamesischer Tänzerinnen auf die Friedensinsel begleiten lassen. Unter dem Einfluß des Alkohols und der rassischen Gemeinsamkeit sei es fast zu Verbrüderungsszenen gekommen, hörte man damals. Doch als ich ein paar Wochen später den Regierungschef von Laos anläßlich seines offiziellen Gegenbesuches bei Kriangsak im Hotel »Eravan« in Bangkok ansprach, wurde mir klar, daß diese Aussöhnung nur oberflächlich sein konnte. Der starke Mann von Vientiane, Ministerpräsident und KP-Chef Kaysone Phomvihane, bewegte sich verloren und verklemmt in dem protzigen und schillernden Rahmen siamesischer Gastlichkeit. Er trug einen mausgrauen Anzug mit Uniformtaschen, lächelte gezwungen und prostete dem souveränen Kriangsak linkisch zu. Ungewollt gab sich Kaysone an den Ufern des Menam als ein Fremder, als der Sohn eines vietnamesischen Vaters zu erkennen. Von den Journalisten ließ sich der Statthalter Hanois in Vientiane durch eine Gruppe robuster Schlägertypen abschirmen.

Die Friedensinsel, so versicherte man uns, solle eines Tages internationalen Tourismus anlocken. Bis dahin müsse man wohl die beiden Umerziehungslager auf der »Insel der Produktion« und der »Insel der Unabhängigkeit« tunlichst auflösen. Wir hegten den Verdacht, daß sich die Kerker für politische Gefangene auf einer »Insel der Freiheit« befänden. Der laotische Gulag-Archipel im Nam Ngum-See gefiel sich offenbar in einer Orwellschen Nomenklatur. Da waren die Bagnos der kapitalistischen Welt doch viel ehrlicher gewesen. In Französisch-Guayana hatte man zur Zeit des Capitaine Dreyfus und des Sträflings Papillon die Dinge beim Namen genannt und die renitentesten Häftlinge auf die »Teufelsinsel« verschickt. Während der Rückfahrt machte uns Mongkhul am Kilometer 50 auf quadratische Strohhütten aufmerksam, die im Gegensatz zu den laotischen Behausungen nicht auf Pfählen standen. »In dieser Ebene ist eine Gruppe Meo aus dem Gebirge ansässig geworden«, erklärte er. »Nicht alle Angehörigen dieser Rasse haben während des Krieges auf seiten des CIA gekämpft. Der Vizepräsident der ›Front für den Nationalen Wiederaufbau‹, Fay Dang, ist ein einflußreicher Meo-Häuptling aus der Gegend von Xien Kuang.« Er schwieg eine Weile. »Stimmt es eigentlich, daß die Franzosen ein paar hundert Meo – oder Hmong, wie die Ethnologen heute sagen – in Französisch-Guayana mitten im Urwald angesiedelt haben?« fragte er dann. Ich bejahte. Die besagten Hmong hatten sich als Holzfäller und Pflanzer im französischen Übersee-Departement Guayana hervorragend bewährt. Ihre Tüchtigkeit und ihr Arbeitseifer standen in schroffem Kontrast zur Trägheit der alteingesessenen »Kreolen« von Cayenne, in der Überzahl Mulatten und Neger, die ihre Tage als Frührentner eines allzu freizügigen Staates und als Tagediebe verbrachten. So wie ich Guayana und seine schmarotzerische Gesellschaftsstruktur in Erinnerung hatte, wäre es ein Segen gewesen, wenn die Pariser Regierung die Proteste der 30000 Kreolen ignoriert und die Urwälder von Guayana zur Kolonisierung durch die Indochina-Flüchtlinge freigegeben hätte.

Am Stadtrand von Vientiane passierten wir einen Autobus, der mitsamt Warenladung und Menschenfracht in den Straßengraben gekippt war. Sämtliche Passagiere – Männer, Frauen und Kinder – mühten sich, das Fahrzeug wieder auf die Chaussee zu zerren. Nur zwei junge, kräftige Bonzen in safrangelben Togen standen abseits und sahen der Geschäftigkeit ihrer Mitreisenden hoheitsvoll und untätig zu. Bei den beiden hatte sich offenbar noch nicht herumgesprochen, daß die jüngste Wiedergeburt Buddhas sich im Zeichen aktiver menschlicher Solidarität und strammer Aufbauarbeit vollzogen hatte. Beim abendlichen Whisky im Haus des deutschen Botschafters erfuhren wir, daß der »Rote Prinz« Souphanouvong, der seit der Absetzung des Königs zum republikanischen Staatschef avanciert war, in den kommenden Tagen nach Phnom Penh fliegen würde, um mit dem provietnamesischen Regierungschef Kambodschas, Heng Samrin, ein ähnliches Freundschafts- und Beistandsabkommen zu unterzeichnen, wie es bereits zwischen Hanoi und Vientiane sowie zwischen Hanoi und Phnom Penh bestand. Der Ring schloß sich. Die indochinesische Union unter Führung des revolutionären Vietnam war Wirklichkeit geworden. Die Ehren, mit denen Souphanouvong überhäuft wurde, täuschten nicht darüber hinweg, daß der »Rote Prinz« zugunsten einer kleinen Verschwörergruppe anonymer und hemmungsloser Apparatschiks entmachtet worden war. Er hatte einst als Symbol und Aushängeschild für die revolutionäre Front des »Pathet Lao« herhalten müssen. Jetzt hatte er seine Schuldigkeit getan. »Wollen Sie nicht Souvanna Phouma aufsuchen«, fragte Günter Wasserberg. »Vielleicht lädt er Sie zum Bridge ein.« Tatsächlich lebte der ehemalige Ministerpräsident und Halbbruder des »Roten Prinzen«, der einst als Neutralist, dann als Verbündeter Amerikas eine entscheidende Rolle gespielt hatte, unbehelligt in seiner weißen Villa am Mekong, erging sich in listigen Loyalitätserklärungen gegenüber dem neuen Regime, hofierte die vietnamesischen und sowjetischen Freunde und wartete vielleicht in aller Heimlichkeit auf eine Wendung zum Besseren, an die außer ihm niemand mehr zu glauben wagte. Prinz Souvanna Phouma stellte seinen patriotischen Opportunismus in den Dienst des laotischen Volkes. Er ließ sich Bitterkeit und Enttäuschung nicht anmerken. Vielleicht war er zu alt und verbraucht, um die Sicherheitsdienste des Halbvietnamesen Kaysone Phomvihane noch ernsthaft zu beschäftigen.

Der verlassene Königsweg

Pakse, im März 1979

Statt nach Norden ging es nach Süden. Es war erstaunlich genug, daß das Außenministerium uns einlud, die Provinz Champassak zu besuchen. Diese Gegend war seit 1975 als Hort antikommunistischen Widerstandes bekannt. Der Einfluß der großen laotischen Feudalfamilien, der Boun Oum und Sananikone, schien an dieser Dreiländerecke zwischen Laos, Thailand und Kambodscha immer noch lebendig. Die *Patikan*, die »Reaktionäre«, wie die laotischen Genossen ihre Gegner bezeichneten, waren in den ersten Jahren nach der Machtergreifung des roten »Pathet Lao« von Siam aus diskret unterstützt worden. Aber ihre Reihen hatten sich schnell gelichtet, seit reguläre vietnamesische Regimenter Jagd auf sie machten. Man sprach von einem Überbleibsel von etwa 1 500 aktiven *Patikan*, und die verfügten angeblich auch nur über 300 Gewehre. Bei einem Versuch, sich dieser Resttruppe anzuschließen, war der französische Autor Lartéguy, der über beide Indochina-Kriege berichtet hatte, in eine Bambusspitze gestürzt und schleunigst umgekehrt.

Die Provinzhauptstadt Pakse, die ich im Herbst 1966 zum letzten Mal gesehen hatte, war nur noch der Schatten ihrer selbst. Von der ursprünglichen Bevölkerung waren zwei Drittel geflüchtet. Etwa 10 000 Menschen blieben zurück. Wir wurden am Rand der Stadt in einem Gästehaus der Regierung untergebracht, das unter schärfster Bewachung der »Pathet Lao«-Soldaten stand. Bei jedem Ausflug begleiteten uns diese freundlichen Männer vom dunkelhäutigen gedrungenen Volk der Kha. Man rechnete offenbar immer noch mit Überfällen der *Patikan*. Am Nachmittag besichtigten wir die Arbeiten an einem Bewässerungssystem, das den kollektivierten Bauern im Umkreis von Pakse erlauben sollte, in Zukunft zwei Reisernten pro Jahr einzubringen. Die Männer und Frauen, unter die wir uns während der Dreharbeiten zwanglos mischten, machten sich nicht müde, schwatzten, lachten untereinander. Schlagartig um siebzehn Uhr ließen sie die Geräte fallen, um nach Hause zu gehen. Die »Roten Khmer« hatten Gott sei Dank in Laos nicht Schule gemacht. Später bummelten wir – stets von den Ballonmützen und den AK 47 unserer Schutzengel begleitet – durch die staubigen Straßen von Pakse. Viele Häuser waren verlassen und verfielen bereits. Die meisten Geschäfte waren verriegelt. Die Hauptstraße war von Autowracks gesäumt. Aber die imposanteste Ruine war das gigantische Schloß des Prinzen Boun Oum, dessen weiße Betonstreben und geschwungenen Dächer die ganze Mekong-Ebene von Champassak wie eine Dracula-Burg überragten. Der Prinz, der zu Beginn der sechziger Jahre im Verbund mit CIA und thailändischem Geheimdienst gegen Ministerpräsident Souvanna Phouma intrigiert und ihn vorübergehend sogar gestürzt hatte, mußte unter Größenwahn gelitten haben, als er dieses architektonische Monstrum der harmonischen Flußlandschaft überstülpte. Wir kletterten durch Mörtel und leere Hallen bis zu den obersten Zinnen und genossen eine grandiose Aussicht. Im Westen zeichneten sich die Hügel der thailändischen Grenze ab. Zu unseren Füßen zogen die Fischerkähne glitzernde Kurven im dunkelgrünen Wasser des Senone-Flusses. An einem Pfeiler entzifferten wir mühsam eine ungelenke Schrift in französischer Sprache: Es war von *amour, départ* und *tristesse* die Rede. Der Prinz Boun Oum hatte sich rechtzeitig als Emigrant in Paris niedergelassen. Er hatte tatsächlich wohl den größten Teil seines Vermögens in diesen unsinnigen Palastbau investiert; denn in Frankreich lebte er auf kleinem Fuß. Die kommunistischen Behörden trugen sich, wie Mongkhul uns versicherte, mit der Absicht, dieses Symbol des Feudalismus in einen Kulturpalast für das Volk umzuwandeln, was angesichts der Verödung der Stadt Pakse nicht gerade sinnvoll klang.

Die Hitze war unerträglich, und auch der Abend brachte keine Kühle. Das breite Band des Mekong zog träg nach Süden. An dieser Stelle bildete der Fluß nicht die Grenze gegenüber Thailand. Ein waldiger Streifen auf dem westlichen Ufer gehörte noch zur Provinz Champassak. In diesen Dschungeln, so hieß es, hätten die Vietnamesen eines ihrer großen Ausbildungslager für die thailändischen Kommunisten versteckt. Ein anderer vergleichbarer *Trainings-Camp* für angehende Partisanen der *»Communist Party of Thailand«* war in der Provinz Sayaburi nördlich von Luang Prabang und ebenfalls auf dem westlichen Mekong-Ufer eingerichtet. In den letzten Verhandlungen mit Ministerpräsident Kriangsak von Bangkok hatte der Laote Kaysone sich verpflichtet – unter Zusicherung der Gegenseitigkeit natürlich –, den roten Bandenkämpfern, die seit Jahren den Nordosten Thailands verunsicherten, jede Unterstützung zu entziehen. Dieses Versprechen fiel ihm um so leichter, als es sich bei den Kommunisten Siams im wesentlichen um Angehörige der maoistischen Linie handelte. Im chinesischen Kunming, der Hauptstadt von Jünan, befand sich damals noch die »Stimme des Thai-Volkes«, ein Radiosender, der die Siamesen zum Aufstand gegen die Herrschaft der Militärs und die Willkür der kapitalistischen Ausbeuter aufrief. Der chinesisch-vietnamesische Konflikt hatte die rote Thai-Guerilla in eine aussichtslose Situation manövriert. Hanoi war an den Maoisten in den siamesischen Ostprovinzen, die sich teilweise sogar mit dem Pol Pot-Regime solidarisiert hatten, nicht interessiert, wünschte sogar ihre Vernichtung. Schon lange vor dem Ausbruch des Krieges an der vietnamesischen Nordgrenze hatte Hanoi die laotischen Verbündeten angewiesen, sämtliche Waffentransporte, die über die neuen Allwetterstraßen aus China nach Thailand einsickerten, nach Kräften zu blockieren. Den Chinesen ihrerseits war neuerdings an einer Stärkung der thailändischen Monarchie gegenüber dem vietnamesischen Expansionswillen gelegen. Die Eroberung Kambodschas war eine allzu deutliche Warnung. Man wußte in Peking, daß das vietnamesische Projekt der »Indochinesischen Föderation« auch die Integrität Thailands bedrohte, und man unterstellte den Expansionisten in Hanoi, daß sie ganze sechzehn Nordostprovinzen, die überwiegend laotisch bevölkert waren, der Demokratischen Volksrepublik Laos zuschlagen wollten. Auf dem Höhepunkt der Kambodscha-Krise, während die Panzerdivisionen General Dungs sich der Thai-Grenze näherten, hatte die Volksrepublik China der Regierung Kriangsak ein formelles Hilfsversprechen für den Fall einer vietnamesischen Aggression gegeben.

Den Thai-Kommunisten war nunmehr das Wasser abgegraben. Die meisten armen Bauern-Partisanen würden nach und nach zur Feldarbeit zurückkehren. Die Mehrzahl der Intellektuellen aus Bangkok, die nach dem Fehlschlag der großen Studentenrevolte von 1976 in den Dschungel gegangen waren, würden von der Amnestie Gebrauch machen, die ihnen Kriangsak gewährte. Ein harter Kern war jedoch – vom Maoismus und seinen Erben zutiefst enttäuscht – den Lockungen der Vietnamesen gefolgt. Diese Gruppe fand sich sogar zur verbalen Anerkennung des vietnamesischen Marionettenregimes Heng Samrin in Phnom Penh bereit. Nun warteten sie in ihren Guerilla-Lagern von Champassak und Sayaburi im Schutze des gelben Sternes der indochinesischen Revolution auf eine günstigere Konjunktur und auf die Wiederaufnahme ihres Kampfes gegen die Imperialisten jeder Schattierung, wozu neuerdings auch die chinesischen »Reaktionäre« gezählt wurden.

Mongkhul machte uns auf ein bewaffnetes Patrouillenboot im Mekong aufmerksam, das auf uns zusteuerte. »Es wird Sie sicher interessieren, daß Offiziere und Mannschaft der laotischen Flußpolizei vor dem Sieg der revolutionären Kräfte bei der Rheinflottille der französischen Kriegsmarine in Straßburg ausgebildet wurden.« Der Tag ging früh zu Ende in Pakse. Die Ausgangssperre begann um 21 Uhr. Die breitgesichtigen, pummeligen Kha-Mädchen, die uns bedienten, machten die Lichter aus und verschwanden in ihrem Gesindehaus. Wir schliefen unter Moskitonetzen und schwitzten.

Wieder unter bewaffnetem Schutz erreichten wir am nächsten Tag das Boloven-Plateau. Hier war es angeblich vor ein paar Wochen noch zu Schießereien gekommen. Aber wir fuhren ohne Zwischenfall durch hohes Elefantengras bis zur Ortschaft Paksong, die durch die amerikanischen Bombardierungen dem Erdboden gleichgemacht worden war. Ein paar armselige Hütten gruppierten sich um ein aufwendiges Gästehaus für Funktionäre und andere Privilegierte des Regimes. Der Himmel hatte sich bewölkt. Plötzlich wurde es empfindlich kühl auf der hoch gelegenen Boloven-Ebene. Offenbar hatte man uns hierhin geführt, um an Ort und Stelle von westlichen Ausländern feststellen zu lassen, daß der Widerstand der *Patikan* zusammengebrochen sei. Das landwirtschaftliche Aufbauprogramm, das unsere Begleiter uns vorführten, war nämlich in keiner Weise sehenswert. Wo die französischen Plantagenbesitzer einst den besten Kaffee und Tee Indochinas gezüchtet hatten, war den sozialistischen Kooperativen mit Müh und Not die Bepflanzung von ein paar Beeten gelungen. Wir begegneten einer kleinen Gruppe früherer Beamter und Offiziere des Königlich-laotischen Regimes, die auf Weisung der Revolutionsbehörden in der Einsamkeit des Boloven-Plateaus eine neue Existenz als Teepflanzer gefunden hatten. Im Staatsgut von Long Hien kümmerten sich 65 Personen um 400 magere Kühe. Im Zeichen des Sozialismus verzeichnete die Landwirtschaft der Demokratischen Volksrepublik Laos einen skandalösen Ertragsrückgang. In einem Schuppen, der die Schule von Long Hien beherbergte, saßen zwei Dutzend Kha-Kinder vor der Wandtafel. Zu unserer Begrüßung sangen sie mit piepsiger Stimme ein Lied. Ich ließ mir den Text übersetzen: »Die Miliz schützt uns, damit wir am Aufbau des Landes mitwirken können; gemeinsam mit der Miliz kämpfen wir gegen die Reaktionäre und Imperialisten.«

In Pakse wurde uns mitgeteilt, daß der ursprünglich geplante

Hubschrauberflug zur Insel Khong, die unmittelbar an Kambodscha grenzt, aus technischen Gründen abgesagt worden sei. So lud man uns zum »Tag der Frau« ein, der gerade in der Provinz Champassak mit größerem Aufwand gefeiert wurde. Im Stadion von Pakse waren 3200 Frauen und Mädchen zusammengekommen. Wir wurden durch freundliches Klatschen begrüßt. Die revolutionären Frauen lasen Resolutionen und Ansprachen vom Blatt. Darin war vom sozialistischen Aufbau und mehr noch von der Bedrohung durch die chinesischen »Reaktionäre« im Norden die Rede. Die Propagandistinnen betonten mit devotem Augenaufschlag die unentbehrliche Rolle, die das starke, verbündete Vietnam als Schützer der Errungenschaften der laotischen Revolution spiele, ähnlich wie die SED-Funktionäre in der DDR der »glorreichen Sowjetunion« ihren Lippentribut entrichten. Die vietnamesischen Einwohner von Pakse waren durch eine kleine Frauendelegation im Ao Dai vertreten. Die vornehme, etwas strenge Schönheit der jungen Vietnamesinnen kontrastierte mit dem puppigen Liebreiz der laotischen Tänzerinnen, die zur Freude der Anwesenden den Schwall der Ansprachen endlich mit Gesang und anmutigen Schritten unterbrachen. Die Chinesen von Pakse hingegen – sie stellten früher die stärkste fremdrassige Gruppe dar – fehlten im Stadion. Sie standen außerhalb der indochinesischen Gemeinschaft. Bevor wir gingen, wurden wir von dem Organisator des Festes, dem stellvertretenden Provinzchef von Champassak, mit vielen Verbeugungen verabschiedet. Ich hatte diesen Mann im dunklen Anzug und strengen schwarzen Schlips, der den Namen Koni trug, aufmerksam beobachtet. Mit seinem hageren Kopf, den schmalen Lippen und dem durchgeistigten Gesicht wirkte er irgendwie klerikal. Mongkhul bestätigte, daß Koni, bevor er sich in einer frühen Phase des Krieges auf seiten des roten »Pathet Lao« engagierte, zwölf Jahre in einem buddhistischen Kloster verbracht hatte. In seiner Rede vor den Frauen hatte Koni drei Forderungen erhoben: Erhöhung der Produktion, Beschleunigung der Kollektivierung, rücksichtsloser Kampf gegen die *Patikan* und die »Internationalen Reaktionäre«, womit wiederum die chinesischen Kommunisten gemeint waren.

Statt der Insel Khong durften wir etwa hundert Kilometer südlich von Pakse auf dem westlichen Mekong-Ufer die Ruinen von Wat Phou besichtigen. Der Tempel stammte aus dem 7. Jahrhundert und war bereits im reinen Stil jener großen Khmer-Kultur gebaut, die fünfhundert Jahre später im Imperium von Angkor ihre höchste Blüte feierte. Die dunkelroten Mauern und Säulen von Wat Phou waren teilweise von den Wurzeln und Lianen des Urwaldes gesprengt. Um so eindrucksvoller war der Aufstieg über die monumentale Steintreppe, die nicht enden wollte. Die oberste Kultstätte war mit Skulpturen und Reliefs geschmückt. Die Gottheiten des Hinduismus huldigten dem Zerstörer Schiwa. Sie waren von Moos überwuchert. Die üppigen Formen der Aspara-Nymphen waren im heiligen Tanz erstarrt. Mit hieratischer Geste – fast assyrisch wirkend – bewachte die Bildsäule des königlichen Erbauers von Wat Phou die steile Treppenkaskade. Der Kopf der linken Naga-Schlange zu seinen Füßen war perfekt erhalten. Diese Kunstwerke des Chen La-Reiches verrieten noch eine gewisse Plumpheit des Anfangs. Im Innenhof des rein hinduistischen Heiligtums triumphierte die siegreiche Botschaft Gautamas. Ein unförmiger, gelb bemalter Buddha hatte das Lingam-Symbol ewiger Zeugung und Fruchtbarkeit mit seiner kontemplativen Pose verdrängt. Gleich nebenan hausten sogar ein paar Bonzen, die sich auf unsere Bitte zum Gebet verneigten und dabei filmen ließen. Mongkhul war hier in seinem Element. »In Wat Phou ahnt man die gewaltige Ausdehnung des mittelalterlichen Khmer-Imperiums, das weit über die Grenzen des heutigen Kambodscha hinaus den größten Teil Hinterindiens beherrschte«, dozierte er. »Das heutige Champassak befand sich wohl in einer Mischzone, wo die Rassen der Khmer Mon und Cham aufeinanderstießen. Von den Vietnamesen, von den Thai oder Laoten fehlte damals noch jede Spur. Sie lebten weit im Norden.«

Mongkhul nahm einen behauenen Stein auf, der sich von der Tempelmauer gelöst hatte. »Wissen Sie, daß wir uns hier am nördlichen Ausläufer der *Voie Royale* des Königsweges befinden, den André Malraux beschrieben hat. In diese Gegend von Laos wollte sich der Romanheld Malraux', der Deutsch-Däne Perken, zurückziehen. Im Umkreis von Wat Phou träumte er davon, seine eigene Herrschaft zu errichten. Auf dem Weg hierhin ist er seiner Verletzung durch die schrecklichen Wilden vom Stamme der Stieng erlegen.«

Wir gedachten des rastlosen Malraux, der als junger Mann – von seinem Genie und seiner mythomanischen Veranlagung geplagt – als Tempelplünderer durch die nördlichen Dschungel Kambodschas geirrt war. »Es ist doch ein seltsamer Hang der Europäer, daß sie überall ihre eigenen Reiche gründen wollen. Sind Sie Pierre Schoendorffer begegnet, und haben Sie sein Buch ›L'Adieu au Roi‹ gelesen?« Ich hatte diesen ehemaligen Kriegsberichter der französischen Armee nur flüchtig getroffen, aber sein Buch, das auf Borneo spielt, kannte ich. Schoendorffer sei nur ein Glied in einer langen Kette, wandte ich ein und erinnerte Mongkhul an die Kiplingsche Novelle »Der Mann, der König sein wollte« aus dem afghanischen Kafiristan. Er selbst erwähnte Joseph Conrad und seine beklemmende Kongo-Erzählung »Das Herz der Finsternis«. – »Die Amerikaner haben die Joseph-Conrad-Gestalt des Elfenbeinjägers Kurtz, der im düstersten Winkel Afrikas von den schwarzen Steinzeitmenschen als weißer Häuptling und Zauberer verehrt wird, in einen zeitgenössischen Filmhelden verwandelt, den Marlon Brando spielt«, sagte ich. Ich schilderte in ein paar Sätzen das Drehbuch: »Der Colonel Kurtz hat in einem abgelegenen Sumpfgebiet Indochinas – umgeben von primitiven Eingeborenen – sein eigenes Herrschaftsreservat errichtet und regiert dort durch Grausamkeit und weiße Magie. Bis das US-Kommando in Saigon sich entschließt, den unheimlichen Sonderling, der offenbar in die *sauvagerie* zurückgefallen ist, zur Strecke zu bringen. Ein CIA-Offizier wird mit dieser Aufgabe betraut und tötet schließlich den Colonel Kurtz, der im Dschungel von Indochina zu einer Art ›Moby Dick‹ in Menschengestalt geworden war. ›Apocalypse Now‹ heißt der Film.« – »Sie brauchen keine Sorgen zu haben«, fuhr ich fort, »der Königsweg, der früher von Europa nach Asien und Afrika führte, ist heute verwaist.«

In den drei Tagen unseres Aufenthaltes in Champassak hatten wir vergeblich nach vietnamesischen Soldaten Ausschau gehalten. Offenbar hatten sie Weisung erhalten, während der Anwesenheit eines westlichen Fernsehteams in ihren Kasernen und Unterkünften zu bleiben. Am Tage unserer Abreise versagte offenbar die Koordination. Wir waren schon auf dem Weg zum Flugplatz von Pakse, da begegneten wir einer ganzen vietnamesischen Kompanie, die auf Lastwagen transportiert wurde. Die Bo Doi waren an ihren grünen Stahlhelmen, an der roten Kokarde mit dem gelben Stern eindeutig zu erkennen. Wir verzichteten aus verständlichen Gründen darauf, die Kameras auf sie zu richten.

Krisenstimmung am Mekong

Vientiane, im März 1979

Die Stimmung in Vientiane hatte sich in den drei Tagen unserer Abwesenheit gründlich gewandelt. Die bewaffneten Militärs waren im Stadtzentrum wieder zahlreich geworden. Am Mekong-Ufer wurde auf Flüchtlinge geschossen. Alle Schichten der Bevölkerung wurden für Massen-*meetings* mobilisiert, bei denen die chinesische »Aggression« gegen Vietnam angeprangert wurde. Die »Revolutionäre Volkspartei von Laos« hatte unter der straffen Hand Kaysone Phomvihanes die letzten Brücken zu Peking abgebrochen. Ich wurde gleich nach der Rückkehr zu einem Interview mit dem Informationsminister Sisane Sisana gerufen. Ein eigenartiger, schwer definierbarer Mann empfing mich in seinem nüchternen Büro. Der Minister wirkte kein bißchen laotisch. Ich suchte vergeblich, seinen rassischen Typus zu situieren. Ein Kha war er bestimmt auch nicht. Sisane Sisana gab sich jovial. Er führte mich an eine Landkarte und zeigte mir einen Flecken an der Grenze zwischen den Provinzen Phong Saly und Jünan, wo die Volksbefreiungsarmee angeblich ein laotisches Dorf bombardiert hatte. »Die Chinesen konzentrieren Truppen in diesem Raum«, sagte der Minister, »wir müssen täglich mit einem Angriff rechnen. Unter dem Druck unserer vietnamesischen Freunde haben die Pekinger Reaktionäre ihren Rückzug aus dem vietnamesischen Grenzgebiet angetreten. Sie suchen jetzt nach einer neuen Front.« Er hatte ein ganzes Bündel von Anklagen gegen die »Pekinger Clique« bereit, die er sogar als »Faschisten« bezeichnete. Sie würden Spione nach Laos einschleusen und die Minderheiten aufwiegeln. Das Volk sei zum Kampf für seine Unabhängigkeit und die Unverletzlichkeit seines Territoriums bereit.

Tatsächlich waren in Vientiane die ersten Einberufungen von jungen Soldaten publik geworden. Die kleine »Pathet Lao«-Armee von 30000 Soldaten sollte um 15000 Mann verstärkt werden. Es bestätigte sich auch, daß ein laotisches Kontingent auf seiten der Vietnamesen gegen die »Khmers Rouges« in Kambodscha eingesetzt war. Kein Wunder, daß sich unter den jungen Leuten der Hauptstadt, die sich keineswegs danach sehnten, für diese sozialistische Vasallenrepublik zu sterben, eine neue Fluchtwelle nach Thailand anbahnte.

Sisane Sisana war für den französischen Geheimdienst kein unbeschriebenes Blatt. Schon ab 1945 hatte er auf seiten der »Lao Issara« gegen die ehemalige Kolonialmacht gekämpft. Im Zweiten Indochina-Krieg hatte er lange Jahre mit seinen *Sahai* in den Höhlen von Vieng Xai ausgeharrt und die amerikanischen Bombardierungen überlebt. Plötzlich fiel mir ein, was mir in Bangkok vertraulich mitgeteilt worden war: Der Großvater dieses laotischen Revolutionärs war ein am Mekong lebender Korse gewesen. Daher stammte vielleicht sein Ressentiment gegen die anmaßenden Fremdherren von einst. Bei näherem Zusehen kam Sisane mir jetzt beinahe vertraut vor. Seine Physiognomie hätte in jene *Union Corse* gepaßt, die in Paris mit einiger Übertreibung als Mafia der Napoleons-Insel geschildert wird und die im Algerien-Krieg eine wichtige Untergrundrolle gespielt hatte.

In den Botschaften der westlichen Allianz und der ASEAN-Staaten war man besorgt. Die Sozialistische Republik Vietnam hatte für alle Männer zwischen 15 und 45 Jahren die Generalmobilmachung verkündet. Ein martialischer Lebensrhythmus war der Bevölkerung von Hanoi auferlegt worden: Acht Stunden Arbeit, acht Stunden militärische Ausbildung, acht Stunden Ruhe. In Wirklichkeit, so berichtete die französische Presseagentur aus Tonking, sei das alles nicht so dramatisch und effizient, wie es von außen scheinen mochte. Aber die Auswirkungen auf die politische Atmosphäre in Vientiane waren verheerend. Der kurze Frühling der kleinen laotischen Freiheiten war schon verblüht. Aller Wahrscheinlichkeit nach war die Meldung von dem chinesischen Überfall auf laotisches Gebiet frei erfunden. Die Nachricht war ohnehin erst in Moskau und Hanoi veröffentlicht worden, ehe sie in Vientiane wiederholt wurde. Aber die Geheimdienste rechneten im Falle eines neuen Aufflackerns des Grenzkonfliktes mit einem energischen chinesischen Vorstoß auf Lai Tschau, dem Verwaltungssitz jener vietnamesischen Militärregion Viet Tay, die unmittelbar an Laos grenzt. Die rassischen Minderheiten in diesem Raum waren, wie sich bei der jüngsten Aktion der Volksbefreiungsarmee gezeigt hatte, gegenüber Hanoi von höchst zweifelhafter Loyalität. In den ersten Tagen ihrer Offensive waren die Chinesen bis auf zwanzig Kilometer an Lai Tschau herangerückt und hatten das Thai-Dorf Phong To, mein Schangri-La aus dem Frühjahr 1951, zum zweiten Mal überrannt.

Ich mußte an meine Gespräche mit Mr. Q., dem chinesischen Gewährsmann in Bangkok, denken. Er hatte offen zugegeben, daß die

Regierung von Laos demnächst von der Volksrepublik China ebenso feindselig behandelt würde, wie das Regime Heng Samrin in Kambodscha. Eine Untergrundaktion bei den rebellischen Gebirgsvölkern in Nord-Laos sei bereits im Gange. In Vientiane sprach man von wachsender Unruhe bei den verbleibenden Meo, aber auch bei den Yao, den Lolo und den Khmu. 4000 Partisanen, so munkelte man auf den Cocktails, hätten die Agenten Pekings bereits in einer sogenannten Lanna-Division zusammengefaßt. Mr. Q. hatte mich seinerseits nach dem Meo-General Vang Pao befragt, der auf seiten der CIA gekämpft hatte. Er war sichtlich enttäuscht, als ich ihm mitteilte, daß der alte, korrupte Kämpe kaum bereit sein würde, seine Rinderfarm im amerikanischen Montana gegen ein höchst ungewisses neues Waffenglück einzutauschen. Auch mit dem neutralistischen Oberst Kong Le, der den Franzosen die Treue gehalten hatte und in der französischen Provinz lebte, war kaum zu rechnen. »Dann müssen wir uns eben andre laotische Patrioten suchen«, hatte Q. lachend geantwortet. Tatsächlich patronierte Peking jetzt eine oppositionelle »Sozialistische Partei von Laos«.

Die Lage an der chinesisch-vietnamesischen Grenze war weiterhin in undurchdringliche Schleier gehüllt. Die Informationen sickerten äußerst spärlich in Vientiane ein. Der unermüdliche Josef Kaufmann telefonierte täglich mit der vietnamesischen Botschaft in Bangkok, wo wir ein Visum nach Hanoi beantragt hatten. An die diplomatische Vertretung Vietnams in der laotischen Hauptstadt war kaum heranzukommen. Lediglich ein Schaukasten neben dem Eingangstor zeigte zerstörte chinesische Panzer und siegreich vorstürmende Bo Doi. In Wirklichkeit hatte die Volksbefreiungsarmee mit der Eroberung von Lang Son, die nach erbittertem Nahkampf erfolgte, das geographische Ziel ihres Feldzuges erreicht und hatte – für alle Kenner dieser Region ersichtlich – ihre Fähigkeit demonstriert, auch bis Hanoi vorzurücken. Der erhoffte psychologische Erfolg, der sich als Folge der Einkesselung und Gefangennahme größerer vietnamesischer Eliteverbände ergeben hätte, blieb den Chinesen jedoch versagt. Jetzt rückten die Soldaten Hua Guofengs wie versprochen planmäßig aus ihren eroberten Stellungen nach Norden ab, und die Vietnamesen hüteten sich wohlweislich, ihnen allzu energisch nachzudrängen. Schon hatte die Pekinger Führung »urbi et orbi« verkündet, daß eine zweite militärische Runde gegen Vietnam fällig würde, wenn Hanoi sich nicht zu einer grundlegenden Revision seiner Haltung entschlösse. Deng Xiaoping, dessen Drohungen seit seiner Amerikareise ernstgenommen wurden, hatte dem Generalsekretär der Vereinten Nationen, Kurt Waldheim, eine ähnliche Mahnung zukommen lassen.

Unsere Reportage im roten Laos war zu Ende. Aus Bangkok hatten wir die verschlüsselte Nachricht erhalten, daß die chinesischen Behörden uns ein Visum erteilt hatten. Für den kommenden Montag war ich bei Prinz Sihanuk in Peking zum Diner eingeladen. Bis dahin waren noch vier Tage. Den letzten Abend feierten wir in der deutschen Residenz. Karneval war in Europa seit zwei Wochen vorbei. Aber wir holten bei Wasserbergs das närrische Fest in den Grenzen des Möglichen nach. Josef Kaufmann erzählte die Geschichte eines Kollegen vom Westdeutschen Rundfunk, der einst den Besuch Walter Ulbrichts am Assuan-Staudamm in eine karnevalistische Veranstaltung hatte ausarten lassen. Er hatte den Fellachen Gamal Abdel Nassers, die zum offiziellen Jubel aufgereiht waren, das Lied »Humba humba tätärä« unter dem Vorwand beigebracht, dieses sei die Nationalhymne der DDR. Tatsächlich wurde der Vater der DDR von den Galabieh-Trägern mit einem rhythmischen »Humba humba« begrüßt. Nun war Steve dabei, das laotische Personal der deutschen Botschaft, das an dem Fest voll beteiligt war, in rheinischer Fröhlichkeit zu unterrichten. »Humba humba tätärä« klang es aus der Küche. Ein anderes Lied, aus einem anderen Fasnachtsjahr wäre angebrachter gewesen: »Ein Besuch im Zoo«, denn hinter der Scheibe des Eßzimmers tobte das Kapuzineräffchen Willy, den Eva Wasserberg aus Südamerika mitgebracht hatte, wie ein echter Jeck und hätte beinahe das Fenster zerschmettert.

Bilanz eines begrenzten Krieges

Hongkong, im März 1979

Hongkong war eine unangenehme Zwischenstation. Die Hügel der *New Territories* verschwanden im Nebel. Über den Asphalt-Grüften der Innenstadt tröpfelte kalter Regen herunter. Die jungen Chinesen von Hongkong wurden immer unerträglicher, und selbst die gespielte, übertriebene Höflichkeit des Hotelpersonals lief auf permanente

Verhöhnung des weißen Gastes hinaus. Mit der älteren Generation ließ sich besser auskommen. »Wir sind ja so froh, daß unsere Landsleute auf dem Festland anfangen, vernünftig zu werden«, sagte der unvermeidliche Schneider, bei dem ich mir in aller Eile eine Wintergarnitur bestellen mußte, denn in Peking sollte die Temperatur noch unter Null liegen.

Der Generalkonsul empfing mich zum Abendessen und hatte einige der angesehensten *China-Watcher* an seinen Tisch gebeten. Der Victoria-Peek, auf dem die Residenz lag, bot bei schönem Wetter einen traumhaften Ausblick. Aber jetzt war alles in grauen Dunst gepackt, die Atmosphäre jener Spionageromane, die so gern Hongkong als Schauplatz ihrer Intrigen wählen. Außer mir waren drei Journalisten gekommen, ein Holländer, der perfekt Chinesisch sprach und mit einer Taiwan-Chinesin verheiratet war; ein Amerikaner, der über eine intime Kenntnis der »Söhne des Himmels« verfügte – beide sah ich zum ersten Mal – und ein englischer Veteran der Fernost-Berichterstattung, Russell Spurr, mit dem ich das letzte Mal vor sechs Jahren in Phnom Penh zu Abend gegessen hatte. In den vergangenen Tagen hatte die *Central Chinese Television*, die Fernsehstation der kontinentalen Volksrepublik, aktuelle Filmstreifen über die Kämpfe an der Südgrenze ausgestrahlt. Die kommerzielle TV-Anstalt von Hongkong hatte diese Berichte kurzerhand aufgezeichnet und ihrerseits gesendet. Die Meinungen bei Tisch waren geteilt. Besonders hatten sich die rührenden Szenen der Verbrüderung zwischen den abziehenden chinesischen Truppen und der örtlichen vietnamesischen Bevölkerung eingeprägt. Die Soldaten der Volksbefreiungsarmee trugen die Alten und Gebrechlichen auf ihren Rücken, sie verteilten Reis an die Familien, reparierten die Strohdächer, fütterten die Hühner und fegten sogar die Straße vor ihrem Abzug. Den Zivilisten in der besetzten Grenzzone – es handelte sich im wesentlichen um Angehörige rassischer Minderheiten – standen vor so viel Güte die Tränen in den Augen, und die scheidenden Soldaten Pekings wurden aufs herzlichste umarmt. Wenn es nach den Propagandaaufnahmen gegangen wäre, hätten die Unterworfenen ihre Eroberer am liebsten gar nicht gehen lassen. »In unseren Augen erscheinen diese Bilder grotesk und verlogen«, meinte der Holländer. »So dick kann man nicht auftragen. Aber wir sollten nicht mit unseren europäischen Vorstellungen kommen. Meine chinesische Frau ist bestimmt keine Maoistin, aber sie war durch diese Filmszenen bewegt und fand dieses Theater ganz normal.«

Die Konversation berührte das Thema der chinesischen Minderheiten-Politik in den Südprovinzen des Reiches der Mitte. »In Peking wird man noch umlernen müssen«, sagte der Amerikaner und zog mächtig an seiner Pfeife, »wenn man die Meo, die Yao, die Gebirgs-Thai und alle anderen als vollwertige Verbündete gegen den vietnamesischen Chauvinismus gewinnen will. Dieser Annäherung steht die uralte kulturelle Arroganz des chinesischen Staatsvolkes der Han entgegen.« Auch mir war aufgefallen, daß die Stammesnamen der Meo oder Man – in China Miao gesprochen – eine enge phonetische Verwandtschaft zu dem Wort »Moi« aufwies, mit dem die Annamiten ihre primitiven Gebirgsrassen als »Wilde« diskriminieren. In den chinesischen Schriftzeichen, die die Angehörigen dieser angeblich tibeto-birmanischen Rassen bezeichneten, war das Element einer tierischen Abkunft angedeutet. Bei meinem Ritt durch die Thai-Föderation von Lai Tschau hatte ich ja 1951 schon bemerkt, daß die Meo sich auf die Katze als eine Art Totem bezogen, während die Yao ihre Herkunft von einem legendären Hund ableiteten. »Die Funktionäre im Ministerium für Minderheiten in Peking«, wußte der Amerikaner, »haben neue Ideogramme zur Beschreibung der Minderheiten eingeführt, aber damit ist es natürlich nicht getan. Hier geht es um einen hohen Einsatz. Südlich des Jang Tse kiang leben mindestens drei Millionen Miao – sie sind zahlreicher als die Tibeter – und mit diesem Aufgebot könnte man Hanoi und Vientiane das Fürchten lehren.«

Die Sprache kam natürlich auf das Ausbleiben einer energischen sowjetischen Reaktion. Die Vietnamesen waren – allen anderslautenden Beteuerungen zum Trotz – durch die russische Reserviertheit zutiefst enttäuscht. Moskau hatte zwar ein beträchtliches Aufgebot seiner Fernost-Flotte ins Südchinesische Meer geschickt. Mit riesigen Antonow-Maschinen war eine Luftbrücke zwischen Wladiwostok und Hanoi eingerichtet worden. Perfektionierte Waffen wurden geliefert und Militärberater eingeflogen. Auch die eilige Verlagerung der nordvietnamesischen Eliteverbände aus Kambodscha an die chinesische Grenze konnte nur mit Hilfe der russischen Flugzeuge bewältigt werden. Aber Hanoi hatte zumindest erhofft, daß die sowjetischen Marine-Kommandos auf den umstrittenen Paracel-Inseln landen würden, um den Chinesen ihrerseits eine Lektion zu erteilen. Nicht nur in Vietnam, in ganz Südostasien hatte Moskau auf Grund seiner Zurückhaltung Prestige eingebüßt. Wenn auch niemand auf den Gedanken kam, die Russen als »Papiertiger« zu bezeichnen, erschienen sie in den Augen der gelben Völker doch plötzlich als eine weiße Supermacht, die auf Grund allzu vieler internationaler Verpflichtungen und Verantwortungen in ihrer Reaktionsfähigkeit gelähmt und behindert war. Kurzum, die Russen waren zu »roten Amerikanern« geworden.

»Man hüte sich vor überstürzten Folgerungen«, fuhr der amerikanische Kollege fort. »Wir gehen heute felsenfest davon aus, daß zwischen Peking und Moskau für alle Zeiten ein Klima der Todfeindschaft und der Vorbereitung eines unausweichlichen Vernichtungskrieges herrscht. Ich wäre vorsichtiger. Gibt es wirklich einen so abgrundtiefen Russenhaß in Peking? Nach unseren Informationen wird es schon sehr bald wieder zu Gesprächen zwischen den beiden großen kommunistischen Nachbarn kommen. Gewiß könnte das auch ein Scheinmanöver Deng Xiaopings sein nach dem uralten Prinzip ›talk, talk – fight, fight‹. Aber zumindest haben die Chinesen gegenüber der amerikanischen Diplomatie einen mächtigen Hebel in der Hand. Wenn Washington seine wirtschaftliche Zusammenarbeit mit dem Reich der Mitte durch zu viele Vorbedingungen belastet, dann könnte die neue Führung in Peking eines Tages auf den Gedanken kommen, mit dem Ziel der Aufwertung ihrer eigenen Position auch einen Flirt mit dem Kreml ins Auge zu fassen. Vergessen Sie nicht den Stalin-Ribbentrop-Pakt. Auf lange Sicht ist die fundamentale Auseinandersetzung zwischen Weißen und Gelben in Nordasien wohl unausweichlich, aber unsere Zeitbegriffe und Fristen stimmen mit denen der Chinesen in keiner Weise überein.« Ich meldete mich mit einem Zitat de Gaulles: Schon im Februar 1964 hatte der General auf einer seiner Pressekonferenzen vom zerschlissenen Mantel der ideologischen Einheit gesprochen, unter dem die fundamentalen nationalen Gegensätze zwischen Moskau und Peking sichtbar würden. Vom Hindukusch bis Wladiwostok sei Rußland auf Beharrung und Erhaltung seines Besitzstandes bedacht, China hingegen zum Wachstum und zum Erwerb verurteilt.

Die Tafelrunde kam überein, daß die neue gemäßigte Linie Deng Xiaopings noch vor unendlichen Schwierigkeiten stand. Der Holländer, der mit seiner Frau von einer Reise in entlegene Provinzen der Volksrepublik zurückkam, hatte dort entsetzliches Elend bei der Landbevölkerung vorgefunden. »Was halten Sie von der Greuelpropaganda der Vietnamesen?« fragte Russell Spurr. Radio Hanoi zufolge hatten die chinesischen Soldaten wie Berserker gewütet. Sie hatten die Dörfer niedergebrannt, die Frauen vergewaltigt, die Kinder erschlagen, die Männer gefoltert und den gefangenen vietnamesischen Milizsoldaten das Herz bei lebendigem Leibe herausgerissen. Alle waren sich einig , daß es sich um haarsträubende Lügen handelte. »Es gehört zu den geheiligten Prinzipien der Volksbefreiungsarmee, daß die feindliche Bevölkerung überaus zuvorkommend behandelt und propagandistisch umgestimmt wird«, sagte der Amerikaner. »Daran hat sich bestimmt nichts geändert. Was die Vergewaltigungen betrifft, so darf man nicht vergessen, daß die chinesischen Soldaten seit dreißig Jahren zur Prüderie, zur sozialistischen Schamhaftigkeit erzogen worden sind. Vergewaltigungen? Sie wüßten vermutlich gar nicht mehr, wie man das macht.« Glaubwürdig war hingegen von zwei französischen Augenzeugen der AFP aus Hanoi berichtet worden, daß die Armeen Pekings die gesamte Infrastruktur in den eroberten Gebieten – Straßen, Brücken, Industrieanlagen und Gemeinschaftseinrichtungen – vor der Räumung in die Luft gejagt hatten. Sogar die funkelnagelneue Pernod-Fabrik, die die Franzosen in Lang Son erbaut hatten, weil nur in dieser Gegend die unentbehrliche Badian-Pflanze wuchs, war gesprengt worden. Ähnlich sollte es der Eremiten-Grotte Ho Tschi Minhs am Kac Mac-Berg bei Pak Bo ergangen sein, die von den Vietnamesen als revolutionäres Heiligtum betrachtet wird. Natürlich waren alle Bunker und Befestigungen geschleift worden. Die Verwüstungen der gesamten Grenzregion auf einer Breite von 500 km stellte den vietnamesischen Staat vor ein zusätzliches und unlösbares Wiederaufbauproblem.

Beim Abschied drückte Russell Spurr mir eine schriftliche Botschaft an Prinz Sihanuk in die Hand.

Der Drache und der Polarbär

Peking, im März 1979

Über Peking steht eine blasse, klare Frühlingssonne, und der Himmel ist zartblau. Es ist Sonntag, die Menschen drängen sich – immer noch winterlich blau die Zivilisten, grün die Soldaten – vor den Eingängen des alten Kaiserpalastes. Der Krieg ist hier unendlich weit, zweitausend Kilometer entfernt, irgendwo im Süden. Nur am Flugplatz waren mir die zahlreichen Militärs aufgefallen. Auch ohne Rangabzeichen waren die hohen Offiziere am selbstbewußten Auftreten und oft an der mächtigeren Statur zu erkennen. Jedesmal wenn ich die Verbotene Stadt, ihre gelben Ziegel, ihre blutroten Mauern, die gewaltigen Ausmaße ihrer unverständlichen und berükkenden Harmonie wiederentdecke, empfinde ich einen Schock. Wer hier herrscht, muß das Gefühl haben, Zentrum der Welt, Sohn des Drachens zu sein. Dem Kaiser von China oblag es, reglos nach Süden zu blicken und die Strahlungen des »Yang«, der männlichen, schöpferischen, lichten Kraft auf sich einwirken zu lassen. Von diesem Platz aus gewinnt der aktuelle Grenzkonflikt mit Vietnam eine ganz andere Perspektive. Hier ist der Mittelpunkt des Universums, das Spiegelbild der himmlischen Ordnung, ein Imperium, das keiner äußeren Bestätigung bedarf und auf diesem Erdball keinen gleichberechtigten Partner gelten läßt. Und dort unten, tief im Süden, an den Grenzen der Barbarei, bäumt sich ein kleiner Vasallenstaat auf, der sich selbst durch die erworbene Gesittung und sogar durch die Namensgebung – Vietnam gleich »Land des Südens« – als Außenposten des Reiches der Mitte definiert.

»Die Vietnamesen hatten wohl ernsthaft geglaubt, sie seien unbesiegbar. Sie traten auf, als seien sie nach den Amerikanern und Russen die dritte Militärmacht der Welt«, sagten die Herren vom chinesischen Fernsehen, die mich gleich am ersten Morgen im »Nationalitäten-Hotel«, im Min Zu, besuchten. »Wir haben sie eines Besseren belehrt, und die ›Sozialimperialisten‹ im Norden haben sich nicht gerührt. Sie sind wie bellende Hunde, die man mit Steinwürfen verscheucht.« Die dienstlichen Kontakte spielten sich in China meist im Hotelzimmer ab. Daß das Bett noch nicht gemacht war, störte die offiziellen Gesprächspartner nicht im geringsten. Sie bestätigten, daß ich mich bei Prinz Sihanuk am Montag abend um 18 Uhr – man aß früh in Peking – einfinden sollte. In bezug auf unser Arbeits- und Drehprogramm in der Hauptstadt ließen sie uns freie Hand. Die Atmosphäre war herzlicher und offener als bei meinen früheren China-Aufenthalten, als Madame Tschiang Tsching die Kulturpolitik noch maßgeblich beeinflußte. Der Grenzkrieg gegen Vietnam war – wie die Fernsehfunktionäre versicherten – mit einem großartigen Sieg der Volksbefreiungsarmee zu Ende gegangen. Die Soldaten hätten ihre Bewährungsprobe bestanden und befänden sich alle wieder auf heimischem Boden. »Wenn es nötig wird, wenn die Hanoi-Clique uns weiter herausfordern sollte, werden wir erneut zuschlagen, bis die Vietnamesen Vernunft annehmen.« Es war klar, daß die Volksrepublik China den südlichen Nachbarn bis zur Auszehrung und Erschöpfung in den Schraubstock nehmen wollte. Für diese Abtrünnigen gab es kein Pardon. Vor allem der »Undank« Hanois löste in Peking Entrüstung aus. 300000 Mann der Volksbefreiungsarmee – so hörten wir zum ersten Mal –, überwiegend Pioniere und Trainsoldaten hätten während des französischen und des amerikanischen Krieges auf seiten der Vietnamesen gefochten. 1000 Chinesen seien dabei gefallen, 10000 verwundet worden. Sogar der Sieg von Dien Bien Phu über die Franzosen wäre ohne aktive Mitwirkung Chinas nie zustande gekommen.

Die offiziellen Gesprächspartner äußerten sich nur zögernd zu dem brennenden Thema der Vietnam-Flüchtlinge, das in der westlichen Presse Schlagzeilen zu machen begann. Rund 200000 »Hoa«, die aus Nordvietnam vertrieben worden waren, sei Asyl gewährt worden, und damit hatte sich die humanitäre Pflicht des Reichs der Mitte offenbar erschöpft. Wo käme man hin, so hörte ich mehrfach, wenn das Beispiel Vietnams in der übrigen Welt Schule machen würde, wenn alle anderen Staaten, die rassische Minderheiten oder politische Dissidenten beherbergten, deren brutale Austreibung forcierten. Die Briten hätten davon vielleicht einen Vorgeschmack gehabt, als Idi Amin von Uganda die indischen Kaufleute seines Landes peinigte und ins Exil zwang.

In den westlichen Botschaften amüsierte man sich immer noch über eine Anekdote, die anläßlich des Besuchs Deng Xiaopings in USA kolportiert worden war. Als Präsident Carter seinen Gast aus Peking befragte, wie man es denn dort mit den Menschenrechten halte und ob man Andersdenkenden die Genehmigung zur Ausreise erteilen würde, hatte der chinesische Vizepremier mit undurchdringlichem *Poker-face* geantwortet: »Wir werden in dieser Hinsicht nicht die geringsten Schwierigkeiten bereiten; wenn Sie sie haben wollen und sie unterbringen können, schicke ich Ihnen morgen zehn Millionen Chinesen.«

Da die Kampfhandlungen beendet waren und die Behörden geringe Neigung zeigten, uns an die südliche »Front« reisen zu lassen, führten sie uns wenigstens die Filme ihrer Kriegsberichterstatter vor. Wir saßen in einem eiskalten Kinosaal. Nach kurzem Frühlingserwachen war der Winter wieder über Peking hereingebrochen. Die Temperaturen lagen unter Null, und der endlose Chang An-Boulevard war mit matschigem Schnee bedeckt. Unsere Begleiter, darunter der Dolmetscher Fang, der sich durch perfektes Deutsch, Hilfsbereitschaft und Intelligenz auszeichnete, trugen unter den dicken Wattejacken mindestens drei Pullover. Wir schnatterten vor Kälte, während die Schlachtenbilder im Projektionsraum abrollten. Das waren keine Scharmützel oder Geplänkel, das war ein richtiger Krieg gewesen. Die chinesischen Divisionen waren nicht wie seinerzeit in Korea gegen die Amerikaner als menschliche Brandung nach vorn gestürmt, sondern hatten oft bei Nacht die Bunker und Stellungen in gezielten Kommando-Unternehmen mit Bazookas und geballten Ladungen geknackt. Immer wieder war es zu mörderischen Nahkämpfen gekommen. Nicht alles war nach Wunsch verlaufen, und zwei Divisionskommandeure waren, wie man aus amerikanischen Quellen erfuhr – wegen Unfähigkeit degradiert worden. Wir sahen auch jene kitschigen Verbrüderungsszenen mit der örtlichen Zivilbevölkerung, die unsere Kollegen von Hongkong so erheitert hatten. Am Ende wurde die Heimkehr der siegreichen Truppen in die Provinz Kwangsi gezeigt. Panzer und Artillerie, Lastwagen mit Soldaten und sogar ein erbeuteter vietnamesischer Tank vom Typ T 34 rollten vorbei. Die Soldaten der Volksbefreiungsarmee waren mit riesigen roten Papierblumen geschmückt und marschierten in tadelloser Formation. Sie zogen unter jenem gewaltigen grauen Steinbogen durch, der zur Zeit der vietnamesisch-chinesischen Harmonie »Tor der Freundschaft« genannt wurde, von den Franzosen prosaisch als »Porte de Chine« bezeichnet worden war und vor der Machtergreifung des Maoismus den Namen »Tor der Beherrschung des Südens« getragen hatte. Auf beiden Seiten der Straße jubelte die Menge, reichte den Heimkehrern Blumen, Getränke und Süßigkeiten. Die Kinder wikkelten ihre roten Pionierhalstücher um die Panzerkanonen. Gongs, Zimbeln und Feuerwerk veranstalteten mörderischen Lärm. Zwischen bunten Tanzgruppen in den Trachten der Minderheiten hüpften die überlebensgroßen Masken kahlköpfiger, lachender Greise mit rosafarbenen Wangen: glückbringende Symbole des langen Lebens. In China war man noch zu Sedan-Feiern aufgelegt. In den stolzen Gesichtern der Soldaten drückte sich ein asiatischer Langemarck-Geist aus. Für diese Armee proletarischer Samurai, die mit der konfuzianischen Tradition der Verachtung alles Kriegerischen radikal gebrochen hatte, spielte es offenbar keine Rolle, wieviel Genossen und Freunde im Feuer des Feindes liegengeblieben waren. Die vietnamesischen Grenztruppen und Milizen der Nordfront waren weitgehend aufgerieben worden, aber auch die chinesischen Opfer waren unverhältnismäßig schwer. In Peking sprach man unter der Hand von Verlusten der Volksbefreiungsarmee in Höhe von 12000 Mann. Die Amerikaner kolportierten sogar die Gesamtziffer von 50 000 Toten auf beiden Seiten.

Den Botschafter der Bundesrepublik Erwin Wickert hatte ich schon vor drei Jahren in Peking getroffen. Aber dieses Mal hatte ich sein Buch »Der Auftrag des Himmels« über die Taiping-Revolte gelesen, das eine seltene Einfühlungsgabe in die ostasiatische Mentalität und Geschichte verriet. Der Aufstand der Taiping unter ihrem wirren Propheten Hong Xiu Quan, der sich als jüngerer Bruder Jesu bezeichnete, das Aufbäumen des nationalen China gegen die mandschurischen Fremdherren auf dem Drachenthron, die Übernahme eines mißverstandenen Christentums und die skurrile Verzerrung dieser westlichen Religion, all das erschien mir in mancher Hinsicht als ein merkwürdiges Prodrom des großen kommunistischen Aufbruchs im 20. Jahrhundert. Taiping – das »himmlische Reich des ewigen Friedens« – war ebenso wie der Maoismus und alle früheren Umsturzbewegungen der chinesischen Geschichte im Bauerntum gezeugt und vom asiatischen Bundschuh getragen worden. Die Taiping-Revolte des 19. Jahrhunderts trug Züge einer ideologischen Verwirrung, eines mystischen Wahnsinns, wie man sie diesem nüchternen, gewitzten Volk gar nicht zugetraut hätte. Gleichzeitig offenbarten sich in den Anweisungen des himmlischen Kaisers und Jesu-Bruders Hong Xiu Quan, in der quasi-kommunistischen Egalität, die er seinen Jüngern auferlegte, in der Gleichberechtigung, die er den Frauen zugestand, im Zwang zur körperlichen Arbeit, die Meister Kong so gering geachtet hatte, in der Prüderie zwischen den Geschlechtern, im Bibel-Fetischismus, der die Vergötzung des berühmten roten Buches vorwegnahm, all jene Merkmale und Absonderlichkeiten, die hundert Jahre später die Exzesse der großen Kulturrevolution charakterisieren sollten. Hätte der Taiping-Aufstand gesiegt, wäre das ganze Reich der Mitte zu einer ziemlich absurden Form des Christentums übergetreten und für den Maoismus wäre vermutlich kein Nährboden mehr gewesen. Nüchternen Aussagen britischer Zeitgenossen zufolge hatte diese Bewegung und ihre Niederschlagung mindestens 30 Millionen das Leben gekostet. Der Blutrausch konnte sich nur mit dem »Auto-Genozid« messen, das die roten Wiedertäufer von Kambodscha im Namen ihres pervertierten Marxismus angerichtet hatten.

In der deutschen Botschaft von Peking hatte man mit einigem Kummer die Äußerungen des Bundeskanzlers vernommen, der den Russen im chinesisch-vietnamesischen Konflikt »weise Zurückhaltung« bescheinigte. In Fernost sah man das anders. Hier hätte man die Russen allenfalls zu ihrem gesunden Selbsterhaltungstrieb beglückwünscht. Welche strategischen Alternativen hatten der Sowjetunion tatsächlich zur Verfügung gestanden, um ihre vietnamesischen Verbündeten wirkungsvoll zu entlasten? Gewiß, es gab Beobachter und Militärattachés in Peking, die sich über die altmodische Bewaffnung der Chinesen belustigten und das starre Festhalten an den maoistischen Vorschriften des Volksbefreiungskrieges zu Recht als obsolet empfanden. Aber die seriösesten Experten, die amerikanischen und japanischen Sinologen, räumten dem Kreml für die erfolgreiche Durchführung eines Blitzkrieges gegen China keine Chancen mehr ein. Der günstige Zeitpunkt für einen nuklearen *preemptive strike* sei verflossen, seit die Chinesen in den Wüsten und Gebirgen Zentralasiens über so viele reale oder vorgetäuschte Raketen-Abschuß-Silos verfügten, daß die Russen sie nicht mehr mit Sicherheit neutralisieren konnten. Das Damoklesschwert des atomaren chinesischen *second strike* schwebte über Sibirien. Kaum jemand hatte in Peking ernsthaft damit gerechnet, daß die Männer des Kreml die Verantwortung und das unkalkulierbare Risiko eines Nuklearkrieges auf sich laden würden.

Hingegen war häufig über die Eventualität eines russischen Einfalls in die Mandschurei spekuliert worden. In diesen Nordostprovinzen war ein wesentlicher Teil der Wirtschaft und der Erdölproduktion Chinas konzentriert. Nach einer blitzschnellen Zerstörungsaktion und der damit verbundenen Schwächung des Gegners würde es im Interesse der sowjetischen Armee liegen, schleunigst auf ihre Ausgangsstellungen am Amur und Ussuri zurückzufallen. Das Pekinger Oberkommando hatte im Hinblick auf diese plausible Strategie massive Heeresverbände und weittragende Geschütze in der Nachbarschaft der sowjetischen Fernostprovinz und der See-Festung Wladiwostok konzentriert. Sie würden an dieser Stelle versuchen, den Russen ein zweites Port Arthur zu bereiten. Waren nicht auch die hochgerüsteten Amerikaner in Korea von der chinesischen Dampfwalze überrannt worden? Schließlich – das war die wahrscheinlichste Annahme – hätte der russische »Polarbär« gegen die menschenleere und riesige Wüstenprovinz Sinkiang im äußersten Westen des Reichs der Mitte losschlagen und dort, gewissermaßen als Faustpfand, einen Gebietsfetzen okkupieren können. Die Operation erschien um so verlockender, als in Sinkiang überwiegend allogene Rassen – im wesentlichen die muselmanischen Turkvölker der Uiguren und Kasaken – siedelten, die unter der Sinisierungspolitik und dem militanten Atheismus der Han-Funktionäre von Urumtschi gelitten hatten.

Sollte sich diese Hypothese bewahrheiten, so hatte das chinesische Oberkommando diskret wissen lassen, werde die Volksbefreiungsarmee nicht Gewehr bei Fuß stehen bleiben, sondern längs der 7000 km langen Grenze mit der Sowjetunion, die schlechthin nicht zu verteidigen ist, nach territorialen Kompensationen suchen. Kurzum, dem Kreml war signalisiert worden, daß jede bewaffnete Aktion in den Nordregionen Chinas die Sowjetunion zwangsläufig in einen unabsehbaren konventionellen Abnutzungskrieg verwickeln würde. »Bis zum Hoang Ho können die Russen vielleicht vorrücken«, deuteten die seltenen chinesischen Kontaktpersonen an, die mit der Unterrichtung von Ausländern beauftragt wurden. »Für den äußersten Katastrophenfall bliebe uns noch der Rückzug auf die Provinz Szetschuan, wo schon Tschiang Kai-schek den Japanern standgehalten hat.«

Ob der sowjetische Generalstab sich durch solche mehr oder minder gezielte Indiskretionen beeindrucken ließ, stand auf einem anderen Blatt. Frühestens am Tage der nächsten chinesischen Strafexpedition gegen Vietnam würde man die Probe aufs Exempel machen können. Beim Aufzählen dieser sehr gewagten Kombinationen, die angesichts der undurchdringlichen chinesischen Wirklichkeit wie westliche Stammtisch-Strategie anmuteten, kam mir die Erinnerung an einen Museumsbesuch in Khabarowsk. Von Irkutsk aus war ich im Sommer 1973 drei Tage lang im Transsibirienexpreß nach Osten gerollt. In der autonomen Region Birobidjan, wo Stalin einst die sowjetischen Juden ansiedeln wollte, waren mir noch hebräische Inschriften auf den Bahnhöfen aufgefallen. Von der hoch gelegenen Uferpromenade der Stadt Khabarowsk hatte ich einen langen Blick auf den Zusammenfluß von Amur und Ussuri geworfen und ganz in der Ferne die platte Weite der Mandschurei geahnt. Im Museum von

Khabarowsk hatte ich an den Vitrinen mit Gebrauchsgegenständen und Schamanen-Kostümen der sibirischen Urbevölkerung verweilt, nomadisierende Rassen, die den Indianern Kanadas sehr ähnlich waren. Plötzlich stand ich vor einem riesigen Ölgemälde. Es stammte aus dem 19. Jahrhundert und zeigte den zaristischen Admiral Khabarow, der der Stadt den Namen gegeben hatte, einen bärtigen Hünen mit breiten goldenen Epauletten und zahllosen Orden auf der Brust. Er hatte eine Landkarte Sibiriens und der Mandschurei vor sich ausgebreitet. An der anderen Tischseite duckte sich ein häßlicher kleiner Chinese in der kostbaren Tracht der hohen Mandarine des Pekinger Hofes. Der Russe zog mit imperialer Geste und hochmütiger Miene einen dicken roten Strich auf der Landkarte: die neue Grenze zwischen Rußland und dem Reich der Mitte. In diesem Museum von Khabarowsk war ein Denkmal russischer Anmaßung und chinesischer Demütigung ausgestellt. Es war wohl auch zur Zeit der Freundschaft zwischen Stalin und Mao nicht von der Wand abgenommen worden.

Zu Gast bei Sihanuk

Peking, im März 1979

Prinz Norodom Sihanuk empfing uns mit kahlgeschorenem Schädel. Er habe sich buddhistischen Exerzitien gewidmet, hieß es in Peking. Wollte er sich durch geistliche Meditationen auf eine neue politische Rolle vorbereiten, oder handelte es sich, wie ich vermutete, eher um eine Geste des Protestes? *Monseigneur* residierte wieder in der ehemaligen französischen Gesandtschaftsresidenz mitten im alten Ausländerviertel. Der streng bewachte Eingang öffnete sich auf die Fom Di Lu, die »Straße des Kampfes gegen den Imperialismus«. Dem früheren Staatschef von Kambodscha waren die Belastungen des dreijährigen Hausarrestes unter den »Roten Khmer« in Phnom Penh nicht anzumerken. Er war kaum gealtert und in keiner Weise gebrochen. Er schäumte wie eh und je vor Lebhaftigkeit und Temperament. Neben ihm stand seine Frau, Prinzessin Monique, um die wenigen Dinner-Gäste – eine Handvoll Journalisten aus Frankreich,

Amerika, Großbritannien – zu begrüßen. Monique war immer noch eine schöne Frau. Einst hatte die Halbitalienerin in Phnom Penh einen zweifelhaften Ruf genossen. Aber nun wirkte sie damenhaft, durch die Prüfungen geläutert. Mit Sihanuk bildete sie offenbar ein glückliches Paar, das vom Schicksal zusammengeschweißt war.

Zu einem Interview war Sihanuk nicht zu bewegen, aber bei Tisch sprudelten die politischen Aussagen aus ihm heraus. Er war der alte Farceur geblieben; er spielte den Spaßvogel und versteckte die tiefe Traurigkeit, die aus seinem starren Blick sprach, hinter der Maske des Komödianten, des unverwüstlichen Clown. »Es ist ein französisches Menü, das ich Ihnen heute serviere, Messieurs«, begann er. »Ich habe dem Koch höchst persönlich die Anweisungen gegeben. Ich trenne mich nie von meinen Kochbüchern. Sogar in der Gefangenschaft in Phnom Penh habe ich sie bei mir gehabt, und wie Sie sehen, sind die besten Gerichte eigenhändig von mir annotiert.« Seine persönliche Sekretärin, die in den kambodschanischen Sampot gekleidet war, brachte ihm ein vergilbtes und zerfleddertes Kochbuch, das Sihanuk triumphierend hochhielt. Jedesmal, wenn die Sekretärin sich ihrem früheren Herrscher, dem Erben der Könige von Angkor, nahte, ging sie demütig in die Knie.

»Sie wollen sicher wissen, was ich von der chinesischen Politik halte«, fuhr Sihanuk unvermittelt fort. Seine Rede wurde häufig ohne jeden Anlaß durch helles Kichern unterbrochen. »Nun, die Chinesen sind meine besten Freunde, und Tschou En-lai war mein großer Gönner. Aber ganz einig kann ich mit Peking natürlich nicht sein. Die Volksrepublik China unterstützt weiterhin die ›Khmers Rouges‹ und das von den Vietnamesen gestürzte Pol Pot-Regime. Ich hingegen habe alle Gründe, diese Mörderbande zu hassen. Sie haben mein Volk in unvorstellbarer Weise gequält und massakriert. Meine engsten Familienangehörigen wurden umgebracht. Zwei Söhne, zwei Töchter und zehn meiner Enkel sind im Blutrausch der ›Khmers Rouges‹ verschwunden. Die Chinesen hingegen sind für die Weiterführung des bewaffneten Widerstandes gegen die vietnamesischen Besatzer auf die Partisanen Pol Pots – es mögen noch 35 000 Mann sein – angewiesen. Ich weiß, daß die jetzige Führung in Peking für diese blutdürstigen Steinzeitrevolutionäre nicht viel übrig hat. Aber sie sind nützlich, sie sind unentbehrlich. Sie werden unentwegt weiter kämpfen. Deng Xiaoping hat mir persönlich versichert, daß die Versorgung dieser Desperados mit Waffen und Munition über Thailand läuft und gut funktioniert. Ich habe sogar ein gewisses Verständnis für die chinesische Kambodscha-Strategie. Sie spielen auf zwei Ebenen, sie haben zwei Trumpfkarten in der Hand, sie treiben politische Bigamie, sie halten sich gewissermaßen zwei Frauen: Sihanuk und Pol Pot. Wie gesagt, ich mache keinen Vorwurf. Ich habe als Buddhist selber Vielweiberei praktiziert und alle meine Frauen geliebt. Bis ich Monique traf und von ihr verzaubert wurde . . . jusqu'à ce que j'ai été envoûté par Monique.« – Er tauschte mit der Prinzessin ein zärtliches Lächeln aus. »Ich habe in Phnom Penh sogar einen Schlager für Monique komponiert.«

Dann versank er sprunghaft in Bitterkeit, und das breite Gesicht, das in ein antikes königliches Tempelrelief gepaßt hätte, verzerrte sich zur schmerzlichen Maske. »Als ich in New York vor den Vereinten Nationen mein Land verteidigte, hat Fidel Castro mich einen Operetten-Prinzen geschimpft. Wenn das stimmt, dann ist er ein Operetten-Bart, und wir sind quitt.« Er berichtete von den drei Jahren unter dem Regime der »Roten Khmer«. Er sei dank der chinesischen Protektion relativ privilegiert behandelt worden. Er habe in einem Flügel seines alten Palastes gelebt und ausreichend zu essen gehabt. Physisch habe er kaum gelitten. Monique neigte sich zu mir. »Psychologisch war unsere Lage unerträglich«, sagte sie leise. Von den führenden Männern der Geheimorganisation Anker entwarf Sihanuk kurze Porträts. Der letzte Staatschef des »Kampuchea Démocratique«, wie die »Roten Khmer« ihr System nannten, war der frühere Sihanuk-Minister Kieu Samphan gewesen. »Kieu Samphan ist immerhin ein Intellektueller«, räumte *Monseigneur* ein. »Er hat an der Sorbonne promoviert. Er zeigte sich meiner Frau und mir gegenüber am menschlichsten. Er stellte mir sogar einen Grundig-Transistor zur Verfügung, damit ich das internationale Geschehen verfolgen konnte.« Auf einen Wink brachte die Sekretärin das Gerät. »Aber Kieu Samphan hatte ab 1975 nichts mehr zu sagen. Er war eine Fassade, fast eine Puppe. Der starke Mann war Pol Pot, ein früherer buddhistischer Mönch, der in Wirklichkeit Saloth Sar heißt: ein revolutionärer Amokläufer, aber ein mutiger Mann, der heute an der Spitze seiner Partisanen steht. Der weitaus schlimmste war Ieng Sary, der immer noch als Außenminister des ›Kampuchea Démocratique‹ auftritt. Ieng Sary, das weiß ich genau, auch wenn die Chinesen es abstreiten, lebt in Peking. Er wird sich hüten, in den Dschungel zu gehen und zu kämpfen. Dazu ist er zu feige, zu niederträchtig.

Während meines ersten Peking-Aufenthaltes zwischen 1970 und 1975 war er mein ständiger Aufpasser, der Spitzel im Auftrag der Viererbande. Sie werden verstehen, daß ich heute jeden Kontakt mit den »Khmers Rouges« meide.« Seine Augen hatten sich mit blankem Haß gefüllt.

Zu einem halben Glas Champagner brachte *Monseigneur* seinen Toast aus: »Ich lade Sie alle nach Phnom Penh in ein glückliches neues Kambodscha ein!« Aber dann unterbrach er sich. »Ich weiß natürlich, daß ich mein Versprechen nicht halten kann.« Wieder grub sich der bittere, traurige Zug in den Mundwinkel ein. Dann lachte er schon wieder. »Kommen Sie zum Kaffee in den Salon, dort werde ich Ihnen Miko vorstellen.« Miko war ein kleiner weißer Pudel, der auf Monique zuschoß und von Sihanuk gehätschelt wurde. Der Prinz nahm zwei Flaschen in die Hand, einen Taittinger-Champagner und einen Rheinwein. »Sie sehen, mir fehlt es an nichts«, krähte er mit seiner Falsett-Stimme und kicherte schon wieder. Nach dieser kurzen Zirkusnummer wurde er wieder ernst. »Ich schreibe an meinen Memoiren. Vor allem der Rolle Kissingers und Nixons bei der Zerstörung Kambodschas möchte ich ein gründliches Kapitel widmen.« Wir fragten ihn nach der Zukunft seines Landes, und da wurde er sehr nachdenklich. Die chinesische Grenzaktion gegen Vietnam habe an den Verhältnissen in Kambodscha nichts geändert. Die Vietnamesen würden sich lange in Phnom Penh behaupten können, auch wenn der Widerstand der Pol Pot-Anhänger nicht zusammenbräche und die neuen Rekruten aus Südvietnam nichts taugten. Nur eine internationale Konferenz böte eine Chance des Wandels zum Besseren. Er würde am liebsten Genf als Tagungsort vorschlagen, und dann sollten alle beteiligt sein, die Amerikaner, die Europäer, die ASEAN-Staaten, die Chinesen natürlich, aber auch die Vietnamesen und die Russen. Der von Hanoi eingesetzte Regierungschef Heng Siamrin sei für ihn ein Niemand und wäre niemals in der Lage, das Volk hinter sich zu einigen. Er, Sihanuk, sei für freie Wahlen, und dann würde er sich als Kandidat für das höchste Amt des Mittlers und Versöhners zur Verfügung stellen. Bis es soweit sei, müsse jedoch die internationale Staatengemeinschaft die Kambodscha-Frage energisch in die Hand nehmen. Die Vereinten Nationen dürften sich nicht mit Resolutionen begnügen, sie müßten mit bewaffneten »Blauhelmen« intervenieren. »Jawohl«, rief er plötzlich wieder scherzend aus, »ich plädiere für die militärische Besetzung meines Vaterlandes durch fremde UNO-Kontingente; in jede Provinz eine andere Nationalität, nach Svay Rieng zum Beispiel, in die Nachbarschaft Vietnams, die sozialistischen Algerier, nach Battambang, an die Grenze des Königreichs Thailand, die royalistischen Marokkaner. Vor allem muß darauf geachtet werden, daß keiner – auch nicht die Vietnamesen – das Gesicht verliert.« Unter der Narrenkappe war der Staatsmann zum Vorschein gekommen.

Norodom Sihanuk war es offenbar leid, im goldenen Käfig von Peking zu sitzen, während die antikommunistische Emigration Kambodschas vergeblich auf eine Galionsfigur wartete. Er besaß ein Haus in Mougins, an der Côte d'Azur, aber sonst schien er in finanzieller Bedrängnis zu leben. Der Prinz, der einst ein Königreich als persönliches Eigentum verwaltet hatte, war zu sehr von seiner Mission besessen gewesen, als daß er wie so viele schillernde Parvenus der Politik ein unerschöpfliches Konto in der Schweiz oder riesige Immobilien im Ausland erworben hätte. Norodom Sihanuk war kein Pahlevi. Mit echter Verzweiflung sprach er vom Schicksal der kambodschanischen Flüchtlinge, von denen in der westlichen Presse viel weniger die Rede sei, als von den *boat-people* aus Vietnam. »Mein Volk ist von Ausrottung bedroht«, schluchzte er, »Hunderttausende irren im Urwald und nähren sich von Blättern, Rinde und Würmern. Hanoi entsendet bereits seine Wehrbauern in unsere entvölkerten Provinzen.«

Zum Abschluß gingen wir durch den Park zum Nebengebäude. Die chinesischen Betreuer hatten dem Prinzen eine geheizte, hochmoderne Schwimmhalle eingerichtet. Daneben war sogar ein überdachtes kleines Sportzentrum installiert, das auch als Vorführungssaal für Filme diente. »Sie sehen, mir fehlt es wirklich an nichts«, scherzte er. »Dennoch wäre ich lieber bei meinen Freunden in Frankreich.« Warum er nicht sofort nach Europa abreiste, war jedoch nicht eindeutig zu erfahren. Wir saßen in den tiefen Kinosesseln. »Sie sehen einen Film, den ich selbst produziert habe, und ich werde ihn selbst kommentieren«, sagte *Monseigneur,* während die ersten Bilder abliefen, die Bilder eines friedlichen, satten, glücklichen Landes der Khmer unter der weisen und strengen Führung seines aufgeklärten Herrschers Prinz Norodom Sihanuk. Nicht nur den Prinzen und seine Frau, alle Anwesenden überkam die Melancholie. Das Vorkriegs-Phnom Penh wurde auf der Leinwand wieder lebendig mit seinem geschäftigen Markt, seiner modernen Universität, dem strotzenden Leben, der Heiterkeit seiner Bewohner und der Schönheit seiner Tempeltänzerinnen. Dazu erklang ein süßliches Lied: »Das ist die Huldigung, die ich für Monique komponiert habe«, flüsterte Sihanuk.

Er winkte uns lange mit seiner rundlichen Patschhand nach, und Monique stand fröstelnd an seiner Seite. Der Nachthimmel war aufgerissen und gab glasklare Sternbilder frei. Es war zehn Uhr abends. Die »Straße des Kampfes gegen den Imperialismus« lag menschenleer in der klirrenden Kälte. Ohne viel Worte waren sich alle Gäste des Abends einig, daß Prinz Norodom Sihanuk die einzige und letzte Chance für das Überleben der kambodschanischen Nation verkörperte.

Wandzeitungen und Haute Couture

Peking, im März 1979

Ein Verkehrsknäuel bildete sich an der Kreuzung Xi Dan, nur ein paar hundert Meter von der Verbotenen Stadt entfernt. Der Anblick war für Peking ungewöhnlich und ungehörig. Tausende von Radfahrern waren abgestiegen und versperrten die gewaltige Breite des Chang An-Boulevards. Dazwischen waren Lastwagen eingekeilt, aber die Chauffeure versuchten gar nicht, voranzukommen. Sie hatten den starren Blick auf eine verblüffende Szene gerichtet. Die blau uniformierten Polizisten, die ohnehin über begrenzte Autorität verfügen, mühten sich vergeblich, mit ihren Trillerpfeifen und Lautsprecheransagen den Verkehr wieder in Gang zu bringen. Niemand kümmerte sich um sie. Die Fußgänger hatten sich zu einem gewaltigen Klumpen geballt, der die Chaussee zusätzlich blockierte. Die Menschen standen eng gedrängt in ihren Wattejacken und Filzstiefeln. Sie hatten die Kappen tief über die Ohren gezogen, denn aus dem Norden fegte ein eisiger Steppenwind. Das extravagante Schauspiel vollzog sich vor der »Mauer der Demokratie«, wo seit Monaten bereits eine kilometerlange Folge von Wandzeitungen, *Dazibao* genannt, allen möglichen Beschwerden, Verbesserungsvorschlägen und ideologischen Diskussionsthemen Ausdruck verlieh. An der Xi Dan-Ecke ragte noch aus der Zeit der Viererbande ein überdimensionales Plakat mit weißen Schriftzeichen auf rotem Grund. »In der Industrie lernen wir von Taching, in der Landwirtschaft lernen wir von Datchai; das Volk und das ganze Land lernen von der Volksbefreiungsarmee, und die Volksbefreiungsarmee lernt vom Volk des ganzen Landes«, so lautete das triviale Zitat des Vorsitzenden Mao Tse-tung. Über die untersten Lettern hatte ein Dissident einen Satz geklebt, der mit einem großen Fragezeichen endete. »Ist Liu Shao-shi ein Mensch oder ein Teufel?« lautete die Übersetzung. Liu Shao-shi war der große Rivale Mao Tse-tungs vor der Kulturrevolution gewesen und wurde seitdem als chinesischer Chruschtschow geschmäht. In dem Pamphlet unter der anklägerischen Frage stand zu lesen: »Liu Shao-shi ist kein Teufel, und Mao Tse-tung ist kein Gott.«

Aber nicht wegen dieser politischen Betrachtungen, die vor einem Jahr noch blasphemisch geklungen hätten, stockten die Menschen von Peking, rissen Mund und Nasen auf, schubsten sich neugierig wie vor einer Gauklerbühne. Die Darbietung war auch für ein westliches Auge ungewöhnlich und überwältigend, denn vor dem Mao-Plakat und der gebündelten Armut dieser asiatischen Menge tänzelten die Mannequins eines großen Pariser Modehauses auf und ab, präsentierten ihre buntesten und extravagantesten Luxuskleider. Wir waren den Vorführmädchen Pierre Cardins schon auf der Großen Mauer begegnet, wo diese langgliedrigen, schönen Wesen sich beinahe nackt dem eisigen Zugwind aus der Mongolei und den erschrokkenen Blicken einer Besuchergruppe der Volksbefreiungsarmee ausgesetzt hatten. Sie waren auf ihre Art Heldinnen der Arbeit, diese burschikosen und recht frivolen Models aus Paris, die wir mit einem Schluck Mao Tai aufzuwärmen suchten. Was sich jetzt im Zentrum von Peking längs der Mauer der Demokratie, in Sichtweite des Platzes des Himmlischen Friedens vollzog, das spottete jeder Beschreibung und grenzte an Provokation. Für die Masse der Chinesen waren es Marsmenschen, die am Xi Dan auf und ab wippten und ihre Pirouetten drehten. Sie trugen geschlitzte Röcke, die die Beine bis zur Hüfte freigaben, Dekolletés, die den ganzen Rücken entblößten. Die grellen Farben dieser *Collection* aus Seide und Phantasie kontrastierten beinahe anstößig mit dem verwaschenen Grau, Blau und Grün der betrachtenden, erstarrten Masse. Hinter dieser Exhibition westlicher Eleganz, westlicher Anmaßung und westlicher Dekadenz, hinter diesen überzüchteten Rassepferden einer hemmungslosen fremden Konsumgesellschaft besagten die Zeichen an der roten Wand, daß Liu Shao-shi kein Teufel und Mao Tse-tung kein Gott sei. Eine surrealistische Szene, ein Frevel, der auch uns westliche Zuschauer nach einer Minute spontaner Erheiterung nachdenklich und fast beklommen stimmte: asiatische Götterdämmerung im Zeichen der Pariser Haute Couture.

Unser Kamerateam und ein Photograph von »Paris-Match« wurden nicht müde zu filmen und zu knipsen. Plötzlich wurde ich von einem älteren Mann auf englisch angesprochen. Er war abgerissen, fast wie ein Bettler gekleidet. Das bleiche Gesicht war von Entbehrungen gezeichnet, aber sein Englisch war fließend. Es mußte sich um einen Intellektuellen handeln, der einen längeren Aufenthalt in einem Arbeitslager hinter sich hatte. Der Unbekannte scherte sich nicht um das aufregende Treiben der Modenschau. Er wies auf die *Dazibao* an der Mauer der Demokratie. »Das ist ein Fortschritt,« sagte er. »Zwar ist die Kritik kontrolliert und kanalisiert. Aber eine gewisse Auflockerung ist in Gang gekommen. Nur dürft ihr im Westen niemals glauben, daß China westliche Begriffe von Freiheit und Parlamentarismus verwirklichen kann. Sie sollten einmal in gewisse Landbezirke gehen, die kein Fremder zu sehen bekommt, und feststellen, wieviel Armut dort noch herrscht. Sie haben von den vier Modernisierungen gehört, die dem Volk verschrieben wurden: Modernisierung der Landwirtschaft, der Industrie, der Forschung, der Landesverteidigung. Aber die wichtigste, die fünfte Modernisierung haben die Männer an der Spitze vergessen: die Modernisierung des Geistes. In Wirklichkeit leben wir doch in einer marxistischen Feudalgesellschaft, und die Provinzen werden von neuen Kriegsherren und roten Mandarinen beherrscht. In zwanzig Jahren, so erzählt man uns, könnten wir es schaffen und entscheidende Fortschritte erzielen. Glauben Sie daran? Und wie halten Sie es mit Marx und dem Sozialismus?«

Da stand ich vor der modernen Gretchen-Frage *à la chinoise.* Ich wich aus und stellte eine Gegenfrage. Ob es stimme, daß vor ein paar Tagen zwei Wandzeitungen an der Mauer der Demokratie die chinesische Intervention gegen Vietnam verurteilt und die sofortige Einstellung aller Kampfhandlungen gefordert hätten. Diese *Dazibao* waren, wie ich gehört hatte, unmittelbar nach ihrem Ankleben entfernt worden. »Das weiß ich nicht,« antwortete der Unbekannte, »doch eines kann ich Ihnen versichern. Mit der Strafexpedition gegen die Provokateure von Hanoi waren wir alle einverstanden. Wenn wir auch manches im heutigen China kritisieren, wir sind echte Patrioten.« Der Mann hatte seine Bekenntnisse mit ruhiger, etwas müder Stimme von sich gegeben. Nur selten mußte er nach einer englischen Vokabel suchen. Während des Gesprächs waren wir von Zuhörern dicht umdrängt. Bestimmt waren auch Beamte des Sicherheitsdienstes darunter. Das hatte den Unbekannten in keiner Weise gehemmt. Er reichte mir die Hand, drehte sich um und war von der Menge verschluckt.

Der Indochina-Krieg dreht sich im Kreise

Kunming, im März 1979

Es war ein erhebendes Gefühl, durch die Straßen von Kunming zu schlendern. Das lag nicht nur am milden Wetter in diesem Land der vier Frühlinge, wie die Chinesen ihre äußerste Südprovinz Jünan nennen, oder an der frischen Luft, die in 1700 m Höhe wie Champagner wirkte. Diese Hochstimmung lebte aus der Erinnerung. Ich mußte an das Frühjahr 1951 denken, als ich mit zwei französischen Offizieren und einer Handvoll Thai-Partisanen von Lai Tschau im westlichen Hochland von Tonking aufgebrochen war, um an den extremen Ausläufern des Reiches der Mitte den letzten versprengten Haufen der Kuomintang-Armee Tschiang Kai-scheks zu begegnen. Damals erstreckte sich zwischen dem indochinesischen Grenzflüßchen Nam Kum und der Elbe ein erdrückendes, ideologisch geeintes Imperium. Stalin und Mao präsentierten sich noch als Janus-Kopf der Weltrevolution. Die Amerikaner waren in Korea gerade durch das Millionenheer der Volksrepublik China vom Jalu auf den 38. Breitengrad zurückgeworfen worden. In jenen Tagen hätte ich mir nicht träumen lassen, daß ich einmal als offizieller Gast der kommunistischen Regierung Chinas in die Hauptstadt dieser abweisenden und abgekapselten Provinz Jünan eingeladen würde und daß der Anlaß dieser Reise ein kommunistischer Bruderzwist wäre, in dem sich die Erben Mao Tsetungs auf der einen, die Erben Ho Tschi Minhs und Stalins auf der anderen Seite als Todfeinde gegenüberstanden. Immerhin waren seitdem fast dreißig Jahre vergangen.

Vom nahen Grenzkrieg war in Kunming, abgesehen von ein paar Militärlastwagen, keine Spur zu merken. Auf dem riesigen Paradeplatz im Stil des Tien An Men, dessen Tribüne von gewaltigen Porträts Mao Tse-tungs und Hua Guofengs beherrscht war, bewegten sich nur ein paar alte Männer im Zeitlupentempo und übten sich in einer Art Schattenboxen, in der chinesischen Gymnastik des Tai Chi. In den Zunftstraßen mit den braunen Ziegeldächern wimmelte es von Leben. Immer häufiger sah man buntgekleidete Frauen. Die Gesichter der Mädchen lächelten lieblicher als im Norden. Die Grazie der Indochinesinnen war nicht fern. Das Gewühl der Menge strahlte eine stille Heiterkeit, südländische Lebensfreude aus. Die Versorgung mit Lebensmitteln und Konsumgütern schien hier besser zu funktionieren als in der ausgepowerten Millionenstadt Kanton, die wir vor zwei Wochen fröstelnd durchquert hatten. Vor allem aber lebte es sich in Kunming unendlich besser als im spartanischen Hanoi. Unser Hotel war bis auf das letzte Bett mit amerikanischen und japanischen Touristen gefüllt. Selbst auf dem Höhepunkt des Grenzkonfliktes war dieser Ausländerstrom nie abgebrochen.

In den Mittagsstunden besuchten wir den Westberg. Zu dem felsigen Gipfel führten steile Treppen und enge Tunnelpassagen. An jeder Wendung waren taoistische Kultstätten eingelassen, vor denen gelegentlich Räucherstäbchen brannten. Die Göttin der Barmherzigkeit, Kwan Yin, die hier mit rotem Antlitz dargestellt war, schaute wohlwollend auf eine endlose Kolonne chinesischer Ausflügler, darunter viele Angehörige der Yi-Minderheit. Es ging fröhlich zu wie bei einem Familienfest. Von der Höhe des Yu Feng Shan schweifte der Blick über die sanfte Spiegelung des Tienchih-Sees. Seine Harmonie wurde durch das Entwässerungssystem und die braune Erdfläche eines ausgedehnten Polder gestört, den die Bilderstürmer der Kulturrevolution seinerzeit drainiert hatten. Die »Roten Garden« hatten der Erhöhung der landwirtschaftlichen Produktion den Vorrang vor dem Ästhetizismus unverbesserlicher Mandarine eingeräumt. Tschou En-lai, so wurde uns berichtet, habe sich – an die Balustrade des Fuyen-Tempels gelehnt – über diesen Akt der Barbarei entrüstet.

Am längsten verweilten und filmten wir im Bambustempel Qiong Zhu Si. In einem höhlenähnlichen Gebäude waren alle Varianten der Luohan, die Figuren von fünfhundert Erleuchteten der buddhistischen und taoistischen Mythologie, zu einem verwirrenden und grotesken Hexensabbat in Gold vereint. Buddhas und Bodhisattvas, Fo und Pu

Su, Fabeltiere und tantristische Dämonen, Tempelwächter, Nymphen, Heilige, Philosophen und Ungeheuer, die grinsenden feisten »She« des Reichtums und des langen Lebens bildeten einen krausen Reigen und leuchteten aus dem Halbdunkel. Über dem Eingang der Pagode war ein rotes Transparent gespannt: »Wir begrüßen den großen Sieg bei unserer Aktion der Selbstverteidigung«, übersetzte Dolmetscher Fang.

Im 14. Jahrhundert hatte ein Mongolenprinz neben diesem Tempel seine Sommerresidenz errichtet, wie überhaupt die machtvolle Präsenz der Yüan-Dynastie der weiteren Umgebung von Kunming ihren Stempel aufgedrückt hatte. Die Sinisierung der fernen Außenprovinz Jünan war bereits durch den großen Mongolenkaiser Kublai Khan eingeleitet worden. Er setzte im 13. Jahrhundert der Selbständigkeit der örtlichen Adelsfamilie vom Stamme der Bai mit eiserner Faust ein Ende. Der gleiche Kublai Khan, der die Völkerwanderung der Thai-Stämme aus Jünan nach Hinterindien ausgelöst hatte, sollte kurz darauf bei seinem Versuch, die Vorfahren der heutigen Vietnamesen zu unterwerfen, in der Schlacht am Bach Dang-Fluß blutig scheitern.

Noch heute beherbergen die Gebirge von Jünan 22 rassische Minderheiten, die etwa ein Drittel der Gesamtbevölkerung, also zehn Millionen Menschen ausmachen. Unter den westlichen Journalisten, die vom Außenministerium nach Kunming eingeladen worden waren, entspann sich eine lebhafte Diskussion über den territorialen Expansionismus des chinesischen Staatsvolkes der Han. Die Chinesen seien von Natur aus keine Eroberer, besagt eine weitverbreitete Theorie. Die großen Feldzüge und Reichsvermehrungen hätten stets unter fremden Dynastien, im wesentlichen unter den Mongolen oder auch unter den frühen Mandschu stattgefunden. Dem stand entgegen, daß die endgültige Einbeziehung Jünans in den Kulturkreis der Han unter der rein chinesischen Ming-Dynastie vollzogen wurde. Seit mehr als zwei Jahrtausenden waren die Söhne des Himmels aus ihrer ursprünglichen Heimat zwischen Hoang Ho und Jang Tse kiang ausgeschwärmt, hatten ihre Pioniersiedlungen in alle Himmelsrichtungen verstreut und die Fremdrassen unterwandert oder assimiliert. Wo es nötig erschien, waren die Kaiser der Han-, der Tang- und der Ming-Dynastie in keiner Weise vor Eroberungskriegen gegen die Barbaren zurückgeschreckt. Die planmäßige Gleichschaltung der autonomen Randgebiete Mongolei, Tibet und Sinkiang, die von der

Volksrepublik in unseren Tagen betrieben wird, ist eine zeitgenössische Illustration dieses permanenten Ausdehnungsdranges, der die Nachbarn des Reiches der Mitte mit Existenzängsten erfüllt. Die radikale Militanz, die der Maoismus den Massen Chinas in allen Lebensbereichen einzuimpfen suchte, hatte bereits breite Breschen in das konfuzianische Erbe und dessen dünkelhafte Ablehnung alles Kriegerischen geschlagen. Wer konnte garantieren, daß die Nachfolger des großen Steuermannes – von der Demütigung ausländischer Überlegenheit endgültig befreit – keinen Geschmack an einer imperialen Rolle fänden?

Die Provinzbehörden von Jünan hatten die Journalistengruppe zu einer Informationsrunde im Hotel eingeladen. Es waren Engländer, Italiener, Franzosen, Deutsche und ein starkes japanisches Aufgebot anwesend, eine eigenartige Koalition. Die amerikanischen Kollegen waren noch nicht zugelassen, solange ihre Botschaft in Peking nicht offiziell eröffnet war. Die Korrespondenten des Ostblocks waren natürlich ausgeschlossen. Der Propagandabeauftragte hieß Pan Chuan He. Dieser nachdenkliche alte Herr teilte uns mit, daß wir am nächsten Tag nach Süden aufbrechen würden, um in Pan Qi ein Lager mit vietnamesischen Kriegsgefangenen zu besichtigen. Pan Qi sei etwa 250 km entfernt und befinde sich auf halber Strecke zwischen Kunming und dem vietnamesischen Grenzübergang von Lao Kay. Pan Chuan He war von einem ganzen Stab Mitarbeiter umgeben und antwortete auf unsere Fragen. Nein, die Situation an der Grenze mit Vietnam sei noch nicht befriedet. Es komme weiterhin zu Zwischenfällen, Geplänkeln und sogar zu Schießereien. Trotz der eindeutigen Grenzziehung, die Ende des 19. Jahrhunderts zwischen der französischen Kolonialmacht und der damals herrschenden Tsching-Dynastie vereinbart und durch die sogenannte Li-Fourlier-Kommission definiert worden sei, gäbe es noch Streitigkeiten um diverse Gebietszipfel, die insgesamt etwa 60 Quadratkilometer ausmachten. In welcher Entfernung die Grenzmarkierungen gesetzt seien, fragte ich in Erinnerung an frühere Erfahrungen an Ort und Stelle. »Die Grenzsteine sind in einem Abstand von 50 bis 60 km gesetzt«, antwortete der Propagandabeauftragte. Unter diesen Umständen wäre der Disput über 60 Quadratkilometer in Dschungel und Gebirge eine Lappalie gewesen, wenn auf beiden Seiten auch nur der geringste Wille zum Kompromiß bestanden hätte. Pan Chuan He teilte mit, daß zwei Delegationen des Zentralkomitees in Jünan eingetroffen seien, um die Truppe zu beglückwünschen. Dieser Besuch stände unter dem Motto: »Wir wollen immer bereit sein, weitere Siege zu erringen.« Im Falle neuer Provokationen würde die Volksbefreiungsarmee nicht zögern, zu einem neuen Schlag auszuholen. Auf die Situation in Laos angesprochen, gab er keine befriedigende Antwort über die wirren Zustände in den nördlichsten Gebieten von Phong Saly, Hua Pa und Nam Tha. Die japanischen Korrespondenten hatten jedoch erfahren, daß die Vietnamesen dabei waren, ihre Garnison in Laos auf 50000 Mann zu erhöhen. Etwa 2000 russische Militär-Experten seien im Land der Million Elefanten inzwischen eingetroffen. Die frühere CIA-Festung Long Chen, wo der Meo-General Vang Pao den Divisionen Hanois bis zuletzt widerstanden hatte, war jetzt zu einer Intelligence-Basis der Sowjets geworden, und eine nordvietnamesische Staffel vom Typ MiG 21 sei dort stationiert. Vor allem richtete sich das Augenmerk auf das Hochland der Schwarzen Thai auf halbem Wege zwischen Hanoi und der laotischen Mekong-Ebene. Dort wurde eine strategisch günstige Mulde zur militärischen Drehscheibe und zentralen Interventionsbasis für die Eliteverbände Hanois ausgebaut. Der Platz trug einen ominösen Namen: Dien Bien Phu. Der Indochina-Krieg drehte sich im Kreise, stand offenbar im Zeichen ewiger Wiederkehr.

Von dem offiziellen chinesischen Sprecher war natürlich keine *inside*-Information über die jüngsten Machtkämpfe innerhalb des Polit-Büros von Hanoi zu erhalten, über die wiederum die Japaner am besten unterrichtet schienen. Demnach war der ausgleichende Einfluß Pham Van Dongs durch das militante pro-sowjetische Gespann Le Duan – Vo Nguyen Giap zurückgedrängt worden, ja man sprach bereits von einer partiellen Entmachtung des Ministerpräsidenten. Der aktivste Exponent der pro-chinesischen Linie, das Polit-Büro-Mitglied Hoang Van Hoan, der früher einmal als rechte Hand Ho Tschi Minhs gegolten hatte, stand unter mißtrauischer Beobachtung. Zu meinem Kummer erfuhr ich, daß unser alter Freund General Chu Van Tan, der »graue Tiger« von Viet Bac, verhaftet worden sei. Chu Van Tan sei zwar ein braver Kommunist, hätten sogar die Apparatschiks von Hanoi zugeben müssen, aber als Angehöriger einer rassischen Minderheit, die auf beiden Seiten der Grenze lebe, verfüge er über zu viele Verbindungen nach China. Wir lauschten diesen sensationellen Enthüllungen der Kyodo-Leute mit einiger Skepsis. Später sollten sie sich voll bestätigen.

Eine kleine Gruppe von Soldaten wurde in den Konferenzsaal eingelassen. Die Gesichter waren starr und ausdruckslos unter der grünen Ballonmütze mit dem roten Stern. Sie stellten sich als »Helden« der Volksbefreiungsarmee vor, die sich in der Schlacht bewährt hatten. Die Helden hatten ihre Lektion fleißig gelernt. »Die revisionistische Le Duan-Clique von Hanoi hat behauptet«, so begann der erste, »daß ein vietnamesischer Soldat dreißig Chinesen wert sei. Wir haben den Provokateuren gezeigt, daß sie Papiertiger sind.« Nahkampfszenen wurden beschrieben. Ein Unteroffizier hatte mit der bloßen Hand ein feuerndes Maschinengewehr aus einer feindlichen Höhle gerissen. Seine Finger waren dabei verbrannt. Die entscheidenden Stoßtrupp-Unternehmen waren bei Nacht geführt worden. Wie sie sich verhalten würden, falls sie in Gefangenschaft gerieten, fragten wir. Die Antwort war prompt. »Ich würde mit allen Mitteln versuchen auszubrechen«, trug ein Held vor. »Wenn das unmöglich wäre, würde ich den Freitod suchen, aber vorher mindestens einen revisionistischen Feind umbringen.«

In der Journalistengruppe war ich der älteste mit Ausnahme eines Japaners von Kyodo, der wohl einmal ganz andere Zeiten auf dem asiatischen Festland erlebt hatte. Ich konnte ihn mir trotz der grauen Haare sehr gut in den gelben Stiefeln und unter der hohen Schirmmütze der Soldaten des Tenno vorstellen. Der Japaner lächelte mir häufig zu wie ein alter Kumpan. Auch er schüttelte sicher insgeheim den Kopf über die Umwälzungen, die sich seit dreißig Jahren vollzogen, über die Fronten, die sich verkehrt hatten. Wir prosteten uns mit den kleinen Weingläsern zu und kippten die süße Flüssigkeit mit einem Zug.

Die Abendluft in Kunming war weich wie Seide. Wir promenierten über die breiten, baumbestandenen Alleen in Richtung auf das Zentrum. Sämtliche Einwohner schienen auf den Beinen zu sein, um die sanfte Stimmung zu genießen. Auch die Touristen hatten sich auf einen Rundgang gemacht. Die Amerikaner in ihren Hawaii-Hemden und knallbunten Kleidern waren von Menschentrauben umlagert. Stets fand sich ein chinesischer Student, der seine englischen Sprachkenntnisse an den Fremden erproben wollte. Wir wunderten uns, wie spontan der Funke übersprang. Beim Hinzutreten hörten wir, daß es in den holprigen Gesprächen um höchst prosaische Themen ging. Die Amerikaner wurden nach Lebensstandard, Löhnen und Kosten in USA gefragt und interessierten sich ihrerseits nur für die materiellen

Aspekte des chinesischen Alltags. Die Yankees, die noch vor ein paar Jahren als Ausgeburten der kapitalistischen Hölle dämonisiert worden waren, genossen bei den Einwohnern von Kunming eine spontane Sympathie. Die Dürftigkeit des Gesprächs entsprach vielleicht besser als jede ideologische Debatte dem nüchternen Wirklichkeitssinn der jungen chinesischen Generation. Schon in Peking war mir aufgefallen, daß der Ausbau und die Pflege der eben angebahnten amerikanisch-chinesischen Freundschaft Priorität genoß. In Kunming spürten die Europäer, daß sie zweitrangige Außenstehende waren in diesem Dialog der Giganten auf beiden Ufern des Pazifik. Die Touristen aus Missouri und Illinois wurden – ohne es zu merken – zu Missionaren des »American way of life«. Sie wandelten auf den Spuren Pearl Bucks, deren sentimentales und oft naives Romanwerk mir plötzlich in einem neuen Licht erschien.

Zahlreiche Liebespaare begegneten uns an diesem Abend. Sie gingen eng umschlungen. Es schien wirklich eine neue Zeit angebrochen zu sein. In einer Nebenstraße hörten wir Jazz-Musik. Durch ein halbverhangenes Fenster sahen wir junge Chinesen beider Geschlechter, die sich ungeschickt in den neuesten Tanzschritten des Westens übten und sich köstlich dabei amüsierten. Als sie entdeckten, daß sie beobachtet wurden, brachen sie die Party abrupt ab, und wir gingen eilig weiter. Wir hatten jetzt ein Viertel gelber Villen im französischen Kolonialstil erreicht, wo einmal die französischen Ingenieure und Techniker der Bahnlinie Hanoi–Kunming gewohnt hatten. Die *Chemin de fer en dentelle*, wie die Franzosen diese höchst schwierige Gebirgsstrecke wegen ihrer zahllosen Brücken und Tunnels genannt hatten, war schon vor dem Ersten Weltkrieg gebaut worden, als die *War-Lords* von Jünan ihre Unabhängigkeit gegenüber der mürben Mandschu-Dynastie in Peking betonen wollten und die Franzosen ihre indochinesische Kolonialdomäne um ein Protektorat über Kunming zu erweitern suchten. »Sic transit gloria mundi«, kommentierte ein französischer Kollege, der sich uns angeschlossen hatte. Mit den gleichen Worten hatte de Gaulle einst in Rio de Janeiro die Entmachtung Chruschtschows zur Kenntnis genommen.

Gefährten seit dreißig Jahren

Pan Qi, im März 1979

Die zerklüftete Landschaft war gelb wie ein Löwenfell. Wir hatten die Asphaltstraße verlassen, und unsere Autokolonne wirbelte Staubwolken hinter sich her. In den Tälern waren die Reisfelder zu grünen Tupfen geschrumpft. Die Menschen, die uns unter schweren Lasten oder neben Büffelgespannen begegneten, trugen eine blaue Tracht mit roten Borten. Sie gehörten dem Volk der Yi an. In Tonking hießen sie Lolo. Die Gegend war wild und verlassen. Die Dörfer der Han-Chinesen mit ihrer lärmenden Geschäftigkeit, den geschwungenen Giebeln ihrer Häuser, den leuchtturmähnlichen Pagoden, den Ahnengräbern im Grün der jungen Saat, diese Szenen eines reizvollen Bilderbuch-Asiens lagen hinter uns. Wir rollten jetzt durch ein strenges, isoliertes Gebiet, den autonomen Kreis der Yi, den seit mindestens einer Generation kein Weißer mehr betreten hatte. Es wäre sehr viel einfacher gewesen, die bequeme Direktstraße zu benutzen, die von Kunming zur vietnamesischen Stadt Lao Kay führt. Aber irgendwelche Befestigungen oder Radarstellungen waren offenbar auf dieser Strecke zu sehen, und deshalb hatten die Organisatoren unserer Reise den Umweg gewählt. Am Rande unserer Schotterstraße verlief ein zwanzig Zentimeter dickes Rohr, die *pipe-line*, die in früheren Zeiten die Armee Nordvietnams mit Benzin versorgt hatte. Jetzt floß der Brennstoff für die vorgeschobenen Panzereinheiten und Lastwagen der Volksbefreiungsarmee längs der Tonking-Front. Nur selten begegneten uns Militärfahrzeuge, die mit Tarnnetzen versehen waren. Der Umweg durch den Kreis Lu Nan hatte uns erlaubt, im Gästehaus des »Steinwaldes« Shi Lin zu übernachten. Die Abendsonne ging wie ein riesiger roter Lampion über einem unbeschreiblichen Irrgarten von Felskliffen und Steinnadeln unter, ein Bild, wie es die kühnste Phantasie der chinesischen Paysagisten kaum zu entwerfen wagte. Anschließend hatte uns die Tanzgruppe einer Produktionsbrigade des Yi-Volkes unterhalten. Die Tracht war blau und schwarz mit roten Stickereien. Auf dem Kopf trugen die kleinen, stämmigen Mädchen bunte Hauben, die mit roten Teufelshörnchen verziert waren. Es war stets die gleiche Bewegung und derselbe kreischende Singsang. In den Liedern war von sozialistischem Aufbau und der genialen Führung Mao Tse-tungs die Rede. »Herzige Wilde«, kommentierte ein blasierter Engländer, und wir gingen vorzeitig zu Bett.

Die Schotterstraße fiel plötzlich steil in ein fruchtbares Tal ab. In der Tiefe krümmte sich ein Flüßchen zwischen den Reisfeldern. Auf dem östlichen Ufer verliefen die Schienen der alten Jünan-Bahn. Wir hatten die Kommune Pan Qi im Kreis Huaning erreicht und wurden sofort zu einer Kaserne dirigiert, in der vor dem Krieg ein Regiment chinesischer Grenztruppen stationiert war. Jetzt diente sie als Gefangenenlager für die Vietnamesen. Uns frappierte das geringe Bewachungsaufgebot. Die chinesischen Soldaten waren nur zum Teil mit den unvermeidlichen AK 47-Gewehren bewaffnet. Die Kaserne bestand aus langen, soliden Backsteinbaracken. Es war eine geräumige und peinlich saubere Anlage. Die Kieswege wurden von großen Bäumen überschattet. Auf den Beeten wuchs Gemüse und Salat. Weder Wachtürme noch hohe Stacheldrahtverhaue schirmten die Anlagen nach außen ab. In der Mitte des *Camps* entdeckten wir ein weites Sportfeld, das auch als Exerzier- und Übungsplatz diente. Ohne Säumen wurden wir zum Mittagessen geführt, denn die Pünktlichkeit der Mahlzeiten ist geheiligt im revolutionären China. Dann lud der Kommandant des Ersten Gefangenenlagers der Grenzschutztruppen der Volksbefreiungsarmee in der Provinz Jünan die Journalistengruppe zum *Briefing* ein. In einem schattigen Hof wurden uns bequeme Rohrsessel angewiesen.

Der Politische Kommissar Wang-Yü-Qing war ein im Dienst ergrauter Mann. Das Wetter hatte sein Gesicht gegerbt und zahllose Falten hinterlassen. Er strahlte Ruhe, Gutmütigkeit und List aus. »Das ist der Vater der Füchse«, meinte ein Korrespondent. Der Kommissar machte ein paar Angaben: Es befanden sich etwa 220 vietnamesische Gefangene in Pan Qi. 109 dienten in der regulären vietnamesischen Volksarmee, im wesentlichen bei den Divisionen 316 A und 345. Den Grenztruppen gehörten 11 Mann und der bewaffneten Miliz 37 an. In zwei Sonderbaracken waren 66 Verwundete unter ärztlicher Betreuung untergebracht. Sie waren alle in der Gegend von Lao Kay und in der Provinz Hoang Lien Son zwischen dem 2. Februar und dem 14. März gefaßt worden. Später erfuhren wir, daß die Chinesen insgesamt 1500 vietnamesische Gefangene gemacht hatten, eine Zahl, die keineswegs ihren ursprünglichen Erwartungen entsprach. »Wir praktizieren die maoistischen Leitlinien der Nachsicht und Milde gegenüber dem besiegten Gegner«, führte Kommissar Wang-Yü-Qing weiter aus; der Dolmetscher wählte die Worte »leniency and clemency«. – »Unser oberstes Gebot ist die revolutionäre Humanität.« Letzterer Ausdruck wurde in der Übersetzung zum »revolutionären Humanismus« – »Wir respektieren die menschliche Würde unserer Gegner.« Die Vietnamesen seien im Lager neu eingekleidet worden. Ihre Essensration – 60 Pfund Reis im Monat – sei reichhaltiger als die der chinesischen Soldaten oder Schwerarbeiter, die sich mit 45 Pfund zufriedengäben. Fast alle Gefangenen – junge Männer zwischen 17 und 36 Jahren – hätten in Pan Qi zwei bis drei Kilo zugenommen. Tatsächlich waren das Verpflegungssätze, von denen im ausgehungerten Vietnam kaum jemand zu träumen wagte. Die Vietnamesen durften Briefe an ihre Angehörigen schreiben. Ursprünglich seien sie mißtrauisch gewesen und hätten nicht gewagt, offen zu sprechen. Sie seien eben Opfer der Greuelpropaganda der Revisionisten von Hanoi gewesen. Aber nach und nach habe man sie aufgeklärt und durch objektive Information über die wahren Absichten und Beweggründe der Volksrepublik China informiert. Die Le-Duan-Clique in Hanoi habe zwar der bewährten Freundschaft mit der Volksrepublik China den Rücken gekehrt, aber die beiden Völker müßten wieder zueinanderfinden. Wir notierten mit Interesse, daß neuerdings in den offiziellen Erklärungen Pekings Generalsekretär Le Duan als der Hauptverantwortliche für den anti-chinesischen Kurs Hanois hingestellt wurde. Ministerpräsident Pham Van Dong wurde schonender behandelt. Damit erhärteten sich die japanischen Angaben, wonach Pham Van Dong sich der rabiaten Frontstellung gegen Peking sowie der allzu engen Anlehnung an Moskau widersetzt habe. Die Quadriga von Hanoi wies zum ersten Mal in 30 Jahren Krieg innere Risse auf.

Die propagandistische Beeinflussung und ständige Berieselung war der kritische Punkt in dieser Lagerführung. Kommissar Wang antwortete ausweichend auf diesbezügliche Fragen. »Wir zwingen niemanden, an unserer politischen Schulung, an der Wahrheitsfindung teilzunehmen. Wir wissen, daß die Gefangenen nach ihrer Rückkehr in ihre Heimat Repressalien ausgesetzt sein werden und wollen sie nicht in Schwierigkeiten bringen. Aber sie hören unsere Radiosendungen in vietnamesischer Sprache und können unsere revolutionären Schriften lesen.« Bevor er uns aufforderte, die Gefangenen aufzusuchen und nach Belieben zu interviewen, erwähnte der Lagerkommandant die harten Vergeltungsmaßnahmen, mit denen die vietnamesischen Behörden sich an angeblichen Kollaborateuren – vor allem Angehörigen der rassischen Minderheiten – nach dem Abzug der

Volksbefreiungsarmee gerächt hätten. »Viele sind schon zu uns geflüchtet.«

Wir traten den Rundgang durch das Lager an. Wir genossen tatsächlich volle Bewegungsfreiheit. Auf dem großen Sportfeld trafen wir blaugekleidete Vietnamesen beim Fußballspiel und beim Volleyball. Der Anblick stimmte mich nachdenklich und melancholisch. Zum dritten Mal in meinem Leben begegnete ich nun unter völlig verschiedenen Umständen vietnamesischen Kriegsgefangenen. Die Tragödie dieses Landes ließ mich seit dreißig Jahren nicht mehr los. Unter ihren chinesischen Bewachern waren die Bo Doi zweifellos besser dran als in den beiden vorhergehenden Indochina-Kriegen. Bei den Franzosen hatten die *prisonniers de guerre* des Vietminh nichts zu lachen gehabt. Die Rationen hinter Stacheldraht waren schmal. Die Verhörmethoden waren hart. Die Amerikaner machten im Kampfeinsatz gegen die Vietkong-Partisanen wenig Gefangene. Wer dennoch überlebte, wurde den südvietnamesischen Militärbehörden ausgeliefert, und das bedeutete systematische Mißhandlung und Folterung. Bei den Chinesen ging es tatsächlich sehr viel humaner zu. Die Volksbefreiungsarmee war geübt im revolutionären Krieg. Sie war darauf aus, den Gegner ideologisch umzukrempeln. Im Gegensatz zu Franzosen und Amerikanern, die sehr bald die Aussichtslosigkeit ihres Engagements auf dem asiatischen Festland erkannt hatten und in wütende Resignation verfielen, waren die Chinesen von der Gerechtigkeit ihrer Sache und von ihrem Endsieg über die Abweichler von Hanoi zutiefst überzeugt. Sie hatten die Zeit und, wie sie meinten, das gute revolutionäre Gewissen für sich gepachtet. Sie waren von keinem Zweifel und schon gar nicht von jenem morbiden Defätismus angekränkelt, der sich im Westen als Pazifismus definiert. Als Sendboten des maoistischen Gedankenguts und Zeugen der chinesischen Großmut sollten die Gefangenen so bald wie möglich in ihre Familien zurückgeschickt werden. Ob sich diese Erwartungen erfüllen würden, war keineswegs gewiß. In einem Gefangenenlager von Kwangsi, so wußte ein französischer Kollege zu berichten, hatte ein vietnamesischer Leutnant sich in heftiger Form gegen die »permanente propagandistische Verdummung durch die reaktionär-imperialistische Clique von Peking« verwahrt.

In Pan Qi, so schien es, herrschten fast idyllische Zustände. Die spontane asiatische Fähigkeit zu Anpassung und Verstellung in Notsituationen spielte dabei zweifellos eine gewichtige Rolle. Einen unglücklichen Eindruck machten diese wohlgenährten vietnamesischen Bauernburschen jedenfalls nicht. In ihren blitzsauberen Baracken, wo jeder über ein Feldbett verfügte, spielten sie chinesisches Schach und eine Art Halma. Sie konnten ihr eigenes Essen kochen und beteuerten auf unsere Fragen ohne Zaudern und Verlegenheit, daß sie gut behandelt wurden. Über politische Themen äußerten sie sich gehemmt und phrasenhaft. Dann hieß es, daß die Freundschaft zwischen dem vietnamesischen und chinesischen Volk »immer grün« bleiben müsse. Die Kriegsschuldfrage wurde mit dem Hinweis auf mangelnde Kenntnis der Zusammenhänge umgangen. Am bequemsten war es, auf die enge Waffenbrüderschaft zu verweisen, die sich zu Lebzeiten Maos und Ho Tschi Minhs zwischen Peking und Hanoi bewährt hatte. Das Kräfteverhältnis zwischen den feindlichen Lagern kommentierte ein Unteroffizier mit den Worten: »Wir sind 50 Millionen, die Chinesen 900 Millionen.« Als wir einen Gefangenen bei der Lektüre einer Mao-Schrift überraschten, versteckte er schnell das Buch unter der Wolldecke. Von der Stubenwand blickten die Bilder Mao Tse-tungs und Hua Guofengs. Beim Sport, bei den Freizeitspielen, beim politischen Unterricht, stets waren Soldaten der Volksbefreiungsarmee in ihren grünen Uniformen, aber ohne jede Bewaffnung dabei. Es sollte wohl eine Art Symbiose, ein Gefühl der menschlichen Solidarität – natürlich unter ideologischen Vorzeichen – zwischen Bewachern und Bewachten entstehen. Wir bekamen auch Protest und Klagen zu hören, die von den chinesischen Dolmetschern getreulich übersetzt wurden. »Was Sie hier sehen, sind nur zum geringsten Teil Soldaten unserer Volksarmee,« sagte ein zorniger junger Vietnamese. »In Wirklichkeit waren wir friedliche Bauern, die durch den chinesischen Angriff überrascht wurden.« Er gab allerdings zu, als Miliz-Angehöriger ausgebildet worden zu sein. Ein Unteroffizier schimpfte, man wolle die Gefangenen als propagandistische Versuchskaninchen mißbrauchen. Bei der Wiedergabe dieser ketzerischen Äußerungen verzogen die Dolmetscher keine Miene. Auf einer Barackenmauer war in vietnamesischer Sprache und lateinischer Schrift mit kalligraphischer Sorgfalt ein Gedicht gepinselt, das der Freundschaft zwischen Chinesen und Vietnamesen gewidmet war. Sogar mit ein paar Blümchen hatte man dieses Poem verziert. Wir notierten eine Passage: »Was ich weiß: Wenn ich mich weigere zum Gewehr zu greifen und gegen die Chinesen zu kämpfen, dann erhält meine Familie keine Reisration und muß hungern.« Das Bewachungspersonal ließ uns gelegentlich mit den Gefangenen allein. Natürlich war dann auf Grund der Sprachbarriere an eine Verständigung nicht zu denken. So zählte ich den jungen Burschen, die mich umringten, die Namen jener vietnamesischen Städte auf, die ich in der Vergangenheit besucht hatte. Sie verstanden sofort und freuten sich riesig. Die biederen, breiten Bauerngesichter hatten sich erhellt, und plötzlich glaubte ich sie wiederzuerkennen. Sie waren vom gleichen Schlag, wie jene braven Bo Doi, mit denen wir im Sommer 1973 so manchen Abend im Dschungel nördlich von Saigon zusammengesessen hatten. Ich empfand für die gefangenen Vietnamesen eine tiefe Sympathie. Diese Soldaten – obwohl ich stets auf der Gegenseite gestanden hatte – waren meine Gefährten seit dreißig Jahren.

Ich konnte mir schon in Pan Qi ausmalen, wie sich die Rückgabe und der Austausch der Gefangenen an der chinesisch-vietnamesischen Grenze vollziehen würde. Tatsächlich sollte ich diese Szenen zwei Wochen später in einem Filmbericht der französischen Television als ferner Zuschauer miterleben. Da erstarrten auf einmal die Gesichter der vietnamesischen Gefangenen, die sich eben noch lächelnd von ihren chinesischen Bewachern verabschiedet hatten, beim Anblick der eigenen Polit-Kommissare zu wütenden Fratzen. Sie schrien im Chor Schmährufe gegen die Pekinger Reaktionäre, rissen sich die blauen Monturen vom Leib und warfen die Abschiedsgeschenke der Volksbefreiungsarmee mit allen Zeichen des Abscheus in den Straßengraben. Sogar die Krücken wurden von den Amputierten fortgeschleudert, als ob sie verpestet wären. Es hätte nicht viel gefehlt, und die Verwundeten hätten sich ihres Verbandes entledigt. Die vietnamesischen Militärs auf der südlichen Seite des Grenzübergangs erwarteten die Heimkehrer mit eisigen Mienen, während das chinesische Begleit- und Sanitätspersonal das Schauspiel mit spöttischem Lächeln verfolgte. Als nun die vietnamesischen Grenzposten ihrerseits chinesische Gefangene zum Kontrollpunkt geleiteten, erwiesen sich die Söhne des Himmels als mindestens ebenso gute Akteure wie ihre vietnamesischen Leidensgenossen. Mit lautem Gezeter und schmerzverkrampften Mienen humpelten sie nach Norden, klagten vor dem französischen Kamerateam über schreckliche Mißhandlungen. Sie seien ausgehungert und nur mit Hirse abgefüttert worden. Man habe sie einer brutalen Gehirnwäsche unterzogen und immer wieder seien sie verprügelt worden. Kurzum, in diesem typisch asiatischen Bühnenstück verfügten die Chinesen über das größere theatralische Talent. Die

Peking-Oper ging zu ihren Gunsten aus. An jenem Abend vor dem Fernsehgerät in Paris mußte ich an den Gefangenenaustausch zwischen Franzosen und Vietminh an der Thanh Hoa-Küste im Sommer 1954 denken. Wie kläglich und unbeholfen hatten damals die französischen Überlebenden von Dien Bien Phu auf die wohlvorbereitete Propaganda-Posse ihrer Gegner reagiert.

Die Dämmerung senkte sich über das Tal von Pan Qi. In einer Lazarett-Baracke hatten wir am Ende unseres Rundgangs einen schwerverwundeten Politischen Kommissar der vietnamesischen Grenztruppen entdeckt, der im Rang eines Hauptmanns stand. Der Mann setzte ein verschlossenes Gesicht auf, doch auch er lobte die gute Behandlung durch das Pflegepersonal. Der Kommissar hatte im Zweiten Indochina-Krieg im Raum von Hue gegen die Amerikaner gekämpft. Wie er die Kampfführung der Amerikaner und die der Chinesen vergleichsweise beurteile, wollte ich wissen. »Die Amerikaner hatten mehr Waffen –«, lautete die Antwort; »die Chinesen haben mehr Menschen. Die Amerikaner waren im Kampf ängstlicher als die Chinesen.«

Unser Dolmetscher führte uns zu einer Sammlung erbeuteter Waffen: Schnellfeuergewehre, Granatwerfer, altertümliche russische MGs auf Rädern. Sehr eindrucksvoll war dieses Arsenal nicht. Ein weiblicher Offizier der Volksbefreiungsarmee wies uns auf die russischen, amerikanischen und chinesischen Fabrikationszeichen hin. »Die Vietnamesen sind nicht in der Lage, eine einzige Waffe selbst herzustellen. Sie sind Schmarotzer«, sagte die uniformierte Dame kategorisch. Mir fiel ein Zitat Mao Tse-tungs ein, der angeblich die vier führenden Männer Hanois – Pham Van Dong, Vo Nguyen Giap, Le Duan und Truong Chinh – mit ätzendem Spott als »vier rote Bettelmönche« beschrieben hatte, die »stets den leeren Napf hinhalten«.

Auf dem Exerzierplatz waren die gefangenen Vietnamesen in zwei blauen Karrees angetreten. Auf ein Kommando hockten sie sich, in der typischen Ruhestellung ihrer Rasse, auf die Fersen. Vier Stunden pro Tag, so hatten wir inzwischen herausbekommen, waren der politischen Unterweisung durch das chinesische Lagerpersonal vorbehalten. Jetzt sammelten sie sich zum Anhören einer ausführlichen chinesischen Rundfunksendung in vietnamesischer Sprache, die ebenfalls der ideologischen Umerziehung diente. Doch noch ehe die schneidende Stimme der Sprecherin aus dem Lautsprecher hallte, war ein blutjunger Gefangener aufgesprungen und hob die Arme, als wolle er ein Orchester dirigieren. Die Vietnamesen begannen zu singen, ein Lied, das sich mir zutiefst eingeprägt hatte seit meiner Vietkong-Gefangenschaft im Dschungel, seit dem Besuch der »Hoc Tap«-Lager von Ho Tschi Minh-Stadt, seit dem Konzert der Kriegsblinden in der alten Französischen Oper von Hanoi. »Vietnam – Ho Tschi Minh«, klang es über den Sportplatz von Pan Qi. »Vietnam – Ho Tschi Minh . . .« Der Refrain steigerte sich wie ein patriotisches Credo, wie ein trotziges Treuebekenntnis zur eigenen Revolution und zur eigenen Nation.

Unser Aufenthalt in Pan Qi ging dem Ende zu. Nach der Radiosendung und dem Abendessen war auf dem Sportplatz eine große Leinwand entfaltet worden wie in einem *Drive in*-Kino. Davor kauerten, zwanglos gemischt, Soldaten des Wachpersonals, chinesische Offiziersfamilien, vietnamesische Gefangene und Journalisten. Der Film, der bis zum Sturz der Viererbande verboten worden war, schilderte die Eroberung Shanghais durch die Armee Mao Tse-tungs. Für den Geschmack der Madame Tschiang Tsching waren vielleicht die Verteidiger des Kuomintang trotz aller propagandistischen Verzerrung immer noch zu human dargestellt. Vor allem war der damalige kommunistische General, der seine Truppen siegreich zum Wang Pu geführt hatte, während der Kulturrevolution in Ungnade gefallen. Deng Xiaoping hatte ihn inzwischen rehabilitiert.

Der Zug rollte auf die Minute pünktlich ein. Er kam von der vietnamesischen Grenze. Das Tal von Pan Qi war in mondlose Dunkelheit gehüllt, aber der Bahnhof war hell erleuchtet. Er sah einer französischen *gare de province* zum Verwechseln ähnlich. Die Schlafwagenabteile waren frisch gewienert und komfortabel ausgestattet, was die Kollegen aus Peking auf die jüngste Benutzung des Waggons durch die Delegierten des Zentralkomitees zurückführten. Die Schaffnerin trug eine dunkelblaue Mütze ohne Visier über dem langen Zopf. Wir ratterten durch die tintenschwarze Nacht gen Norden. Die Begegnungen des Tages hatten mich bewegt. Ich brauchte lange, ehe ich einschlief. Das regelmäßige Klopfen der Schienen verdichtete sich in meinem Kopf zum Takt eines Refrains. Wie einen Ohrwurm summte ich das Lied der vietnamesischen Gefangenen nach: »Vietnam – Ho Tschi Minh . . . Vietnam – Ho Tschi Minh . . .«

Marx und Mohammed

Kunming, im März 1979

Wir erreichten Kunming im Morgengrauen. Bis zum Weiterflug über Kweilin nach Kanton blieben uns einige Stunden, die wir für Filmaufnahmen in der Stadt nutzten. Mitten im Geschäftsviertel entdeckten wir die örtliche »Mauer der Demokratie«. Die Wandzeitungen befaßten sich auch hier mit der Kampagne der vier Modernisierungen. Der Ton war behutsamer als in Peking, und die Kritik war positiv. Die jüngsten Weisungen des Zentralkomitees waren schnell in das ferne Jünan gedrungen. Es gehe nicht an, stand in dem warnenden Appell der höchsten Parteigremien, daß die jungen Männer sich die Haare lang wachsen ließen und daß die Mädchen Nietenhosen trügen. Nicht die modische Nachäffung westlicher Dekadenz sei die Parole des Tages, sondern der Erwerb westlicher Technologie. Der Pseudo-Liberalismus und die sogenannten demokratischen Freiheiten würden im Ausland nur als Tarnung der kapitalistischen Ausbeutung herhalten. Man müsse am Marxismus-Leninismus und an den Mao Tse-tung-Gedanken festhalten. Mit eiliger Hand waren ein paar rote Schriftzeichen darüber gepinselt worden: »Das ist die Sprache der Viererbande.«

Fang machte uns auf ein flaches Gebäude aufmerksam, das sich hinter der Mauer mit den *Dazibao* duckte. »Das ist die große Moschee von Kunming, nach der Sie mich gefragt haben«, sagte er. »Es gibt auch noch ein paar kleinere Moscheen, die geöffnet sind.« Im Gegensatz zu den christlichen Kirchen, die abgerissen oder als Warenhäuser zweckentfremdet waren, blieb das muselmanische Gebetshaus im Zentrum Kunmings für den Kult freigegeben. Im Innenhof kauerte ein greiser Imam mit weißem, schütteren Bart. Er begrüßte uns schüchtern mit »Salam aleikum«. Die Moschee war mit Strohmatten und billigen Teppichen ausgelegt. Die Gebetsnische wies nach Westen. Das Dach der Moschee war geschwungen. Die Koran-Sprüche waren mit allen möglichen Chinoiserien verschnörkelt. Natürlich fehlten Drachen und andere Fabeltiere. Unter dem Vordach war in naiver Malerei die Kaaba dargestellt, der schwarze Meteorit von Mekka, das zentrale Heiligtum des Islam.

Der Informationsbeamte, der uns begleitete, war ein gebildeter Mann mit dem distanzierten Auftreten eines Mandarins. Seine Mao-

Jacke war elegant geschneidert. Er sprach fließend Französisch. »Der Islam hat in der Geschichte Jünans eine große Rolle gespielt«, begann er. »Auch heute leben in Kunming bei einer Gesamtbevölkerung von 900000 Menschen 50000 Moslems oder ›Hui‹, wie wir sie nennen.« Die Hui seien über die gesamte Provinz verstreut. Man nahm an, daß die Einwanderung der Moslems und die anschließende Ausbreitung der koranischen Lehre sich im Gefolge der Heere Kublai Khans vollzogen habe, denn der Mongolenkaiser hatte bei den Turk-Völkern Zentralasiens einen großen Teil seiner Heerscharen ausgehoben. Sogar Marco Polo hatte bereits die Präsenz zahlreicher »Sarazenen« in Jünan erwähnt. Eine andere Theorie besagte, der Islam sei aus Kanton importiert worden, wo im Mittelalter blühende Koran-Schulen existiert hatten. Jedenfalls hatten die Moslems in dieser Südprovinz, die wie ein chinesischer Balkon nach Südostasien ragt, eine große Rolle gespielt. Der muselmanische Admiral Zheng He, der in Jünan beheimatet war, hatte im 15. Jahrhundert mit seiner Flotte die Meere des Südens bereist und die dortigen Küstenländer dem Reich der Mitte tributpflichtig gemacht. Noch im 19. Jahrhundert schlossen sich die Hui von Jünan der Taiping-Revolte gegen die Mandschu-Dynastie an. Der Sultan von Da Li, wie sich der mohammedanische Potentat von Kunming nennen ließ, konnte damals nur mit Hilfe der französischen Kolonialmacht von Indochina besiegt werden. »Wenn wir mehr Zeit hätten«, sagte der Informationsbeamte, »würde ich Sie zum Grab des Sai Dian Chi, eines hohen muselmanischen Mandarins aus dem 13. Jahrhundert, begleiten. Er nahm damals im Namen des Kaisers die Huldigung der Vietnamesen entgegen und wurde von Tamerlan posthum zum Fürsten geadelt.«

Die islamische Frage mußte die Regierung in Peking in wachsendem Maße beschäftigen. Im Sommer 1978 hatte ich in Teheran geweilt, während der Vorsitzende Hua Guofeng dem Schah von Iran einen Staatsbesuch abstattete und dem Pfauenthron seine Reverenz erwies. Damals tobten bereits im Bazar-Viertel die Straßenunruhen gegen die Pahlevi-Dynastie. Die Chinesen hatten sich in der Einschätzung Persiens ebenso gründlich verkalkuliert wie die Amerikaner. Als ich im Januar 1979 den Ajatollah Khomeini auf seinem Flug von Paris nach Teheran begleitete, war man in der Umgebung des Schiitenführers über den politischen Opportunismus der Volksrepublik China immer noch aufgebracht. Jetzt stellte sich unausweichlich das akute Problem der Behandlung der massiven islamischen Minderheit –

Uiguren vor allem, aber auch Kasaken, Kirgisen und andere – in der strategischen Westprovinz Sinkiang, die unmittelbar an die sowjetischen Teilrepubliken und deren muselmanische Turkvölker in Zentralasien grenzt. Das revolutionäre Erwachen des Islam griff längst über den schiitischen Iran hinaus. In der pro-sowjetischen Volksrepublik Afghanistan war der Heilige Krieg ausgebrochen. In Pakistan, Bangla Desh, Indonesien und Malaysia befand sich der koranische Integrismus auf dem Vormarsch. Auf den Süd-Philippinen standen die muselmanischen »Moros« in fanatischem Abwehrkampf gegen die katholische Marcos-Diktatur von Manila.

Die chinesischen Kommunisten kamen nicht an der Feststellung vorbei, daß die gesellschaftsverändernde Gewalt des Marxismus sich in Süd- und Zentralasien am Beharrungsvermögen und am erneuerten Sendungsbewußtsein der Religion des Propheten Mohammed stieß und von ihr in Schach gehalten wurde. Doch das war – wie Kipling gesagt hätte – eine andere Geschichte. Auf unsere Bitte rezitierte der alte Imam von Kunming eine Sure des Korans. Die feierlichen Verse der Fatiha trug er mit zittriger Stimme vor: »Bismillah rahman rahim, el hamdulillah ... Du, Herr der Welten; König am Tage des Gerichts ... führe uns auf dem rechten Pfad ... nicht den Weg der Irrenden ...« Ich hatte nicht damit gerechnet, daß ich an diesem Ende der Welt den beiden semitischen Propheten, Mohammed und Marx, in so intimer Nachbarschaft begegnen würde.

Am Flugplatz Kunming erwartete man uns schon. Die Verfrachtung des Kamera-Übergepäcks von 300 Kilo machte keine Schwierigkeiten. Wir saßen in der Empfangshalle vor einer riesigen Mao-Büste aus weißem Gips, die sich vom roten Hintergrund abhob. Eine Gruppe deutscher Touristen war gerade aus Kweilin eingetroffen. Auch in der Mittagshitze strahlte der Frühlingshimmel von Jünan in sanften Pastelltönen. Die Reisfelder am Rande der Rollbahn zitterten in zartem Grün. Flugzeuge der chinesischen Luftwaffe – den russischen MiGs nachgebaut – übten ohne Unterlaß. Sie starteten in enger Reihenfolge. Beim Landen entfalteten die Piloten den bunten Bremsfallschirm, als zögen sie eine große Mohnblume hinter sich her. Probten sie schon für die nächste Runde im Dritten Indochina-Krieg?

Epilog in Europa

Paris – Bonn, im August 1979

Auf dem Flugplatz Roissy-Charles de Gaulle herrschte Ferientrubel. Die Urlauber drängten sich in bunten, lärmenden Haufen vor dem Eingang der durchsichtigen Plexiglas-Röhren, deren Rolltreppen sie nach oben zu den Abflug-Satelliten aus Beton und Aluminium beförderten. Die Stimmung war nervös und gereizt bei den einen, ausgelassen und demonstrativ vergnügt bei den anderen. Der Sommermorgen war grau und kühl in Paris. Doch am Ende der Reise warteten heiße Strände, blaues Meer, grüne Wälder. Kaum einer der Charter-Touristen, die fest entschlossen waren, ein paar Wochen lang die Monotonie ihres Alltagsrhythmus *métro, boulot, dodo* – U-Bahn, Arbeit, Bett – zu verdrängen, nahm Notiz von der Gruppe asiatischer Exoten, die in einer Reihe dieser schillernd modernen Karawanserei kauerten. Sie besaßen nur ein paar Habseligkeiten, ärmliche Bündel, und lauschten verständnislos den Weisungen einer französischen Sozialhelferin. Ihr gedrücktes Schweigen kontrastierte mit dem fröhlichen Durcheinander ringsum. Ihre Gesichter waren braun, die Augen mandelförmig, die Haare pechschwarz. Die Kambodschaner fröstelten in der Zugluft der verglasten Halle und hüllten sich in Decken und Schals, die ihnen bei der Ankunft in Roissy verteilt worden waren. Eine Maschine aus Bangkok hatte diese Khmer-Flüchtlinge hier abgesetzt. Sie gehörten zu den wenigen Privilegierten, die dem Tod im Dschungel und der Erniedrigung der Internierungslager entkommen konnten.

Zwei Stunden vorher – um sieben Uhr – war eine andere Linienmaschine aus Ho Tschi Minh-Stadt in Charles de Gaulle eingetroffen. Doch im früheren Saigon waren keine Passagiere zugestiegen. Die Regime-Gegner, denen die kommunistischen Behörden die Ausreise aus Vietnam auf dem Luftwege gestatteten, waren äußerst selten. Diese Kategorie von offiziellen Emigranten verfügte über Verbindungen, besaß Familienangehörige in Frankreich, die sie am Zollausgang in Empfang nahmen und unter Tränen umarmten. Für diese Neuankömmlinge würden sich relativ geringe Probleme der Anpassung und der Existenzgründung stellen, auch wenn sie sich am Anfang mit bescheidenen Beschäftigungen zufriedengeben müßten. In den *Super-Marchés* der bürgerlichen *Arrondissements* von Paris hatte sich die

Kundschaft schnell daran gewöhnt, von jungen Asiaten bedient zu werden, die ihre mangelnde Kenntnis der französischen Sprache durch Fleiß und schnelle Auffassungsgabe wettmachten. In den Bezirken der roten Bannmeile hingegen brachten die Überlebenden des vietnamesischen Gulag die örtlichen Funktionäre der KPF in Verlegenheit. Die Mehrheit dieser Flüchtlinge stammte gewiß aus den Chinesen-Vierteln von Saigon-Cholon und gehörte angeblich der verworfenen Ausbeuter-Schicht der *Compradores* an. Aber jede Stimmungsmache gegen sie war zwangsläufig mit rassistischen Untertönen behaftet. Im übrigen hatte auch die französische Arbeiterschaft über die Television erfahren, daß neben den chinesischen Hoa, die von den roten Kommissaren auf die Boote und in den Ozean getrieben wurden, mindestens zwei bis drei Millionen reinblütiger Südvietnamesen die Chance einer Ausreise mit beiden Händen ergreifen würden, wenn diese sich selbst unter größtem Risiko und Zurücklassung der gesamten Habe böte.

Wer hätte damals – als die »Andus« die ersten Verstärkungen des französischen Expeditionskorps nach Indochina transportierte und als die Fremdenlegionäre an Bord dieses Schiffes ihre Wehrmachtslieder sangen – im Traum daran gedacht, daß die Vietnam-Problematik eines Tages auf ganz Westeuropa überschwappen, daß Deutschland in die Rettungsaktion für indochinesische Flüchtlinge einbezogen, daß eine Sonderkonferenz der Botschafter Bonns in Ostasien zusammengerufen würde, um Dringlichkeitsmaßnahmen zu prüfen? Das Deutsche Rote Kreuz hatte zu Beginn des amerikanischen Vietnamkrieges das Lazarettschiff »Helgoland« auf den Weg nach Saigon und Danang geschickt. Damit hatte die damalige Bundesregierung den ursprünglichen Vorschlag eines ihrer Minister, ein Pionier-Bataillon der Bundeswehr in Südvietnam einzusetzen, geschmeidig umgangen. Jetzt war ein neues Schiff des DRK unterwegs, um die Gestrandeten und Ertrinkenden im Südchinesischen Meer zu retten. Noch vor drei Jahren – als der Zweite Indochina-Krieg ruhmlos für den Westen zu Ende ging – hatten die Zeitungskommentatoren ausführliche Betrachtungen darüber angestellt, wie kurzfristig und sensationsgebunden das Interesse der Lesermassen sei, und geglaubt, das leidige Thema Vietnam endgültig aus ihren Schlagzeilen verbannen zu können. Nun hatte diese verlorene Randzone Südostasiens schon wieder die Aktualität an sich gerissen und sich in den Vordergrund des Zeitgeschehens gedrängt. Wer hatte vor 1945 auch nur dem Namen nach das periphere hinterindische Volk der Vietnamesen gekannt? Seit dreißig Jahren hielt es nunmehr die Welt in Atem.

Rückblickend offenbarte sich die Indochina-Frage nicht nur als permanenter Krisenherd, sondern als politischer Enthüllungsfaktor, als unerbittlicher Lügendetektor. In den Dschungeln und Reisfeldern zwischen Hanoi und Saigon hatte für Hegemonen und Ideologen die Stunde der Wahrheit geschlagen. Begonnen hatte es mit den Franzosen. Ihre Niederlage in Indochina hatte den Verlust des gesamten Kolonialreichs, der *France d'Outre-Mer* eingeleitet. In den Gefangenenlagern des Vietminh, im faszinierenden Kontakt mit der großen asiatischen Revolution war jener Zündstoff gelegt worden, der sich im Mai 1958 auf dem Forum von Algier entlud. Der Sturz der Vierten Republik, die zweite Ära de Gaulle waren an den Ufern des Roten Flusses vorprogrammiert worden. Mehr noch, in der Ebene von Tonking meditierten die französischen Zenturionen zum ersten Mal über die Unzulänglichkeit der ererbten, bis dahin sakrosankten Vorstellung vom Nationalstaat. Im Angesicht des ungeheuren Orkans, der die farbigen Massen der Dritten Welt aufwühlte, konnte der schmächtige Rahmen der aufs Hexagon Frankreich beschränkten Nation nicht mehr als Finalität der Geschichte herhalten, was immer auch ein paar Nachzügler des Gaullismus an Gegenargumenten zusammenkratzen mochten.

Dem amerikanischen Giganten waren in der Auseinandersetzung mit den gelben Zwergen von Hanoi die Grenzen seiner Macht gesetzt worden, und sein Selbstbewußtsein hatte sich von dieser Erkenntnis nicht erholt. Der Zenit amerikanischer Weltgeltung schien nunmehr überschritten. Die Resignation Johnsons, der Watergate-Skandal Richard Nixons, die Paralyse, die sich Washingtons unter Gerald Ford und mehr noch unter Jimmy Carter bemächtigte, ließen sich recht und schlecht auf jene Demütigung zurückführen, die die kleinen grünen Männer des Vietkong dem gewaltigen Onkel Sam zugefügt hatten. Die Schlagkraft, die Glaubwürdigkeit, die Bündnisfähigkeit der amerikanischen Streitkräfte waren nach dem Rückzug aus Südostasien dubios geworden. Der Zweite Indochina-Krieg hatte in der amerikanischen Heimat, beginnend mit den Universitäten, politische Zersetzung oder politische Besinnung – je nach Standpunkt – ganz bestimmt aber Ratlosigkeit, moralische Verunsicherung, Wut und Ekel ausgelöst. Den Gesellschaftsanalytikern in USA erschienen die tiefenpsychologischen Nachwehen des Vietnam-Debakels bei den amerikanischen Massen weit gewichtiger als die strategischen und durchaus reparablen Folgen dieses Fiaskos.

Auch die vermeintlichen Sieger wurden ihres Triumphes nicht froh. Der dritte Indochina-Konflikt zwischen Vietnamesen und Kambodschanern, Chinesen und Vietnamesen hatte endlich die Heuchelei, die pseudo-humanitäre Anmaßung des »Weltkommunismus« wie Seifenblasen platzen lassen. Von nun an sollte kein Propagandist mehr – ohne sich der Lächerlichkeit auszusetzen – vom »Proletarischen Internationalismus«, von der völkerverbindenden und endgültig pazifizierenden Mission des Marxismus-Leninismus reden dürfen. Der erste kommunistische Religionskrieg, der auf indochinesischem Boden ausgetragen wurde, stand den bewaffneten Konfrontationen der vielgeschmähten imperialistischen Vorgänger in keiner Weise an grausamer Skrupellosigkeit nach. Dem roten Kambodscha Pol Pots blieb es vorbehalten, ein Horror-Regime zu errichten, das in der Neuzeit nur noch von den Massenvernichtungslagern Hitlers übertroffen wurde.

Selbst den Russen könnte allmählich bange werden bei dem Gedanken an die südostasiatischen Partnerschaften und Verwicklungen, in die sie sich eingelassen haben. Der propagandistische Bonus, den Moskau – nach den sukzessiven Waffen-Erfolgen Hanois über Paris, Washington und Saigon – weltweit verbuchen konnte, ist gründlich entwertet worden, seit die Sozialistische Republik Vietnam sich als hemmungslose Kriegsmaschine, als »kaltes Ungeheuer«, als spät-stalinistischer Repressionsapparat zu erkennen gab. Spätestens seit dem chinesisch-vietnamesischen Grenzkonflikt im Februar 1979 sieht sich Moskau in einen ungewissen Stellvertreter-Krieg verwickelt, zu unabsehbaren und aufwendigen Hilfeleistungen an Hanoi verurteilt. Noch täuscht die vergreiste Kreml-Führung sich mit der überschwenglichen Zelebrierung des sowjetisch-vietnamesischen Bündnisses über die Tatsache hinweg, daß ihr slawisches Imperium – ein Sechstel der Festlandmasse unseres Erdballs – eine ungeheuerliche, spätkoloniale Herausforderung der gelben Massen Asiens darstellt. Es kann nicht ausbleiben, daß die Russen – trotz ihres kurzsichtigen und zutiefst frustrierenden Engagements auf seiten aller ideologischen Wirrköpfe und Scharlatane der Dritten Welt – am Ende als weiße Vorhut Europas in Zentralasien, Sibirien und Fernost dastehen werden. »Auch die Russen«, hatte de Gaulle prophezeit, »werden eines Tages entdecken, daß sie Weiße sind.« Der Dritte Indochina-Krieg, der noch lange weiterschwelen dürfte, wird diese Erkenntnis sicherlich beschleunigen. Schon die Gefangenen von Dien Bien Phu hatten es im Sommer 1954 als schmählichen Verrat empfunden, als russische Kameraleute als Verbündete und Propagandisten des Vietminh die ausgemergelten Kolonnen der geschlagenen französischen Fernost-Armee filmten. Für die Überlebenden von Dien Bien Phu kündigt sich eine späte und bittere Genugtuung an.

Was die Volksrepublik China betrifft, so erscheint sie seit Februar 1979 und der Eroberung von Lang Son in einem kalten, nüchternen Licht. Das Reich der Mitte hat zu erkennen gegeben, daß es Pazifismus mit Schwäche gleichsetzt. Im Westen hatte ein gerüttelt Maß Naivität dazu gehört, den Söhnen des Himmels permanenten hegemonialen Verzicht und kriegerische Enthaltsamkeit zu unterstellen. Es hieß zwar in den Gazetten, der chinesische Drache habe internationales Prestige und *good will* eingebüßt, seit er seine Krallen gezeigt hat. Aber was scherte es dieses Imperium von bald einer Milliarde Menschen, wenn ein paar bekümmerte Theoretiker im Westen ihre langen Nasen rümpften? Nichts mußte den chinesischen Kommunisten lächerlicher erscheinen als jene bärtigen Delegationen europäischer Maoisten – mit den Plaketten des großen Steuermannes am hochgeschlossenen Kittel –, die gar nicht begreifen wollten, daß die Auseinandersetzung mit dem Konfuzianismus das permanente und prioritäre Problem der chinesischen Revolution blieb. Welch unglaublicher Nonsense, Maoist sein zu wollen, ohne mindestens ein paar hundert Jahre im strengen Prägstock des Meister Kong verbracht zu haben!

Und die Deutschen? Jedermann plädierte neuerdings für Hilfsaktionen in Fernost, die Kirchen appellierten zugunsten der vietnamesischen Flüchtlinge, die Parteien lieferten sich einen Wettlauf in Humanität und rangen um publikumswirksame Profilierung. Weite Bevölkerungsteile übten jenseits der Rassen und der Geographie eine spontane menschliche Solidarität, die keiner erhofft hatte. Darüber sollten jedoch nicht die anderen, viel profunderen Einwirkungen der Indochina-Tragödie vergessen werden, die die politische Psyche der Bundesbürger seit geraumer Zeit in erstaunlicher Weise verändert hatten. Begonnen hatte es 1965 mit einer selbstverständlichen, überparteilichen Stellungnahme zugunsten des amerikanischen Eingreifens in Vietnam. Der Mann, der damals die Formel fand, Berlin werde in Saigon verteidigt, stand keineswegs allein, sondern sprach für die Masse seiner Landsleute. Die Zweifel am amerikanischen Sieg hatten sich erst ganz allmählich eingeschlichen. Aber dann kam es zum großen Umbruch, zum großen Unbehagen, teilweise auch zum rabiaten Anti-Yankee-Konformismus. Plötzlich sahen viele deutsche Intellektuelle – die ihrer amerikanischen Umerzieher und Nährväter überdrüssig geworden waren – in den Partisanen des Onkel Ho die neue Hoffnung der Menschheit. Patrice Lumumba war am Kongo ermordet, Che Guevara in Bolivien zur Strecke gebracht worden, die islamische Wiedergeburt – von der die palästinensische Bewegung ja nur ein Teil ist – schreckte die meisten europäischen Ästheten durch ihre autoritären und metaphysischen Wesenszüge ab. So verfielen denn die Jünger Marcuses, die jugendlichen deutschen Gegner der Konsum-Gesellschaft, die politischen Idealisten und Romantiker der späten sechziger Jahre bei ihrer Suche nach Ursprünglichkeit, Spontaneität, Fraternität und neuer Unschuld – bei ihrer rousseauistischen Suche nach dem »Guten Wilden«, dem *bon sauvage*, der ja nur in der Dritten Welt existieren konnte – auf die wackeren Untergrundkämpfer des Vietkong, die dem imperialistischen und kapitalistischen Giganten USA erfolgreich die Stirn boten. Es sind knappe zehn Jahre her, so schwer die Erinnerung manchem fallen mag, da rannten die jungen deutschen Demonstranten – untergehakt und in dichten Kolonnen massiert, wie sie das den Fernsehbildern aus Tokio abgeguckt hatten – zu dem Schrei »Ho-ho-ho-Tschi-Minh« durch die Städte der Bundesrepublik. Eine Generation, die keinem über dreißig trauen wollte, ließ die Namen Ho Tschi Minh und Mao Tse-tung hoch leben und erhob diese ehrwürdigen asiatischen Greise zu ihren Idolen. »Drei, vier, zehn Vietnams« wollten sie den amerikanischen Kriegstreibern bereiten.

Spätere Studien und wissenschaftliche Analysen werden vielleicht eines Tages enthüllen, in welchem Umfang das intensive Vietnam-Erlebnis der jungen Deutschen, auch wenn es sich aus extremer Ferne vollzog, zur Bewußtseinsveränderung in der Bundesrepublik und zur gründlichen, oft fruchtbaren Entkrampfung gewisser Gesellschaftsstrukturen beigetragen hat. Vor allem aber sollte der stupenden Tatsache Rechnung getragen werden, daß die sozial-revolutionären Thesen eines deutschen Kleinbürgers aus dem Biedermeier und der Moselstadt Trier – als unwiderstehliche Heilslehre bis an die Ufer des Mekong und des Südchina-Meeres dringend – die radikale und längst fällige Umkrempelung der ostasiatischen Verhältnisse bewirkt haben.

Die Schatten Indochinas ließen mich an diesem Tag nicht los. Nach den Flüchtlingen auf dem Flugplatz Charles de Gaulle stand mir am Abend in Bonn eine andere Begegnung bevor. Ich hatte eine Unterhaltungssendung des Fernsehens eingeschaltet. Plötzlich kündete der Show-Master eine Überraschung an. Hinter dem Vorhang der Fernsehbühne kam ein Chor vietnamesischer Kinder zum Vorschein. Die Mädchen trugen gut geschneiderte Ao Dai aus goldgelber Seide. Auch ohne Ethnologe zu sein, sah man den Kindern an, daß sie überwiegend der chinesischen Hoa-Rasse angehörten. Das Publikum spendete freundlichen Beifall. Die Kinder wirkten sauber, intelligent, artig und arbeitswillig. Ein paar junge Sino-Vietnamesen beantworteten auch schon ganz flüssig in deutscher Sprache die Routine-Fragen, die man ihnen stellte. Auch mich überkam bei dieser unvermuteten Szene im deutschen Schaubetrieb eine gewisse Rührung. Dennoch fand hier eine Verharmlosung statt. Den Zuschauern wurde das beruhigende Gefühl vermittelt, wie gut und menschlich man sich doch gegenüber diesen fernen Exoten verhielt. Der Bühnenauftritt dieser Überlebenden eines gnadlosen Schicksals, dieser geretteten Kinder aus den sinkenden Fischerbooten und den entwürdigenden Durchgangslagern Malaysias und Thailands war gewiß angetan, die tätige Hilfsbereitschaft in lobenswerter Weise zu fördern, aber der todernste Hintergrund dieser humanitären Aktion drohte verniedlicht zu werden. Die meisten Bundesbürger vor dem Fernsehapparat weigerten sich wohl, die wahre, zutiefst beängstigende Botschaft dieser Kinder aus Fernost und die Tatsache zur Kenntnis zu nehmen, daß die Geschichte einen fatalen Hang zur Tragödie hat.

Ein blonder deutscher Dirigent war leutselig vor den Chor getreten, hob die Hand, und die vietnamesischen Kinder begannen zu singen: »Ein Jäger aus Kurpfalz, der reitet durch den grünen Wald . . .« Die asiatischen Stimmen klangen ein wenig schrill, aber das Lied kam einwandfrei. Auf den Lippen der Mädchen im Ao Dai strahlte das konfuzianische Lächeln der Wohlerzogenheit. Aber in den schmalen Augen, auf die die elektronische Kamera zufuhr, glaubte ich auf einmal eine große Scheu und Traurigkeit zu entdecken, als dächten die Kinder von Saigon-Cholon an die warmen Abende, die geschäftigen Straßen, die feierliche Reisebene und an das wohlgefügte Sippenleben ihrer verlorenen Heimat. »Ein Jäger aus Kurpfalz . . .« hob der Refrain wieder an, und das deutsche Publikum sang mit. In Hanoi und Ho Tschi Minh-Stadt werden andere Lieder gesungen.

Chronik des Indochina-Krieges

1940 September: Nach der französischen Niederlage in Europa besetzt Japan den nördlichen Teil von Französisch-Indochina und geht später zur totalen Okkupation über.

1945 März: Die japanischen Streitkräfte verhaften die französischen Administratoren und internieren die französischen Truppen.
16. August: Kapitulation Japans
2. September: Ho Tschi Minh proklamiert in Hanoi die Unabhängigkeit ganz Vietnams.
Oktober: Erste französische Truppenverbände aus dem Mutterland landen mit britischer Hilfe in Saigon, machen die französischen Kolonialrechte wieder geltend und stoßen auf bewaffneten Widerstand.

1946 6. März: In der Konvention von Hanoi erkennt Paris Vietnam als autonomen Staat innerhalb der Union Française an.
9. März: Französische Truppen landen in Tonking.
Juli: Frankreich betreibt die Separation Cochinchinas vom übrigen Vietnam.
14. September: Französisch-Vietnamesische Konferenz in Fontainebleau bestätigt den lockeren Verbleib Vietnams in der Französischen Union. Die militärische Präsenz Frankreichs auch in Tonking wird von Ho Tschi Minh akzeptiert.
November: Nach einer Reihe von Zwischenfällen bombardieren die Franzosen die Hafenstadt Haiphong.
Dezember: Ho Tschi Minh ruft zum Widerstand gegen Frankreich auf. In Hanoi hebt der Aufstand an. Die französische Armee beginnt planmäßige Kriegsaktionen gegen den Vietminh.

1948 Juni: Frankreich betraut Ex-Kaiser Bao Dai mit der Führung des Nationalvietnamesischen Staates.

1949 Dezember: Die Armeen Mao Tse-tungs erobern die südchinesische Provinz Jünan und erreichen die Nordgrenze von Tonking. Der Vietminh verfügt nunmehr über volle Unterstützung durch die chinesischen Kommunisten.

1950 21. Juni: Ausbruch des Korea-Krieges
Oktober: Evakuierung der Grenzfestung von Cao Bang durch die französischen Streitkräfte
20. Oktober: Evakuierung von Lang Son an der chinesischen Grenze
Dezember: General de Lattre de Tassigny übernimmt das Oberkommando in Indochina.

1952 Januar: Tod von de Lattre de Tassigny
Februar: Die Stadt Hoa Binh, vom Vietminh eingekesselt, muß evakuiert werden.
April: General Salan wird Oberbefehlshaber der französischen Truppen.

1953 Mai: Ein Vorstoß des Vietminh gegen das Königreich Laos wird durch die französischen Streitkräfte abgewehrt.
Mai: General Navarre ersetzt Salan.
27. Juli: Ende des Korea-Krieges

1954 7. Mai: Die seit Wochen eingekreiste Dschungelfestung Dien Bien Phu kapituliert nach schweren Kämpfen vor den Truppen des vietnamesischen Oberbefehlshabers Vo Nguyen Giap.
April bis Juli: Genfer Konferenz über Indochina. Am 21. Juli Schlußerklärung über den Indochina-Konflikt: Ende der Feindseligkeiten in Kambodscha, Laos und Vietnam, vorläufige Umgruppierungszonen. Die Demarkationslinie, die keine Grenze ist, verläuft am 17. Breitengrad; Abzug der französischen Truppen aus dem Norden. Allgemeine Wahlen unter internationaler Kontrolle sind für Juli 1956 vorgesehen. Kambodscha und Laos erhalten totale Unabhängigkeit, sie bleiben außerhalb jeder Militärallianz.

1955 Verstärkung der amerikanischen Militärhilfe für Saigon. Der dortige Regierungschef Ngo Dinh Diem ruft im Oktober die Republik aus und setzt Bao Dai ab.

1960 Dezember: Gründung der Nationalen Befreiungsfront für Südvietnam (Vietkong)

1963 1. November: Präsident Ngo Dinh Diem wird gestürzt und getötet. Es folgen weitere Putsche.

1964 Anfang August: Zwischenfall im Golf von Tonking: Nordvietnamesische Patrouillenboote greifen angeblich einen US-Zerstörer an, worauf amerikanische Bomber zu Vergeltungsangriffen auf Nordvietnam starten.

1965 Februar: Weitere amerikanische Luftangriffe gegen Nordvietnam.
Amerikanische Bodenstreitkräfte landen in Vietnam bis zur Erreichung der Maximalstärke von 500000 Mann. General Nguyen Van Thieu wird Leiter des Nationalen Verteidigungsrates (Staatspräsident) von Südvietnam.

1968 29. Januar: Beginn der großen Tet-Offensive des Vietkong und der Nordvietnamesen.
Ende März: Teilweise Einstellung der amerikanischen Bombenangriffe gegen den Norden.
Mai: Beginn der Pariser Gespräche zwischen Washington und Hanoi; später Teilnahme Saigons und der Nationalen Befreiungsfront für Südvietnam (Vietkong).

1969 Mai: Nixon, seit kurzem Präsident der Vereinigten Staaten, schlägt einen Friedensplan für Vietnam in 8 Punkten vor.
10. Juni: Der Vietkong proklamiert die Bildung einer Provisorischen Revolutionsregierung für Südvietnam.

1970 18. März: Der Staatschef des neutralen Königreichs Kambodscha, Prinz Sihanuk, wird durch die eigene Armee gestürzt. General Lon Nol übernimmt mit amerikanischer Zustimmung die Macht in Phnom Penh. Beginn des kambodschanischen Bürgerkrieges.
Ende April: Starke südvietnamesische Verbände dringen in Kambodscha ein, unterstützt von amerikanischen Boden- und Luftstreitkräften.
Oktober: Der von den Amerikanern unterstützte Regierungschef Lon Nol ruft in Kambodscha die Republik aus.

1972 März: Neue Großoffensive der kommunistischen Divisionen am 17. Breitengrad und in Cochinchina. Die Amerikaner antworten mit der Wiederaufnahme des unbeschränkten Luftkriegs gegen Nordvietnam und Teilblockade dieses Landes.
Juli: Wiederaufnahme der Pariser Verhandlungen. Widerstand Saigons gegen wesentliche politische Vereinbarungen Washingtons mit Hanoi.
Dezember: Wiederaufnahme der massiven Luftangriffe auf Hanoi und Haiphong, die weltweite Proteste auslösen. Nach Einstellung der Bombardierung Ende des Jahres stimmt Hanoi neuen Verhandlungen zu.

1973 27. Januar: Waffenstillstandsabkommen für Vietnam wird in Paris unterzeichnet. Der in diesem Abkommen vorgesehene »Rat der nationalen Aussöhnung« wird nie gebildet.
Februar: Waffenstillstand für Laos
Ende Februar bis Anfang März: Pariser Vietnam-Konferenz, an der außer den Unterzeichnern des Waffenstillstandsabkommens auch die Volksrepublik China, die UdSSR, Frankreich, Großbritannien und Vertreter der Internationalen Kontrollkommission teilnehmen.
Ende April: Abzug der letzten amerikanischen Soldaten aus Südvietnam.

1974 Juli: Neue Offensive der »Roten Khmer« gegen das Lon Nol-Regime in Kambodscha.
Dezember: Teiloffensive der Nordvietnamesen im vietnamesisch-kambodschanischen Grenzraum.

1975 März: Nach dem Fall der Militärstützpunkte im Hochland von Annam Rückzug der südvietnamesischen Streitkräfte und unaufhaltsamer Vormarsch der kommunistischen Streitkräfte. Die Küstenstädte Hue und Danang werden von den Nordvietnamesen besetzt.
Mitte April: Die »Roten Khmer« marschieren in Phnom Penh ein.
30. April: Rücktritt von Präsident Nguyen Van Thieu, Flucht der letzten Amerikaner und Einmarsch der kommunistischen Truppen in Saigon. Südvietnam kapituliert bedingungslos.

1976 Effektive Wiedervereinigung von Nord- und Südvietnam.
Frühjahr: Beginn der ersten Grenzgefechte zwischen den kommunistischen Armeen Vietnams und Kambodschas.
Dezember: IV. Kongreß der »Kommunistischen Partei Vietnams« (früher Lao Dong-Partei).

1978 3. November: Sowjetisch-Vietnamesischer Freundschafts- und Beistandspakt
Dezember: Beginn der vietnamesischen Großoffensive gegen Kambodscha.

1979 7. Januar: Vietnamesische Truppen erobern Phnom Penh. Flucht der Regierung Pol Pot.
17. Februar bis 5. März: Chinesische Grenzoffensive gegen Vietnam und anschließender Rückzug.
21./22. Juli: Konferenz über Vietnam-Flüchtlinge in Genf.

Eine Indochina-Übersichtskarte
mit den wichtigsten Orten
finden Sie auf folgender Doppelseite

Huaning
Pan Oi
Mong Tzeu
Lashio
Mekong
Phong To
Schwarzer Fluß
Lai Tschau
Phong Saly
Dien Bien Phu
Song Ma
B U R M A
Kengtung
GOLDENES DREIECK
Ban Huei Sai
Chiang Saen
Mekong
Chiang Rai
Mae Hong Son
ARAKAN
Sayaburi
Xieng Kuang
Vang Vieng
Vientiane
Nong Khai
MENAM-EBENE
Rangun
T H A I L A N D
Don-Muang
Bangkok
Poipet
Sisophon
Siem Reap
Battambang
Chantaburi
Trat
CARDAMOM
ANDAMANEN-SEE
Kompong Som
N
GOLF VON THAILAND

C H I N A
Kanton
HONGKONG
MACAU
Nanning
Cao Bang
TONKING
Dong Dang
Lang Son
Vietri
Thai Nguyen
Vinh Yen
Son Tay
Hanoi
Gialam
Hongay
Hadong
Haiphong
Phuly
Hung Yen
Thai Binh
Ninh Binh
Nam Dinh
Phat Diem
GOLF VON
TONKING
NORD-
VIETNAM
HAI-NAN
Vinh
SÜDCHINESISCHES
MEER
Thakek
Waffenstillstandslinie (22. Juli 1954)
am 17. Breitengrad
Quang Tri
Hue
Phu-Bay
PARACEL-
INSELN
Da Nang
Pakse
Paksong
BOLOVEN-
PLATEAU
Atopeu
Dak-To
Kontum
Kim Son-Tal
Pleiku
Qui Nhon
Mekong
SÜD-
VIETNAM
BODSCHA
Kratie
Snoul
Mimot
Ph. Krek
Dalat
Nhatrang
Cam Ranh
Loc Ninh
An Loc
Chon Tanh
Tay Ninh
Svay Rieng
Bien Hoa
Xuan Loc
Tan Son Nhut
Tu Duc
Cholon
Saigon
My Tho
Vung Tau
Can Tho
Vinh Long
MEKONG
100
200
300 km
Camau
SPRATLY-
INSELN